Karl-Heinz Weidenhammer · Selbstmord oder Mord?

Karl-Heinz Weidenhammer
Selbstmord oder Mord?

Das Todesermittlungsverfahren:
Baader / Ensslin / Raspe

CIP-Titelaufnahme der Deutschen Bibliothek

Weidenhammer, Karl-Heinz:

Selbstmord oder Mord? d. Todes-
ermittlungsverfahren:
Baader, Ensslin, Raspe /
Karl-Heinz Weidenhammer
Kiel: Neuer Malik Verlag, 1988
ISBN 3-89029-033-7

© 1988 by NEUER MALIK VERLAG Kiel
Alle Rechte vorbehalten
Satz: Utesch Satztechnik GmbH, Hamburg
Druck: Clausen & Bosse, Leck
Printed in Germany
ISBN: 3-89029-033-7

VORBEMERKUNG

Diese Dokumentation mag der interessierten Leserin und dem interessierten Leser die Möglichkeit verschaffen, sich selbst darüber zu informieren, ob es den Parlaments- und Justizorganen der Bundesrepublik Deutschland gelungen ist, eine über jeden Zweifel erhabene Untersuchung der Todesfälle und der Körperverletzung im Hochsicherheitstrakt in der Vollzugsanstalt Stuttgart-Stammheim vom Herbst 1977 vorzulegen oder ob Zweifel angebracht sind.

Der von der Bundesregierung bei Gelegenheit eingesetzte Krisenstab, in dem Vertreter des Rüstungskapitals tonangebend sind, hat die günstige Gelegenheit genutzt, um sich bei der „Bekämpfung des Terrorismus" Regierungsfunktionen anzueignen. So kommt es, daß bis zum heutigen Tag der in der Verfassung der Bundesrepublik Deutschland nicht vorgesehene Krisenstab die Auffassung verbreitet, die Täuschung eigener Staatsorgane sei ein nicht zu beanstander Realakt.

Aus dieser staatlich geschützten Dunkelzone werden Verfassungsorgane der Bundesrepublik Deutschland bei der Aufklärung dieser Sache in die Irre geleitet oder auch die Europäische Kommission für Menschenrechte über die Tatsache der Isolationsfolter – so Amnesty international – über die wahren Todesumstände der politischen Gefangenen aus der RAF in Stammheim hinweggetäuscht.

Seit über einem Jahrzehnt erscheinen die Ermittlungsorgane der Bundesrepublik Deutschland bei ihren Aufklärungsaktivitäten in dieser Sache wie gelähmt, fast so, als könnten sie sich nicht aus eigener Kraft aus der Umklammerung des Krisenstabes befreien.

Angesichts dieser Aufklärungs- und Ermittlungsparalyse in Europa/West wünschte ich als ehemaliger Verteidiger und Autor, der UN-Menschenrechtsausschuß möge kraft seines Ansehens und seiner Autorität internationale Untersuchungskommission beauftragen, den Tod der politischen Gefangen aus der RAF Andreas Baader, Gudrun Ensslin und Jan-Carl Raspe und die Körperverletzungen der Überlebenden Irmgard Möller – die sich noch immer in Isolationshaft befindet – zu untersuchen, um das Ausmaß der durch die Bundesrepublik Deutschland bewirkten Menschenrechtsverletzung festzustellen.

Karl-Heinz Weidenhammer, im Oktober 1988

TEIL I

CHRONOLOGIE
EINER GEISELNAHME

Am 5. September 1977 entführen unbekannte Täter in Köln den Arbeitgeberpräsidenten der Bundesrepublik Deutschland, Dr. Hanns Martin Schleyer, und töten seine Leibgarde. Daraufhin wird den politischen Gefangenen der RAF (Rote Armee Fraktion) Andreas Baader, Gudrun Ensslin, Jan-Carl Raspe und Irmgard Möller der Haftstatus von Untersuchungsgefangenen aberkannt. 44 Tage werden sie in Stammheim interniert und wie Geiseln behandelt. Am 18. Oktober findet man sie entweder tot oder schwerverletzt in ihren Einzelzellen. Was war geschehen?

5. September, Montag

Tagsüber ist noch alles ruhig. Alle Häftlinge in der Abteilung III des Hochsicherheitstrakts in der Vollzugsanstalt Stuttgart-Stammheim verhalten sich wie gewohnt. Zeichen eines Ausbruchsverhaltens gibt es nicht. Trotzdem läßt Bundeskanzler Helmut Schmidt, der nach Bekanntwerden der Schleyer-Entführung in „Staatsnotwehr" alles an sich gerissen hat,[1] noch in der Nacht vom 5. zum 6. September die Haftzellen auf Verstecke durchsuchen. Die Häftlinge werden so verlegt, daß Leerzellen zwischen Andreas Baader und Jan-Carl Raspe sowie zwischen Gudrun Ensslin und Irmgard Möller entstehen. So will man mögliche Klopfkontakte ausschließen.[2]

Vor der Zellendurchsuchung werden die Häftlinge in andere Zellen verbracht.[3] Die Zellentüren werden geöffnet. Danach werden die Häftlinge auf die beabsichtigte körperliche Durchsuchung hingewiesen. Dann müssen sie sich völlig entkleiden. Während sie einzeln nackt dastehen, wird ihre Kleidung durchsucht. Dann dürfen sie sich wieder ankleiden und werden in die ebenfalls durchsuchten Zellen zurückgebracht.[4]

Den Eintragungen im Kontrollbuch der Nachtwache zufolge werden ihnen Radio und Fernseher abgenommen.[5] Zusammen mit dem Radio- und Fernsehgerät wird bei Andreas Baader noch in dieser Nacht durch Amtsinspektor Hauk der Plattenspieler aus seiner Zelle entfernt, dann in die Besucherzelle verbracht und von Beamten des baden-württembergischen Landeskriminalamtes durchsucht und überprüft.[6]

Da der Plattenspieler später als sog. „Waffenversteck" herhalten sollte, dokumentieren wir an dieser Stelle das weitere Schicksal des Plattenspielers nach den amtlichen Ermittlungen, wie sie das baden-württembergische Justizministerium in einem Schreiben an den Untersuchungsausschuß des baden-württembergischen Landtages darstellt. Das Schreiben vom 10.1.78 an den Vorsitzenden des Untersuchungsausschusses (UA), Dr. Rudolf Schieler, hat den folgenden Wortlaut:[7]

Betr.: Untersuchungsausschuß des Landtags von Baden-Württemberg „Vorfälle in der Vollzugsanstalt Stuttgart-Stammheim"
hier: Plattenspieler des Gefangenen Andreas Baader
Anl.: 0 (20 Mehrfertigungen)

Sehr geehrter Herr Vorsitzender!
Im Anschluß an die Aussage von Oberstaatsanwalt Widera, die dieser vor dem Untersuchungsausschuß zum Verlauf der Zellendurchsuchung am 5./6. Sept. 1977 erstattet hat (vgl. Protokoll der 10. Sitzung des Untersuchungsausschusses S. 172f), ist die Leitung der Vollzugsanstalt Stuttgart um Bericht gebeten worden, welche Maßnahmen seinerzeit von den zuständigen Vollzugsbediensteten bezüglich des Plattenspielers des Gefangenen Baader getroffen worden sind.

Nach dem inzwischen vorliegenden Bericht der Vollzugsanstalt wurde der Plattenspieler des Gefangenen Baader zusammen mit einem Rundfunkgerät und einem Fernsehgerät am 5. September 1977 durch Amtsinspektor Hauk aus der Zelle des Gefangenen in die Zelle 712 (Besucherzelle) verbracht. Dort wurden die genannten Geräte von Beamten des Landeskriminalamtes durchsucht und überprüft. Welche Untersuchungen im einzelnen vorgenommen worden sind, ist der Leitung der Vollzugsanstalt nicht bekannt geworden. Bis zur Wiederaushändigung des Plattenspielers an den Gefangenen Baader verblieb das Gerät in der verschlossenen Zelle 712. Zu dieser Zelle hatten nur die Bediensteten der Vollzugsanstalt, nicht aber Gefangene Zutritt. Nach den Feststellungen der Anstaltsleitung sind in der fraglichen Zeit außer Amtsinspektor Hauk und Hauptsekretär Miesterfeldt keine weiteren Bediensteten mit den genannten Geräten in Berührung gekommen.

Wie dem Bericht der Vollzugsanstalt weiter zu entnehmen ist, ging dort am 7. Sept. 1977 die Verfügung des Vorsitzenden des 2. Strafsenats des Oberlandesgerichts Stuttgart vom 6. Sept. 1977 ein, derzufolge u.a. „die Maßnahme der Anstaltsleitung, den Angeklagten im Hinblick auf die Entführung von Dr. Schleyer Rundfunk- und Fernsehgeräte wegzunehmen", gebilligt wurde. Nachdem bei dem Vorsitzenden des Strafsenats, Richter am Oberlandesgericht Dr. Foth, wegen des Plattenspielers fernmündlich Rückfrage gehalten worden war, händigte Hauptsekretär Miesterfeldt das Gerät dem Gefangenen Baader am 7. Sept. 1977 wieder aus. Die von der Vollzugsanstalt in Fotokopie vorgelegte Abschrift der Verfügung des Vorsitzenden des Strafsenats vom 6. Sept. 1977 weist in diesem Zusammenhang folgenden handschriftlichen Vermerk auf:

„Auf telefonische Anfrage erklärt Dr. Foth, daß Plattenspieler auszuhändigen sind. Bu. 7.9.77"

Bei der am 7. September 1977 erfolgten Rückgabe des Plattenspielers war die – ebenfalls am 6. Sept. 1977 ergangene – Disziplinarverfügung des Vorsitzenden des Strafsenats, die den Angeklagten Baader, Ensslin und Raspe auf die Dauer von drei Wochen den Einzelhör- und -fernsehrundfunkempfang untersagte und für diese Zeit unter anderem auch die Wegnahme der Plattenspieler anordnet, zunächst offenbar unberücksichtigt geblieben. Im Hinblick auf diese Verfügung entfernte Hauptsekretär Miesterfeldt am 11. Sept. 1977 den Plattenspieler wieder aus der Zelle des Gefangenen Baader und verbrachte das Gerät erneut in die Zelle 712. Nachdem wegen der bestehenden Kontaktsperre die Disziplinarverfügung vom 6. Sept. 1977 bezüglich der Wegnahme der Plattenspieler durch Verfügung des Vorsitzenden des Strafsenats vom 21. Sept. 1977 ausgesetzt worden war, gab Amtsinspektor Bubeck den Plattenspieler am 22. Sept. 1977 dem Gefangenen Baader in dessen Zelle zurück. Nach den Feststellungen der Anstaltsleitung sind in der Zeit vom 11. bis 21. Sept. 1977 keine anderen Bediensteten als Amtsinspektor Bubeck und Hauptsekretär Miesterfeldt mit dem in der verschlossenen Zelle 712 lagernden Plattenspieler in Berührung gekommen.

Die vorstehend erwähnten Verfügungen des Vorsitzenden des Strafsenats vom 6. und 21. Sept. 1977 hat das Justizministerium dem Untersuchungsausschuß mit Schreiben vom 10. Nov. 1977 vorgelegt (Anlagen S. 67 bis 76). Hinzuweisen ist ferner auf den bei den Ermittlungsakten der Staatsanwaltschaft Stuttgart befindlichen Durchsuchungsbericht des Landeskriminalamts Baden-Württemberg vom 5. Sept. 1977, demzufolge in der Zelle 719, also dem Haftraum des Gefangenen Baader, zwei Lautsprecher und ein Verstärker vorläufig sichergestellt wurden, sowie auf den diese Geräte betreffenden, ebenfalls bei den Ermittlungsakten befindlichen Untersuchungsbericht des Ingenieurs Nabroth vom Landeskriminalamt Baden-Württemberg vom 8. Sept. 1977. Diese Ermittlungsvorgänge liegen dem Untersuchungsausschuß in Ablichtung vor. Über die Wegnahme bzw. Zurückgabe des Plattenspielers des Gefangenen Baader sind nach Angaben von Amtsinspektor Bubeck seitens der Vollzugsbediensteten keine schriftlichen Aufzeichnungen gefertigt worden.

Mit vorzüglicher Hochachtung

Professor Dr. Engler

Die Zellendurchsuchung endet am Morgen des 6. September um 02.45 Uhr.[8]

Irmgard Möller versteckt in ihrer Zelle noch vor der Kontrolle Kopfhörer und den Radio-Anschluß; die Plattenspieler bekommen die Häftlinge in den folgenden Tagen wieder zurück.[9] Noch besteht offiziell keine Kenntnis darüber, daß die unbekannten Schleyer-Entführer ihrerseits die Freilassung der politischen Gefangenen in Stammheim und andernorts fordern. Dennoch befürchtet man schon zu diesem Zeitpunkt, daß die Freilassung der Häftlinge erzwungen werden könnte. Deshalb ersucht am Dienstag, dem 6. September, das Bundeskriminalamt mit Fernschreiben das Landeskriminalamt Baden-Württemberg dringendst, das baden-württembergische Justizministerium zu veranlassen, jegliche Kommunikation der Gefangenen sowie alle Besuche und Telefonate der Verteidiger zu unterbinden. Ein inhaltlich ähnliches Fernschreiben richtet der Bundesminister der Justiz einen Tag später an den Generalbundesanwalt. Dieser leitet das Fernschreiben an das baden-württembergische Justizministerium weiter, mit der Aufforderung, entsprechend zu verfahren. Von dort erhält der Anstaltsleiter in Stammheim alle notwendigen Anweisungen[10], denen er widerspruchslos nachkommt.

Die Häftlinge, die von allen Stellen als „terroristische Gewalttäter" bezeichnet werden, wissen jedenfalls nicht, warum sie in der Nacht vom 5. zum 6. September unsanft aus dem Schlaf gerissen werden, weshalb man sie aus ihren Einzelzellen zerrt und in andere Einzelzellen für die Dauer der Durchsuchung verlegt.[11]

Sie haben keine konkrete Vorstellung, welchen Anlaß sie für diese Maßnahmen gegeben haben könnten. Selbst die zur Zellendurchsuchung abkommandierten Beamten des Landeskriminalamts vermerken nach dem Abschluß ihrer Durchsuchungen in den Zellen von Andreas Baader (719), Gudrun Ensslin (720) und Jan-Carl Raspe (718) lakonisch: „Fazit: Keine der am 5./6.

September 1977 durchsuchten Zellen enthielt ein Versteck, in dem die Waffen mit an Sicherheit grenzender Wahrscheinlichkeit von Baader und Raspe aufbewahrt wurden."[12]

Auf Weisung von Generalbundesanwalt Rebmann werden weitere Zellen durchsucht. In den Zellen von Irmgard Möller, Ingrid Schubert (München-Stadelheim), Werner Hoppe, Wolfgang Beer und Helmut Pohl (Hamburg), die von je zwei Beamten des Landeskriminalamtes durchsucht werden, finden sich keine beweiserheblichen Gegenstände.[13]

Zeitweise sind während der Durchsuchung Anstaltsleiter Nusser, sein Stellvertreter Schreitmüller und Bundesanwalt Widera anwesend.[14]

Angeblicher Zweck der Durchsuchung ist es, belastende Schriftstücke aus der Privat- und Prozeßpost (Verteidigerpost) der Häftlinge aufzuspüren, um endlich die von der Bundesanwaltschaft behauptete „Kommunikation mit den Entführern"[15] beweisen zu können. Bei dieser Gelegenheit werden alle Zellen durchsucht – mit Ausnahme der Zellen Nr. 715 und 716[16] – gerade jene, in denen nach dem Tod der Häftlinge Waffenverstecke gefunden werden.[17]

Die Staatsanwaltschaft Stuttgart hat diese mysteriöse Selektion bei den Zellendurchsuchungen aufzuklären versucht. In einem späteren Aktenvermerk vom 24. Oktober 1977 heißt es dazu, die Bundesanwaltschaft habe die Durchsuchung nur derjenigen Zellen angeordnet, die von Baader-Meinhof-Häftlingen belegt seien. Die übrigen Zellen seien längere Zeit nicht mehr belegt gewesen. Deshalb seien sie nicht durchsucht worden. Es habe außerdem keine rechtliche Handhabe zur Durchsuchung dieser Zellen gegeben.[18]

Aktenvermerk vom 24.10. 1977

KHK Ring (LKA Baden-Württemberg) erklärt auf fernmündliche Anfrage,

a) weshalb am 5./6. Sept. 1977 nicht *alle* Zellen des VII. Stocks der VA Stuttgart durchsucht und

b) nach welchen Kriterien die nicht durchsuchten Zellen ausgeschieden worden seien:

Die Bundesanwaltschaft habe die Durchsuchung derjenigen Zellen angeordnet, die von Baader-Meinhof-Häftlingen belegt seien. Zweck der Durchsuchung sei gewesen, Hinweise auf die Schleyer-Entführung zu finden.

Im Verlauf der Durchsuchung habe die Anstaltsleitung darauf hingewiesen, daß erst vor kurzem einige Baader-Meinhof-Häftlinge nach einem Krawall in andere Vollzugsanstalten verschubt worden seien. Die Zellen, die von diesen Häftlingen bis zu ihrer Verschubung belegt gewesen seien, habe man daher in die Durchsuchung mit einbezogen. Der Zeitraum zwischen Verschubung und der Schleyer-Entführung sei noch so kurz gewesen, daß das Auffinden von Hinweisen noch denkbar gewesen sei.

Die übrigen Zellen seien längere Zeit nicht mehr belegt gewesen. Deshalb seien sie nicht durchsucht worden. Das habe gar nicht zur Debatte gestanden. Es habe auch keine rechtliche Handhabe für die Durchsuchung dieser Zellen vorgelegen.

So viel er wisse, habe Herr Widera von der Bundesanwaltschaft inzwischen erklärt, die Durchsuchungsanordnung habe sich lediglich auf diejenigen drei Zellen erstreckt, die zum Zeitpunkt der Durchsuchung von den Häftlingen Baader, Ensslin und Raspe belegt gewesen seien (weil diese drei Häftlinge nämlich befreit werden sollten), nicht aber auf die übrigen Zellen des VII. Stocks.

Wegen dieser Äußerung müsse er – Ring – nunmehr eine dienstliche Äußerung abgeben, weshalb überhaupt mehr als drei Zellen durchsucht worden seien.

(Christ)
Staatsanwalt[19]

In Wirklichkeit aber wird diese Aussparung der Zellen Nr. 715 und 716 von der Untersuchung durch die Bundesanwaltschaft organisiert. Die Durchsuchungstätigkeiten dürfen sogar erst beginnen, als der Vertreter der Bundesanwaltschaft im 7. Stock erscheint und die Durchsuchungskräfte anleitet.[20]

Am Ende dieser mysteriösen Aktion müssen die Durchsuchungskräfte selbst einräumen, daß der angegebene Durchsuchungszweck nicht erreicht werden konnte.

In dem Durchsuchungsbericht heißt es, daß „die Sicherstellung aller Papiere zur Untersuchung auf latente Schriften"[21] bezweckt war. Gemeint waren Unterlagen, die auf eine Verbindung zu den Schleyer-Entführern hinweisen sollten. Solche Unterlagen werden jedoch nicht gefunden. Beschlagnahmt werden lediglich in Baaders Zelle eine gewöhnliche Kaffeekanne sowie eine Glühbirne, die die Anstaltsleitung als überflüssig ansieht.

Obwohl die Bundesanwaltschaft außer diesen Gegenständen nichts findet, gelingt es Generalbundesanwalt Rebmann als Mitglied des Krisenstabes ein paar Tage später, das Bundesverfassungsgericht davon zu überzeugen, daß „nach den bisherigen Erkenntnissen (...) der Informationsfluß, der die inhaftierten terroristischen Gewalttäter mit den noch in Freiheit befindlichen Tätern verbindet, einen hohen Entwicklungsstand" aufweise, ja, sogar eine Notstandslage bestehe.[22] Die vermeintliche Notstandslage entsteht, als das Kommando „siegfried hausner" die Freilassung von 11 politischen Gefangenen im Austausch gegen Schleyer fordert.

Der Literatur können wir entnehmen, daß Bundeskanzler Helmut Schmidt am Abend des 6. September die Freilassungsforderungen der Schleyer-Entführer gelesen hat, danach in das Büro des Oppositionsführers Helmut Kohl geeilt ist, um mit ihm die weitere Vorgehensweise abzustimmen.[23]

Bundeskanzler Schmidt, der sich zur „Frontgeneration"[24] rechnet und als Offizier während der Nazidiktatur durch die Zeit des Militarismus und Faschismus geprägt ist, tritt dem Gedanken nach einer friedlichen und politischen Konfliktlösung erst gar nicht näher.

Konsequenterweise bleibt er auch entschlossen im „Wertehimmel der Frontgeneration" und gewinnt Helmut Kohl dafür, in die listenreichen und „exotischen Vorschläge" und Aktivitäten des Krisenstabes einzuwilligen. Jedenfalls kann er Kohl für seine Vorschläge gewinnen. Sie beschließen gemeinsam, einen Geiselaustausch um jeden Preis zu vermeiden.[25] Damit ist das Schicksal Schleyers besiegelt.

Nach dieser Absprache beschließt das Bundeskabinett unter der Teilnahme der im Bundestag vertretenen Partei -und Fraktionsvorsitzenden, der Repräsentanten der Länder Baden-Württemberg, Bayern, Nordrhein-Westfalen und Hamburg, der Vorsitzenden der Konferenzen der Innen- und Justizminister sowie des Vorstandsvorsitzenden der Daimler-Benz AG und des Vizepräsidenten des Bundesverbandes der Deutschen Industrie auf Initiative von Bundeskanzler Schmidt folgendes:

a) Alle Gefangenen aus der Guerilla oder andere politische Gefangene, die vom Staatsschutz in irgendeinen Zusammenhang mit der Guerilla gebracht werden, sofort total zu isolieren – wie es bereits nach der Tötung des Generalbundesanwaltes Siegfried Buback in der Zeit vom 7. bis 10. April 1977 in Stammheim der Fall war;

b) die 11 Gefangenen, deren Freilassung gefordert wird, auf keinen Fall freizulassen;

c) für weitere Entscheidungsfindungen zwei Gremien zu bilden: Den „Großen Politischen Beraterkreis" zur Vereinheitlichung von Politik und Wirtschaft und die „Kleine Lage", der sogenannte „Kleine Krisenstab" zur Vorstrukturierung des „Großen Politischen Beraterkreises."

Mitglieder der „Kleinen Lage" sind: Bundeskanzler Schmidt, Bundesaußenminister Genscher, Bundesinnenminister Maihofer, Bundesjustizminister Vogel, Bundesverteidigungsminister Leber, Bundeswirtschaftsminister Graf Lambsdorff, Staatsminister Wischnewski, Innenminister Hirsch (NRW), der Präsident des Bundeskriminalamtes Herold, Generalbundesanwalt Rebmann, die Staatssekretäre Bölling, Erkel, Fröhlich, Ruhnau und Schüler.[26]

Über Rundfunk und Fernsehen meldet sich noch am Montagabend Bundeskanzler Schmidt als Krisenmanager[27] zu Wort und erklärt unter anderem:

„Jedermann weiß, daß es eine absolute Sicherheit nicht gibt. Aber diese Einsicht kann nicht die staatlichen Organe davon abhalten und hat sie bisher nicht davon abgehalten, mit allen verfügbaren Mitteln gegen den Terrorismus Front zu machen (...)"[28]

Jahre später wird bekannt, daß westdeutsche Versicherungs- und Industriekonzerne im „Kampf gegen den Terrorismus" und auch sonst den mit Generalvollmacht ausgestatteten Privatdetektiv Werner Mauss zusammen mit dem Bundeskriminalamt und den Geheimdiensten zur Privatfahndung abkommandieren.[29] Unter Aufsicht der CIA werden Strafverfolgung und Fahndung quasi monopolisiert.[30]

So kommt es, daß ein Spitzenvertreter der Gewerkschaften, dem im Normalzustand die Verbesserung der Arbeits- und Wirtschaftsbedingungen der Werktätigen obliegt, dem Bundeskanzler bei der Strafverfolgung öffentlich Gefolgschaft leistet; in der ARD-Tagesschau ergreift um 20 Uhr der DGB-Vorsitzende Vetter das Wort: „Terror und Mord (...) in unserer Tagespraxis (... muß) mit allen Mitteln zu Leibe gegangen werden (...)."[31]

Um 21 Uhr erscheint Bundespräsident Karl Carstens auf dem Bildschirm: „(...) Jetzt ist es so, daß die in den Gefängnissen einsitzenden Terroristen die Möglichkeit haben, von dort aus Terroranschläge vorzubereiten und zu lenken. Diese Möglichkeit muß unter allen Umständen unterbunden werden, dazu muß der Kontakt der Häftlinge untereinander und der Kontakt der Häftlinge mit der Außenwelt einschließlich der Verteidiger eingeschränkt und schärfer überwacht werden."[32]

Die Befugnisse des Bundespräsidenten beschränken sich bei innenpolitischen Tätigkeiten auf die Ernennung oder Entlassung von Bundesbeamten und Soldaten, gelegentlich auch auf Begnadigungsakte.

Es ist nicht vorgesehen, daß er sich in die verfassungsrechtlich garantierte Unabhängigkeit der Justiz einmischt, um sich in einer Strafsache als Haftrichter aufzuführen. Er setzt sich also vor Millionenpublikum dem Eindruck aus, er überschreite die Grenzen der verfassungsrechtlichen Gewaltenteilung und treibe Mißbrauch mit öffentlich-rechtlicher Gewalt.

Bundeskanzler Schmidt regt noch in der Nacht der Schleyer-Entführung Generalbundesanwalt Rebmann „zu wildem Denken" an.[33] Das Ergebnis solchen Denkens stellt Generalbundesanwalt Rebmann vor den höchsten Richtern so dar:

„Nach der Entführung von Hanns-Martin Schleyer hat die für die Justizvollzugsanstalten in Stuttgart-Stammheim, Heilbronn und Pforzheim zuständige Landesjustizverwaltung des Landes Baden-Württemberg durch mündliche Weisung an die Vorstände dieser Justizvollzugsanstalten verfügt, daß die wegen terroristischer Gewalttaten in Untersuchungshaft einsitzenden Personen zum gegenwärtigen Zeitpunkt – längstens bis zur Beendigung der Entführung – von niemandem, auch nicht von ihren Verteidigern aufgesucht werden dürfen. Diese Maßnahmen wurden nach Abstimmung mit mir und mit meiner Billigung angeordnet."[34]

Da sich später in diesem Sinne auch der Bundesjustizminister und der Justizminister des Landes Baden-

Württemberg vor dem Bundesverfassungsgericht äußern, steht der Verrechtlichung der Kontaktsperre nichts mehr im Wege – eine Entwicklung, die das Bundesverfassungsgericht zu diesem Zeitpunkt noch hätte verhindern können.

6. September, Dienstag

An diesem Tag wird den Häftlingen zum ersten Mal die Möglichkeit der Kommunikation nach außen und untereinander genommen. Auch werden ihnen, wie bereits beschrieben, die eigenen Radio- und Fernsehgeräte abgenommen.[35] Ferner wird ihnen untersagt:
- jeglicher Besuchs- und Schriftverkehr, einschließlich des schriftlichen und mündlichen Verkehrs mit den Verteidigern;
- jeglicher Telefon- und Telegrammverkehr,
- jeglicher Empfang von Fernseh- und Rundfunksendungen,
- jeglicher Empfang von Zeitungen, Zeitschriften und Büchern,
- jeglicher Paketverkehr mit Einschluß von Wäschepaketen,
- jegliche Übergabe von Gegenständen zur Aushändigung an die Gefangenen,
- jegliche Übermittlung von Nachrichten durch Anstaltsbedienstete an außenstehendes und von außenstehendem Personal,
- jegliche Verbindung der Gefangenen untereinander,
- a) durch Zurufen. Wer sich dennoch durch Zurufen verständigen will, wenn er sich auf dem Gang vor den Zellen befindet, läuft Gefahr, in Zukunft nicht mehr aus der Zelle gelassen zu werden,
- b) durch Aktentausch,
- c) durch Büchertausch oder Tausch anderer Gegenstände. Aus diesen Gründen dürfen auch die bisher gemeinschaftlich benutzten Gegenstände, die sich in

Zelle 726, auf dem Gang sowie in der Sport- und Lebensmittelzelle befinden, nicht mehr benutzt werden; sie werden, soweit sie sich zur Zeit noch auf dem Gang befinden, in eine leere Zelle verbracht.
- der gemeinsame Einkauf der Gefangenen,
- die gemeinsame Benützung von Toilettengegenständen im Bad,
- die Teilnahme am allgemeinen Büchertausch.[36]

Die hier wiedergebene Verfügung ist unterzeichnet von dem stellvertretenden Anstaltsleiter und Sicherheitsbeauftragten Schreitmüller. Dieser handelt am 6. September noch auf mündliche oder fermündliche Anordnung von oben; denn erst am 4. Oktober kleidet er diese Kontaktsperrepraktiken in die Fassung einer justizförmigen Verfügung mit Rechtsmittelbelehrung.[37] Über diese Verfügung hinaus werden nach dem 6. September mehr als dreimal wöchentlich die Zellen kontrolliert, nämlich nunmehr jeden Tag.[38]

Noch am selben Tag ergeht ein Beschluß des Haftrichters Foth, in dem die Maßnahmen gegen die Häftlinge ohne Einschränkung gebilligt werden. Hierin heißt es: „Die Entführung von Dr. Schleyer steht *möglicherweise* in Zusammenhang mit dem Versuch, die Angeklagten der Haft zu entziehen. Um deren etwaige Mitwirkung an solchem Tun zu hindern, ist es erforderlich, sie von den laufenden Informationen durch Funk, Fernsehen und Presse abzuschneiden. Dem gleichen Zweck – der Verhinderung von Absprachen unter den Angeklagten in Bezug auf ein etwaiges Entkommen aus der Haft – dient die vorläufige Aussetzung von Umschluß und Zusammenschluß."[39]

Zu diesem Zeitpunkt seiner Entscheidung existiert die „Maßnahme der Anstaltsleitung" überhaupt noch nicht auf dem Papier. Unbeschadet dieser formalen Voraussetzung fehlt in dem Beschluß auch jeglicher Hinweis darauf, auf welche Umstände die Möglichkeit der „Mitwirkung" der Häftlinge bei der Schleyer-Entführung gestützt wird. Hierzu war Haftrichter Foth auch nicht in der Lage, sonst hätte er solche Indizien aufgeführt.

Tatsächlich gab es weder Beweise noch Hinweise auf eine beabsichtigte Flucht, denn die Häftlinge waren hermetisch von der Außenwelt abgeschnitten. Aufgrund dieser Umstände mußte sich Haftrichter Foth mit einer vagen Mutmaßung begnügen.

7. September, Mittwoch

Der Autor, gewählter Verteidiger von Jan-Carl Raspe und Günter Sonnenberg, versucht zunächst zu Günter Sonnenberg vorzudringen. Die Anstaltsleitung in Hohenasperg verwehrt ohne Angabe von Gründen die Kontaktaufnahme.

Bei einem Anruf im Justizministerium in Stuttgart wird dazu erklärt, gegenwärtig sei weder mit Günter Sonnenberg in Hohenasperg noch mit Jan-Carl Raspe in Stammheim eine Kontaktaufnahme möglich, auch nicht fernmündlich. Verteidigerbesuche könnten nicht stattfinden. Auf Weisung von Generalbundesanwalt Rebmann habe Ministerialdirigent Reuschenbach verfügt, daß bis auf weiteres keine Verteidigerbesuche stattfinden dürfen. Diese Verfügung sei ergangen, so fährt der Sprecher fort, „da die besonderen Ereignisse besondere Maßnahmen verlangen." Auf Nachfrage, auf welcher Rechtsgrundlage diese Maßnahme beruhe, räumt der Sprecher heiter ein, daß das Ministerium wisse, daß es keine spezialgesetzliche Grundlage gebe.[40]

Am Mittwoch, dem 7. September, diskutiert die CSU-Landesgruppe, wie man Erpresserversuchen künftig standhalten könne: „etwa durch Erschießung der gefangenen Terroristen in halbstündigem Abstand, solange, bis ein Entführter freigelassen wird."[41]

8. September, Donnerstag

Der Vorsitzende des 2. Strafsenats des Oberlandesgerichts Stuttgart, Foth, zugleich Haftrichter, schreibt an das Justizministerium, um eine Aufhebung des angeordneten Besuchsverbotes für die betroffenen Verteidiger zu erreichen. Dies lehnt das Justizministerium ab.[42]

Die Aufhetzung der Öffentlichkeit wird verstärkt.

Der Journalist Enno von Löwenstern macht sich in der „Welt" zum Sprecher staatlicher Tötungsphantasien:

„Der Ruf nach der Todestrafe wird laut, sogar der Ruf nach dem Standrecht oder der Erschießung von verhafteten Terroristen im Austausch gegen die Ermordung von Geiseln."[43]

CSU-Landesgruppenmitglied Walter Becher fragt öffentlich, „ob man sich nicht tatsächlich mit den Terroristen im Krieg befindet und ob der Staat auf Geiselnahme und Geiselerschießung mit gleichen Mitteln antworten müsse. Bei weiterer Eskalation des Terrors sollte dann auch etwa mit den Häftlingen von Stammheim kurzer Prozeß gemacht werden."[44]

CSU-Landesgruppenvorsitzender Friedrich Zimmermann äußert sich folgendermaßen:

„Wenn die Herausforderung des deutschen Rechtsstaats solche Dimensionen erreiche, dann müsse man eben das bislang Undenkbare denken."[45]

In der Fernsehsendung „Frühschoppen" erinnert der Schweizer Journalist René Alleman vor Millionen Zuschauern an die Folterpraktiken in Südamerika: „Überall dort, wo man zur Folter gegriffen hat, ist der Terrorismus verschwunden."[46]

Der Chef des Bundespresse- und Informationsamtes, Klaus Bölling, erklärt den Chefredakteuren der westdeutschen Fernseh- und Rundfunkanstalten und den Presseagenturen: „Ich darf Sie aus Gründen, die ich Ihnen nicht weiter zu erläutern brauche, darum bitten,

22

in Ihren Berichterstattungen nichts zu tun, was die Anstrengungen der Sicherheitsorgane des Bundes in irgendeiner Weise beeinträchtigen und dazu beitragen könnte, die Gefahrenlage zu verschärfen."[47]

Der Deutsche Presserat schließt sich noch am gleichen Tag dieser Aufforderung an. Bundespresseamt und Presserat verweisen die Redaktionen darauf, sich in Zweifelsfällen vor einer Veröffentlichung mit dem Pressereferat des Bundesinnenministeriums in Verbindung zu setzen. Die Presse folgt gehorsamst. Die Nachrichtensperre beginnt zu wirken. Die „Verschwiegenheit wird ... wie anderswo die Waffe jener, die eine Gewaltlösung wünschen."[48]

9. September, Freitag

Der Ermittlungsrichter des Bundesgerichtshofes, Kuhn, wendet sich in einem Schreiben an das Justizministerium, um eine Aufhebung des angeordneten Besuchsverbots für die betroffenen Verteidiger zu erreichen. Das Ministerium antwortet nicht mehr.[49]

Obwohl über den Antrag der Bundesanwaltschaft an den Ermittlungsrichter des Bundesgerichtshofes auf Erlaß einer Kontaktsperre noch nicht entschieden ist, ersucht das Bundesinnenministerium über das Bundeskriminalamt die Landesjustizverwaltung, jede Kommunikation zwischen den Häftlingen und ihren Verteidigern zu unterbinden. Dabei ergibt sich die Situation, daß der Ermittlungsrichter des Bundesgerichtshofes einen Kontaktsperrebescheid erläßt, von dem Verteidigerbesuche ausdrücklich ausgenommen sind.

Auch in Westberlin und in Frankfurt am Main weigern sich die Gerichte, eine Verteidiger-Besuchssperre anzuordnen.

Die meisten Anstaltsleitungen und Justizministerien setzen sich jedoch offen über die betreffenden Entscheidungen hinweg. Selbst der höchste Haftrichter der Bundesrepublik Deutschland, Kuhn, muß feststellen, daß er, „da er ja nicht mit einer Gruppe von Justizbeamten gegen die Anstalt vorgehen könne", seine haftrichterliche Verfügung gegen die Verteidiger-Besuchssperre nicht durchsetzen kann.[50]

In den folgenden Tagen herrschen nach den Aufzeichnungen der Anstalt in der Hochsicherheitsabteilung III endlich Sicherheit und Ordnung. Jeder Häftling ist totalisoliert. Bemerkenswerterweise finden sich auch in dieser und der folgenden Kontaktsperrezeit keinerlei persönliche Aufzeichnungen der Häftlinge über den Alltag in der Totalisolation, auch nicht über besondere Ereignisse. Überraschend ist dies deswegen, weil es geradezu zu deren Gewohnheit geworden ist, alle wahrnehmbaren Vorgänge, die die Isolationshaftbedingungen betreffen, zu notieren und von Anfang an mit Datum und Uhrzeit zu versehen.

Trotzdem wird weder in der Zelle Andreas Baaders noch in der von Jan-Carl Raspe auch nur eine einzige Aufzeichnung gefunden werden, die als Chronik der Kontaktsperre dienen könnte. Links vom Zelleneingang bei Jan-Carl Raspe liegen später lediglich zwei Blatt Kohlepapier am Boden, die eine Schreibtätigkeit des Benutzers signalisieren.[51]

In der folgenden Zeit ereignen sich alle bedeutsamen Ereignisse in der Nacht. (Die Darstellung beschränkt sich auf Angaben der Anstalt.) Andreas Baader erhält mehrfach nach Mitternacht Medikamente[52] und während und nach der Beendigung des Hungerstreiks Spritzen.[53] Krankenblätter der Anstalt werden nicht vorgelegt.

So bekommt Andreas Baader etwa in der Nacht vom 11. zum 12. September eine „Spritze vom Sani"[54] in der Zelle. Diese Spritze ist nach den Feststellungen des baden-württembergischen Untersuchungsausschusses nicht ärztlich verordnet. Dennoch wird sie vom Sanitäter verabreicht. Der zur Nachtwache eingeteilte Beamte

Fritz Weiß gibt später bei seiner Vernehmung an, an diesem Tag „um 19.30 Uhr, bekam der Häftling Baader vom Sanitäter eine Spritze. Hierzu mußte die Zelle geöffnet werden."[55] Wer war dieser Sanitäter?

12. September, Montag

Am 12. September will Andreas Baader einen für die Repressionsmaßnahmen Verantwortlichen sprechen.[56] Am folgenden Tag wird sein Antrag, die Anordnung des baden-württembergischen Justizministeriums aufzuheben, mit Beschluß des 4. Strafsenats des Oberlandesgerichts Stuttgart als unzulässig verworfen.[57] Danach bleiben Verteidigerbesuche weiterhin untersagt.

Die gerichtlich bestätigte Nachrichtensperre vereitelt, daß den Häftlingen zu Ohren kommt, was politische Spitzenkräfte und Springers „Welt" über sie verbreiten dürfen; NRW-Ministerpräsident Heinz Kühn (SPD) bekundet Sympathie für weitergehende Repressalien:

„Die Terroristen müssen wissen, daß die Tötung von Hanns-Martin Schleyer auf das Schicksal der inhaftierten Gewalttäter, die die Entführer mit ihrer schändlichen Tat befreien wollen, schwer zurückschlagen müßte."[58]

Der Historiker Golo Mann äußert in der „Welt" den Gedanken über die Anwendung von Art. 18 des Grundgesetzes und meint:

„Verlieren sie – die Terroristen – alle ihre Grundrechte, könnte der blutige Spuk des Terrors gebannt werden, ohne daß er sein nächstes Ziel, die Auflösung des Staates, erreicht hätte."[59]

In der Nacht vom 12. zum 13. September notiert der Wachhabende Peter Kastropp entgegen seiner späteren Aussage vor der Kriminalpolizei, „bei meinen Diensten habe ich keine Besonderheiten bei den BM-Häftlingen bemerkt"[60], ins Kontrollbuch:

„Gegen 18.00 Uhr an Baader Medikamente durch H. Walter ausgegeben (...)

21.15 Uhr verlangte Baader Direktor Nusser zu spré-chen (...) Baader wurde gegen 22.25 Uhr durch H. Walter gespritzt (Zelle geöffnet) (...)

23.50 Uhr Baader bekam nochmals eine Spritze (Zelle geöffnet). Dann keine Vorkommnisse mehr, außer daß gegen 2.15 Uhr Baader verlangte, daß man ihn um 8.00 Uhr wecken soll."[61]

Auch diese beiden Spritzen sind nach den Feststellungen des baden-württembergischen Untersuchungs-ausschusses ebensowenig ärztlich verordnet, wie diejenige am Tag zuvor.[62]

Im übrigen ist ein Sanitätsbediensteter namens H. Walter aktenmäßig nicht bekannt. Wer ist also dieser H. Walter und welche Art von Spritzen verabreichte er?

13. September, Dienstag

Statt der Bundesregierung übernimmt BKA-Chef Herold die Verhandlungen mit den Häftlingen. In seinem Auftrag erscheint erstmals der Erste Kriminal-hauptkommissar (BKA/Abt. TE) Klaus gemeinsam mit Bundesanwalt Löchner in Stammheim. Der BKA-Mann erklärt, sein Auftrag sei es, die 11 Gefangenen, die für die Austauschaktion benannt worden waren, aufzusuchen und ihnen Fragebögen vorzulegen. Dabei gehe es um die Frage, ob die Häftlinge bereit seien, sich ausfliegen zu lassen, und ob sie ein Zielland benennen könnten.[63]

Gegen 9 Uhr trifft BKA-Mann Klaus Andreas Baader im Besucherzimmer des 7. Stockwerks. Über den Gesprächsverlauf verfaßt er später einen Vermerk:

Betr.: Entführung H. M. SCHLEYER;
hier: Befragung des U-Gefangenen Andreas BAADER

Beim Eintreffen in der JVA Stuttgart-Stammheim, gegen 07.45 teilte der Anstaltsleiter (Herr NUSSER) mit, daß BAADER gegen Abend dringend um ein Gespräch mit einem Verantwortlichen gebeten habe, bevor eine nicht wieder gutzumachende Entscheidung getroffen werde.

Die Befragung wurde deshalb bis zum Eintreffen des Avisierten (BA LÖCHNER) zurückgestellt.

Gegen 09.00 Uhr wurde uns beiden in einem Besuchszimmer des 7. Stockwerkes Andreas BAADER vorgeführt. Nachdem er vergeblich versucht hatte, seinerseits Informationen zu erlangen, erklärte er zwei Fragen erörtern zu wollen:

1. Wenn ein Austausch erfolge, dann könne die Bundesregierung damit rechnen, daß die Freigelassenen nicht in die Bundesrepublik zurückkehrten. Die Wiederauffüllung des (terroristischen) Potentials sei nicht beabsichtigt. Er könne insoweit jedoch nur für diejenigen sprechen, die in Stammheim inhaftiert seien oder dort inhaftiert gewesen seien. Diese Versicherung gelte auch nicht für den Fall, daß das Urteil aufgehoben werden sollte oder eine signifikante politische Veränderung eintreten sollte.

   Die Bundesregierung habe nur die Wahl, die Gefangenen umzubringen oder sie irgendwann zu entlassen. Ihr Ausfliegen würde eine Entspannung für längere Zeit bedeuten.

2. Es liege im Interesse der Bundesregierung, eine weitere Eskalation zu vermeiden. Sie möge sich daher um ein Aufnahmeland für diejenigen Gefangenen bemühen, deren Freilassung gefordert werde.

Hier habe ich mich eingeschaltet und BAADER nach Erläuterung des Auftrages den Fragebogen vorgelegt. Er lehnte die Beantwortung der Frage zwei zunächst mit dem Bemerken ab, keine Informationen liefern zu wollen, ließ sich dann aber doch wenigstens zur schriftlichen Fixierung seiner Forderung überreden.

Im Verlaufe des weiteren Gesprächs fügte er alternativ die Aufnahmeländer Vietnam und Algerien ein.

Nach Beendigung der Befragungsaktion ließ er mich zu sich bitten und ergänzte die möglichen Aufnahmeländer um Libyen, VR Jemen und Irak. Dabei betonte er, daß ihm die Reihenfolge wichtig sei.

BAADER schien nervös und durch den Informationsmangel verunsichert zu sein.

Ich hatte den Eindruck, daß die Entführung SCHLEYER's und die daran geknüpften Bedingungen mit den Gefangenen, zumindest im Detail, nicht abgestimmt worden waren.

(Klaus) EKHK[64]

Ferner läßt Klaus Gudrun Ensslin vorführen, der er ebenfalls den Fragebogen übergibt. Die Häftlinge Verena Becker, Jan-Carl Raspe und Irmgard Möller sucht er einzeln in Gegenwart von Oberverwalter Bubeck in ihren Zellen auf. Anschließend teilt ihm Andreas Baader mit, die Bundesregierung habe nur die Wahl, die Gefangenen umzubringen oder sie irgendwann zu entlassen.[65]

Die von Klaus vorgelegten Fragebögen sind wie folgt beantwortet:

Fragebogen
1. Sind Sie bereit, sich ausfliegen zu lassen?
   Anwort: ja
2. In einer Erklärung der Entführer vom 12.9.1977 wird
   gesagt: „Die möglichen Zielländer können der Bundes-
   regierung nur von den Gefangenen selbst genannt
   werden".
   Können Sie dieses Flugziel nennen?
   Antwort: Algerien/Vietnam.
   Wir meinen, dass die Bundesregierung die Länder, die in
   Frage kommen, um die Aufnahme ersuchen muss.
   ja.
Unterschrift: Baader
Datum: 13.9.
Vollzugsanstalt: Stammheim

(Nachtrag:) Libyen/ VR Jemen/Irak

Fragebogen
1. Sind Sie bereit, sich ausfliegen zu lassen?
   Antwort: Ja
2. In einer Erklärung der Entführer vom 12.9.1977 wird
   gesagt: „Die möglichen Zielländer können der Bundesregierung nur von den Gefangenen selbst genannt
   werden."
   Können Sie dieses Flugziel nennen?
   Anwort: ja – nach einer gemeinsamen besprechung aller
   gefangenen, deren auslieferung bzw. austausch das
   kommando fordert, und 1/ od. mehrere gespräche mit
   anwalt otto schily
Unterschrift: Gudrun Ensslin
Datum: 13.9.1977
Vollzugsanstalt: Stammheim

(auf einem Beiblatt:) Anwalt Otto Schily

Fragebogen

1. Sind Sie bereit, sich ausfliegen zu lassen?
   Antwort: ich verlange, mit den anderen Gefangenen um die es geht zu reden – um die genauen Bedingungen zu besprechen dann bin ich bereit –
2. In einer Erklärung der Entführer vom 12.9.1977 wird gesagt: „Die möglichen Zielländer können der Bundesregierung nur von den Gefangenen selbst genannt werden."
   Können Sie dieses Flugziel nennen?
   Antwort: auch das ist ne Frage, die erst mit den anderen festzulegen ist.

Unterschrift: Irmgard Möller
Datum: 13.9.77
Vollzugsanstalt: Stammheim

Fragebogen

1. Sind Sie bereit, sich ausfliegen zu lassen?
   Antwort: Ja
2. In einer Erklärung der Entführer vom 12.9.1977 wird gesagt: „Die möglichen Zielländer können der Bundesregierung nur von den Gefangenen selbst genannt werden."
   Können Sie dieses Flugziel nennen?
   Antwort:
   Ich mache die Beantwortung der Frage davon abhängig mit den Gefangenen, deren Freilassung gefordert wird, sprechen zu können – hier in Stammheim sofort und mit den anderen telefonisch; die Gefangenen die freigelassen werden sollen, werden die Frage beantworten, wenn sie ausgeflogen werden.

Unterschrift: Jan Raspe
Datum: 13.9.77
Vollzugsanstalt: Stammheim

Fragebogen
1. Sie Sie bereit, sich ausfliegen zu lassen?
   Antwort: ja
2. In einer Erklärung der Entführer vom 12.9.1977 wird gesagt: „Die möglichen Zielländer können der Bundesregierung nur von den Gefangenen selbst genannt werden".
   Können Sie dieses Flugziel nennen?
   Antwort: Nein
Unterschrift: Verena Becker
Datum: 13.9.77
Vollzugsanstalt: Stammheim[66]

Noch in Anwesenheit des BKA-Mannes EKHK Klaus wird angeordnet, daß die Häftlinge so unterzubringen sind, daß ihre Zellen nicht unmittelbar nebeneinander liegen. Das ist jedoch bei Andreas Baader und Jan-Carl Raspe der Fall; ihre Zellen 719 und 718 befinden sich direkt nebeneinander.

Andreas Baader wird auf Zelle 715 verlegt. Irmgard Möller auf Zelle 725. Als Grund wird „Kontaktsperre" angegeben.[67]

Da Andreas Baader aus seiner alten Zelle 719 sein Kaffeegeschirr, den Kaffee und das Filterpapier haben will, bittet er Obersekretär Peter Grossmann, ihm diese Gegenstände zu holen.[68] Dieser schildert die folgenden Ereignisse später so:

„(...) bin ich selbst in diese Zelle gegangen, um diese Gegenstände zu holen. In meiner Begleitung war Regierungsdirektor Schreitmüller. Wir suchten beide die Dinge in der Zelle zusammen. Dabei entdeckte ich dann *auch* in Augenhöhe auf dem Bücherregal das Filterpapier, das dort waagrecht abgelegt war. Beim Herausnehmen der Packung fiel mir auf, daß diese relativ schwer war. Ich hielt sie etwas schräg, worauf einige Filtertüten herausrutschten. Dahinter kam eine Minox-Kamera zum Vorschein. Außerdem war in dieser

Melitta-Packung noch ein kleiner schwarzer verschlossener Plastikbehälter, der dem Aussehen nach ein Minox-Film für diese Kamera gewesen sein dürfte. Ich übergab diese Sachen Herrn Schreitmüller."[69]

Die Zelle 719 war zu Beginn der Kontaktsperre von Beamten des baden-württembergischen Landeskriminalamtes durchsucht und überprüft worden. Sie ist bis dahin täglich von Bediensteten der Anstalt durchsucht und überprüft worden. Die Gegenstände in den Zellen sind *derart* gründlich durchsucht worden, daß ein Durchsuchungsbeamter vorschlägt, die vorhandenen Eier aufzuschlagen, um nach verborgenen Schriftstücken zu suchen.[70] Dabei werden keine Entdeckungen gemacht. Die Behauptung der Bundesanwaltschaft, die Ende 1976 in die Vollzugsanstalt eingeschmuggelte Minox-Kamera sei am 13. September 1977 „durch Zufall" aufgefunden worden, ist deshalb unglaubhaft. Wurde sie nicht bereits während des Prozesses entdeckt?

In der Nacht vom 13. zum 14. September *gibt* es Vorkommnisse.[71] Seit dieser Nacht werden an den stählernen Zellentüren, die mit Spion, Essenklappe, zwei Sicherheitsschlössern und Luftschlitzen versehen sind, noch zusätzlich zur Schallisolierung von außen „Kontaktsperrepolster" befestigt.[72] Diese Konstruktion wird in dieser Zeit von 16.00 Uhr bis 7.30 Uhr angebracht und tagsüber wieder entfernt.[73] Die Häftlinge dürfen sich weder sehen noch sprechen.[74]

In der Nacht vom 14. zum 15. September verzeichnet das Kontrollbuch den Eintrag:
„0.25 Uhr Baader eine Dolviran ausgehändigt. Keine Vorkommnisse."[75]

15. September, Donnerstag

Bundeskanzler Schmidt wendet sich in seiner Regierungserklärung gegen die öffentliche Ankündigung einer Geisel-Liquidierung: „Uns erreichen vielerlei Ratschläge bis hin zu dem Vorschlag von Repressionen und Repressalien, die sich gegen das Leben einsitzender Terroristen richten. Ich will meine Überzeugung dazu nicht verhehlen: Androhen kann man nur, was man tatsächlich ausführen darf."[76]

In der Nacht vom 15. zum 16. September heißt es im Kontrollbuch:
„Um 19.30 Uhr verlangte Baader Hustensaft.
Um 23.05 Uhr bei Baader und Raspe Medikamente durch Sani ausgehändigt.
Um 00.30 Uhr fiel die Schallmauer bei Zelle 718 (Raspe) um. Baader nahm sofort Rufkontakt auf. Wortlaut: ‚He, Jan, verstehst du mich, da kommen sie und stellen das Ding wieder auf.'
01.40 Uhr Baader eine Dolviran ausgehändigt."[77]

16. September, Freitag

Auf Initiative von Bundeskanzler Schmidt und anderer Kabinettsmitglieder wie auch Teilnehmern des „Großen Politischen Beraterkreises" gibt die Evangelische Kirche in Deutschland (EKD) eine Erklärung ab:
„Auf der einen Seite hat der Staat die Aufgabe, Leben zu schützen, auf der anderen Seite ist zu fragen, ob die Erfüllung der Forderungen nicht zu weiteren Mordtaten führt. Auf diese Frage gibt es keine prinzipiell richtige oder falsche Antwort. Hier sind die Verantwortlichen vor letzte Gewissensentscheidungen gestellt. Wir versichern sie in dieser Situation unserer Bereitschaft, ihre Entscheidungen mit Vertrauen aufzunehmen und rufen dazu auf, auch die Folgen gemeinsam zu tragen."[78]

Mit dem Bundeskriminalamt verhandelt das Kommando „siegfried hausner" inzwischen über die Freilassungsmodalitäten. Sobald die Maschine mit den Gefangenen sicher gelandet und die Mitreisenden, Payot und Pfarrer Niemöller, zurück seien, werde Schleyer innerhalb von 48 Stunden freigelassen. Er werde die Möglichkeit erhalten, sich unmittelbar nach der Freilassung telefonisch bei seiner Familie zu melden.[79]

In der Nacht vom 16. zum 17. September heißt es im Kontrollbuch:
„21.50 Uhr Baader verlangte 1 Dolviran, und man soll das Radio leiser machen. (Es ist völlig unklar, was für ein Radio hier gemeint ist. – Der Autor)
23.00 Uhr Mit Sani (an) Baader Medikamente ausgegeben. Keine Vorkommnisse! Sehr ruhig."[80]

In der Nacht vom 17. zum 18. September ist im Kontrollbuch folgendes vermerkt:
„18.00 Uhr, 18.34 Uhr, 21.05 Uhr Hauptsicherung eingeschaltet.
20.55 Uhr Optipyren mit Innenwache ausgehändigt an Baader.
22.55 Uhr mit Sani und Innenwache Medikamente an Baader ausgehändigt. Sonst keine Vorkommnisse."[81]

In der Nacht vom 18. zum 19. September wird im Kontrollbuch vermerkt:
„Um 23.00 Uhr an Baader Medikamente durch Sani ausgehändigt. Keine Vorkommnisse. Sehr ruhig!"[82]

19. September, Montag

Am Montag, dem 19. September, erklärt Alfred Seidel, Bayerischer Innenminister (CSU), um 20.15 Uhr in der Fernsehsendung „Panorama", „daß es meine persönliche Überzeugung ist, daß man den Artikel 102 des

Grundgesetzes aufheben sollte." Im Artikel 102 des Grundgesetzes heißt es, „die Todesstrafe ist abgeschafft."[83]

21. September, Mittwoch

Die Herbst-Vollversammlung der Deutschen Bischofskonferenz in Fulda gibt eine ähnliche Erklärung wie die EKD ab. Die vorangegangene Diskussion faßt Vorsitzender Kardinal Höffner so zusammen, daß der Staat als letzte Notwehr zu dem Mittel der Todesstrafe greifen dürfe und schloß nicht aus, daß die katholischen Bischöfe die Wiedereinführung der Todesstrafe billigen könnten. Einerseits müsse beachtet werden, daß keiner menschlichen Institution die Entscheidung über Leben und Tod zustehe. Andrerseits werde in kirchlichen Überlieferungen die Todesstrafe nicht völlig abgelehnt. Auch Papst Pius XII. habe vor 20 Jahren dieses Strafmaß als letzte Möglichkeit nicht ausschließen wollen.[84]

Egon Franke (SPD), Minister des Inneren, bringt in der Kabinettssitzung wieder das Thema Todesstrafe zur Sprache: „Nicht allgemeine, aber doch für Terroristen (...) das beschreibt die Stimmung in der Bevölkerung. Die sind dann weg."[85]

22. September, Donnerstag

Der CSU-Rechtsexperte Spranger hält die Einführung der Todesstrafe für ein Gebot der Gerechtigkeit gegenüber den Opfern des Terrors.[86]

23. September, Freitag

Am Tage dringen Sicherheitsorgane in die Wohnung von Rechtsanwalt Hans Heinz Heldmann, dem Verteidiger Andreas Baaders, ein, um sie zu durchsuchen.

Über solcherlei Praktiken berichtet später der „Kölner Stadt Anzeiger":

„Fahndung total. Ist niemand anwesend, wird diese Wohnung mit Nachschlüssel geöffnet. Nach Durchsuchung läßt die Polizei Zettel zurück: 'Sehr geehrter Wohnungsinhaber, aufgrund gesicherter Beweise (...) hat die Staatsanwaltschaft die Durchsuchung der zum Wohnkomplex gehörenden Wohnungen gem. § 183 StPO (Durchsuchung bei Unverdächtigen) angeordnet (...) ist daher unerläßlich, auch Ihre Wohnung zu durchsuchen. Wir bedauern, in Ihre Privatsphäre einzudringen. Hochachtungsvoll (...)'

Die Polizei dazu: ‚Vorratsfahndung'"[87]

Der stellvertretende CDU/CSU-Chef Dregger verlangt:

„Ausschaltung von Anwälten, die zur Terrorszene gehören. Kürzere Prozesse. Keine Zwangsernährung für Terroristen bei klarem Verstand. Sicherungsverwahrung für Terroristen schon nach der ersten Verurteilung (...) der Verfassungsschutz muß V-Leute in die Terrorszene einschleusen (...)"[88]

In der Sicherheitsabteilung III der JVA Stammheim herrschen unterdessen weiterhin Sicherheit und Ordnung:

In der Nacht vom 19. zum 20. September wird im Nachtkontrollbuch aufgezeichnet:

„Um 23.05 Uhr an Baader und Raspe Medikamente durch den Sani ausgehändigt. Keine Vorkommnisse."[89]

In der Nacht vom 20. zum 21. September heißt es dort:
„Um 23.07 Uhr an Baader und Raspe Medikamente durch den Sani ausgehändigt. Sehr ruhig!"[90]

In der Nacht vom 21. zum 22. September eine geringfügige Variation:
„Um 23.05 Uhr an Baader und Raspe Medikamente ausgehändigt. Keine Vorkommnisse! Sehr ruhig!"[91]

In der folgenden Nacht, der Nacht vom 22. zum 23. September, notiert der Wachhabende:
„20.20 Uhr Baader verlangt Optipyrin.
23.05 Uhr Baader und Raspe erhalten vom Sani Medikamente.
23.10 Uhr Frau Schmitz wurde durch E-Klappe (Essens-Klappe, der Verf.) angesprochen, da Sch. schlief, wurde Glühbirne aus Zelle geholt."[92]

In der Nacht vom 23. zum 24. September heißt es im Kontrollbuch:
„Medikamente ausgegeben an Raspe gegen 23.15 Uhr. An Baader um 23.25 Uhr. 1 Dolviran an Baader ausgegeben um 2.15 Uhr. Sonst keine Vorkommnisse."[93]

In der Nacht vom 24. zum 25. September wird notiert:
„22.30 Uhr Medikamente ausgegeben an Baader und Raspe."[94]

In der Nacht vom 25. zum 26. September wird im Kontrollbuch vermerkt:
„23.00 Uhr Medikamente an Raspe und Baader ausgegeben."[95]

26. September, Montag

Beginn des Hungerstreiks. Irmgard Möller berichtet: „Zum Selbstmordkomplott ist folgendes zu sagen: Nach der Ermordung von Ulrike haben wir über Selbstmord diskutiert, und daß es sich dabei um eine CIA-Methode handelt, Morde als Selbstmorde darzustellen. Keiner hatte die Absicht des Selbstmordes; das widerspricht unserer Politik. Das letzte Mal über Selbstmord haben wir am 26. September, dem Beginn des Hungerstreiks, gesprochen. Wir haben den Hungerstreik angefangen, obwohl uns bekannt war, daß er nicht so schnell öffentlich werden könne. Wir wollten dem Krisenstab signalisieren: Wir sind entschlossen zu kämpfen! Außerdem wollten wir eine Änderung der Haftbedingungen. Seit dem 15. September waren Maßnahmen ergriffen worden, uns zum Selbstmord zu provozieren oder auch einem vorgetäuschten Selbstmord eine Motivation unterzuschieben. Für uns war klar, Selbstmord ist nicht Sache. Wir sind entschlossen zu kämpfen. Niemand drohte mit Selbstmord (. . .)"[96]

Die Humanistische Union veröffentlicht an diesem Tag eine Erklärung, in der sie eindringlich vor dem geplanten Sondergesetz für die Unterbindung von Verteidigerbesuchen warnt:

Darüber scheinen Regierung und Opposition einig, daß jeder Terroranschlag mindestens mit Verschärfung von Gesetzen, mit Verkürzung bürgerlicher Freiheitsrechte, besonders aber der Freiheit der Strafverteidigung zu beantworten sei. So wird der freiheitliche Rechtsstaat durch die staatliche Reaktion auf jede Gewalttat immer mehr demontiert – worauf vermutlich auch die Terroristen hinaus wollen. Vom Tempo abgesehen, gibt es in der Richtung keinen Unterschied. Die Opposition möchte nur stets größere Schritte, wodurch die Regierungsparteien sich dann vorhalten lassen müssen, Verbrechen hätten, wenn die Regierung mit der Opposition Schritt gehalten hätte, verhindert werden können.

Diese Methode, jahrelang angewandt, hat Unbehagen, Mißtrauen, Angst vermehrt, ohne Terrorismus zu vermindern; zu dessen Bekämpfung erscheint sie untauglich.

Am 25.8.72 hat der 3. Strafsenat des Bundesgerichtshofes einen Rechtsanwalt mit der Begründung aus der Verteidigung ausgeschlossen, er müsse einen Kassiber aus einer Justizvollzugsanstalt herausgeschmuggelt haben; das sei anzunehmen, weil die Interessen von Anwalt und Mandanten grundsätzlich gleichgerichtet seien. Damals empörten sich noch die Anwaltschaft, die Richter des Kammergerichts Berlin und die Öffentlichkeit (statt vieler Müller-Meiningen in der SZ vom 30.8.72: ‚Diese Sache darf man nicht auf sich beruhen lassen.')

Auch der Bundesminister der Justiz trat in seiner Stellungnahme vom 8.12.1972 an das Bundesverfassungsgericht einer solchen Auffassung entgegen. Das Bundesverfassungsgericht verwarf die Entscheidung des 3. Senats als verfassungswidrig. Inzwischen hat die ständige Wiederholung der bisher ganz unbewiesenen Behauptung von interessierter Seite, Anwälte seien potentiell stets Komplizen ihrer Mandanten, ihre Wirkung getan. ...dafür, daß Verteidiger in ihrer anwaltlichen Berufsausübung mit den Gewaltverbrechern konspirieren, hat auch das (gesetzwidrige) 2jährige heimliche Belauschen der Verteidigergespräche in Stuttgart-Stammheim zugestandenermaßen nicht den Schatten eines Beweises erbracht. Das bloße zeitliche Zusammentreffen der Schleyer-Entführung mit dem Abbruch des Hungerstreiks ist umso weniger ein Beweis, als es offenkundig unmöglich ist, ein so perfekt organisiertes Verbrechen aus der Gefangenschaft zu planen und zu dirigieren.

Da außerdem ein tatsächlicher Verdacht gegen einen

Rechtsanwalt zu dessen Ausschluß aus der Verteidigung führen soll, ist es durch nichts gerechtfertigt, den Kernbereich freier Strafverteidigung zu zerstören. Die Abgeordneten werden aufgerufen, kein Gesetz ohne jede Rechtstatsachenforschung ‚mit heißer Nadel zu nähen.' Man darf nicht, nur um vielleicht die geängstigte Bevölkerung zu beschwichtigen, einen ganzen Berufsstand von gesetzeswegen als Begünstiger von Verbrechen diffamieren.

Wenn weiterhin jeder Terroranschlag eine Beschneidung der Verteidigerbefugnisse zur Folge hat, ist das Ende der freien Advokatur nicht mehr weit.

Humanistische Union
gez. Dr. Charlotte Maack
Vorsitzende[97]

An diesem Tag erscheint der Sicherheitsberater des US-Präsidenten Carter, Zbigniew Brzezinski, in Bonn. Mit Bundeskanzler Helmut Schmidt hat er eine mehrstündige Unterredung. Er steht dabei rückhaltlos hinter der Politik des Bundeskanzlers bei der „Bekämpfung des Terrorismus" und leistet für seinen Präsidenten „tätige Hilfe". Zuvor hat er in London und Paris Station gemacht.[98]

In der Nacht vom 26. zum 27. September trägt der Wachhabende ins Kontrollbuch ein:

„23.00 Uhr Medikamente an Baader und Raspe ausgegeben."[99]

27. September, Dienstag

BKA-Mann Klaus fordert Jan-Carl Raspe auf, Länder anzugeben, in die er ausgeliefert werden will. Das Gespräch zwischen beiden findet in Gegenwart von Amtsinspektor Hauk ab 18.45 Uhr im Besuchszimmer statt.

Raspe verlangt zuerst, den Kontakt der Gefangenen untereinander wieder zu erlauben. Klaus meint dazu, daß die Totalisolation nur dann beendet werden könne, wenn zuvor die Häftlinge eine Botschaft an die Entführer richteten, mit der Aufforderung, die Entführungsaktion zu beenden. Sodann läßt er sich die neu installierte Vorrichtung zur Unterbindung der akustischen Kontakte zwischen den Gefangenen zeigen.

Über dieses Gespräch verfaßt er am 28.9.1977 folgenden Vermerk:

Betr.: Entführung Hanns Martin SCHLEYER;
hier: Gespräch mit Jan-Carl Raspe

1. Am 27.09.77 gegen 15.30 Uhr, teilte die JVA Stuttgart-Stammheim (BUBECK) tel. mit, daß RASPE vor einer halben Stunde um den Besuch des Bundesanwalts Löchner und des Unterzeichners gebeten habe. Er habe geäußert, er wolle eine Mitteilung machen und ein Schriftstück übergeben. PR ordnete an, die Dienstreise sofort mit einem Hubschrauber anzutreten. BA Löchner informierte mich bei meiner Ankunft in Stammheim um 18.30 Uhr tel. darüber, daß er nur dann zu kommen beabsichtige, wenn dies unumgänglich sei.

2. RASPE wurde mir um 18.45 Uhr im Besucherzimmer vorgeführt. In Gegenwart des Amtsinspektors HAUK erklärte er folgendes:
   Im Hinblick auf die Frage 2 (Frage nach dem Zielort in dem am 13.09.77 vorgelegten Fragebogen) habe er eine Ergänzung anzubringen. Er könne die Liste der bisher genannten Aufnahmeländer um einige erweitern. Dann überreichte RASPE mir ein Schriftstück im DIN A 4 -Format mit einer vorbereiteten maschinenschriftlichen Erklärung folgenden Inhalts:

„Für den Fall, daß die Bundesregierung wirklich den Austausch versucht und vorausgesetzt, die bereits genannten Länder – Algerien, Libyen, Vietnam, Irak, Südjemen – lehnen die Aufnahme ab,
nennen wir noch eine Reihe weiterer Länder:
– Angola
– Mozambique
– Guinea-Bissau
– Äthiopien
27.9.77 Raspe"

Raspe wurde verlegen, als ich im Hinblick auf den Gebrauch des Fürwortes „wir" und die Aufzählung der von Baader genannten 5 Aufnahmeländer vorhielt, daß man sich wohl untereinander verständigt habe.

Er unterzeichnete das Original und eine Kopie des Schriftstückes und übergab mir beide mit der Bitte, sie an den Krisenstab weiterzuleiten.

Auf meine Frage, ob er noch etwas zu sagen habe, fuhr er fort:

Die lange Dauer (der Entführungsaktion) lasse auf die Absicht einer „polizeilichen Lösung" schließen. Damit wäre eine „politische Katastrophe" programmiert, nämlich „tote Gefangene".

Im übrigen sei die Isolation z.Zt. nach außen total. Es sei nicht einzusehen, warum man nicht wenigstens die Gefangenen innerhalb der Anstalt miteinander kommunizieren lasse, zumal die Isolation offenbar gesetzlich legitimiert und damit auf eine andere Ebene gehoben werden solle.

Wenn keine Entscheidung getroffen werde, dann könne dieser Zustand möglicherweise noch drei Monate dauern. Daraufhin gab ich ihm als meine persönliche Auffassung zu bedenken, daß dem durch eine Botschaft der Gefangenen, die Entführungsaktion zu beenden, abgeholfen werden könne.

Zum Schluß meinte Raspe, die Aufnahme in einem der genannten Länder hänge von der Intensität ab, mit der sich die Bundesregierung ernsthaft darum bemühe.

3. Die Anstaltsbediensteten zeigten mir nach dem Gespräch mit RASPE die neu installierte Vorrichtung zur Unterbindung der akustischen Kontakte zwischen den Gefangenen durch die mit Lüftungsschlitzen versehenen Zellentüren. Die Türen werden nach dem Einschluß von außen mit Holzplatten abgedeckt, an deren oberem Ende eine Schaumgummiauflage zur Abdichtung der Luftschlitze angebracht worden ist.

4. AP Boeden und BA Löchner wurden von mir fernmündlich voraus über das Ergebnis des Besuchs unterrichtet. Das LKA Stuttgart (KR Textor) erhielt ebenfalls von meinem Besuch bei RASPE und der Tatsache Kenntnis, daß vier weitere Aufnahmeländer genannt worden seien.

(Klaus) EKHK[100]

In der Nacht vom 27. zum 28. September vermerkt der Wachhabende im Kontrollbuch:
„18.50 Uhr Baader verlangt nach einer Optipyrin (ausgehändigt)
23.00 Uhr Medikamentenausgabe durch den Sanitäter.
23.55 Uhr Baader verlangt nach einer Optipyrin (ausgegeben)."[101]

29. September, Donnerstag

Zahlreiche Juristinnen und Juristen aus der BRD und Dänemark appellieren an den Bundespräsidenten wegen der Gefahr, daß die minimalsten Menschenrechte durch das Gesetz zur Änderung des Gerichtsverfassungsgesetzes (Kontaktsperregesetz) beseitigt werden. Sie verlangen deshalb, es nicht auszufertigen und nicht verkünden zu lassen:

APPELL

Sehr geehrter Herr Bundespräsident!

Die Unterzeichner erklären:
in der Bundesrepublik steht die Verabschiedung eines Gesetzes unmittelbar bevor, durch das unter bestimmten Bedingungen „jedwede Verbindung von Gefangenen untereinander und mit der Außenwelt ohne jede Ausnahme" unterbrochen werden kann. Dieses Gesetz soll das rechtswidrige Besuchsverbot von Rechtsanwälten bei wegen des Vorwurfs der „terroristischen Vereinigung" (§ 129a StGB) Angeklagten oder Verurteilten legalisieren. Das Besuchsverbot wurde bisher unter Berufung auf einen „rechtfertigenden Notstand", der angeblich seit dem 5.9.77, dem Tag der Entführung des Arbeitgeberpräsidenten Hanns-Martin Schleyer besteht, durchgeführt. Das bisher beispiellose Besuchsverbot soll jetzt nach bereits dreiwöchiger Praktizierung noch in dieser Woche, in der das Gesetz erstmalig als Entwurf veröffentlicht wurde, verabschiedet werden.

Dieses in Presse und Medien einmütig als „ungewöhnlich" bezeichnete Blitzverfahren der Gesetzgebung hat uns alarmiert. Wir sehen uns dadurch veranlaßt, auf die Tatsache hinzuweisen, daß dieses Vorgehen eine abwägende und gründliche Diskussion unmöglich macht und damit eine öffentlich vorgebrachte Opposition erst gar nicht zustande kommen läßt. Unser dringender Appell an Sie, Herr Bundespräsident, soll deutlich machen, daß wir dieses Vorgehen ablehnen. Die vielfältigen Bemühungen, zur Bekämpfung des Terrorismus neue Gesetze zu schaffen, lassen in diesem Fall die Gefahr am deutlichsten werden, daß grundlegende Menschenrechte von Angeklagten und Verurteilten und die Stellung der Strafverteidiger in Frage gestellt werden.

Nach § 31 der geplanten Änderung des Einführungsgesetzes zum Gerichtsverfassungsgesetz können Gefangene schon dann durch Beschluß der Justizbehörden von jedwedem Kontakt ausgeschlossen werden, wenn gegen sie ein Haftbefehl wegen Betätigung für eine terroristische Vereinigung besteht.

„Besteht eine gegenwärtige Gefahr für Leben, Leib oder Freiheit einer Person und begründen bestimmte Tatsachen den Verdacht, daß die Gefahr von einer terroristischen Vereinigung ausgeht, so kann die Feststellung getroffen werden, daß es zur Abwehr dieser Gefahr erforderlich ist, jedwede Verbindung von Gefangenen untereinander und mit der Außenwelt zeitweilig zu unterbrechen.“ (§ 31 EGGVG)

Das Recht, diese Feststellung zu treffen, soll nicht bei den Gerichten, sondern bei der Exekutive (Bundes- oder Landesregierung) liegen. (§ 32). Die gerichtliche Überprüfung braucht erst nach einer Woche zu erfolgen (§ 34). Die Maßnahme ist auf 30 Tage begrenzt, kann aber wiederholt werden (§ 35).

Wir stellen fest:

– diese Rechtskonstruktion (Außerkraftsetzung von Grundrechten durch Feststellung und Beschluß der Exekutive mit sofortiger Vollziehbarkeit) findet eine formale Entsprechung nur noch in den Gesetzen zur Regelung des Notstandes oder des Spannungsfalles;

– das Gesetz sieht im Gegensatz zum geltenden Recht die kollektive Regelung des Haftstatuts einer Gruppe von Gefangenen vor und nimmt damit Abschied von der grundlegenden Erfordernis einer Begründung im Einzelfall;

– die Regelung stellt einen Einbruch der Exekutivgewalt in einen bisher allein der Justiz unterstellten Bereich dar;

– der Entwurf stellt die Einführung eines Ausnahmerechts bezüglich der Haftbedingungen einer bestimmten Gruppe von Gefangenen dar;

– ein solches Gesetz entspricht weder dem Grundgesetz noch den Menschenrechten.

Die Verweigerung jedweden Kontaktes der Häflinge untereinander und nach außen geht zudem über die bisherigen restriktiven Haftbedingungen der wegen § 129 a StGB Angeklagten oder Verurteilten weit hinaus und schafft ein neues Haftstatut. Eine unter Umständen mehrmonatige absolute Isolation, dazu auch noch von Untersuchungshäftlingen, läßt keinerlei unabhängige Kontrolle der Haftbedingungen mehr zu und liefert den Häftling damit jeder möglichen Willkür aus. Eine solche vollständige Außerkraftsetzung der minimalsten Menschenrechte kann auch denen gegenüber nicht hingenommen werden, gegen die der schwere Vorwurf der Bildung einer terroristischen Vereinigung erhoben oder durch Urteil bestätigt worden ist. Ihre geistige und körperliche Unversehrtheit darf nicht zur Disposition der Exekutive gestellt werden.

Die in diesem Gesetz enthaltene Beschränkung der Rechte der Anwälte und die pauschale Verdächtigung aller Anwälte, die in Verfahren wegen des Vorwurfs des § 129 a StGB verteidigen oder Verurteilte betreuen, ist eine grobe Infragestellung der unabhängigen und gesetzlich besonders privilegierten Positionen der Strafverteidiger. Dieser Umstand wiegt umso schwerer, als sich die in der öffentlichen Diskussion zu diesem Thema gegen eine Reihe von Anwälten erhobenen Vorwürfe des schwerwiegenden strafwürdigen Mißbrauchs ihrer Stellung bisher in keinem ordentlichen Strafverfahren bestätigt haben. Wir wenden uns sowohl gegen die unterschiedslose Anwendung eines solchen Besuchsverbotes bzw. dessen gesetzliche Verankerung, als auch gegen seine Anwendung bzw. gesetzliche Verankerung ohne beweiskräftige und nachprüfbare Grundlage in jedem einzelnen Fall.

Der vorliegende Entwurf läßt eine Situation zu, in der unter dem Verdacht des Verstoßes gegen den § 129 a StGB Verhaftete über die Zeit von mehreren Monaten hinweg, keine Möglichkeit haben, eine Überprüfung der Rechtmäßigkeit ihrer Inhaftierung zu erreichen. Dies entspricht einem Internierungsstatus, der bürgerkriegs- oder kriegsähnliche Verhältnisse im Bereich der Justiz voraussetzt. Was im Fall der unter dem Verdacht an der Ermordung von Jürgen Ponto beteiligt gewesen zu sein Verhafteten Eleonore Poensgen exemplifiziert werden kann, ist in der Verlängerung für ganze Gruppen von Menschen im Rahmen von Fahndungsaktionen denkbar: Inhaftierung ohne Möglichkeit der rechtlichen Gegenwehr, d.h. Internierung.

Wir wenden uns an Sie, Herr Bundespräsident, weil die Schaffung der gesetzlichen Möglichkeiten der Außerkraftsetzung grundlegender Menschenrechte gegen welche Personengruppe auch immer in einem Blitzverfahren der Gesetzgebung, das jede Möglichkeit der Stellungnahme und Diskussion der nationalen und internationalen Öffentlichkeit ausschließt, in der BRD nicht Wirklichkeit werden darf. Die Aufmerksamkeit der durch dieses Vorhaben beunruhigten und alarmierten nationalen und internationalen Öffentlichkeit ist auch auf Sie gerichtet als Repräsentant dieses Staates und seiner demokratischen Grundlagen.

29. September 1977

Rechtsanwalt Hartmut Scharmer, Hamburg
Rechtsanwälte Helmut und Manfred Böddeling, Hamburg
Rechtsanwalt Wolf-Dieter Reinhard, Hamburg
Rechtsreferendarin Annette Voges, Hamburg
Rechtsreferendarin Friderike Heuer, Hamburg
Rechtsanwalt Heldmann, Darmstadt
Rechtsanwalt Conradis, Duisburg
Rechtsanwältin Gebauer, Hamburg
Rechtsanwalt (GESCHWÄRZT), München
Rechtsanwalt (GESCHWÄRZT), Hamburg
Verein „Demokratischer Rechtsanwälte", Dänemark[102]

Irmgard Möller berichtet später über diesen Tag:

„Am 29. September hatte Andreas die Initiative ergriffen, damit jemand vom Bundeskanzleramt komme. Am selben Tag sagte Andreas zu Jan, er habe das mit dem Bundeskanzleramt angeleiert. Das BKA konnte die Dimension der Sache nicht erfassen. Es war unklar, ob der Bundesregierung die politischen Implikationen einer Freilassung klar waren. Es war die Bedingung dafür, daß überhaupt jemand vom Bundeskanzleramt kam, daß die Regierung bereit war, uns auszutauschen."[103]

In Stammheim untersuchen in Gegenwart von Anstaltsarzt Dr. Henck die Professoren Müller und Schröder aus Stuttgart Irmgard Möller und Andreas Baader.[104]

30. September, Freitag

Unter dem Vorwand, Nachrichten und Verbindungen zwischen Guerilla und Häftlingen der RAF zu unterbinden, wird die Kontrolle und Schutzfunktion der verbliebenen Verteidiger für das Leben der Häftlinge aufgehoben. Sie werden kaltgestellt. Rechtsanwalt Arndt Müller aus Stuttgart wird wegen Verdachts der Unterstützung einer terroristischen Vereinigung auf Antrag der Bundesanwaltschaft festgenommen und nach Haftbefehl des Ermittlungsrichters des Bundesgerichtshofes inhaftiert.[105]

Nun ist auch Gudrun Ensslin ohne ortsansässigen Verteidiger, genau wie Irmgard Möller, deren Verteidiger Armin Newerla bereits zuvor festgenommen und inhaftiert worden ist.[106]

An diesem Tag wird nach fast drei Monaten Aufenthalt in Frankreich auch Rechtsanwalt Klaus Croissant in Paris verhaftet, nachdem er in verschiedenen Zeitungen und dem französischen Fernsehen Interviews gegeben hatte, in denen er kritisch auf die politische Entwicklung in der Bundesrepublik und auf die Haftsituation seiner Mandanten einging.[107]

In der Sicherheitsabteilung III der JVA Stuttgart-Stammheim signalisiert das Kontrollbuch weiterhin Ruhe und Ordnung; der Wachhabende notiert in der Nacht vom 29. zum 30. September:

„20.00 Uhr Baader verlangt eine Optipyrin (ausgehändigt)

23.00 Uhr Medikamentenausgabe durch Sani an Baader und Raspe.

2.15 Uhr 1 Dolviran an Baader abgegeben."[108]

In der Nacht vom 30. September zum 1. Oktober heißt es:

„18.10 Uhr Baader verlangt eine Optipyrin (ausgehändigt)

20.25 Uhr bis 20.39 Uhr wurde Baader von H. Listner in der Zelle gespritzt (Zellentüre wurde geöffnet) s. Meldung!

23.00 Uhr Medikamente an Baader ausgegeben."[109]

Diese Spritze ist nach den Feststellungen des baden-württembergischen Untersuchungsausschusses ärztlich nicht verordnet.[110] Dennoch wird sie vom Sanitäter Listner verabreicht.

Wer hat also Listner veranlaßt, diese Spritze ohne ärztliche Verordnung zu verabreichen?

Welcher Art ist diese Spritze und was sollte mit ihr bezweckt werden?

1. Oktober, Samstag

Die „Welt" meldet: „Bundestagspräsident Kai-Uwe von Hassel trat für eine ernsthafte Diskussion ein über die Einführung der Todesstrafe für Menschenraub, Entführung und Terrorismus."[111]

In der Nacht vom 1. zum 2. Oktober heißt es im Nachtkontrollbuch:

„23.10 Uhr Medikamente an Raspe und Baader ausgegeben.

2.25 Uhr 1 Dolviran an Baader ausgegeben." „[112]

2. Oktober, Sonntag

Das Kontaktsperregesetz tritt in Kraft. Damit ist die
Staatsnotwehr gesetzlich verankert. Konkret besagt das
Gesetz, daß ein Häftling, dessen Freilassung gefordert
wird, totalisoliert werden kann.

Danach können der Bundesminister der Justiz oder
eine Landesregierung folgende „Feststellung" treffen:

(§ 31) Besteht eine gegenwärtige Gefahr für Leben, Leib
oder Freiheit einer Person, begründen bestimmte Tatsachen den Verdacht, daß die Gefahr von einer terroristischen
Vereinigung ausgeht, und ist es zur Abwehr dieser Gefahr
geboten, jedwede Verbindung von Gefangenen untereinander und mit der Außenwelt einschließlich des schriftlichen
und mündlichen Verkehrs mit dem Verteidiger zu unterbrechen, so kann eine entsprechende Feststellung getroffen
werden. Die Feststellung darf sich nur auf Gefangene
beziehen, die wegen einer Straftat nach § 129 a des Strafgesetzbuches oder wegen einer der in dieser Vorschrift
bezeichneten Straftaten rechtskräftig verurteilt sind oder
gegen die ein Haftbefehl wegen des Verdachts einer solchen Straftat besteht; das gleiche gilt für solche Gefangenen, die wegen einer anderen Straftat in Haft sind und
gegen die der dringende Verdacht besteht, daß sie diese
Tat im Zusammenhang mit einer Tat nach § 129 a des Strafgesetzbuches begangen haben. Die Feststellung ist auf
bestimmte Gefangene oder Gruppen von Gefangenen zu
beschränken, wenn dies zur Abwehr der Gefahr ausreicht
(...).[113]

Der Anstaltsleiter wird erneut fernmündlich angewiesen, die betroffenen Häftlinge Andreas Baader, Gudrun Ensslin, Irmgard Möller und Jan-Carl Raspe von jeglichem Kontakt sowohl mit der Außenwelt einschließlich der Verteidiger als auch untereinander fernzuhalten. Der Anstaltsleiter wird wiederholt angewiesen, die Kontaktsperre zu organisieren.[114]

Volker Speitel, zuletzt Bürogehilfe im Stuttgarter Büro der Rechtsanwälte Arndt Müller und Armin Newerla, läßt sich von der Polizei im „Skandinavien-Express" von Kopenhagen nach Hamburg kurz hinter der Staatsgrenze in Puttgarden festnehmen.

Bei seiner Vernehmung gibt er das „Geheimnis" des 7. Stocks preis: In den Häftlingszellen befinden sich Schußwaffen. Von nun an wird ihn die Bundesanwaltschaft als Kronzeugen benutzen.

In der Nacht vom 2. zum 3. Oktober werden mehrere Ereignisse im Kontrollbuch festgehalten:

„19.30 Uhr Baader verlangt Optipyrin.

19.45 Uhr Sicherung von 715 (Baader) fliegt zweimal heraus.

21.00 Uhr Baader verlangt Optipyrin (wurde ausgehändigt)

22.50 Uhr Baader verlangt 1 Dolantinspritze, die ihm gegen 23.20 Uhr verabreicht wurde. Siehe Meldung. Springer."[115]

Eine solche Spritze ist ärztlich verordnet. Nach den Feststellungen des Untersuchungsausschusses wird Andreas Baader am 2. Oktober eine Ampulle Dolantin spezial verordnet.[116] Welche Wirkung hat diese Spritze? Wer verordnete diese Spritze? Wo sind die im Kontrollbuch vermerkten „Meldungen" verblieben?

In der Nacht vom 3. zum 4. Oktober wird im Kontrollbuch vermerkt:

23.10 Uhr Medikamente an Baader und Raspe ausgegeben.

1.35 Uhr Baader verlangt Optipyrin (ausgehändigt)."[117]

4. Oktober, Dienstag

Das Bundesverfassungsgericht verwirft den Antrag Gudrun Ensslins auf einstweilige Anordnung, ihr Verteidigerbesuche zuzulassen.[118]

Die Vollzugsanstalt regelt – wie mit dem Justizministerium besprochen – die Kontaktsperre in allen Einzelheiten durch eine Hausverfügung.[119]

Andreas Baader wird von Zelle 715 in die Zelle 719 verlegt. Vor der Verlegung wird er durchsucht und muß sich dafür völlig entkleiden. Einer der beteiligten Durchsuchungsbeamten beschreibt später diesen Vorgang gegenüber der Kriminalpolizei folgendermaßen:

„(...) Von den Beamten meiner Gruppe wurde die Zelle des Baader geöffnet, Baader wurde selbst aufgefordert, die Zelle zu verlassen und wurde in eine andere total leere Zelle verbracht. Dort mußte er sich ausziehen und bekam neue Wäsche. Ihm wurde ebenfalls eine neue Matratze ausgehändigt. Nach diesen Maßnahmen wurde Baader in diese Zelle eingeschlossen..."[120]

Als Grund für die Zellenverlegung wird angeführt: „Fund der Minox und Verlegung von 715 nach 719 auf ärztliche Anordnung."[121]

Diese ärztliche Anordnung befindet sich nicht in den Akten.

Jan-Carl Raspe wird von Zelle 718 auf Zelle 716 verlegt. Auch er wird vor der Verlegung durchsucht und muß sich völlig entkleiden.[122] Als Grund wird angeführt: „Kontaktsperre".[123]

Irmgard Möller wird von Professor Schröder vom Bürgerhospital / Stuttgart nachuntersucht.[124]

In der Nacht vom 4. zum 5. Oktober vermerkt der Wachhabende im Kontrollbuch:

„19.30 Uhr Baader verlangt Optipyrin und Brandsalbe (ihm sei kochendes Wasser über den Fuß gelaufen), ausgehändigt.

23.05 Uhr Medikamente an Baader und Raspe ausgegeben."[125]

Irmgard Möller hält in ihrem Bericht der Ereignisse u. a. fest, daß ab diesem Tag nachts der Strom abgeschaltet wird.[126]

5. Oktober, Mittwoch

Die Verteidigung erhält vom Oberlandesgericht Stuttgart die Nachricht, daß der Vorsitzende mit Verfügung vom 5. Oktober 1977 die Zustellung des Strafurteils an die Angeklagten in den nächsten Tagen angeordnet hat, was auch geschieht.[127]

In diesem über 300 Seiten starken Urteil wird den Angeklagten Andreas Baader, Gudrun Ensslin und Jan-Carl Raspe u.a. die Bildung einer kriminellen Vereinigung zur Last gelegt.

Richter Bertsch am Amtsgericht Stuttgart-Bad Cannstatt wird von Anstaltsleiter Nusser angerufen, der ihm mitteilt, Raspe wolle einen Antrag nach den §§ 23 ff. EGGVG (Antrag auf gerichtliche Entscheidung) stellen.

Nachmittags im Vernehmungszimmer der Anstalt wird Raspe vorgeführt, und in Gegenwart von Oberverwalter Bubeck und dem Urkundsbeamten wird der Antrag auf Aufhebung der Kontaktsperremaßnahmen protokolliert.

Richter Bertsch wird mitgeteilt, daß auch Andreas Baader einen solchen Antrag stellen und einen Richter sprechen wolle. Baader wird dann ebenfalls vorgeführt. Auch sein Antrag wird in Gegenwart von Bubeck protokolliert und dann an das Oberlandesgericht Stuttgart weitergeleitet.[128]

Am Nachmittag wird Richter Heinz am Amtsgericht Stuttgart/Bad Cannstatt zur Anstalt gerufen, weil auch Gudrun Ensslin einen Antrag nach den §§ 23 ff. EGGVG stellen wolle. Ihm wird Gudrun Ensslin vorgeführt. Im Vernehmungszimmer übergibt Gudrun Ensslin im Beisein des Urkundsbeamten und des Oberverwalters Bubeck einen handgeschriebenen Brief. Der Antrag wird entgegengenommen und an das Oberlandesgericht Stuttgart weitergeleitet.[129]

Anstaltsarzt Dr. Henck führt ein letztes Gespräch mit Irmgard Möller in Anwesenheit von Professor Müller, der die Gefangene untersucht.[130]

Der Bundespräsident läßt den in- und ausländischen Appellanten mitteilen, er sei zur Auffassung gelangt, daß verfassungsrechtliche Bedenken gegen das Kontaktsperregesetz nicht bestünden und er dieses Gesetz habe ausfertigen und verkünden lassen.[131]

Das Bundesverfassungsgericht läßt auf Antrag des Bundesjustizministers die Kontaktsperre auch für Häftlinge gelten, die nicht wegen Mitgliedschaft in einer kriminellen Vereinigung (§ 129 StGB) verurteilt worden sind und konstruiert:

„Das beigezogene Urteil (Freiheitsstrafe von 15 Jahren wegen versuchten Mordes) kann den dringenden Verdacht rechtfertigen, Z. habe die Tat im Zusammenhang mit einem Vergehen nach § 129 StGB begangen. (...) Diese nicht näher überprüfbare Annahme hat dazu geführt, daß der Bundesminister für Justiz (...) Kontaktunterbrechung auch für den Gefangenen Z. angeordnet hat. Diese Entscheidung ist unanfechtbar."[132]

Der Antrag auf einstweilige Anordnung zur Durchführung eines Verteidigerbesuches wird mit der Begründung zurückgewiesen:

„Würde diese Verbindung (zwischen den unter dem Verdacht terroristischer Gewalttaten Inhaftierten und Verteidigern) durch Außervollzugsetzung der einstweiligen Besuchsverbote wiederhergestellt werden, so bestünde die ernsthafte Gefahr, daß den Entführern Dr. Schleyers und anderen terroristischen Gewalttätern aus den Vollzugsanstalten heraus unterstützende Hinweise oder Weisungen zugespielt würden, welche das Leben der Geisel zusätzlich gefährden, die Bemühungen der Behörden um eine Lösung des Entführungsfalles vereiteln oder erheblich erschweren und eine Bedrohung von Leib und Leben weiterer Personen bewirken könnten."[133]

6. Oktober, Donnerstag

Richter Heinz wird erneut in die Vollzugsanstalt Stuttgart-Stammheim gerufen und nimmt dort den Antrag nach den §§ 23 ff. EGGVG von Irmgard Möller entgegen.[134]

Schreitmüller will Jan-Carl Raspe in eine „Beruhigungszelle" bringen lassen.[135] Dr. Heck tritt dem entgegen. Er führt das letzte Gespräch mit Jan-Carl Raspe.[136] Er unterrichtet die Anstaltsleitung davon, daß nach seinem Gesamteindruck davon ausgegangen werden muß, daß sich Raspe „in einem ausgeprägten depressiven Verstimmungszustand" befinde und „suicidale Absichten" habe anklingen lassen.[137]

Tatsächlich sei Baader erst an diesem Tag in die Zelle 719 verlegt worden – entgegen der Darstellung der

Anstaltsleitung –, damit er, wie die Bundesregierung später der Menschenrechtskommission erklärt, „wegen einer Myalgie der Rückenmuskulatur besser gymnastische Übungen betreiben und ein Rudergerät benutzen" könne.[138] In welcher Zelle ist er vom 4. bis zum 6. Oktober dann aber wirklich gewesen?

Als beschämend bezeichnet die Vereinigung Demokratischer Juristen (VDJ) die Haltung der großen Mehrheit der Bundestagsparteien bei der Verabschiedung des Kontaktsperregesetzes. Nach einer Konferenz in Mainz erklärt die Vereinigung, schon die Art und Weise des Zustandekommens dieses Gesetzes habe jegliche demokratische Beteiligung betroffener Bevölkerungskreise ausgeschlossen, um einem künstlich gezüchteten Bedürfnis der Öffentlichkeit nach Sofortmaßnahmen zum Nachteil sachlicher Besonnenheit gerecht zu werden. Die VDJ wende sich gegen die rechtspolitischen Tendenzen, die sich in den Bundestagsparteien mehr und mehr durchsetzen. Die VDJ halte die Kontaktsperre insofern mit der Menschenrechtskonvention für unvereinbar, als die Möglichkeit, sich bei der Verhaftung mit einem Rechtsanwalt seiner Wahl in Verbindung zu setzen zu den grundlegenden Bedingungen eines rechtsstaatlichen Strafverfahrens gehöre.[139]

7. Oktober, Freitag

Heute werden nach einer Meldung der Anstalt den Häftlingen „die Verfügungen der Anstaltsleitung – betreffend die Untersagung der Obsteinkäufe" ausgehändigt.[140] Nach wenigen Minuten läutet Andreas Baader und wirft einem Bewacher die gerade ausgehändigte Verfügung vor die Füße.[141]

Irmgard Möller erklärt später vor dem baden-württembergischen Untersuchungsausschuß:

„Kurz vor dem Hungerstreik hatte ich einen geschwollenen Hals. Ich sagte dem Anstaltsarzt Bescheid. Dieser sagte Schröder Bescheid, daß er mich untersuchen soll. Andreas sprach über wahnsinnige Kopfschmerzen. Als ich ihm sagte: ‚Morgen kommt Schröder‘, sagte er: ‚Sorge dafür, daß er auch zu mir kommt.‘

Auffälligerweise hörten drei bis vier Tage nach Beginn des Hungerstreiks die Schmerzen auf.

Sämtliche Maßnahmen seit dem 5. (Verfügung von Nusser: kein gemeinsamer Einkauf, kein Berühren von gemeinsamen Gegenständen, Sperre des Obsteinkaufs, Sperre der Zulagen) bedeuteten, daß wir unmittelbar auf das Anstaltsessen festgelegt wurden. Wir wurden mit der Nase in das Anstaltsessen gezwungen. Da bekamen wir die Assoziation nach Vergiftung. Ich hatte seit dem 13. das Essen reingenommen (in die Zelle), aber nichts mehr gegessen, und ich gehe davon aus, daß die anderen das auch gemacht haben.“[142]

Am selben Tag richtet Andreas Baader gegen diese Anstaltsverfügung an Haftrichter Foth eine Beschwerde mit Zusatzschreiben. Dieser Beschwerde wird nicht abgeholfen.

Beschwerde
gegen die verfügung schreitmüllers, die nach dem einkauf – denn wir können nach der totalisolation weder verwandte noch anwälte darüber informieren, dass unsere konten bei der anstalt leer sind – auch noch den zusatzeinkauf von obst, den der haftrichter angeordnet hat, verbietet.

die behauptung, unser gesundheitszustand hätte sich so gebessert, dass obst nicht ‚mehr erforderlich‘ ist, ist falsch. nach den feststellungen der ärzte dr. müller, schröder und rasch und wahrscheinlich des anstaltsarztes henk, soweit er zu feststellungen in der lage ist, hat sich der zustand zwischen der ersten untersuchung – nach der der zusatzeinkauf genehmigt wurde – und der zweiten rasch b.z.w. der letzten von müller und schröder vor kurzem, verschlechtert, weil die haftbedingungen kaum gelockert worden sind. wie man weiss, sind sie inzwischen – im 6. jahr der untersuchungshaft extrem verschärft worden, tatsächlich sind sie unmenschlicher als am ersten tag:

1. wir sind total von jeder sozialen interaktion – auch mit rechtsanwälten – abgeschnitten.
2. die anstalt hat eine konstruktion ersonnen, die von 16 uhr bis 7.30 die zellen auch schallisoliert.
3. wir haben weder radios, noch zeitungen oder zeitschriften und wir können keine bücher mehr bestellen – auch nicht in der anstaltsbibliothek.
4. der einkauf ist praktisch gestrichen.
5. die bewegung im freien ist von 130 minuten auf 30 minuten reduziert worden.

demgegenüber von gleichbehandlung zu sprechen, entspricht dem sadismus der massnahmen selbst.

Baader

zusatz zu der beschwerde vom 7.10.

aus dem zusammenhang aller massnahmen seit 6 wochen und ein paar bemerkungen der beamten, lässt sich der schluß ziehen, dass die administration oder der staatsschutz, der – wie ein beamter sagt – jetzt permanent im 7. stock ist – die hoffnung haben, hier einen oder mehrere selbstmorde zu provozieren, sie jedenfalls plausibel erscheinen zu lassen.

ich stelle dazu fest: keiner von uns – das war in den paar worten die wir vor zwei wochen an der tür wechseln konnten und der diskussion seit jahren klar – hat die absicht, sich umzubringen. sollten wir – wieder ein beamter – hier ‚tot aufgefunden werden‘ sind wir in der guten tradition justizieller und politischer massnahmen dieses verfahrens getötet worden.

Andreas Baader

7.10. 19 Uhr[143]

Während am 10. Oktober das Zusatzschreiben mit der Beschwerde beim Oberlandesgericht eingeht, gelangt in die Verfahrensakte nur das Zusatzschreiben, die Beschwerde hingegen in die Hände des Generalbundesanwaltes. Erst nach Jahren händigt er sie aus.

Die Verfügung der Anstalt vom 7. Okt. findet sich nicht bei den Akten.

Die Süddeutsche Zeitung zitiert in einem Artikel auf der Titelseite den CSU-Vorsitzenden Franz Josef Strauß:

„Man sollte einmal die, die für die Freiheit des Volkes angeblich kämpften, dem Volk überlassen, dann brauchen die Polizei und die Justiz sich nicht mehr darum zu kümmern."[144]

8. Oktober, Samstag

Der stellvertretende Anstaltsleiter und Sicherheitsbeauftragte der Anstalt, Schreitmüller, geht in Urlaub.[145] Er wird erst nach dem Tod der Häftlinge wieder zum Dienst erscheinen.

Für die zum Nichtaustausch entschlossene Bundesregierung setzt in diesen Tagen BKA-Chef Herold die Scheinverhandlungen mit den Häftlingen fort:

BN-Bad Godesberg, den 8.10.
Vermerk
Betreff
Entführung Hanns Martin SCHLEYER;
hier
Gespräch mit Andreas BAADER

Gegen 14.00 Uhr teilte die JVA Stammheim (BUBECK) telefonisch mit, daß BAADER um den Besuch des Unterzeichners bis 16.00 Uhr gebeten habe. Auf Anordnung des

Herrn Präsidenten flog ich gegen 15.00 Uhr mit einem BGS-Hubschrauber nach Stuttgart-Stammheim.

Um 17.45 Uhr wurde mir BAADER im Besucherzimmer des 7. Stockwerks der Haftanstalt vorgeführt. Er fragte zunächst, ob ich ihm etwas zu sagen habe. Als ich verneinte, gab er nervös und unzusammenhängend folgende Erklärung ab:

Wenn das „jämmerliche Spiel" und die „Potenzierung der Isolation seit 6 Wochen" nicht bald ein Ende finde, dann würden die Gefangenen entscheiden. Das „polizeiliche Kalkül werde nicht aufgehen". Die Sicherheitsorgane würden dann mit einer „Dialektik der politischen Entwicklung konfrontiert" werden, die sie zu „betrogenen Betrügern" mache.

Die Gefangenen beabsichtigten nicht, die gegenwärtige Situation länger hinzunehmen. Die Bundesregierung werde künftig nicht mehr über die Gefangenen verfügen können."

Als ich daraufhin fragend einwarf, in welcher Welt er eigentlich lebe und ob das nicht irreale Vorstellungen seien, erwiderte BAADER:

Dies sei eine Drohung. Es werde sich um eine „irreversible Entscheidung" der Gefangenen „in Stunden oder Tagen" handeln.

BAADER stand anschließend auf und verließ das Besucherzimmer. Auf dem Flur blieb er stehen, wandte sich noch einmal an mich und sagte, falls die Bundesregierung die Gefangenen auszufliegen beabsichtige, dann wollten sie nicht irgendwo hingebracht, sondern an den Verhandlungen über Zielort und Modalitäten beteiligt werden.

Ich gewann bei dem etwa 7 Minuten dauernden Gespräch den Eindruck, daß BAADER infolge der Isolation und der Ungewißheit mit den Nerven am Ende ist. Mit der von ihm genannten Entscheidung der Gefangenen kann nach Sachlage nur ihre Selbsttötung gemeint sein. Ob dies ernst gemeint ist und ob die Gefangenen sich darüber haben verständigen können, ist nicht sicher.

Es ist nicht auszuschließen, daß BAADER von dem letzten Lebenszeichen SCHLEYERS – etwa durch Zuruf von außen – Kenntnis erlangt und dies zum Anlaß für seine Erklärung genommen hat.

gez.

(Klaus) EKHK

9. Oktober, Sonntag

Vermerk:
Betr.: Entführung Hanns Martin SCHLEYER;
hier: Erklärung der U-Gefangenen Gudrun ENSSLIN

Am heutigen Sonntag, gegen 09.30 Uhr, erhielt ich telefonisch Kenntnis davon, daß Gudrun ENSSLIN um 07.55 Uhr meinen Besuch erbeten habe. Weisungsgemäß begab ich mich mit einem Dienst-Pkw zur JVA Stuttgart-Stammheim. Dort wurde mir um 14.30 Uhr im Besucherzimmer des 7. Stocks Gudrun ENSSLIN vorgeführt. Sie brachte den handschriftlich konzipierten Text einer Erklärung mit und bat darum, diesen wörtlich aufzunehmen und dem Krisenstab zu übermitteln. Die maschinenschriftliche Aufnahme, die eigenhändige Niederschrift und die Unterzeichnung lehnte sie ab. Sie forderte jedoch, daß der anwesende Beamte der JVA, Herr BUBECK, den von ihr verlesenen Text mitschreibt und dem Anstaltsleiter übermittelt. Die Erklärung hat folgenden Wortlaut:

„Wenn diese Bestialität hier, die ja auch nach Schleyers Tod nicht beendet sein wird, andauert – die Repressalien im sechsten Jahr in der U-Haft und Isolation – und da geht es um Stunden, Tage, das heißt nicht mal ne Woche – dann werden wir, die Gefangenen in Stammheim, Schmidts Entscheidung aus der Hand nehmen indem wir entscheiden und zwar wie es jetzt noch möglich ist, als Entscheidung über uns.

Das ist eine Tatsache die die Regierung angeht weil sie verantwortlich ist für die Tatsache die sie begründen – die fünfeinhalb Jahre Folter und Mord, den Schauprozeß, die totale elektronische Überwachung, die Tortur durch Drogen und Isolation – dieses ganze jämmerliche Ritual, um unseren Willen und unser Bewußtsein zu brechen. Verantwortlich auch für den Exzess dieser unmenschlichen Konzeption seit sechs Wochen: die perfekte soziale und Geräuschisolation und die Masse der Schikanen und Quälereien, die uns fertigmachen sollen. Es kann keine Drohung sein – sie wäre paradox. Aber ich denke, die Konsequenz bedeutet zwangsläufig Eskalation und damit das, wovon in der Bundesrepublik, wenn man den Begriff korrekt verwendet, bisher nicht die Rede sein konnte: Terrorismus.

Und es bedeutet auch – das heißt das ist die Prämisse der Entscheidung – das, was die Regierung immer auch entscheiden kann, für uns gar nicht mehr die Bedeutung haben kann, von der sie ausgeht. Die Alternative, um nochmal daran zu erinnern, wäre:

1. *Schleyer wird freigelassen, wenn wir die Aufenthaltserlaubnis und die Gewissheit haben, daß die Bundesregierung keine Versuche – egal welche – unternehmen wird, die Auslieferung zu erreichen im Zusammenhang aller Delikte aller möglicherweise freizulassenden Gefangenen vor der Befreiung.*

2. *Die Regierung kann davon ausgehen, daß wir, das heißt die Gruppe um deren Befreiung es geht, nicht in die Bundesrepublik zurückkommen, weder legal noch illegal.*

3. *Wenn die Bundesregierung bereit ist, eine Flugzeugbesatzung zur Verfügung zu stellen und das Land um Aufnahme zu ersuchen, wissen wir mit absoluter Sicherheit ein Land, das uns aufnimmt, es kann sein, daß es nicht unter den bisher genannten ist und wir werden es nennen, wenn wir im Flugzeug sitzen, obwohl wir der Ansicht sind, dass der sicherste Weg für „Leib und Leben Schleyers" (so die Formel, nach der wir seit sechs Wochen Haftbedingungen unterworfen sind, die brutaler sind, als der tote Trakt in Köln-Ossendorf, das heißt tödlich) – die den israelischen Staat beziehungsweise die israelische Armee sicher noch weniger verpflichten als den westdeutschen Staat beziehungsweise seine*

Armee, wäre: Die Haftbefehle aufzuheben, in einem der Länder, die wir zuerst genannt haben, eine Aufenthaltsgenehmigung zu erreichen und die Organisation und die Mittel für einen undramatischen Transfer (etwa über Interflug) zu erübrigen.

4. *Darüber ob wir überhaupt bereit sind von der Bundesregierung Geld anzunehmen, wie das Kommando fordert, werden sich die elf Gefangenen nur gemeinsam klar werden.*

5. *Falls die Kolportage richtig ist: Eine Pressekonferenz in Aden oder wo immer wäre unwahrscheinlich – es gibt zwei weniger spektakuläre Möglichkeiten, um dem Kommando zu signalisieren, daß die Bundesregierung eine Aufenthaltsgenehmigung erreicht hat und sich um eine Auslieferung nicht bemüht – weder durch politischen noch durch ökonomischen Druck, wie etwa im Sommer '75 in der Volksrepublik Jemen, wo ihr (Euch – der Verf.) ja, wenn ich da richtig informiert bin der Versuch, die Gefangenen zurückzukaufen immerhin noch ein Fünftel der Summe wert war, das ihren humanitären Anliegen Gewicht verleihen sollte."*

Auf meine Frage, welcher Art die Entscheidung sei, die sie (die Gefangenen) dem Kanzler abnehmen wollten, erwiderte Frau ENSSLIN, das ginge ja wohl aus der Erklärung unmißverständlich hervor. Nach den Umständen ist anzunehmen, daß die Selbsttötung gemeint ist. Den Vorschlag, daß sich in gewissen Zeitabständen mehrere Gefangene nacheinander selbst umbringen sollten, um die Hungerstreikforderungen durchzusetzen, hat ENSSLIN 1975 schon einmal in einem bei der RA'in BECKER gefundenen Kassiber gemacht. Hinsichtlich ihrer eigenen Person ist die Ernsthaftigkeit dieser Ankündigung nicht auszuschließen. Bei den Mitgefangenen ist die Realisierung weniger wahrscheinlich – zumal als Alternative zur Freilassung.

Frau ENSSLIN gab zu, von meinem gestrigen Gespräch mit BAADER erfahren zu haben. Sie machte einen ruhigen und gefaßten Eindruck.

Nach Mitteilung der Anstaltsbediensteten ist die ggw. Isolation der betroffenen Gefangenen keineswegs total. Sie können z.B. Radiosendungen aus den darunterliegenden Zellen durch die geöffneten Fenster mithören, wenn die Geräte laut genug eingestellt sind. Auch besteht tagsüber eine Verständigungsmöglichkeit untereinander mittels Zuruf durch die Zellentüren. Die Vorrichtungen zur Abdichtung der Zellentüren können nur nachts angebracht werden.

(Klaus) EKHK

BN-Bad Godesberg, 09.10.1977
Vermerk:
Betr.: Entführung Hanns Martin SCHLEYER,
hier: Gespräch mit Jan Carl RASPE

Nach dem Gespräch mit Gudrun ENSSLIN äußerte auch RASPE den Wunsch, mir gegenüber eine Erklärung abgeben zu wollen. Im Besucherzimmer des 7. Stocks um 15.15 Uhr vorgeführt, sagt er sinngemäß folgendes:

Er wolle nachdrücklich an seine Warnung vom 27.09.77 erinnern, daß die politische Katastrophe die toten Gefangenen und nicht die befreiten sein werden. Das gehe die Bundesregierung insofern an, als sie verantwortlich für die jetzigen Haftbedingungen sei, die darauf abzielten, die Gefangenen als verschiebbare Figuren zu behandeln. Die Gefangenen würden der Bundesregierung, falls dort keine falle, die Entscheidung abnehmen.

Auf meine Frage, ob die Gefangenen sich selbst zu töten beabsichtigen, etwa so wie Ulrike MEINHOF dies getan habe, erwiderte RASPE:

Ich weiß nicht!

Nach einigem Nachdenken fügte er hinzu:

Es gebe ja auch das Mittel des Hungerstreiks und des Durststreiks. Nach 7 Tagen Durststreik sei der Tod unausweichlich, da nützten keine medizinischen Mätzchen mehr etwas.

Im Zusammenhang damit sagte ich zu RASPE, ein lebendiger Hund sei immer noch besser als ein toter Löwe, ein Wort aus dem Buch „Prediger Salomo".
(Klaus) EKHK.[146]

BN-Bad Godesberg, 9.10.1977
TE

Vermerk:

Betr.: Entführung Hanns Martin SCHLEYER
hier: Erklärung der U-Gefangenen Irmgard MÖLLER

Anläßlich meines heutigen Aufenthalts in der JVA Stuttgart-Stammheim auf Wunsch Gudrun ENSSLINs verlangte mich auch Irmgard MÖLLER zu sprechen. Sie wurde mir um 15.25 Uhr im Besucherzimmer des 7. Stockwerks vorgeführt und gab wörtlich folgende – von ihr schriftlich vorbereitete – Erklärung ab:

„Ich stelle nur fest, daß wir entschlossen sind, die Barbarei dieser Maßnahmen gegen uns, von denen gesagt wird, sie gingen bis hin zu der erbärmlichen schallschluckenden Konstruktion, mit der unsere Zellen abgedichtet sind, auf die Initiative des Krisenstabs zurück, nicht länger ertragen werden.

Ich bin seit über 5 Jahren gefangen und war in dieser Zeit 3 Jahre in Trakten und totaler Einzelisolation und 2 Jahre in Kleingruppenisolation – seit ich in Stammheim bin, wird jede Lebensäußerung überwacht, solange noch Verteidiger zugelassen waren, auch die Verteidigergespräche – alles Maßnahmen, die für sich grausam und erniedrigend sind:

Folter nach der Definition der UNO, von Amnesty International und der Menschenrechtskonvention. Vor 2 1/2 Jahren haben die Gutachter festgestellt, daß ich durch die Isolations-Haft krank geworden bin. Seitdem sind die Haftbedingungen nicht etwa gelockert, sondern verschärft worden.

Seit 6 Wochen durch ein perfektes soziales und akusti-
sches Vakuum, in dem Menschen nicht überleben können.
Gleichzeitig ist die Kalorien-Zufuhr auf die Hälfte herab-
gesetzt worden. Die Essensausgabe wird so arrangiert, daß
wir nur die Wahl haben entweder zu hungern oder das
Anstaltsessen, dem mit absoluter Sicherheit nach den Fest-
stellungen der Gefangenen (aus der RAF) im 7. Stock Dro-
gen zugesetzt werden, anzunehmen. Es ist uns verboten
worden, Gegenstände auch nur zu berühren, die ein ande-
rer Gefangener oder überhaupt jemand, außer dem Perso-
nal, das die Tortur hier überwacht, in der Hand gehabt
haben kann.
Ich kann mir weder Bücher noch Papier noch Zeitungen
und Zeitschriften beschaffen und die Radios sind uns weg-
genommen worden. "

Zu dem geforderten Austausch der Gefangenen hatte Frau
MÖLLER nichts vorzutragen.

(Klaus) EKHK[147]

10. Oktober, Montag

Anstaltsarzt Dr. Henck führt das letzte Gespräch mit
Andreas Baader und Gudrun Ensslin. Beide äußern den
Verdacht, daß der Anstaltskost Mittel beigefügt sind,
die die Psyche beeinflussen.[147a]
Die Nacht vom 11. zum 12. Oktober verläuft ruhig.

12. Oktober, Mittwoch

Bei den Häftlingen Gudrun Ensslin, Irmgard Möller,
Jan-Carl Raspe und Andreas Baader findet eine augenfachärztliche Untersuchung durch Professor Schrader
vom Katharinenhospital/Stuttgart statt.[148]

Gegen 10 Uhr wünscht Gudrun Ensslin Staatssekretär Schüler und Bundesminister Wischnewski zu sprechen. Als EKHK Klaus vom BKA seinen Besuch ankündigt, erklärt sie, keinen Polizisten sprechen zu wollen, sondern einen Politiker.

BKA-Präsident Herold weist Klaus an, Gudrun Ensslin eine Erklärung zu überbringen, wonach Staatssekretär Schüler ein Gespräch zwar nicht grundsätzlich ablehne, aber nur dann mit ihr führen wolle, wenn sie den Gesprächsgegenstand vorher mitteile.

13. Oktober, Donnerstag

BN-Bad Godesberg, den 13.10.1977
Vermerk
Betreff
Entführung Hanns Martin Schleyer;
hier
Gespräch mit Gudrun ENSSLIN am 13.10.1977

1. Am 12.10.1977, gegen 10.00 Uhr, ließ die Gefangene ENSSLIN übermitteln, daß sie den Staatssekretär SCHÜLER zu sprechen wünsche. Sie nehme an, daß dieser bei den Entscheidungsabläufen eine maßgebliche Rolle spiele.

   Gegen Mittag erklärte sie, falls Staatssekretär Schüler verhindert sei, wolle sie ein Gespräch mit Bundesminister Wischnewski führen.

   Auf die Ankündigung meines Besuchs hin (gegen 17.30 Uhr) erklärte sie gegenüber dem Amtsinspektor Bubeck, sie wolle keinen Polizisten, sondern einen Politiker sprechen.

2. Gegen 19.00 Uhr erhielt ich von PR den Auftrag, der Gefangenen Gudrun ENSSLIN eine Mitteilung zu überbringen, wonach Staatssekretär Schüler ein Gespräch nicht grundsätzlich ablehne. Dies sei jedoch nur sinnvoll,

wenn sie den Gesprächsgegenstand vorher mitteile und dieser über den Inhalt ihrer Erklärung vom 9.10.1977 mir gegenüber hinausgehe.

Ich begab mich am gleichen Abend mit dem Dienst-Pkw nach Stuttgart-Stammheim.

3. Heute, am 13.10.1977, gegen 09.00 Uhr, las ich Frau ENSSLIN im Besucherzimmer des 7. Stockwerks der JVA Stammheim in Gegenwart eines Anstaltsbeamten (Miesterfeldt) den vorformulierten Text der Mitteilung vor. Sie schrieb wörtlich mit und sagte nach einiger Überlegung:

„Das heißt doch nichts anderes, als daß Schüler mich gar nicht sprechen will. Ihr Chef (gemeint war PR Dr. Herold) hat, wie ich das sehe, in Bonn ja nun wohl die Entscheidungsgewalt in der Hand."

Auf meine Frage, wie sie zu diesem Schluß komme, erwiderte Frau ENSSLIN, es gäbe gar keinen anderen Gesprächsgegenstand. Daraufhin habe ich ihr gesagt, ich könne mir durchaus Alternativen zu dem Inhalt ihrer Erklärung vorstellen. Ich sei allerdings nicht ermächtigt, diese mit ihr zu erörtern.

Ihre Antwort war:

„Die zwei Möglichkeiten, die es gibt, sind in der Erklärung vom 9.10., soweit überhaupt etwas gesagt werden kann, vollständig erfaßt."

Ich erklärte ihr, daß sie mir eine unmißverständliche Antwort auf die Mitteilung des Staatssekretärs geben möge. Sie dachte nach und bat mich, folgenden Text wörtlich aufzunehmen:

„Die Mitteilung geht, so ich sie richtig verstehe, von einem absurden Kalkül aus, dem nämlich, es könnte Widersprüche zwischen den Gefangenen und dem Kommando geben.

Das ist natürlich Quatsch."

So wie ich sie verstanden habe, wollte sie damit sagen, es handele sich um einen Versuch, die Gefangenen und die Entführer zu spalten und gegeneinander auszuspielen.

Meine anschließende Frage, ob sie Herrn Staatssekretär Schüler noch sprechen wolle oder nicht, beantwortete sie zunächst mit *„unter diesen Umständen, nein".*

Sie zögerte schließlich und bat darum, ihre Mitgefangenen zu informieren. Diese könnten sich dann auch gleich dazu äußern und brauchten nicht erst wieder – wie am Wochenende – nach mir telefonieren zu lassen.

Auf dem Rückweg in ihre Zelle versuchte die Gefangene ENSSLIN durch Zuruf mit BAADER Kontakt aufzunehmen. Das gelang nur deshalb nicht, weil dieser noch schlief.

4. Herr Präsident Dr. Herold wurde von mir gegen 09.30 Uhr fernmündlich unterrichtet. Er ordnete an, die anderen Gefangenen nicht zu informieren und zurückzukehren.

Der Anstaltsleiter, Herr Nusser, erhielt vom wesentlichen Ergebnis des Gesprächs mit der Gefangenen ENSSLIN Kenntnis.

(Klaus) EKHK

BN-Bad Godesberg, den 13.10.1977
Vermerk:
Betr.: Entführung Hanns Martin Schleyer
hier: Telefonat mit der Gefangenen Gudrun Ensslin

Nach vorangegangener Absprache mit dem Leiter der JVA Stammheim, Herrn Nusser, übermittelte die Gefangene Ensslin um 16.20 Uhr fernmündlich folgende Nachricht:

„Na gut, wenn wir sagen, wir wollen mit Ihnen oder Wischnewski reden, denn das ist – vielleicht gegen alle Erfahrung –
1. *die Frage nach einer Differenz zwischen Politik und Polizei, in der andere Möglichkeiten enthalten sind, als die der Eskalation – der Rationalität aller Politiker, die dazu verurteilt sind, Polizisten zu werden und einer Polizei, die so frei ist, die Politik zu machen.*

2. *Es geht also darum, dem Staatssekretär – und natürlich nur, wenn daran gedacht wird – zu erklären, was es bedeutet, uns – diese 11 Gefangenen – frei zu lassen.*

   Daß keiner von uns auf die Idee käme, mit einem Polizisten darüber zu reden – zu dem mir nichts einfällt als die tödlichen Arrangements der Transporte verletzter Gefangener, schließlich die Schlinge am Fenster – wissen Sie seit 6 Jahren. Er könnte es nicht verstehen und also auch nicht verständlich kolportieren.

3. *Wenn also geredet werden soll und ganz im Gegensatz zu der Unart, die über Sie bekannt geworden ist: Mit Ihnen ist es sinnvoll, in den sauren Apfel zu beißen, nur mit Andreas zu reden."*

(Klaus) EKHK.[149]

Bundesjustizminister Vogel beantragt wegen bevorstehenden Fristablaufs beim Bundesgerichtshof in Karlsruhe die Bestätigung der von ihm am 2. Oktober kraft Gesetzes angeordneten Kontaktsperre für insgesamt 70 Häftlinge im Bundesgebiet und Westberlin.

Dieser Antrag wird damit begründet, daß die Gefahrenlage fortbestehe, die wegen der Schleyer-Entführung entstanden ist.[150]

Da die verhängte Kontaktsperre innerhalb von zwei Wochen vom Bundesgerichtshof bestätigt werden muß, um weiterhin wirksam zu sein, ist dieser Antrag sehr eilig.

Die Kontaktsperre gilt seit dem 2. Oktober, also muß der Bundesgerichtshof entweder bis Ende der Woche über den Antrag positiv entschieden haben, oder die Kontaktsperre wird hinfällig.

In die Scheinverhandlungen werden Geistliche eingeschaltet:

An diesem Tag dringen um 15.40 Uhr mit Billigung der Anstaltsleitung der evangelische Oberpfarrer Erwin

Kurmann und der katholische Anstaltsgeistliche Peter Rieder gleichzeitig durch die Kontaktsperre. Auftragsgemäß testen sie in ökumenischer Eintracht die psychologische Belastbarkeit von Andreas Baader. Der katholische Anstaltsgeistliche berichtet seinem Bischof Moser, der mit Bundesjustizminister Vogel persönlich bekannt ist.[151]

Anstaltsarzt Dr. Henck ist ab heute dienstunfähig erkrankt.[152]

Schon unmittelbar vor dem Tode Ulrike Meinhofs und Siegfried Hausners war Dr. Henck nicht im Dienst. Hat er die künftigen Ereignisse vorausgesehen? Wollte er die weitere Verantwortung für die medikamentöse Behandlung der Häftlinge nicht mehr übernehmen?

In der Nacht vom 13. zum 14. Oktober notiert der Wachhabende ins Kontrollbuch:

„20.40 Uhr Baader verlangt Spritze.

21.05 Spritze vom Sani erhalten (Zelle geöffnet)

22.15 Uhr Baader und Raspe verlangen ihre Medikamente.

22.50 Uhr Medikamente durch Sani ausgehändigt."[153]

Für diese Nacht sind ärztlich verordnet:

1 Ampulle Depot-Impletol,

2 Optipyrin-Zäpfchen,

1 Tablette Adalin und

1 Tablette Dolviran.[154]

Der Wachhabende Peter Busch, Assistent z.A. bei seiner späteren Vernehmung durch die Kripo:

„Bei meinem letzten Nachtdienst klingelte Baader und verlangte durch die Sprechanlage von seiner Zelle aus eine Spritze gegen Schmerzen am Rücken... Ich setzte mich deshalb mit dem Wachhabenden in Verbindung, der den Sanitäter entsprechend unterrichtete. Ich glaube, es war gegen 21.20 Uhr, als der Sanitäter zusammen mit zwei Beamten der Nachtposten A und B bei mir auf dem Stockwerk erschienen. Wir begaben uns nun zur Zelle Baader, wo der Sanitäter Baader eine Spritze in den Rücken gab. Der ganze Vorgang dauerte 10 bis 15 Minuten... In dieser Nacht wurde die Zellentür des Baader mit dem Notschlüssel aus dem Blechkasten im Wachtmeisterzimmer des 7. Stockwerks geöffnet. Der Schlüsselkasten ist nicht verplombt.

Wie bereits angeführt, wird ein Alarm ausgelöst, wenn der Blechkasten geöffnet wird.

Die Beamten, die sich im Stockwerk auskennen, wissen jedoch, daß die Auslösung des Alarms durch einen Knopfdruck unterbunden werden kann. Wenn ich in der Nacht den Notschlüssel herausnahm, hat der Sanitäter diesen Knopf gedrückt, damit kein Alarm ertönt und die Leute aufwachen. Zuvor wurde von uns der Wachhabende entsprechend verständigt..."

Bei dieser späteren Befragung berichtet Assistent Busch weiter, daß eine Verständigung über die Rufanlage möglich war, obwohl das Mikrofon in der Zelle 719 mit Knetmasse abgedeckt war. Er habe über die Gegensprechanlage die Stimme Baaders, wenn auch mit geringer Lautstärke, wahrnehmen können.[155]

Im Sanitätsdienst der Anstalt sind 9 Männer und 3 Frauen beschäftigt.[156] Von den Männern sind nur 6 bekannt. Keiner von ihnen hatte in dieser Nacht Dienst. Wer ist der Sanitäter, der Andreas Baader die Spritze verabreicht hat?

Anstaltsarzt Dr. Henck ist an diesem Tag dienstunfähig erkrankt. Wer aber, wenn nicht er, hat diese Spritze verordnet?

Grundsätzlich werden Medikamente nur auf ärztliche Verordnung durch Sanitätsbeamte ausgegeben oder verabreicht.[157] Hat etwa der stellvertretende Anstaltsarzt Dr. Majerowicz Andreas Baader eine Ampulle Depot-Impletol und andere Medikamente verordnet?

Majerowicz gibt später bei der Kripo zu Protokoll:

„Seit zwei Monaten etwa hatte ich mit diesen Leuten nichts mehr zu tun. Herr Dr. Henck hat sich die Betreuung dieser Leute vorbehalten. Seit vergangenem Freitag ist Dr. Henck krank, so daß ich seither der einzige angestellte Arzt hier bin."[158]

Sanitäts-Nachtdienst hat Sanitäter Jost, der aber zu den Spritzen nicht befragt wird. Einer der begleitenden Nachtposten, Baumgärtner, der als Dienstanfänger erstmals Nachtdienst hat, sagt, er sei gegen 23.00 Uhr mit Jost und einem Kollegen namens Schneider II in den 7. Stock gefahren, um Medikamente auszugeben. Es seien dann nacheinander die Zellentüren von Baader und Raspe geöffnet und dabei die Schaumstoffverkleidung entfernt worden.[159] Er berichtigt sich unmittelbar und erklärt, es seien nur die Essensklappen geöffnet worden. Dieser Widerspruch erklärt sich möglicherweise daraus, daß der Kriminalpolizei verborgen bleiben sollte, wie sich nach Vorschrift die Medikamentenausgabe gegen 23.00 in der Regel gestaltet: Die Zellentüren dürfen nicht geöffnet werden, die Medikamentenausgabe erfolgt durch die Essensklappe.[159a] Der neue Brauch, auch nachts und morgens die Zellentüren zu öffnen, um die Medikamentenausgabe durchzuführen, konditioniert die Häftlinge. Andreas Baader ist nicht überrascht, wenn seine Zelle gegen 23.00 Uhr geöffnet wird. Da er in den Rücken gespritzt wird, muß es ihm plausibel erscheinen, wenn dazu die Zelle geöffnet wird. So ist es auch im Kontrollbuch vermerkt. Schneider II wurde dazu nicht vernommen. Gibt es überhaupt einen Schneider II? Oder hat ein Unbekannter ohne ärztliche Verordnung Andreas Baader eine Ampulle verabreicht?

Das palästinensische Kommando „Martyr Halimeh" entführt eine Lufthansa-Maschine auf dem Flug von Mallorca nach Frankfurt. Es unterstützt die Forderung des Kommandos „siegfried hausner" nach Freilassung der 11 Gefangenen.

14. Oktober, Freitag

Bundeskanzler Schmidt nimmt wegen der Flugzeugentführung engen Kontakt mit dem britischen Premier-
minister James Callaghan auf, der „sehr hilfreich" ist.[160]

Nach einer Meldung der „Welt" verlangt Zimmermann
(CSU): „Primäre Aufgabe des Staates sei es, das Leben
Schleyers zu retten und ihm so rasch wie möglich die
Freiheit zu verschaffen. Dann müsse sich der Staat auf
die Ergreifung der Täter konzentrieren. Es würde als
Schwäche ausgelegt, wenn die 11 inhaftierten deut-
schen Terroristen ... ohne Sanktionen die Freiheit be-
kämen..."[161]

Der Verteidiger von Jan-Carl Raspe ist angesichts dieser Drohungen um das Leben der Häftlinge äußerst
besorgt. Der Versuch, Anstaltsarzt Dr. Henck um 18.05
Uhr telefonisch zu erreichen, schlägt fehl.
   Es kommt nur ein Telefonat mit Anstaltsleiter Nusser
zustande. Dieser teilt mit, Dr. Henck sei nicht im Hause.
Angesichts der heutigen Zeitungsmeldungen, die radikale Sanktionen gegen das Leben der Häftlinge
befürchten lassen, beruft sich der Verteidiger ebenfalls
auf rechtfertigenden Notstand und verlangt ein soforti-
ges Verteidigergespräch mit Raspe. Nusser lehnt dies
unter Hinweis auf die Kontaktsperre ab. Auf die Frage,
ob die Häftlinge überhaupt noch am Leben seien,
erklärt er ironisch: „Aber selbstverständlich."
   Auf die Frage, ob weitere, der Verteidigung noch
unbekannte Repressalien gegen die Häftlinge zu
erwarten sind, entgegnet er nur mit: „Keine Auskunft!"

Im Nachtkontrollbuch vom 14. zum 15. Oktober findet
sich folgende Eintragung:
   „23.00 Uhr Arzneimittelausgabe durch Sani an Baader und Raspe. Baader wollte aufgrund der angespann-
ten Lage Lichtverlängerung!"[162]

15. Oktober, Samstag

Der Krisenstab setzt die Häftlinge erstmals von der Flugzeugentführung in Kenntnis. BKA-Chef Herold beauftragt Klaus, die Häftlinge zu befragen, ob sie bereit seien, sich im Austausch nach Somalia ausfliegen zu lassen. Gegen 16.00 Uhr fliegt Klaus mit dem Hubschrauber des Bundesgrenzschutzes nach Stuttgart. In der Zeit von 18.15 Uhr bis 18.40 Uhr legt er den Häftlingen im Beisein des Anstaltsbeamten Götz Fragebogen vor.[163]

Der ebenfalls in einer geschlossenen Hochsicherheitsabteilung in Hohenasperg eingesperrte Günter Sonnenberg lehnt es rundweg ab, mit einem BKA-Mann zu sprechen.

Die Häftlinge in Stammheim verlangen erneut eine Gesprächszusage von Schüler oder Wischnewski.

Die Bundesregierung setzt ihre Scheinverhandlungen mit den Häftligen nach der Flugzeugentführung fort. BKA-Chef Herold setzt erneut Klaus in Marsch, der das Flugziel der Häftlinge ermitteln soll. Klaus fertigt darüber einen Aktenvermerk an, ohne dabei Ort und Datum anzugeben.

Die Häftlinge werden veranlaßt, die vorgelegten Erklärungen zu unterschreiben.

Vermerk:
Betr.: Entführung Hanns Martin SCHLEYER/Flugzeug LH 181 durch „Kommando Martyr Halimeh"
hier: Befragung der Gefangenen in der JVA Stuttgart-Stammheim und des SONNENBERG in der JVA Hohenasperg

Auftragsgemäß flog ich mit dem BGS-Hubschrauber gegen 16.00 Uhr nach Stuttgart. In der Zeit von 18.15 – 18.40 Uhr legte ich den Gefangenen
    Gudrun Ensslin

Andreas Baader
Jan-Carl Raspe
Irmgard Möller
und
Verena Becker
im Beisein eines Anstaltsbeamten (GÖTZ) Fragebogen mit folgendem Text vor:

„Die Entführer haben durch das Kommando "Martyr Halimeh" vom 13.10. Vietnam, Süd-Jemen und Somalia als Zielländer genannt.

Vietnam und Süd-Jemen haben die Aufnahme von Terroristen bereits strikt abgelehnt. Somalia wird im Augenblick befragt.

Sind Sie bereit, sich nach Somalia ausfliegen zu lassen?"

Die Gefangenen unterzeichneten die Schriftstücke und antworteten wie folgt:

ENSSLIN: „Ja."

BAADER: „Nur, wenn das Kommando tatsächlich Somalia genannt hat."

RASPE: „1. Die endgültige Entscheidung mache ich von einer gemeinsamen Besprechung aller Gefangenen, die freigelassen werden sollen, abhängig und 2. Bin ich unter diesem Vorbehalt bereit."

MÖLLER: „Ja, unter der Voraussetzung, daß die BRD-Regierung unsere Auslieferung von dort nicht betreibt."

BECKER: „Ja"

Der Gefangene Baader zögerte mit seiner Antwort unter Hinweis darauf, daß ihm die Aufnahmebereitschaft der VR Vietnam bekannt sei. Er ziehe es vor, dorthin ausgeflogen zu werden. Jetzt könne er es ja sagen, daß einer ihrer Anwälte auf dem diplomatischen Kanal die Zusicherung der Vietnamesen für die Aufnahme erhalten habe – allerdings nicht im Zusammenhang mit einer Geiselnahmeaktion.

Wenn die Gefangenen in Somalia zurückgekauft werden sollten, dann könnten sie ja gleich hierbleiben.

BAADER erklärte weiter, daß er größten Wert auf ein Gespräch mit Staatssekretär Schüler lege, um mit ihm die politische Dimension des Gefangenenaustausches zu erörtern. Er kehrte nach dem Verlassen des Besucherraumes noch einmal zurück und bat, seinen Gesprächswunsch unter allen Umständen weiterzuleiten.

BAADER wirkte weiterhin nervös und unsicher.

Keiner der Gefangenen stellte die zu erwartende Frage, welche Bewandtnis es mit dem Kommando „Martyr Halimeh" habe.

Daraus kann geschlossen werden, daß sie über die Tatsache der Flugzeugentführung informiert waren.

Der Gefangene Günter SONNENBERG wurde aus zeitlichen Gründen (Rückflug 19.00 Uhr) von einem Beamten der LPD 02 Stuttgart (KOK RASS) befragt.

Dieser hatte bis 19.30 Uhr Bedenkzeit erbeten, das Wort „Terroristen" im Text gestrichen und als Antwort folgendes handschriftlich hinzugefügt:

„Ich muß erst vorher mit mindestens zwei Genossen, die ebenfalls freigegeben werden sollen, reden können, bevor ich etwas dazu sage. Das ist eine Forderung."

Der Wortlaut wurde wunschgemäß fernmündlich voraus an Herrn Präsident DR. HEROLD durchgegeben.

(Klaus) EKHK[164]

Die Häftlinge unterschreiben tatsächlich einzeln und nacheinander diese vorbereiteten Erklärungen erst,[165] als ihnen der Krisenstab zum Schein grundsätzliche Zustimmung zu ihren Geiselaustausch-Bedingungen vom 9.10. signalisiert. Dabei knüpfen sie – bis auf zwei Ausnahmen[166] – noch Bedingungen an ihre Einwilligung zum Austausch.[167]

Fern von Stammheim hat unterdessen Schleyers Familie nach Absprache mit dem Krisenstab mit den Entführern eine Regelung getroffen, welche über den Geiselaustausch hinaus noch die Zahlung von 15 Millionen Dollar zu Händen der Entführer vorsieht. Mit Hilfe des Kernforschungsinstituts Karlsruhe soll das Geld radioaktiv verseucht werden.[168] Den in Frankfurt a.M. vereinbarten Übergabetermin läßt Herold scheitern, so daß in neuen Absprachen mit den Entführern vereinbart wird, das (verseuchte) Lösegeld den Häftlingen mitzugeben.[169]

Nachtkontrollbuch vom 15. zum 16. Oktober:
„Herr Klaus vom BKA war von 18.10 Uhr bis 18.45 Uhr bei den Gefangenen Baader, Raspe, Ensslin, Möller und Becker. Auch Herr Amtsinspektor Götz war anwesend. Gegen 23.00 Uhr Medikamente an Baader und Raspe ausgehändigt (durch Sani)".[170]

In der Nacht beobachtet aus seiner Zelle 619, die unter der Andreas Baaders liegt, der Strafgefangene W. zwischen 2.00 Uhr und 3.00 Uhr von seinem Zellenfenster aus, daß im Innenhof drei Fahrzeuge anhalten. Wegen des herrschenden Nebels kann er nur das rote Glimmen mehrerer Rücklichter wahrnehmen. Motoren und Beleuchtung werden ausgeschaltet. Dabei kann er nicht beobachten, ob Personen aussteigen, auch kann er nicht hören, ob Fahrzeugtüren geschlossen werden. Er bleibt am Zellenfenster stehen und sieht, wie diese Fahrzeuge wieder nach 1/2 Stunde starten, wenden und sich mit eingeschalteter Beleuchtung in Richtung Ausgang entfernen. Bei der Abfahrt stellt er fest, daß es sich bei den Fahrzeugen um drei Personenkraftwagen der Marke „Mercedes" handelt. Die Fahrzeuge sind nicht mit „Blaulichtern" versehen. Er ist sich deshalb sicher, daß in dieser Nacht Zivilfahrzeuge in den Innenhof der Anstalt gefahren sind.[171]

16. Oktober, Sonntag

Das Bundesverfassungsgericht lehnt den Antrag auf Erlaß einer einstweiligen Anordnung ab, den der Sohn von Hanns Martin Schleyer, Hanns Eberhard Schleyer, gegen die Bundesregierung und gegen die Landesregierungen gestellt hat. Das Gericht macht deutlich, daß eine Verpflichtung des Staates nicht bestehe, die namentlich benannten 11 Häftlinge freizulassen. Zwar verpflichte Art. 2 Abs. 2 Satz 1 in Verbindung mit Art. 1 Abs. 1 Satz 2 des Grundgesetzes den Staat, jedes menschliche Leben zu schützen. Diese umfassende Schutzpflicht gebiete dem Staat, sich schützend und fördernd vor dieses Leben zu stellen, was vor allem heiße, es auch vor rechtswidrigen Eingriffen von seiten anderer zu bewahren. An diesem Gebot hätten sich alle staatlichen Organe je nach ihren besonderen Aufgaben auszurichten, weil das menschliche Leben als Höchstwert verlange, daß diese Schutzpflicht besonders ernst genommen werde. Aber auf welche Weise die staatlichen Organe ihre Verpflichtung erfüllen wollen, sei von ihnen grundsätzlich in eigener Verantwortung zu entscheiden ... Die Eigenart des Schutzes gegen lebensbedrohende terroristische Erpressungen sei dadurch gekennzeichnet, daß die gebotenen Maßnahmen „der Vielfalt singulärer Lagen" angepaßt sein müssen... Darüberhinaus könne eine solche Festlegung der jeweiligen Maßnahmen insbesondere deshalb nicht durch das Verfasssungsgericht erfolgen, weil dann die Reaktion des Staates für Terroristen von vornherein kalkulierbar wäre.[172] Kurzum, der Antrag konnte keinen Erfolg haben, weil die Regierungsspitze ihre Souveränität an gesetzlich nicht vorgesehene Krisenstäbe abgetreten hatte, die an ihrer Statt parlamentarisch unkontrolliert nach militärisch-politischen und Geheimdienstmaßstäben aus unterschiedlichsten Lageeinschätzungen heraus handelten und deshalb keine staatlichen Schutzpflichten zu erfüllen vermochten.

Nachtkontrollbuch vom 16. zum 17. Oktober:

„Baader bekam gegen 21.30 Uhr eine Spritze.

Zelle 719 mußte geöffnet werden.

23.00 Uhr Medikamente an Baader und Raspe ausgehändigt. Grötz, Obersekretär.[173]

Später berichtet Grötz der Kripo:

„In der Nacht vom 16. zum 17. Oktober habe ich als Wachhabender in der Vollzugsanstalt Stammheim Nachtdienst verrichtet. Ich saß hierbei in der Torwache. Als besondere Vorkommnisse wurden mir am 16. Oktober um 21.30 Uhr im Nachtdienstbuch vermerkt, daß um 21.30 Uhr die Zelle von Baader in der Abteilung III geöffnet wurde. Baader erhielt vom Sanitätsbeamten eine Spritze."[174] Als Grötz befragt wird, ob die Aussage eines Häftlings zutreffe, wonach zwischen 2 Uhr und 3 Uhr früh drei Fahrzeuge des Fabrikats Mercedes in den Innenhof gefahren seien, erklärt er, daß das nicht der Fall sei. Vielmehr habe die Polizei gegen 4.30 Uhr einen Häftling abgeholt, um diesen zur Verschubung nach Hamburg zu bringen.[175]

Justizobersekretär Blaschko erklärt das Zustandekommen der Spritze, eine Ampulle Depot-Impletol für Andreas Baader, später so:

„Kurz vor 21.30 Uhr hat Herr Baader über die Rufanlage angerufen und verlangte eine Spritze. Dann rief ich den Revierbeamten an, der mir sagte, ich solle bei Baader zurückfragen, für was er die Spritze brauche. Baader sagte, er habe Schulterschmerzen. Der Sanitäter kam dann gegen 21.30 Uhr mit der Spritze. Zusammen mit dem Sanitäter und zwei Mann von der Innenwache gingen wir nach Rücksprache mit dem Wachhabenden in den Flügel hinein ... Ich öffnete dann die Zellentür von Baader. Den Schlüssel entnahm ich dem Schlüsselkasten in der Kabine. Ich forderte den Herrn Baader auf, zur Verabreichung der Spritze die Zelle zu verlassen. Er bekam die Spritze vor der Zelle auf einem Stuhl sitzend ..."[176]

Der Name des Sanitäters wird in den Akten nicht

genannt. Wer Andreas Baader die Blitzspritze ärztlich verordnet und welcher Sanitäter sie ihm verabreicht hat, bleibt offen.

17. Oktober, Montag

Als Justizhauptsekretär Willi Stapf gegen 7.00 Uhr zum Dienst erscheint, wird er bereits gegen 8.30 Uhr wieder nach Hause geschickt, da angeblich ein Beamter zuviel da war und er somit Gelegenheit bekommen sollte, einen seiner vielen freien Tage abzufeiern.[177]

Vollzugsdienstleiter Gellert hat für diesen Tag und Abt.III für den Frühdienst die Beamten Zieker, für den Mitteldienst Miesterfeldt, Stoll, Stapf, Hermann und Giebler eingeteilt.[178] Für den Spätdienst ist Weiß und für den Nachtdienst Springer vorgesehen, „eine eingeschworene Gruppe von Bediensteten, die kameradschaftlich eng zusammenhalten."[179]

Namentlich nicht erwähnt sind in der Dienstplanaufstellung die Beamtinnen, die in der Abt. III Dienst verrichten. Später heißt es als Erklärung, daß weibliche Beamte namentlich nicht benannt würden...[180]

Bei seiner späteren polizeilichen Vernehmung verliert Vollzugsdienstleiter Gellert kein Wort über die Gründe für die spontane Dienstplangestaltung und auch nicht darüber, weshalb „ein Beamter zuviel" gewesen sei; er wird dazu von der Kripo erst gar nicht befragt.[181]

Der Verteidiger von Jan-Carl Raspe (der Autor) versucht ab 9.00 Uhr, fernmündlich zum Senatsvorsitzenden Foth durchzudringen. Wiederholte Versuche der Kontaktaufnahme schlagen fehl. Die Befürchtungen verdichten sich immer mehr, daß die haftrichterlichen Machtbefugnisse den Händen des Vorsitzenden Foth entgleiten.

BKA-Chef Herold beauftragt Klaus, mit Hegelau vom Bundeskanzleramt nach Stammheim zu fahren, um an dem Gespräch mit Andreas Baader teilzunehmen. Das Gespräch findet im Beisein von Bubeck statt und dauert von 14.20 Uhr bis 15.25 Uhr.

Der von BKA-Klaus später gefertigte Bericht trägt den Betreff: „Entführung Schleyer / LH-Flug 181." In Abstimmung mit Bundesanwaltschaft, Landeskriminalamt und Justizvollzugsanstalt treffen Klaus und Hegelau gegen 14.00 Uhr in Stammheim ein. Gegen 14.20 Uhr wird ihnen Andreas Baader im Besucherzimmer vorgeführt. Der *wirkliche* Inhalt dieses Gesprächs ist in den Akten aber nicht vollständig vermerkt. (Im Gegensatz zu allen anderen trägt dieser Bericht kein Ausstellungsdatum.)

Bericht

Betr. Entführung SCHLEYER/LH-Flug 181

1. Am 17.10.1977, gegen 09.45 Uhr, informierte mich Herr Ministerial-Dirigent Dr. HEGELAU tel. darüber, daß er im Auftrage von Herrn StS. SCHÜLER das von den Gefangenen ENSSLIN und BAADER gewünschte Gespräch mit BAADER führen wolle.

   Um 11.00 Uhr brachte ich gem. Weisung des Herrn Präsidenten Dr. HEROLD Herrn Dr. HEGELAU mit einem Dienst-PKW nach Stuttgart-Stammheim. Die Bundesanwaltschaft (Vorzimmer BA KAUL), das LKA (KOR TEXTOR) und die JVA (Herr NUSSER) wurden von mir fernmündlich unterrichtet.

2. Gegen 14.00 Uhr meldeten wir uns bei dem Anstaltsleiter, Herrn NUSSER. Nach einer kurzen Besprechung wurde uns gegen 14.20 Uhr der Gefangene BAADER im Besucherzimmer des 7. Stockwerks vorgeführt.

   Der Amtsinspektor BUBECK war als aufsichtsführender Anstaltsbeamter anwesend. Ich sagte dem Gefangenen BAADER, daß ich seine Bitte um ein Gespräch vom 15.10.1977 weitergeleitet habe. Herr Min.Dir. Dr. HEGELAU sei in Vertretung von Herrn StS SCHÜLER zu ihm gekommen. BAADER entgegnete, daß er eigentlich Herrn StS SCHÜLER selbst habe sprechen wollen. BAADER nahm dann doch zögernd Platz und begann in seiner hastigen und undeutlichen Sprechweise seine Vorstellungen zu erläutern. Er war im Vergleich zu den vorausgegangenen Gesprächen relativ ruhig und gefaßt.

3. BAADER erklärte während des bis 15.25 Uhr dauernden Besuches sinngemäß folgendes:

Es sei eigentlich zu spät für dieses Gespräch. Die Möglichkeiten der Einflußnahme sei inzwischen versäumt worden. Die RAF habe diese Form des Terrorismus bis jetzt abgelehnt. (Anmerkung: Gemeint war die Flugzeugentführung, obgleich diese nicht ausdrücklich erwähnt wurde.)

Es gebe 2 Linien des Kampfes gegen den Staat. Die Bundesregierung habe durch ihre Haltung dieser extremen Form zum Durchbruch verholfen.

Auf die Frage des Herrn Dr. HEGELAU, wo denn seiner Meinung nach der Terrorismus anfange, fuhr BAADER fort:

Bei dieser Form terroristischer Gewalt gegen Zivilisten. Sie sei nicht Sache der RAF, die langfristig eine gewisse Form politischer Organisation angestrebt habe. Das sei in ihren Schriften nachzulesen.

Demgegenüber was jetzt laufe, habe die RAF eine gemäßigte Politik verfolgt.

Auf meine Frage, ob er das nach den 8 Toten der letzten Monate ernst meine, erwiderte BAADER:

Die Brutalität sei vom Staat provoziert worden.

Die „Maschine" gegen die Bundesanwaltschaft z.B. sei von Leuten der sogenannten 2., 3. oder 4. Generation installiert worden.

Auch die SCHLEYER-Entführer und andere, nach denen gefahndet werde, seien ihnen (Anm. den RAF-Gefangenen) persönlich gar nicht mehr bekannt. Wenn das BKA behaupte, die Aktionen würden aus dem Gefängnis gesteuert, so treffe das allenfalls für den ideologischen Bereich zu.

Der bewaffnete Kampf habe sich internationalisiert. Jetzt bestimmten möglicherweise die Japaner oder die Palästinenser das Geschehen. Er wisse jetzt zu wenig darüber. Er könne jetzt nur wiederholen, daß die Gefangenen im Falle einer Freilassung nicht in die Bundesrepublik zurückkehren würden. Sie würden allerdings ihren Kampf gegen diesen Staat „im Kontext aller internationalen Befreiungsbewegungen fortsetzen, und zwar mit Kampagnen". Es sei absurd, anzunehmen, sie würden als internationale Terroristen weiterkämpfen. Der internationale Terrorismus sei keine Perspektive für die RAF.

Auf die Frage von Herrn Dr. HEGELAU, welchen Einfluß er – etwa als Symbolfigur – noch habe, antwortete BAADER:

Er sehe zwei Möglichkeiten, einmal die weitere Brutalisierung und zum anderen einen „geregelten Kampf" – im Gegensatz zum „totalen Krieg". Er wisse „ein paar Dinge", bei deren Kenntnis der Bundesregierung die Haare zu Berge stehen würden. (Anm.: Gemeint waren allem Anschein nach Waffen bzw. geplante Gewaltakte. Insoweit ist auf die Parallele in der RAF-Erklärung vom 3.9.77 zum mißglückten Anschlag auf die Bundesanwaltschaft hinzuweisen.)

Er sei der Überzeugung, daß noch eine Einflußmöglichkeit – zumindest auf die Gruppen in der BRD – bestehe. Man könne noch versuchen, eine Entwicklung zum Terrorismus hier zu verhindern, obwohl es „Strömungen anderer Art" gebe. Das sei letztlich der Grund für seinen Gesprächswunsch gewesen. Der Terrorismus sei nicht die Politik der RAF. Die Freilassung der 10 Gefangenen jedenfalls bedeute keine Eskalation der Formen bewaffneter Gewalt. Insoweit werde das Volk belogen.

Meine Frage, weshalb er von 10 und nicht von 11 freizulassenden Gefangenen spreche, beantwortete BAADER mit dem Hinweis auf Günter SONNERBERG, den er, wegen seiner Hirnverletzung kretinisiert, nicht mehr dazurechne.[181a]

BAADER äußerte sich zwischendurch ausführlich über die Entstehung der RAF im Zusammenhang mit dem Vietnam-Krieg und der angeblichen Rolle der Bundesregierung darin.

Abschließend erklärte BAADER, die RAF habe sicher Fehler gemacht. Dennoch bekenne er sich zu allen ihren bisherigen Aktionen. Zwischen dem Staat und den Gefangenen gebe es z.Zt. „einen minimalen Berührungspunkt des Interesses".

Gudrun ENSSLIN habe dazu schon alles gesagt. Freigelassene Gefangene seien im Verhältnis zu toten Gefangenen auch für die Bundesregierung das kleinere Übel. Sterben müßten sie (die Gefangenen) so oder so.

Daß BAADER zu diesem Zeitpunkt ernsthaft an eine Selbsttötung dachte, war nicht im mindesten erkennbar. Dr. HEGELAU versicherte ihm, daß er Herrn Staatssekretär SCHÜLER über das Gespräch berichten werde.

4. Nachdem der Gefangene wieder in seine Zelle zurückgebracht worden war, telefonierte Herr Dr. HEGELAU mit dem Bundeskanzleramt. Anschließend unterrichteten wir den Anstaltsleiter, Herrn NUSSER, über das wesentliche Ergebnis des Gesprächs mit BAADER.

Gegen 16.00 Uhr fuhren wir mit dem Dienst-PKW nach Bonn zurück.

5. Inzwischen ist bekanntgeworden, daß BAADER und RASPE im Besitz von Schußwaffen waren. Diese Tatsache begründet den Verdacht, daß sich hinter dem Wunsch der Gefangenen nach einem Gespräch zwischen Staatssekretär SCHÜLER und BAADER die Absicht einer Geiselnahme verbarg. Möglicherweise erschien ihm MinDirig Dr. HEGELAU als Geisel nicht geeignet.

Im Zusammenhang mit der Selbsttötung des RAF-Kaders erscheint ferner folgender Umstand bemerkenswert:
Die Anstaltsbeamten erwähnten nach unserem Besuch beiläufig, daß die Anstaltsgeistlichen sich um Gespräche mit den Gefangenen bemüht hätten, aber abgewiesen worden seien. Später habe Gudrun ENSSLIN dann doch um ihren Besuch gebeten, der noch ausstehe.

(Klaus) EKHK[182]

Nach Beendigung des Gesprächs zwischen Baader, Hegelau und Klaus läßt sich Hegelau ein Ferngespräch mit dem Bundeskanzleramt vermitteln. Während er auf das Gespräch wartet, zeigt ihm Bubeck die Abt. III. Dort erläutert er ihm, welche Möglichkeiten die Gefangenen hätten, sich von Zelle zu Zelle zuzurufen.[183]
Der Besuch von BKA-Klaus und seiner Begleiter wird nicht mehr in die Besucherkarte der Anstalt eingetragen[184] und auch nicht mehr kontrolliert.

Die Versuche der Verteidiger, nochmals mit dem Stuttgarter Senat Kontakt aufzunehmen, scheitern. Der Vorsitzende Foth ist weiterhin unerreichbar.
Als letzte Möglichkeit versucht Andreas Baaders Verteidiger Hans Heinz Heldmann, die internationale Gefangenenhilfsorganisation „Amnesty International"

einzuschalten. Er ruft deshalb Bischof Helmut Frenz an und bittet ihn, im Kanzleramt oder im Justizministerium vorzusprechen. Frenz fährt zum Ministerium und erklärt sein Anliegen. Stundenlang wartet der „Amnesty"-Vertreter in einem Vorzimmer. Schließlich empfängt ihn irgendein Vertreter des Justizministeriums. Der Empfang ist kalt. Es heißt, der Besuch von „Amnesty International" komme zu spät. „Den Herren" – gemeint sind die Verteidiger – sei es zu spät eingefallen, AI einzuschalten. Das Gespräch dauert deshalb nur kurz und bleibt ohne jedes Ergebnis.

Unerklärlich bleibt, weshalb die Intervention von Amnesty International zu spät gekommen sein soll – denn noch leben die Häftlinge...

Wie später die italienische Presse meldet, ist auch eine Initiative von Gudrun Ensslins Westberliner Verteidiger Otto Schily gescheitert, auf Aufforderung des Lufthansa-Anwaltes seine Mandantin und Andreas Baader in Stammheim zu besuchen, um die Situation zu „entblockieren".[184a]

Die Anstaltsgeistlichen Kurmann und Rieder gehen etwa um 15.40 Uhr in die Abt. III. Sie haben erfahren, daß Gudrun Ensslin ein Gespräch wünscht. Den Geistlichen erklärt sie, daß in ihrer Zelle eine Mappe mit der Aufschrift „Anwalt" liegt, in der sich drei beschriebene Blätter befinden, die dem Chef des Bundeskanzleramts zugestellt werden sollen, für den Fall, daß sie hingerichtet werde. Dann sollen die Geistlichen dafür sorgen, daß diese Schriftstücke – darunter auch ein Brief an Bundeskanzler Helmut Schmidt – [185] nicht in die Hände der Bundesanwaltschaft fallen.[186]

Auf die Frage, ob sie glaube, daß sie jemand hinrichten will, erwidert sie: „Nicht irgendwie von hier aus dem Haus. Die Aktion kommt von außerhalb. Wenn wir hier nicht rauskommen, geschehen schreckliche Dinge."[187]

Anschließend besprechen sich die beiden Geistlichen. Pfarrer Rieder verständigt im Beisein von Pfarrer Kurmann telefonisch Bischof Moser, der gute persönliche Verbindungen zu Bundesjustizminister Vogel habe.[188] Danach warten beide auf den versprochenen Rückruf des Bischofs. Als dieser endlich erfolgt, erfahren sie, daß Vogel die Schriftstücke der Gefangenen im Falle ihres Todes zuverlässig an die Adressaten weiterleiten läßt.[189]

Gegen 21.00 Uhr sieht der Untersuchungsgefangene H. aus seiner Zelle 315, von wo aus er in die Diensträume der Dienstaufsichtsleitung sehen kann, daß sich dort ihm unbekannte Zivilisten aufhalten. Er zählt drei Personen, von denen eine telefoniert. Ob es Regierungsmitglieder sind, weiß er nicht.

Zwischen 21.00 Uhr und 21.30 Uhr gehen dann vom Dienstaufsichtsraum im Erdgeschoß diese Personen zum Lastenaufzug und fahren in den 2. Stock. Von dort gehen sie in Bau I, in dessen 7. Stock sich die RAF-Häftlinge befinden. Nach 10 bis 15 Minuten kommen sie in Begleitung einer weiteren Person zurück, wobei sich der beobachtende Häftling nicht sicher ist, ob es Andreas Baader war und ob es sich um einen zusätzlichen Vollzugsbeamten handelt. Die Gruppe erscheint dann in den Räumen der Dienstaufsicht. Dort sitzt bereits ein Beamter und telefoniert vom Schreibtisch aus. Dieser Beamte übergibt jetzt einer der hinzugekommenen Personen den Telefonhörer.[190]

Ist es Andreas Baader, der telefoniert?

Die italienische Zeitung „La Repubblica" berichtet darüber: „Baader wollte gerade mit dem Koordinator aller Bundesgeheimdienste sprechen, dem Staatssekretär im Kanzleramt, Schüler... und dann mit Minister Wischnewski, der damit beauftragt war, Verhandlungen um politische Aspekte zu führen. Die Befürchtungen der Gefangenen und vielleicht der Wunsch nach einem Kompromiß scheinen also in Bonn ignoriert worden zu sein. Und wenn die Briefe tatsächlich existierten, ist es erlaubt anzunehmen, daß Stuttgart die letzte Anklage blockiert hat..."[191]

Außerhalb der Anstalt richtet sich die Aufmerksamkeit der westdeutschen Bevölkerung ganz auf das Geiseldrama. In den Medien wird eine rasche Endlösung gefordert:

Der Historiker Golo Mann um 20.15 Uhr in „Panorama":

„Der Moment kann kommen, in dem man jene wegen Mordes verurteilten Terroristen, die man in sicherem Gewahrsam hat, in Geiseln wird verwandeln müssen, in dem man sie den Gesetzen des Friedens entzieht und unter Kriegsrecht stellt. Ob dieser Moment nach den Kölner Verbrechen schon gegeben war, will ich nicht entscheiden. Ich bin ja nur ein Privatmann und habe nichts zu entscheiden, was zu entscheiden Sache der Exekutive ist."[192]

Die Springerzeitung „Die Welt" übernimmt unkritisch einen Kommentar aus der Sicht des „positiven Verfassungsschutzes":

„Inzwischen hat CSU-Schwätzer vom Dienst, Friedrich Zimmermann, offen und öffentlich gesagt: Erste Aufgabe des Staates sei es, Schleyers Leben zu retten, danach müsse man sich auf die Ergreifung der Täter konzentrieren. Abgesehen davon, daß Zimmermann ungeachtet der Nachrichtensperre, auch freimütig ausplauderte, die Polizei habe über Täter und Ausführung des Schleyer-Kidnapping detaillierte Klarheit (eine Dummheit, über die noch zu reden sein wird), hat er die schon seit Tagen erkennbare CSU-Linie klar beschrieben: Freilassung der elf RAF-Häftlinge gegen Schleyer; danach eine Art von Notstandsproklamation, um den Terrorismus und was nach Ansicht der christlichen Politiker alles dazugehört, zu bekämpfen. Der neue erpresserische Druck der deutsch-arabischen Entführer und das Ausscheren der CSU aus der bisherigen gemeinsamen Linie zielen also, was das Ergebnis angeht, in die gleiche Richtung."[193]

In der Vollzugsanstalt werden inzwischen die Vorbereitungen zur letzten Nacht getroffen:

Im Nachtkontrollbuch vom 17. zum 18. Oktober wird eingetragen:

„23.00 Uhr Medikamentenausgabe an Baader und Raspe. Sonst keine Vorkommnisse!
Springer, Assistent zur Anstellung."[194]

Sanitäter Kölz gibt Arzneien aus, die im Medikamentenbuch vermerkt werden.[195] In das Nachtkontrollbuch trägt Springer die genaue Bezeichnung der verabreichten Medikamente nicht ein.

Das gesondert geführte Medikamentenbuch wird später nicht vorgelegt.

Justizassistent z. A. Springer verrichtet seinen „Sonderdienst" im 7. Stock in der Wachtmeisterkabine, in der eine Gegensprechanlage zu den Einzelzellen installiert ist.[196]

Würde jemand bei eingeschalteter Fernsehüberwachung den Sicherheitsbereich vor den Einzelzellen betreten, so würde bei ihm in der Aufsichtskabine des 7. Stockwerks die Alarmglocke ertönen. Über den Monitor kann er ständig diese Sicherheitszone einsehen, ebenso der Wachhabende an der Torwache.[197] Als Aufsichtsbeamter ist er verpflichtet, mindestens stündlich einmal mit dem Wachhabenden Kontakt aufzunehmen, wobei jeder Anruf schriftlich festgehalten wird.[198]

Die Vollzugsbeamtin Renate Frede, die auch in der Todesnacht von Ulrike Meinhof vom 8. zum 9. Mai 1976 – damals selbst z. A. – mit einem nur zur Probe angestellten Assistenten ihren „Sonderdienst" versah[199], hält sich schon einige Zeit in der Aufsichtskabine von Springer auf.[200] Dort sind beide allein.[201]

Gegen 22.45 Uhr – so gibt Springer an – habe sich Raspe über die Gegensprechanlage bei ihm gemeldet, um nach Medikamenten zu fragen.[202]

90

Sanitäter Kölz, der gegen 23.00 Uhr mit dem Medikamentenkasten im Fahrstuhl zum 7. Stock fährt, wird von der Innenwache, Zecha und Anderson, begleitet. Als sie bei Springer und Frede an der Aufsichtskabine eintreffen, berichtet er, daß Springer von seinem Vorgänger die Schlüssel zum Gefängnistrakt der RAF-Häftlinge übernommen habe. Vor dem Betreten habe Springer den Wachhabenden unterrichtet, daß sie zur Medikamentenausgabe in den kurzen Flügel gehen würden. Bei dem Öffnen der Gittertür wird sonst die Alarmanlage ausgelöst. In diesem Fall sei aber nur leises Klingeln hörbar gewesen. Das sei der „Normalfall", weil vom Wachhabenden oder anderer Stelle die Alarmanlage entsprechend gesteuert werde.[203]

Um 23.00 Uhr betritt Springer, nachdem er den Wachhabenden in der Torwache, Gellert, verständigt hat, mit den vorgenannten Personen die Sicherheitszone der Abteilung III.

Die Vorgänge bei der Medikamentenausgabe schildern Springer und Kölz in einem wesentlichen Punkt gegensätzlich:

SPRINGER: „Baader hat also seine Hand durch die Zellenklappe gestreckt. Aus diesem Grund muß auch er gestanden haben."[204]

KÖLZ: „Als ich an die geöffnete Klappe trat, rief ich: „Sani!". Baader saß neben der Schamwand in der Nähe der Tür auf dem Fußboden."[205]

Die vom Sanitäter verabreichten Medikamente trägt Springer nicht mehr ins Nachtkontrollbuch ein.

Sanitäter Kölz geht nach der Medikamentenausgabe mit seinen Kollegen vom 7. Stockwerk aus wieder zurück zur Innenwache ins Erdgeschoß.

Vollzugsbeamtin Frede begibt sich nach der Medikamentenausgabe mit Springer und der Innenwache erneut zu Springer in die Aufsichtskabine, wo beide bis kurz nach 23.00 Uhr bleiben.[206] Danach will sie allein in ihr Dienstzimmer auf demselben Stockwerk zurückgekehrt sein und keine auffälligen Beobachtungen gemacht haben. Lebend habe sie die Häftlinge Baader und Raspe letztmals während dieser Medikamentenausgabe gesehen.[207]

Nachts hört ein Häftling (Zelle 623) störende Geräusche, die von der über ihm befindlichen Zelle 723 ausgehen. Diese Zelle steht offiziell leer. Der Häftling aber denkt, Andreas Baader sei dort untergebracht. Etwa 10 Minuten vor Mitternacht hört er auch die Toilettenspülung. Zuvor – so denkt er weiter – habe der Zelleninsasse über ihm Sport getrieben, wobei er sich später fragt, weshalb einer, der sich umbringen will, noch Sport treibe. Er habe schon häufiger dieses Geräusch gehört und sich darüber beschwert. Aufklärung sei ihm aber nicht gegeben worden.[208]

Die Zelle Nr. 723 war nach den Angaben der Anstalt zuletzt von Helmut Pohl belegt. Dieser war bekanntlich bereits vor der Kontaktsperre am 12. August nach Hamburg verschubt worden.[209]

Es bleibt ungeklärt, wer in den vergangenen Tagen oder Nächten und auch in dieser Nacht in der Zelle 723 Aktivitäten entfaltet hat. Nach dem Zellenplan ist die Zelle 723 seit dem 12. August eine Leerzelle.[210]

Da auf Weisung der Bundesanwaltschaft nur von RAF-Häftlingen belegte Zellen durchsucht werden dürfen[211], bleibt unaufgeklärt, wer sich in Zelle 723 aufgehalten hat. Wer ist der Unbekannte?

Außerhalb der Haftanstalt erreichen die Deutsche Presse Agentur (dpa) mysteriöse Telefonanrufe:

Peter Martell, dpa-Redakteur in Lübeck, erhält schon gegen 23.00 Uhr einen Anruf, wonach Andreas Baader und Gudrun Ensslin tot sein sollen. Der anonyme Anrufer vereitelt durch Auflegen eine Tonbandaufnahme. Später erfährt Martell von seinem Chef des Landesbüros Nord, Möhl, daß noch weitere Anrufe bei der dpa eingegangen seien. Eine Zusammenstellung dieser Anrufe sei geplant mit der Absicht, sie der Staatsschutzabteilung Hamburg zu übergeben.[212]

23.50 Uhr (MEZ) (OZ: 1.50 Uhr) in Mogadischu:

Einer der Entführer funkt aus dem Cockpit der Lufthansa-Maschine „Landshut":

„Also los! Die Gefangenen sollen einzeln auf das
Flugzeug zugehen, sie sollen von somalischen Vertre-
tern durchsucht werden.

Weiterhin soll das Flugzeug, das die Genossen bringt,
den Flugplatz sofort nach unserer Aufforderung verlassen, hier abhauen ... Der Befehlshaber der Einheit
‚Martyr Halimeh' wird einen der Genossen auffordern,
an unser Flugzeug zu kommen zur Identifizierung, um
der anderen Genossen sicher zu sein."[213]

Die Auslandspresse berichtet: „Andreas Baader hat
vom Kontrollturm in Mogadischu gesprochen, hat ihnen
(den Luftpiraten) versichert, daß der Austausch gegen
sie bald stattfinden werde. Als die Austauschaktion
begonnen hatte, fingen deutsche Scharfschützen gegen
die Luftpiraten zu schießen an ..."[214]

Wenn Andreas Baader tatsächlich in Mogadischu
war, hätte er dann rechtzeitig zum Frühstück um 7.30
Uhr oder zur Selbsttötung zu einem noch früheren Zeitpunkt in Stammheim erscheinen können, um seine dortige Anwesenheit vorzutäuschen?

Wie dem Funkspruchprotokoll zu entnehmen ist,
gehen die Entführer zutreffend davon aus, daß die Entfernung nach Stuttgart oder Frankfurt a. M. rund 3.200
nautische Meilen beträgt und dafür eine reguläre Flug-
zeit von mindestens 7 Stunden anzusetzen ist. Danach
hätte es von der Beendigung der Militäraktion in Mogadischu von Helmut Schmidts letztem „Okay" um 23. 50
Uhr (MEZ)[214a] bis zur Landung auf einem der beiden
Flughäfen – wenn alles klappt – mindestens bis morgens 6.50 Uhr gedauert. Dies gilt unter zivilen Bedingungen.

Bei Ausschöpfung aller militärischen Möglichkeiten
hätte Andreas Baader aber tatsächlich noch bis zur Ausgabe des Frühstücks zwischen 7.00 Uhr und 7.40 Uhr
wieder in seiner Zelle sein können.

Da sich unter den 86 Geiseln im Flugzeug auch zwei Amerikaner befinden,[215] sind von nun auch offiziell die USA in die Sache verwickelt.

Im „State Department" wird daher eine Arbeitsgruppe gebildet, die den Verlauf stündlich im „operation center" verfolgt und ständig Informationen mit dem in Bonn gebildeten Krisenstab austauscht.

US-Präsident Carter setzt den somalischen Regierungschef Siad Barre diplomatisch unter Druck. Zudem hat das Pentagon schon eine Spezialtruppe (die spätere „Delta-force") geschaffen, die dazu ausgebildet ist, Angriffe und terroristische Aktionen im Ausland zu entwickeln.[216]

US-Sicherheitsberater Zbigniew Brzezinski erklärt, „...daß die USA bereit sind, für den Fall einer Flugzeugentführung jede notwendige Initiative zu ergreifen."[217]

Auch für die Durchführung der GSG 9-Aktion leisten die USA praktische Hilfe. Beim Hearing des US-Senats „An Act to Combat International Terrorism" erklärt US-Außenminister Vance im Januar 1978: „Während der Entführung haben wir die Richtlinien für den Schutz und die Befreiung der Geiseln geliefert."[218]

Dabei sind die USA auf NATO-Strukturen wie das NATO-Generalsekretariat in Brüssel, das Action Committee (AC:-46) und auf weitere Stäbe nicht notwendig angewiesen. Der neueste Jäger-Typ fliegt wesentlich schneller als eine Lufthansa-Maschine, außerdem kümmert sich die US-Truppe im „Kampf gegen den internationalen Terrorismus" weder um Durchflugrechte noch um Identifizierungsgebote, Landeerlaubnis oder sonstige internationale Luftfahrtbestimmungen.[219]

Von der Möglichkeit Andreas Baader zum Zwecke der direkten Kontaktaufnahme mit den Entführern nach Mogadischu zu fliegen, macht der Krisenstab jedoch keinen Gebrauch.

Aus dem Gespräch zwischen Baader und Hegelau,

dem Vertreter des Bundeskanzleramtes, das an diesem Tag geführt wird, erfährt der Krisenstab endgültig und mit Gewißheit, daß die Entführer sowohl Baader als auch die anderen Häftlinge nicht persönlich kennen.[220]

Also kann der Krisenstab gefahrlos Doubles in Mogadischu einsetzen und Andreas Baader in der Zelle belassen.

Filme sind von den Häftlingen, deren Freilassung gefordert wird, bereits gefertigt.

Für diese Möglichkeit spricht auch das Verhalten der US-Behörden. Wischnewski reist mit einer Boeing der Bundeswehr nach Vietnam. Bei einer Zwischenlandung auf dem US-Stützpunkt Guam sieht er sich plötzlich von GIs mit MP im Anschlag umzingelt. Die US-Dienststelle in Anchorage meldet Guam fälschlich, daß Wischnewski mit 11 terroristischen Häftlingen an Bord landen werde. Dabei kann es sich nur um Personen handeln, die die Identität der Häftlinge vortäuschen sollen. Alle Häftlinge befinden sich nämlich in Stammheim. Sowohl Irmgard Möller als auch die Vollzugsbeamten, die die Häftlinge schon seit langem kennen, bemerken ihre Anwesenheit.

Um 17 Uhr und 18 Uhr hört Irmgard Möller deutlich die Stimme von Andreas Baader.[222] Und auch um 23 Uhr bei der Medikamentenausgabe.[223] Außerdem weiß sie, daß Andreas Baader keinen Schritt ohne die Mitgefangenen macht, weil er befürchtet, „daß sie ihn dann umlegen."[224]

Justizsekretär Anderson, der gemeinsam mit Justizsekretär Zecha Außendienst in Bau I versieht, macht bei seiner Kontrolle im 7. Stock keine besonderen Beobachtungen: „In der gesamten Abteilung war es totenstill."[225] Plötzlich vernimmt er um 1.30 Uhr von außen einen dumpfen Knall.[226]

Auch Zecha macht zunächst keine besonderen Beobachtungen, wird aber ebenfalls in der Zeit zwischen 1.30 Uhr und 2.00 Uhr früh in der Wachtmeisterkabine im Erdgeschoß durch einen dumpfen Knall erschreckt.[227]

Beide unternehmen nach dieser Wahrnehmung jedoch nichts.

Vollzugsdienstleiter Horst Gellert, von 18.00 Uhr bis 6.30 Uhr Wachhabender am Haupttor, ist für den Ablauf des Nachtdienstes verantwortlich. Mit ihm sind in dieser Nacht acht Beamte und eine Beamtin im Dienst: zwei Beamte führen Außenkontrollgänge durch, ein Beamter ist Wachhabender in der Torwache, zwei Beamte versehen Aufsichtsdienst im Bau I., die die Sanitäter bei den Medikamentenausgaben zur Abt. III begleiten und durchschnittlich zweimal, nämlich vor und nach Mitternacht, Kontakt mit den Beamten im 7. Stock aufnehmen. Dabei müssen sie sich beim Wachhabenden am Haupttor telefonisch melden.

Ferner verrichten ein Beamter und eine Beamtin in Abt. III den Aufsichtsdienst.

Ein Beamter versieht im Jugendbau Aufsichtsdienst, ein Sanitäter hält sich überwiegend im Krankenrevier auf.

Der Wachhabende am Haupttor ist verpflichtet, mindestens stündlich einmal mit dem Aufsichtsbeamten des 7. Stockwerks telefonisch Verbindung aufzunehmen, um sich zu erkundigen, ob alles in Ordnung ist. Jeder Anruf wird schriftlich festgehalten.[228]

Gegen 2.00 Uhr und 3.00 Uhr meldet einer der Außenposten dem Wachhabenden am Haupttor, Gellert, daß außerhalb des Anstaltsbereichs Leute wahrzunehmen sind, die laut sprechen. Er ist beunruhigt und verständigt deshalb die Sonderpolizeiwache Stammheim, die ihn später zurückruft und berichtet, es habe sich um junge Leute gehandelt, die überprüft worden seien. Es sei alles in Ordnung.[229]

Die zwei Außenposten und die Beamten der Sonderpolizeiwache werden zu diesen Vorgängen auch später nicht vernommen; auch wird nicht geprüft, was sie schriftlich vermerkt haben.

Der eingeteilte Aufsichtsbeamte, Oberwachtmeister Ernst Lödel bekundet später: „Gegen 6.45 Uhr waren wir mit der Frühstücksausgabe fertig. Danach setzte ich mich an das Aufsichtspult in der Kabine, um die Rapportzettel zu vervollständigen. Nach etwa 10 Minuten, also gegen 6.55 Uhr, hörte ich plötzlich einen Knall, der sich wie ein Schuß anhörte. Ich stand daraufhin auf und ging ans Fenster, von dem aus ich einen Teil der Haftanstalt und den Parkplatz überschauen kann. Ich dachte mir, daß sich wie schon vorgekommen, wieder einmal ein Schuß aus einer Maschinenpistole der Polizei gelöst hat. Auf die Uhr hatte ich dabei nicht geschaut. Der Knall bzw. den Schuß hörte ich aber bestimmt in der Zeit zwischen 6.45 Uhr und 6.55 Uhr, wobei der Vorfall näher an 6.55 Uhr gewesen sein dürfte ... Ich habe nur einen Schuß gehört."[230]

Um 7.15 Uhr finden sich auch die Vollzugsbediensteten Miesterfeldt, Stapf, Stoll, Griesinger und Hermann zum Dienst in der Abteilung III ein. Die „Kontaktsperrepolster" vor den Zellentüren werden entfernt. Miesterfeldt öffnet die Sicherheitsschlösser aller vier Zellen. Um 7.41 Uhr schließt Stoll in Anwesenheit von Stapf das normale Türschloß an der Zellentür Raspes (716) auf. Sie sehen Raspe sitzend auf seiner Liege. An seiner linken Schädelseite rinnt Blut herunter. Er gibt kaum noch Lebenszeichen von sich und ist schwer verletzt.[231] Er wird mit einem Notarztwagen abtransportiert.

Nach dem Abtransport Raspes wird um 8.07 Uhr die Zelle Andreas Baaders (719) aufgeschlossen und geöffnet. Baader liegt tot in einer Blutlache auf dem Boden.[232]

Danach wird Gudrun Ensslins Zelle geöffnet (720). Die Gefangene hängt tot am Fenstergitter.[233]

Um 8.10 Uhr öffnet Justizassistent z.A. Hermann die Zelle von Irmgard Möller (725). Sie liegt auf ihrer Matratze blutend aus mehreren Stichverletzungen in der Brust. Auch sie wird sofort mit einem Notarztwagen abtransportiert.[234]

Um 8.15 Uhr teilt Oberverwalter Bubeck der Einsatzzentrale des Landes-Kriminalamtes (LKA) Baden-Württemberg mit, daß die in Stammheim „einsitzenden BM-Häftlinge ... Selbstmord verübt" hätten, „Ensslin und Baader seien bereits verstorben".[235]

Um 8.20 Uhr veranlaßt Staatsanwalt Kässer unter Hinweis auf die fortbestehende Nachrichtensperre, daß das LKA mit der Sachbearbeitung beauftragt wird.

Gleich danach wird von der Einsatzleitung des LKA der Präsident des Bundeskriminalamtes (BKA), Horst Herold, eingeschaltet. Ihm wird die Einhaltung der Nachrichtensperre bestätigt und „die Lage" mitgeteilt.[236]

Um 8.58 Uhr läßt der baden-württembergische Justizminister Traugott Bender über den Südwestfunk verlautbaren, daß Andreas Baader, Gudrun Ensslin und Jan-Carl Raspe Selbstmord verübt hätten.[237]

Jahre später wird Kriminaloberrat (KOR) Günter Textor, Leiter der Sonderkommission Stammheim des LKA, dem „Stern" mitteilen: „Von der Staatsanwaltschaft haben wir keine entsprechenden, über Selbstmord hinausgehenden Ermittlungsaufträge bekommen."[238]

An diesem Tag erscheint die Frankfurter Allgemeine (FAZ) mit einem Leitartikel ihres Mitherausgebers Reißmüller: „Der Staat muß sein rechtliches und moralisches Verhältnis zu den Terroristen, wie er es bisher gesehen und praktiziert hat, in Frage stellen, überprüfen; er muß sich Einwänden, neuen Gedanken dazu öffnen. Das Tabu ist fortzuräumen, welches – verantwortlich geführte – Debatten darüber bisher verhindert, das Tabu, von dem sich viele Politiker aus allen Parteien zu einer doppelten geistigen Buchführung zwingen lassen: Das eine sagen, dazu aber anders denken, was man um keinen Preis sagt, höchstens seinem besten Freund andeutet... Wäre es nicht an der Zeit, über ein Notrecht gegen Terroristen nachzudenken?"[239]

TEIL II

DAS TODESERMITTLUNGS-VERFAHREN

1. Die Feststellung des Todeszeitpunkts wird vereitelt

Die Staatsanwaltschaft Stuttgart eröffnet nach § 87 II der Strafprozeßordnung das Todesermittlungsverfahren und beantragt beim Amtsgericht die richterliche Leichenöffnung der Untersuchungsgefangenen.

Nach den gesetzlichen Vorschriften ist immer dann in dieser Weise zu verfahren, wenn Anhaltspunkte dafür vorhanden sind, daß jemand nicht eines natürlichen Todes gestorben ist oder wenn eine Straftat als Todesursache nicht ausgeschlossen werden kann. Darüber hinaus in dem Fall, wenn damit zu rechnen ist, daß die Feststellungen später angezweifelt werden (Nr. 33 der Richtlinien für das Straf- und Bußgeldverfahren).

Der Verteidiger von Jan-Carl Raspe, besorgt wegen der Ereignisse in Mogadischu, versucht ab 8.50 Uhr zur Vollzugsanstalt Stuttgart-Stammheim fernmündlich durchzudringen, um Kontakt mit seinem Mandanten herzustellen, was mißlingt. Dort ertönt entweder das Besetztzeichen oder es nimmt niemand den Hörer ab.

Unerreichbar sind Anstaltsleiter Nusser und Stellvertreter Schreitmüller, ebenso Anstaltsarzt Dr. Henck.

Um 9.00 Uhr läßt der angerufene zuständige Haftrichter, Senatsvorsitzender Foth, bestellen, er sei in einer Sitzung.

Um 9.30 Uhr schlägt ein weiterer Versuch, mit dem baden-württembergischen Justizministerium Telefonkontakt herzustellen, ebenfalls fehl. Deshalb stellt der Verteidiger beim Justizministerium telegraphische Anträge, wonach die Sicherstellung aller Beweise, die Leichenschau und die Obduktion in seiner Gegenwart zu geschehen haben.

Alle Versuche, herauszufinden, in welchem Krankenhaus sich Jan-Carl Raspe befindet, scheitern ebenfalls.

Gegen 11 Uhr wird über Rundfunk mitgeteilt, daß in Baden-Württemberg in dieser Sache bis 15.00 Uhr Nachrichtensperre verhängt worden sei.

Erst um 14.30 Uhr gelingt es, telefonisch Kontakt mit Generalstaatsanwalt Erwin Schüle herzustellen, der die Teilnahme der Verteidiger an der Leichenschau aus „polizeilichen Gründen" erst für den Nachmittag ab 16.00 Uhr zusagt und den Verwahrungsort des inzwischen verstorbenen Jan-Carl Raspe mitteilt. Dieser habe, so Schüle, im Katharinen-Hospital Stuttgart noch gelebt, sei aber kurz nach seiner Einlieferung verstorben. Er habe „dieses Mal" vor, international renommierte Sachverständige zu bestellen, „um alle Zweifel zu zerstreuen."

Die baden-württembergischen Behörden unterlassen es, die Angehörigen der Häftlinge zu unterrichten. Diese werden durch die Medien von der Todesnachricht überrascht.

Um 14.00 Uhr erklärt für die Bundesregierung Pressesprecher Klaus Bölling, die Häftlinge hätten sich das Leben genommen, Jan-Carl Raspe sei inzwischen verstorben. Auch Bundespräsident Karl Carstens stellt im Fernsehen den Tod der Häftlinge als Selbstmord dar.

Die bestellten Gutachter aus Baden-Württemberg reisen noch am Morgen des 18. Oktober an, werden aber an der ordnungsgemäßen Aufnahme ihrer gerichtsmedizinischen Tätigkeit gehindert. In ihrem Gutachten zur Todeszeit monieren die Professoren Mallach und Rauschke gemeinsam:

Die Untersuchungsgefangenen Ensslin und Baader waren in den Morgenstunden des 18. Oktober 1977 – Gudrun Ensslin erhängt, Andreas Baader erschossen – in ihren Zellen aufgefunden worden. Von der Position beider Leichen in den Zellen konnten sich die Unterzeichnenden zwischen 9.00 Uhr und 10.00 Uhr durch einen Blick von der Zellentür aus überzeugen, zur Untersuchung finden wir indes erst ab 17.00 Uhr Gelegenheit (. . .)

Als oberste Begrenzungen, also zu welchem frühestmöglichen Zeitpunkt der Tod eingetreten sein könnte, kommen folgende Zeitpunkte bzw. Zeitspannen in Betracht; für
1. Gudrun Ensslin der 18.10.1977 zwischen 1.15 Uhr und 1.25 Uhr
2. Andreas Baader der 18.10.1977 zwischen 0.15 Uhr bis 0.30 Uhr und 2.15 Uhr
Eine exaktere Zeitbestimmung wäre zu erwarten gewesen, wenn den Untersuchern bereits nach ihrem Eintreffen am Fundort am Morgen des 18.10.1977 Gelegenheit zur Untersuchung gegeben worden wäre.

Weiter führen die Gutachter aus:

Hat man die Absicht, in den Naturwissenschaften einen bestimmten Punkt festzulegen, so wird man sich möglichst vieler Parameter bedienen, um mit seinen Meßdaten dem wahren Punkt nahezukommen. Dies wäre, bezogen auf die Bestimmung der Todeszeit, sonach sinnvoll, wenn man sich der sechs genannten Parameter bedienen könnte; dies würde bedeuten, daß der Gerichtsarzt zum möglichstfrühen Zeitpunkt nach dem Auffinden einer Leiche zur Untersuchung gerufen wird. Bezogen auf die konkreten Fälle Ensslin und Baader bedeutet dies, daß diese Untersuchungen unmittelbar nach dem Eintreffen der beiden Unterzeichnenden am Fundort der Leichen, – jedenfalls am 18.10.1977 *vor* 10.00 Uhr – hätten durchgeführt werden müssen: da sie aber aus *polizeilichen Gründen* auf die Zeit zwischen 17.00 Uhr und 20.00 Uhr verschoben werden mußten, gingen kostbare Parameter verloren."[1]

Welche „polizeilichen Gründe" es waren, die die Arbeit der Gutachter blockierten, ist nicht ersichtlich. Es ist bis heute undurchsichtig geblieben, weshalb angeordnet wurde, die gerichtsmedizinische Untersuchung der Leichen auf einen so späten Zeitpunkt zu verschieben, und wer diese Anordnung getroffen hat. Generalstaatsanwalt Schüle beruft sich dem Autor gegenüber ebenfalls auf „polizeiliche Gründe", ohne sie zu benennen.

Niemand vermochte bis heute Anhaltspunkte für das Vorliegen solcher Gründe zu geben. Maßgebende, der Aufklärung der Todesursache dienende Gründe können auch nicht gefunden werden. War es deshalb eine Maßnahme, die auf geheimdienstlicher Einflußnahme beruht?

Für die Durchführung der Leichenschau gilt absoluter Beschleunigungsgrundsatz, um die möglichst präzise Feststellung des Todeszeitpunkts zu gewährleisten. Hätte Mallach am Morgen des 18. Oktober, als es noch möglich gewesen wäre, die Muskeln der Toten mechanisch oder mittels elektrischen Stroms erregt und die Pupillen mit pharmakologischen Substanzen gereizt, wäre anhand der Reaktionen eine präzisere Todeszeitbestimmung möglich gewesen. Mit diesen Methoden läßt sich nämlich die Todeszeit oft bis auf ein oder zwei Stunden einengen.[2]

Nach Beginn der Leichenschau um 17.00 Uhr war es dazu aber zu spät.

An diesem Tag kommandiert BKA-Chef Herold über die Einsatzzentrale des baden-württembergischen LKA den Verfassungsschutz[3] an das von vornherein erklärte Ziel der Ermittlungen: Selbstmord.

Günter Textor, Kriminaloberrat (KOR) und Leiter der Sonderkommission Stammheim verfährt wie befohlen: „Von der Staatsanwaltschaft haben wir keine entsprechenden, über Selbstmord hinausgehenden Ermittlungsaufträge bekommen."[4]

Aufgrund dieser Beschränkung des Ermittlungsauftrags und aufgrund der Behinderung der Untersuchungen der Gerichtsmediziner sind zwei konträre Expertenversionen entstanden: Mallach und Rauschke gehen in ihrem Gutachten von einem frühestmöglichen Todeszeitpunkt bei Andreas Baader um 0.15 Uhr aus. Die beiden ausländischen sachverständigen Beobachter Hartmann aus Zürich und André aus Brüssel aber kommen zu dem Ergebnis, der frühestmögliche Todeszeitpunkt liege noch vor Mitternacht oder um Mitternacht herum.

Der Zeitpunkt des Todeseintritts hatte von Anfang an eine zentrale Bedeutung. Die Staatsanwaltschaft wollte von Anbeginn davon ausgehen, daß die Häftlinge aus „Verzweiflung und Resignation"[5] über den mißglückten Geiselaustausch in Mogadischu eine Selbsttötungsverabredung getroffen hätten.

Diese Annahme könnte durch die Feststellung des frühestmöglichen Todeszeitpunkts erschüttert werden. Es war bekannt, daß die erste Meldung von der Befreiung der Lufthansa-Maschine am 18.10.1977 um 0.40 Uhr gesendet wurde.

Nach den insoweit übereinstimmenden Feststellungen beider Expertengruppen lag der frühestmögliche Todeszeitpunkt bei Andreas Baader aber *vor* diesem Sendungszeitpunkt.

Ist dies der Grund dafür, daß die Untersuchungen der Gerichtsmediziner, die die möglichst genaue Feststellung des Todeszeitpunkts betreffen, entscheidend erschwert worden sind, indem sie die Untersuchungen erst so spät beginnen konnten?

Und ist es ein Hinweis dafür, daß die „polizeilichen Gründe für den Aufschub nicht benannt worden sind, weil nämlich solche Gründe nicht bestanden?

2. Die Untersuchung der Zellen

Als Richterin Rebsam-Bender zur Leichenschau um 15 Uhr auf Stockwerk 7 eintrifft, ist nicht sie Herrin des Verfahrens, sondern der Krisenstab.

Von der Polizei sind zahlreiche Beamte anwesend, darunter Kriminaloberrat Textor, andere Anwesende können nicht namhaft gemacht werden, weil sie nicht ins Protokoll aufgenommen worden sind. Vertreten sind Anstaltsleiter Nusser und sein Stellvetreter Schreitmüller. Erschienen sind auch Oberstaatsanwalt Kässer und Erster Staatsanwalt Hermann – der spätere Anstaltsleiter – sowie Ministerialdirigent Reuschenbach und Ministerialrat Keck vom Justizministerium Baden-Württemberg.

Als Sachverständige und Gerichtsärzte wirken Professor Rauschke, Leiter des Instituts für Rechtsmedizin der Stadt Stuttgart sowie Professor Mallach, Leiter des Instituts für Gerichtliche Medizin der Universität Tübingen.

Als sachverständige Beobachter nehmen Professor Hartmann, Direktor des Instituts für Gerichtliche Medizin der Universität Zürich und Professor Holczabek, Vorstand des Instituts für Gerichtliche Medizin der Universität Wien, ferner ab 17.55 Uhr Professor André, Direktor des Instituts für Gerichtliche Medizin der Universität Lüttich/ Belgien, teil.

Von der Anwaltschaft sind anwesend:
Rechtsanwalt Hans Heinz Heldmann, Darmstadt, ab 15.45 Uhr,
Rechtsanwalt Otto Schily, Westberlin, ab 16.00 Uhr,
Rechtsanwalt Karl-Heinz Weidenhammer, Frankfurt a.M., ab 16 Uhr,
Rechtsanwältin Jutta Bahr-Jendges, Bremen, gegen 18.00 Uhr.[6]

Zum Zeitpunkt des Eintreffens der Anwälte waren die

Haftzellen nicht mehr im ursprünglichen Zustand, die Spuren verändert und die Möglichkeit der genauen Feststellung des Todeszeitpunkts bei Andreas Baader und Gudrun Ensslin vereitelt, wie anschließend dargestellt wird.

Die Verteidiger haben die Möglichkeit, die Zellen der Häftlinge, den Umschlußraum und die Tür zum Treppenflur im 7. Stockwerk zu besichtigen. Die in sich geschlossene Hochsicherheitsabteilung III beschreibt die Kriminalpolizei wie folgt:

Kriminalpolizei
– Inspektion I –

Stuttgart, den 27.10.1977
Stu/Sr.

Betr.: Beschreibung des BM-Zellentraktes, der sich im 7. Stockwerk des kurzen Flügels der Vollzugsanstalt S.-Stammheim befindet

Am Mittwoch, dem 26.10.1977, befaßte sich KM Stumm mit der allgemeinen Beschreibung des BM-Zellentraktes.

Wenn man aus dem Personenaufzug im 7. Stockwerk des kurzen Flügels heraustritt, kommt man zuerst in einen großen Vorraum. Vom Aufzug aus gesehen rechts, in der Mitte des Vorraumes, befindet sich die Beamtenkabine, von der aus das gesamte 7. Stockwerk überwacht wird. Links und rechts dieser Kabine sind jeweils ein Besucherraum, abgetrennt durch Glasbausteine. Gegenüber der Kabine befindet sich eine Glasbauwand, die dann diesen Trakt zu dem Hof der JVA S-Stammheim abgrenzt. Wenn man vor der Glaskabine steht, gelangt man nach links in den sogenannten langen Flügel, in dem sich weibliche Gefangene aufhalten. Dieser Gefängnistrakt ist durch ein weißes starkes Gitter von dem Vorraum abgetrennt.

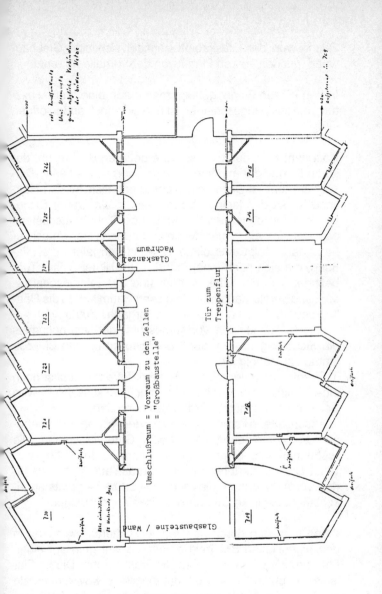

Lageplan[7]:

107

Rechts von der Glaskabine befindet sich eine Glasbauwand, die den kurzen Flügel von der Vorhalle abtrennt.

In den kurzen Flügel gelangt man durch eine große Holztüre, die links angeschlagen ist und sich nach außen öffnen läßt.

Nachdem man durch diese Türe getreten ist, beginnt der kurze Flügel, der mit einem kleinen Vorraum anfängt. Dieser Vorraum ist allgemein nicht zugänglich für BM-Häftlinge. Links des kleinen Vorraumes ist ein großer Sicherungskasten angebracht. Rechts des Sicherungskastens befindet sich ein großer Minimax-Feuerlöscher. Anschließend daran folgt eine blaue Türe mit normaler Verschließung, die sich nach innen öffnen läßt. Hinter dieser Türe befindet sich der Effektenraum und der Telefonschaltkasten und Verstärkerkasten. In diesen Raum hatten die Häftlinge nur im Beisein eines Kontrollorganes Zutritt.

Rechts des kleinen Vorraumes befindet sich nochmals ein Sicherungskasten, der ausschließlich für den BM-Zellentrakt zuständig ist.

Ebenfalls auf der rechten Seite des Vorraumes ist noch eine Toilette, die ebenfalls nur ausschließlich von Bediensteten benützt werden kann und darf.

Anschließend kommt gegenüber dem schon beschriebenen Vorraumeingang eine weiße Gittervorrichtung, die rechts und links einen Eingang, ebenfalls aus Gitter, vorweist. Diese Gittertüren lassen sich nach außen, d.h. also in den Vorraum, öffnen, die rechte Gittertüre ist rechts angeschlagen, die linke Gittertüre ist links angeschlagen.

Wenn man nun durch den rechten Gittertüreneingang in den eigentlichen BM-Trakt eintritt, kommt man auf einen Flur, der zur Glaskanzel des BM-Traktes führt. Dieser Flur ist wiederum in 2 kleinere Flure eingeteilt, wovon die erste Türe, von der Abgitterung aus gerechnet, in die Umkleidekabine und in den Duschraum führt. Anschließend kommt ein Durchgang in den zweiten kleineren Flur, der dann vollends zu der Glaskanzel führt. In dem zweiten Flur befinden sich auf der rechten Seite noch drei Türen. Die erste läßt sich nach innen zu der Teeküche öffnen, die zweite Türe – hierbei handelt es sich wiederum um eine übliche Zellentüre – läßt sich in die Hauskammer öffnen, und die dritte Türe läßt sich wie die zweite nach außen in die eigentliche Glaskanzel öffnen. In die Glaskanzel kommen allerdings nur Personen durch den ausgebauten Dienstraum, der unmittelbar vor der Glaskanzel auf der rechten Seite liegt.

Gegenüber der dritten Türe befindet sich noch eine Holztüre, die dann in den linken Flur führt. Dieser Teil des linken Flures wird allerdings auch, wenn er auf diese Weise betreten wird, als Schleuse bezeichnet; denn er befindet sich unmittelbar neben der Glaskanzel auf der linken Seite von ihr.

Wenn man nun von dem kleinen Vorraum aus wieder, nicht die rechte, sondern die linke Gittertüre benützt, die sich – wie schon angegeben – nach außen in den kleinen Flurraum öffnen läßt, so gelangt man in den sogenannten Rechtsanwaltflur.

Im Rechtsanwaltflur befinden sich auf der linken Wandseite vier Zellen, die sich nach außen öffnen lassen. Diese Zellen wurden im einzelnen schon beschrieben und diese dienen für Rechtsanwaltbesuche.

Anschließend daran kommt man an eine Holztüre, die sich in den Rechtsanwaltflur öffnen läßt. Die Türe ist rechts angeschlagen. Nach Betreten durch diese Türe ist man in der schon näher bezeichneten Schleuse, die ja – wie schon angegeben – auch vom rechten Flur aus betreten werden kann.

Links dieser Schleuse befinden sich noch 2 Zellen, die eine – hier handelt es sich um die Zelle Nr. 713 – diente als Trimm-Dich-Raum, die Zelle 714 als sogenannter „Freß"-Raum. Auf der rechten Seite der Schleuse befindet sich außer der schon genannten Zugangstüre die Glaskanzel. Zwischen der rechten Türe und der Glaskanzel befindet sich eine ITT-Gegensprechanlage, mit der man in die Glaskanzel, mit den Beamten, Verbindung aufnehmen kann, aber auch vor zu der eigentlichen Kontrollkanzel im großen Vorraum. Am Ende dieser Schleuse ist eine grüne schwere Vergitterung angebracht. In diese Vergitterung ist eine ebenso schwere Gittertüre eingelassen, die links angeschlagen ist und sich nach außen in die Schleuse öffnen läßt. Das Gitter schließt auch mit der Glaskanzel ab, die dann vollends nach rechts verläuft und somit die gesamte Breite des kurzen Flügels abtrennt. Wenn man durch dieses grüne Gitter eintritt, hat man den gesamten kurzen Flügel vor sich, in dem sich vier BM-Häftlinge: Raspe, Baader, Ensslin und Möller befanden.

Auf der linken Seite diese Zellentrakts befinden sich die Zellen 715, 716, dann kommt ein Abstand und das Treppenhaus, anschließend kommt die Zelle 718 sowie die Zelle 719. Somit ist man an die Stirnseite des kurzen Flügels gelangt, der wiederum mit einem schweren grünen Gitter abgetrennt ist. Von dem kurzen Flügel aus gesehen hinter dem Gitter befindet sich eine Glasbauwand. Auf der rechten Seite des kurzen Flügels – von der Glasbauwand wieder zurück zu dem Glaskasten, in dem sich die Beamten aufhielten – folgen die Zellen 720, 721, 722, 723, 724, 725 und 726. Anschließend folgt, wie schon angegeben, der Glaskasten.

Stumm, KM[8]

Kriminalpolizei
– Inspektion I –

Stuttgart, 27.10.1977
Stu/Be

Betr.: Beschreibung der Feuertreppe, die im kurzen Flügel im 7. Stockwerk endet.

Am Mittwoch, dem 26.10.1977, nahm KM Stumm das Treppenhaus, welches im 7. Stockwerk des kurzen Flügels endet, in Augenschein.

Vom 6. Stock des kurzen Flügels aus kann die Feuertreppe betreten werden. Die Treppenhaustüre ist einmal abgeschlossen, das zweite Oberschloß ist nicht betätigt. Die Feuertreppe führt vom 7. Stockwerk aus bis in das Erdgeschoß hinunter, wird allerdings nicht betreten, d.h., daß sie nur im Ernstfall benützt wird. Für die normalen Gefangenen besteht hierher kein Zutritt.

Wie die Türe im 7. Stockwerk von der Treppenhausseite aus zeigt, besitzt sie hier zwei Schlösser, wie die Türe vom 6. Stockwerk. An der linken oberen Ecke des Türrahmens ist ein neuverlegtes Leitungskabel zu erkennen. Vermutl. handelt es sich hier um die elektrische Sicherung dieser Treppenhaustüre im 7. Stock. Das Treppenhaus selbst verläuft quadratisch, und immer an den Außenwänden ist die Treppe nach unten bzw. nach oben verlaufend angebracht. In der Mitte dieser Treppe befindet sich ein Schacht, der mit Seilen gesichert ist. Ansonsten sind in dem Treppenhaus bzw. Treppenraum keine Besonderheiten zu erkennen.

Zu erwähnen ist noch, daß, außer den besonderen Schließverhältnissen der Türe im 7. Stock, diese Türe noch grau gestrichen ist, im Gegensatz zu den übrigen Treppenhaustüren, die mit einem Drahtglas eingelegt und grün gestrichen sind. Hinter jeder dieser Türen, ebenso hinter der Türe im 7. Stockwerk, befindet sich der Feuerwehrkasten.

Wie Herr Fleischer II, der Assistent der JVA S-Stammheim ist, berichtet, wird dieser Treppenhausaufgang abends jedesmal von innen und von außen kontrolliert, ob die Schließverhältnisse in Ordnung sind. Zusätzlich wird von dem kontrollierenden Beamten das obere zweite Schloß an der Türe verschlossen und dieser Schlüssel wieder separat beim diensthabenden Beamten deponiert. Das heißt also, daß man so gegen 16.00.Uhr oder 17.00.Uhr – um diese Zeit werden die Treppenhaustüren nochmals verschlossen – nicht mehr mit dem gängigen Schlüssel in das Treppenhaus oder aus dem Treppenhaus herausgelangen kann, sondern extra vom diensthabenden Beamten den Zusatzschlüssel anfordern muß. Wenn dies der Fall ist, wird darüber ein gesonderter Vermerk gemacht, damit dann jederzeit Kontrolle vorhanden ist, ob das Treppenhaus benützt wurde oder nicht.

Stumm, KM[9]

Gegen 16.00 Uhr betreten die Richterin, die Gerichtsmediziner und die Anwälte die Zelle Andreas Baaders. Unmittelbar vor dem Zelleneingang stößt man auf eine Spanische Wand. Links von der stählernen Zelleneingangstür befindet sich ein Waschbecken, dahinter eine Toilettenschüssel. Auf der Ablage über dem Waschbecken liegen zahlreiche Gegenstände. Im Anschluß an die Toilettenschüssel befindet sich an der linken Wand ein Heizkörper. In der Mitte dieser Wand steht bis zur Decke reichend ein Regal, das mit Büchern gefüllt ist. An der rechten Wand, vom Eingang her gesehen, befindet sich die Schlafstelle. Die Zelle hat zwei Zellenfenster, die mit grünem Spieltischfilz verhängt sind. An der Decke war eine Neonleuchte angebracht. Um 17.15 Uhr beträgt die Zellentemperatur 24°C.

Andreas Baaders Leiche liegt fast in der Raummitte. Im Blutlachenbereich neben der linken Kopfseite des Toten liegt eine Handfeuerwaffe. In der Kopfschwarte der Mittelliniengegend zeigen sich zwei Lochdefekte, einer im unteren Hinterhauptbereich und der andere hinter der Stirn-Haar-Grenze. Ferner wird festgestellt, daß das rechte Hosenbein auf der Vorderfläche mit körnigem Schmutz bedeckt ist, weniger das linke. Die Schuhe sind beiderseits nicht bis oben geschnürt, jedoch mit der Schleife der Schnürbänder verschlossen.[10]

Dem sachverständigen Beobachter Holczabek und Rechtsanwalt Heldmann fällt auf, daß an diesen Schuhsohlen ein intensiver Belag mit hellem, feinkörnigem Sand haftet. Beide fordern eine mineralogische Analyse dieser Fremdkörper. Der Gerichtsmediziner Mallach reagiert nicht. Er unterläßt es sogar, die Feststellung der Fußsohlenanhaftung ins Protokoll zu nehmen.[11]

Eine nähere Untersuchung ergibt, daß auf der Streckseite des rechten Daumens und an der Innenkante des unteren Bereichs des rechten Zeigefingers deutlich Blutspritzer zu sehen sind, sämtlich mit uhrzeigerförmigen Ausläufern. Auf der Vorderseite des Unterarms trägt die Haut einige kleine schwärzliche Partikel. Nun wird der Grad der Totenstarre festgestellt. Nach Überwindung der Totenstarre wird eine gut markstückgroße, matte Schwärzung der Haut am Endgelenk des Daumens zur Zeigefingermitte hin und an der Beugeseite des Zeigefingers in Höhe des Mittelgliedes bemerkt. Ferner werden weitere Blutspritzer auf der Streckseite des Daumens, an der Schwimmhaut zwischen Daumen und Zeigefinger, in der Beugefalte des Daumengrundgelenks hin und an der Handinnenfläche des 3. und 4. Mittelhandknochens gefunden.

Um 17.55 Uhr wird die Zelle von Gudrun Ensslin betreten. Unmittelbar nach der Eingangstür ist an der Wand ein Waschbecken angebracht. Darüber befindet sich ein kleiner Spiegel. An der Decke ist eine Neonleuchte befestigt. Die Zelle hat Toilettenschüssel und Waschbecken. Die spätere Überprüfung des einzigen Zimmerspiegels, der über dem Waschbecken angebracht ist, ergibt, daß der Spiegel mit durchgehenden Schrauben von außen festgemacht ist. Zugang zu den Konterschrauben hatten allerdings die Häftlinge nicht; denn der Raum, in dem sich die Zugangsschrauben befinden, ist wiederum verschlossen. Hierbei handelt es sich um den Abwasser- und Versorgungsraum. Hinter diesem Spiegel wurde von den Gefangenen eine optische Überwachung vermutet.[12]

Der Zellenraum hat 2 Fenster. Ein Fenster liegt gegenüber von der Eingangstür, das zweite Fenster weiter nach links versetzt, entsprechend dem eckigen Verlauf der Wand. Beide Fenster sind mit je einer Wolldecke verhängt. Die Wolldecken sind jeweils von oben rechts und links mit Stecknadeln befestigt. Unter dem Fenster gegenüber der Eingangstür steht ein Anstaltsstuhl. Die Stuhllehne ist zur Außenwand gerichtet, über dem linken Vorderteil der Lehne hängt das untere Ende der Wolldecke. Der genaue Stand des Stuhls wird durch Einkreisung der Beine am Boden genau markiert. Dann wird der Stuhl weggetragen.

Auf der Sitzfläche des Stuhls sieht man haar- und faserähnliche Auflagerungen, ferner etwas weißlichen Schmutz. Der rechtseitige Nagel wird gelöst, die Wolldecke fällt nach links. Sichtbar wird die bei geöffnetem Fenster am Fensterrost hängende Leiche. Die Leiche hängt frei.

Vom Boden bestehen folgende Abstände: Linke Großzehe (bei Spitzfußhaltung im Sprunggelenk) 20,5 cm und Fersenkante 30 cm. Rechte Großzehenspitze bei gestrecktem Sprunggelenk 20,5 cm und Fersenkante 31 cm.

Die Leiche hängt nicht ganz in der Fenstermitte, sondern in der Aufsicht betrachtet etwas weiter nach rechts. Die Fensteröffnung ist nach außen ins Freie abgeschlossen durch ein feinmaschiges Drahtnetz und nach innen durch ein Wellgitter. Das Wellgitter hat eine Größe von oben nach unten von 54 cm und in querer Richtung 47 cm. Es besteht aus 3,4 mm starken weiß lackierten Metallstäben. Die Gittermaschen sind von nicht ganz einheitlicher Größe, die Größe beträgt im Mittel 9,5 qmm. In querer Richtung bestehen 35

Maschenhohlräume. Hinter dem Gitterstab zwischen dem 15. und 16. Maschengitter von rechts (in Aufsicht gesehen) sind 2 doppeladrige Elektro- bzw. Radiokabel geschlungen, die sämtlich mit Isolierung überzogen sind. Die Leiche hängt gradlinig nach unten. Um 19.55 Uhr beträgt die Raumtemperatur 17,6° C. Durch ein „Versehen" wird die Prüfung der Totenstarre nicht ins Protokoll aufgenommen. Beim Versuch, die Leiche aus ihrer ursprünglichen Lage abzuhängen, reißen die Kabel an der Stelle, an der sie durch das Wellgitter des Zellfensters geschlungen waren.[13]

Aus der Zelle sind zu diesem Zeitpunkt bereits diverse schriftliche Aufzeichnungen, darunter ein Brief an Bundeskanzler Helmut Schmidt[14], entfernt, ebenso der Inhalt des roten Aktendeckels mit der Aufschrift „Anwalt". Diese Urkunden geraten in den Besitz von Generalbundesanwalt Rebmann, der auf Weisung von Bundesjustizminister Vogel tätig ist. Vogel erfährt durch den katholischen Bischof Georg Moser von der Existenz dieser Urkunden.[15] Der evangelische Anstaltspfarrer Kurmann, der am 17. Oktober noch mit Gudrun Ensslin gesprochen hatte, erklärt dazu, nach Abfassung des Briefes an die Familie Ensslin am 18. 10. 1977 habe sein katholischer Kollege in seinem Beisein Bischof Moser angerufen, um ihn zu unterrichten. Dieser habe gute persönliche Verbindungen zu Bundesjustizminister Vogel. Vogel habe Moser durch Rückruf verständigt, daß er, wenn die Schriftstücke gefunden seien, dafür sorgen wolle, daß sie den Adressaten zugestellt würden.[16]

Die Beschlagnahme dieser Urkunden begründet Generalbundesanwalt Rebmann später so: Sie seien für das Todesermittlungsverfahren ohne „besondere Bedeutung".[17] Er benötige sie für ein weiteres Verfahren „gegen Unbekannt", das er eingeleitet habe, weil für die Häftlinge Waffen in die Zellen geschmuggelt worden seien. Dies rechtfertige den Verdacht eines

Vergehens nach der Strafvorschrift § 129 a StGB, welche die Bildung oder Unterstützung einer terroristischen Vereinigung unter Strafe stellt.

Die Bundesanwaltschaft wird ferner beim Ermittlungsrichter des Bundesgerichtshofes einen Beschlagnahmebeschluß erwirken und die Herausgabe der in Gudrun Ensslins Zelle gefundenen Gegenstände verlangen:

„1 orangefarbener Aktendeckel mit diversen schriftlichen Aufzeichnungen und

1 roter Aktendeckel mit Aufschrift „Anwalt", enthaltend zahlreiche schriftliche Aufzeichnungen."[18]

Erster Staatsanwalt Hermann wird diese Urkunden an Generalbundesanwalt Rebmann übersenden, weil sie angeblich für das Todesermittlungsverfahren „ohne besondere Bedeutung" seien.[19]

Am Abend wird die Zelle von Jan-Carl Raspe geöffnet. Sie ist etwa 20 m auf derselben Traktseite von der Zelle Andreas Baaders entfernt. Das Fenster ist geschlossen. Quer zum Fenster steht eine Liege. Darauf befindet sich eine Decke, die blutverschmiert ist. Rechts über dem Kopfende der Liege an der Wand ist ein deutlicher Blutspritzer sichtbar. Auf der Liege befinden sich ein bis zwei Patronen und ein Magazin. Links zum Zelleneingang liegen 2 Blatt Kohlepapier auf dem Boden.[20]

Die Waffe war inzwischen von den Beamten Götz und Miesterfeldt auf den Schreibtisch des Anstaltsleiters Nusser gelegt worden. Anschließend nahm KOR Textor diese Waffe an sich.[21]

Wäre sie nicht vom Fundort beseitigt worden, hätten sich aus ihrer Auffindungslage wertvolle Hinweise über den tatsächlichen Geschehensablauf ergeben können.

3. Die Ergebnisse der Nachtobduktionen

Inzwischen erhebt sich wegen der Vorgänge in Stammheim internationaler Protest. Die internationale Öffentlichkeit verlangt die Einsetzung einer internationalen Untersuchungskommission. Das Sekretariat der „Internationalen Untersuchungskommission zur Aufklärung des Todes von Ulrike Meinhof" verlangt von Justizminister Bender die Teilnahme neutraler Pathologen an der Obduktion der Leichen.[22]

Auch Amnesty International (AI) drängt öffentlich auf Mitwirkung.[23]

Plötzlich haben es die angerufenen Stellen eilig. Noch am 18. Oktober 1977 findet von 21.50 Uhr bis zum frühen Morgen des nächsten Tages um 4.30 Uhr auf dem Bergfriedhof in Tübingen die Obduktion der Leichen Andreas Baaders, Gudrun Ensslins und Jan-Carl Raspes statt.[24]

Erster Obduzent ist Rauschke, Zweitobduzent Mallach, denen drei Sektionsgehilfen assistieren. Anwesend sind auch die drei ausländischen sachverständigen Beobachter André, Hartmann und Holczabek, der später die Befragung durch den baden-württembergischen Untersuchungsausschuß und die Unterzeichnung offizieller Erklärungen ablehnen wird.[25]

Als erste wird Gudrun Ensslin obduziert.

Die Anwesenden stellten fest, daß es sich bei der auf dem Sektionstisch liegenden Leiche um die von

Gudrun Ensslin

handelt, die von Herrn Rechtsanwalt Schily verteidigt und vertreten worden ist und u.a. Herrn Dr. Heldmann, (. . .) und dem Ersten Obduzenten persönlich bekannt war.

Es wurde mit der Leichenschau und Leichenöffnung begonnen . . .

C. Vorläufiges Gutachten

I. Die Obduktion der Leiche von Gudrun Ensslin hat alle typischen Zeichen des Erhängungstodes ergeben mit Totenflecken an Füßen, Beinen, Händen, Armen und Kinn, mit Erhängungsstrangmarke am Hals in der Form der sogenannten typischen Erhängung (Aufhängepunkt oberhalb vom Nacken und Verknotung in der vorderen Mittellinie des Halses), mäßiger Vergrößerung des Gehirns, einzelnen Erstickungsblutungen unter dem Bindehautüberzug des rechten Augenoberlides und -Unterlides, Blutungen unter der Herzinnenhaut mäßiger Milzentspeicherung und flüssigem Zustand des Blutes in (unleserlich) len Gefäßabschnitten, ferner mit Speichelabrinnspur vom Mund aus abwärts, Einklemmung der Zungenspitze zwischen Oberkiefer und Unterkiefer, Abbruch der Hörner des Kehlkopfknorpels und Blutungen unter der harten Rückenmarkshaut in Höhe des dritten Halswirbelkörpers.

II. Weitere Gewalteinwirkungsspuren waren eine Weichteilblutung am Rande der linken Daumenmaus, Hautblutergüsse an beiden Kniescheiben besonders rechts, quergerichtete Hautkratzer unterhalb der linken Brust und ein kleiner Bluterguß im Bereich des Mittelgelenks des linken Mittelfingers. Diese Gewalteinwirkungsspuren sind nicht auf eine Einwirkung von fremder Hand verdächtig. Diejenigen Gewalteinwirkungsspuren, die man in den äußerst seltenen Fällen einer Erhängung von fremder Hand zu erwarten hätte wie Weichteilblutergüsse an den Armen infolge kräftigen Zupackens waren im gegenwärtigen Fall nicht vorhanden. Nach den bisherigen Feststellungen spricht auch nichts dagegen, daß die vorgefundene Erhängungssituation von eigener Hand bewerkstelligt werden konnte. Mithin spricht nichts gegen eine Selbsttötung durch Erhängung, vorbehaltlich einer noch durchzuführenden Rekonstruktion.

III. Auf Anordnung des Staatsanwalts wurden Schenkelvenenblut zur Alkoholbestimmung und Herzblut, Mageninhalt und Urin sowie Dünndarminhalt für chemisch-toxikologische Untersuchungen auf Betäubungsmittel und ähnliches entnommen, ferner Abstriche von Scheide und Mastdarm, Leichenblut zur Bestimmung der Blutgruppenformel und Proben aus verschiedenen Geweben und inneren Organen für feingewebliche Untersuchungen.

Es wurde verabredet, daß die Blutalkoholbestimmung und die chemisch-toxikologischen Untersuchungen in Tübingen und die weiteren Untersuchungen in Stuttgart durchgeführt werden.

IV. Zu Einzelfragen bleibt eine abschließende Stellungnahme vorbehalten.

V. Ende der Sektion am 19.10.77 um 0.30 Uhr.

(Unterschriften)

Um 0.30 Uhr wird als nächster Andreas Baader obduziert:

Unter den Anwesenden stellen Rechtsanwalt Dr. Heldmann, Rechtsanwalt Schily und der erste Obduzent fest,
daß es sich bei der auf dem Sektionstisch liegenden Leiche
um die von

Andreas Baader

handelt.

Inzwischen war auch anwesend KHM Lipp von der Kriminalpolizei der LPD Stuttgart II . . .

C. Vorläufiges Gutachten

I. Die Obduktion hat – bei völlig gesunden inneren Organen und bei Fehlen einer ins Gewicht fallenden Abma-
gerung – einen einzelnen Schädeldurchschuß ergeben
mit Einschußöffnung im Nacken oberhalb der Nacken-
Haar-Grenze, nach vorne ansteigendem Schußkanal
mit Verlauf durch Kleinhirn, Hirnstamm und andere Hirn-
regionen und mit Ausschußöffnung oberhalb der Stirn-
Haar-Grenze. Die Obduktion hat ferner eindeutig ergeben, daß es sich bei der Einschußöffnung oberhalb der
Nacken-Haar-Grenze um einen absoluten Nahschuß
mit aufgesetzter Waffenmündung gehandelt hat.
Schließlich muß hervorgehoben werden, daß die rechte
Hand des Toten am Daumen eine natrium-rhodizanat-
positive Stelle sowie an Daumen und Zeigefinger Blutspritzer aufgewiesen hat.

II. Schußverletzungen und Schußspuren im gegenwärtigen Fall sprechen für eine Beibringung von eigener
Hand. Da die endgültige Beurteilung der Mitverwertung
aller technischen Befunde bedarf, bleibt eine endgültige
Stellungnahme vorbehalten.

III. Eine Verletzung des Hirnstamms, wie sie bei Baader festgestellt wurde, führt augenblicklich zur Bewußtlosigkeit und Handlungsunfähigkeit und alsbald zum Tod.

IV. Außer dem Kopfdurchschuß waren keine weiteren Gewalteinwirkungsspuren nachweisbar.

V. Für die Rekonstruktion des Schußablaufs können verschiedene Körperabmessungen von Bedeutung sein, die auf dem vorgedruckten Fragebogen festgehalten sind. Der Fragebogen wird diesem Sektionsprotokoll in Ablichtung als Anlage beigefügt.

VI. Auf Anordnung des Staatsanwalts wurden Schenkelvenenblut zur Alkoholbestimmung und Herzblut, Mageninhalt und Urin zur Untersuchung auf Betäubungsmittel und ähnliches entnommen. Diese Untersuchungen werden in Tübingen durchgeführt. Ferner wurden Gewebeproben aus verschiedenen inneren Organen für etwaige feingewebliche Untersuchungen und Blut zur Bestimmung der Blutgruppenformel entnommen; diese Untersuchungen finden in Stuttgart statt.

VII. Ende der Sektion: 3.00 Uhr

Name: Andreas Baader

Check-Liste bei Schußverletzungen (Teil I)

1. Abstand der Bezugspunkte von der Sohlenebene (SE)
Scheitel (SCH): 178 cm
Schulterpunkt (SP): 156 cm
Brustwarze (BW): 133 cm
Nabel (N): 107 cm
Hüfte (H): 102 cm
Schritt (SR): 85 cm

2. Allgemeine Körpermaße
Abstand BW – BW 22,5 cm
Abstand SP – SP: 37 cm
Brustumfang in Höhe der BW: 84 cm
Brustkorbhöhe in Höhe der BW: 17 cm
Brustkorbbreite in Höhe der BW: 27,5 cm
Beckenumfang in Höhe der H: 74 cm
Beckenhöhe in Höhe der H: 15 cm
Beckenbreite in Höhe der H: 27 cm

3. Maße bei Kopfschüssen
Kopfumfang (Hutmaß): 57 cm
Abstand Schläfe – Schläfe: 13 cm
Abstand Stirn – Hinterhaupt: 20 cm
Abstand Kinn – Scheitel: 25 cm

4. Maße bei möglicher Verletzung durch eigene Hand bzw. deren Ausschluß
SP – Zeigefingerspitzen (ZFS): links ca. 78 cm; rechts ca. 83 cm
SP – Ellenbogen (EB): links 35 cm; rechts 35 cm
EB – Handgelenk (HG): links 27 cm; rechts 25 cm
HG – Daumenfalte (DF): links 10 cm; rechts 9 cm
HG – ZFS: links 20 cm; rechts 20 cm

Der Obduktionsbericht wird weder von den beiden Obduzenten noch von dem Richter und dem Urkundsbeamten unterzeichnet.

Um 3.00 Uhr nachts wird schließlich Jan-Carl Raspe als letzter obduziert:

Die Herren Rechtsanwälte Dr. Heldmann und Schily und der erste Obduzent stellen fest, daß es sich bei der auf dem Sektionstisch liegenden Leiche um die von

Jan-Carl Raspe

handelt.

Daraufhin beginnen die Obduzenten mit Leichenschau und Leichenöffnung...

C. Vorläufiges Gutachten

I.   In Bestätigung der klinischen Feststellungen und der im Katharinenhospital angefertigten Röntgenbilder haben Leichenschau und Leichenöffnung bei Jan-Carl Raspe einen einzelnen Kopfdurchschuß ergeben in Richtung von rechts nach links.

II. Obgleich die Schußöffnungen der Kopfschwarte bereits herausgeschnitten waren, hat die Gesamtheit der Sektionsbefunde den Nachweis erbracht, daß die Einschußöffnung an der rechten und die Ausschußöffnung an der linken Schädelseite gelegen haben. Ferner fand sich an der rechten Schädelseite in den Weichteilen Pulverschmauch in einer Menge, die nur einer Schmauchhöhle entsprochen haben kann. Folglich ist davon auszugehen, daß es sich bei dem Schädeldurchschuß von rechts nach links um einen absoluten Nahschuß gehandelt hat.

III. Der Tod ist eingetreten infolge Hirnverletzung. Zwischen Tod und Schädeldurchschuß besteht ursächlicher Zusammenhang.

IV. Ein Schädeldurchschuß von rechts nach links mit Einschußöffnung im Sinne eines absoluten Nahschusses spricht für Selbstbeibringung sofern es sich um einen Rechtshänder handelt.

V. Leichenschau und Leichenöffnung ergaben keinerlei zusätzliche Gewalteinwirkungen (außer Spritzennadeleinstichen im Krankenhaus zu therapeutischen Zwecken).

VI. Der Staatsanwalt ordnete eine Blutalkoholbestimmung und chemisch-toxikologische Untersuchungen auf Betäubungsmittel u.a. an. Es wurden Schenkelvenenblut und Herzblut, Mageninhalt und Urin sowie Gewebsproben aus verschiedenen inneren Organen für die entsprechenden Untersuchungen entnommen, die im Institut für Rechtsmedizin der Universität Tübingen durchgeführt werden.

VII. Der Staatsanwalt ordnete ferner die Bestimmung der Blutgruppenformel an und Möglichkeiten für feingewebliche Untersuchungen. Dementsprechend wurden der Leiche von Raspe Leichenblut und Gewebsproben aus verschiedenen inneren Organen entnommen.

VIII. Ende der Sektion: 4.30 Uhr.

Name: Jan Carl Raspe

Check-Liste bei Schußverletzungen (Teil 1)

1. Abstand der Bezugspunkte von der Sohlenebene (SE)
Scheitel (SCH): 179 cm
Schulterpunkt (SP): 152 cm
Brustwarze (BW): 133 cm
Nabel (N): 111 cm
Hüfte (H): 103 cm
Schritt (SR): 89 cm

2. Allgemeine Körpermaße
Abstand BW – BW: 21 cm
Abstand SP – SP: 42 cm
Brustumfang in Höhe der BW 83 cm
Brustkorbhöhe in Höhe der BW: 17 cm
Brustkorbbreite in Höhe der BW: 28,5 cm
Beckenumfang in Höhe der H: 75 cm
Beckenhöhe in Höhe der H: 15 cm
Beckenbreite in Höhe der H: 29,5 cm

3. Maße bei Kopfschüssen
Kopfumfang (Hutmaß): 56 cm
Abstand Schläfe – Schläfe: 13 cm
Abstand Stirn – Hinterhaupt: 19 cm
Abstand Kinn – Scheitel: 23,5 cm

4. Maße bei möglicher Verletzung durch eigene Hand bzw. deren Ausschluß
SP – Zeigefingerspitzen (ZFS): links ca. 79 cm; rechts ca 82 cm
SP – Ellenbogen (EB): links 37 cm; rechts 37 cm
EB – Handgelenk (HG): links 27 cm; rechts 26 cm
HG – Daumenfalte (DF): links 8,5 cm; rechts 9 cm
HG – ZFS: links 19,5 cm; rechts 21 cm

4. Die Kommission für Menschenrechte beim Europäischen Gerichtshof kann nicht tätig werden

Als am 19. und 20. Oktober 1977 zwei Delegierte der Europäischen Kommission für Menschenrechte aufgrund der anhängigen Beschwerden gegen die BRD-Regierung wegen Verstoßes gegen das Folterverbot die Einzelzellen in der Abteilung III des Hochsicherheitstrakts der Vollzugsanstalt Stuttgart-Stammheim einsehen wollten,[25a] war der Tod der politischen Gefangenen Andreas Baader, Gudrun Ensslin und Jan-Carl Raspe aus der RAF bereits eingetreten. Selbst ihre Leichen waren schon entfernt[26]. Die mit mehreren Stichverletzungen in der Brust überlebende Zeugin Irmgard Möller wurde zu dieser Zeit in einer abgeschirmten Abteilung der Intensivstation der Universität Tübingen ärztlich behandelt. Für sie bestand wegen Herzbeutelverletzung Lebensgefahr. Ihre Verletzung wird als Vorwand für die Fortsetzung der Kontaktsperre benutzt. Auch nach Besserung ihres Zustandes werden Außenweltkontakte nicht zugelassen. Weder ihrer Verteidigerin noch der Delegation der Kommission wird der Zugang zu ihr gestattet.[27]

Unbeachtet von den Aufklärungsaktivitäten der Kommission bleibt der Tod der ebenfalls zur totalisolierten Häftlingsgruppe in Stammheim gehörenden und zuvor ins Männergefängnis nach München-Stadelheim gebrachten Ingrid Schubert.[28] Obwohl ihr Tod genauso rätselhaft ist wie der von Baader, Ensslin und Raspe, kann hierauf die Kommission ihre Ermittlungen nicht erstrecken, weil Ingrid Schubert keine Beschwerde wegen Verletzung der Menschenrechte erhoben hatte.

Die Delegation bleibt untätig und tritt unverrichteter Dinge die Heimreise an. Später teilte ihr die Bundesregierung lapidar mit, daß gegen die Beschwerdeführer vor dem 2. Strafsenat des Oberlandesgerichts Stuttgart in der Zeit vom 21. Mai bis 28. April 1977 an insgesamt 192 Verhandlungstagen eine Hauptverhandlung stattgefunden habe und am 28. April 1977 das Urteil verkündet worden sei. Dieses Urteil sei nicht rechtskräftig, weil die in Untersuchungshaft befindlichen Beschwerdeführer Revision zum Bundesgerichtshof eingelegt hätten. Auch ende mit dem Tod derselben das Revisionsverfahren.[29]

Obwohl die Bundesregierung in ihrer eigenen Darstellung einerseits erklärte, daß die Häftlinge nicht rechtskräftig verurteilt seien, bezeichnet sie diese andrerseits fortgesetzt als „inhaftierte Terroristen" – entgegen ihrer in anderen Fällen hochgehaltenen gesetzlichen Unschuldsvermutung, so wie sie diese etwa im Flick-Spendenprozeß so konsequent und entschieden aufrechterhalten hat. Gegenüber den politischen Gefangenen wirkt diese gesetzliche Unschuldsvermutung für die Bundesregierung offensichtlich aber nicht. Diese Unschuldsvermutung gilt aber sowohl gemäß Artikel 6 Absatz 2 der Europäischen Menschenrechtskonvention als auch im binnenstaatlichen Recht, wo diese Vermutung im Rechtsstaatsprinzip wurzelt.[30] Auch in Art. 11, Allgemeine Erklärung der Menschenrechte, ist die Unschuldsvermutung eines Angeklagten verankert: „Jeder Mensch, der einer strafbaren Handlung beschuldigt wird, ist solange als unschuldig anzusehen, bis seine Schuld in einem öffentlichen Verfahren, in dem alle für seine Verteidigung nötigen Voraussetzungen gewährleistet waren, gemäß dem Gesetz nachgewiesen ist."[31]

In ihrer Entscheidung vom 8.7.1978 hat die Kommission des EGH die Individualbeschwerden der politischen Gefangenen aufgrund der unwahren Angaben der Bundesregierung für unzulässig erklärt.

Kommission hätte anders entschieden, wenn sie
tsächlichen Sachverhalt gekannt hätte.[32]

ehin war das Urteil des Oberlandesgerichts Stuttgart, in dem alle Angeklagten zu lebenslanger Freiheitsstrafe verurteilt worden sind, äußerst fragwürdig.
Es beruht auf zahlreichen Verfahrensverstößen und auf
einer mangelhaften Beweiswürdigung. Gegen keinen
der Angeklagten konnte ein sicherer Tatnachweis
geführt werden.

Mit dem Tod der Angeklagten konnte das zweifel-
hafte Urteil nicht durch die Revision überprüft werden.

Die Kommission, der der Schutz der Menschenrechte
in Europa (West) anvertraut ist und zu deren Grün-
dungszwecken als wesentlichstes Ziel der Schutz und
die Fortentwicklung der Menschenrechte und der
Grundfreiheiten gehört,[33] mußte nunmehr ohne die
Mithilfe der Häftlinge ihre Nachforschungen betreiben.
Die Aufklärung war nun entscheidend erschwert; die
Kommission konnte befürchten, daß der Tod der
Beschwerdeführer durch Behandlungsmethoden der
Bundesregierung eingetreten ist, die die Häftlinge in
ihrer Beschwerdeschrift gerügt hatten.[34]

Bereits am 11. August 1977 hatten die Beschwerdeführer, vertreten durch die Rechtsanwälte Pieter Bakker
Schut aus den Niederlanden für Andreas Baader, Jean-
Jaques de Félice aus Frankreich für Gudrun Ensslin und
Michel Graindorge aus Belgien für Jan-Carl Raspe die
fortwährende Verletzung der Europäischen Menschenrechtskonvention beanstandet und der Bundesregierung Isolationsfolter, Aufhetzung der öffentlichen Meinung, Nichtbeachtung der Unschuldsvermutung, Ver-
sagung rechtlichen Gehörs sowie die Verletzung indivi-
dueller und kollektiver internationaler Menschenrechte
vorgeworfen.[35] Gegen solch schwerwiegende Vorwürfe
kann sich der Staat leicht wehren. Aufgrund seiner
Staatsgewalt ist ihm die Möglichkeit gegeben, alle
seine Maßnahmen damit zu rechtfertigen, daß ein sogenannter „Notstand" vorgelegen habe.

Schon der ehemalige Militärjurist im Hitlerregime, Eduard Dreher, war es, der in seinem vielgelesenen Kommentar bereits 1976 auf die Möglichkeit hinwies, daß auch staatliche Organe im „übergesetzlichen Notstand" nach § 34 Strafgesetzbuch handeln können: „So bei der Freilassung von Gefangenen zur Rettung von Geiseln."[35a]

Die permanente Möglichkeit, sich an dieser pauschalen Exekutivermächtigung[35b] nach Belieben ungestört von parlamentarischen Kontrollen bedienen zu können[36], wird vor der Kommission verhehlt.

5. Exkurs: Der „übergesetzliche Notstand" und der „internationale Kampf gegen den Terrorismus"

Mit dieser pauschalen Exekutivermächtigung eröffnet sich ein weites Anwendungsfeld – als primitive Norm zu Staatsstreichzwecken ebenso wie zur Unterbindung jeglichen Kontakts politischer Gefangener untereinander und zur Außenwelt.[37]

Selbst Verfassungsrichter Ernst-Wolfgang Böckenförde nennt das Rechtsgebäude des „übergesetzlichen" oder „rechtfertigenden" Notstandes in bezug auf seine Funktion als Legitimationsgrundlage staatlichen Handelns eine „offene Generalermächtigung", die noch über das Ermächtigungsgesetz von 1933 hinausgeht.[38]

Noch vor der Entscheidung der Menschenrechtskommission über die Beschwerden der Häftlinge erklärt

Bundesjustizminister Vogel, der am 2. Oktober 1977 auf der Grundlage einer gerade in Kraft getretenen Änderung des Einführungsgesetzes zum Gerichtsverfassungsgesetz die Unterbrechung jedweder Verbindung der Inhaftierten untereinander und mit der Außenwelt einschließlich des schriftlichen und mündlichen Verkehrs mit den Verteidigern (gemäß § 31, 32 des Einführungsgesetzes zum Gerichtsverfassungsgesetz) angeordnet hatte[39] in einem Interview mit dem italienischen Fernsehen auf die Frage, ob die Schleyer-Entführung von den Zellen aus gelenkt worden sei:

„Nein. Das haben wir seinerzeit schon nicht angenommen, und es hat sich keine Bestätigung dafür gefunden. Natürlich hat man immer wieder die Forderung gestellt, daß etwas geschieht, damit man frei wird. Ich kann auch nicht ausschließen, daß bei dem einen oder anderen Gespräch kleinere Hinweise gegeben wurden, die für eine solche Unternehmung von Bedeutung sein könnten, Hinweise auf eine konspirative Wohnung, Hinweise auf Waffen und Material. Aber eine Planung oder überhaupt eine Steuerung im Detail aus der Zelle heraus, dafür gibt es keine Beweise."[40]

Demnach gab es für die nach der Schleyer-Entführung vom 5. September 1977 praktizierte Totalisolation der Häftlinge – von der französischen Tageszeitung Le Monde als „Gegengeiselnahme" bezeichnet,[41] von der Bundesregierung dagegen verharmlosend als Kontaktsperre propagiert – keinen Rechtfertigunsgrund.

Trotzdem wurde den politischen Gefangenen unter Berufung auf den sogenannten „Notstand" über Nacht erneut der für sie geltende Haftstatus als Untersuchungsgefangene aberkannt. Im „Ausnahmezustand" wurden sie von da ab als vogelfreie Geiseln interniert.

In der deutschen Geschichte hat es immer Beispiele staatlichen Machtmißbrauchs durch das Instrument „Notstand" gegeben. Bekanntlich gab Art. 48 der Weimarer Verfassung dem Staatsoberhaupt die Möglichkeit, Verfassungsbestimmungen aufzuheben, die

Rechte und Grundfreiheiten der Bürger garantierten. Aufgrund dieses Artikels schlug die Regierung damals die revolutionäre Bewegung nieder, und Hindenburg stützte sich auf diesen Artikel, als er am 30. Januar 1933 Hitler die Macht übergab.

Ein Beispiel jüngeren Datums läßt sich aus der RAF-Prozeßgeschichte anführen:

Die Vorschrift des § 34 Strafgesetzbuch regelt den rechtfertigenden Notstand im Interessenkonflikt unter Bürgern. Als die Bundesregierung am 5. September 1977 mit der Anordnung der Kontakt- und Nachrichtensperre gegen die RAF-Häftlinge für diesen Fall de facto eine Notstandsdiktatur errichtet, geschieht dies unter der Machtdemonstration zweier NATO-Manöver (Hilex/Wintex), in denen ein einheitliches Krisenmanagement und der Notstandsmechanismus erprobt werden.

Hatte angesichts einer solchen Konstellation der baden-württembergische Justizminister Traugott Bender bei seiner Vorladung ins US-Hauptquartier Heidelberg im August 1977 reelle Chancen, unter Hinweis auf die Zuständigkeit des Landes Baden-Württemberg gegenüber dem US-Kommando die Abgabe der Befugnisse, die Leitung und Kontrolle der Vollzugsanstalt Stuttgart-Stammheim betreffend, zu verweigern?

Dazu ist Justizminister Bender nicht mehr zu befragen.

Nach Beginn der Kontakt- und Nachrichtensperre schalteten sich die NATO-Chefs mit dem Präsidenten der USA an der Spitze, das Bundeskriminalamt und die Geheimdienste in die Leitung und Verwaltung der Vollzugsanstalt Stuttgart-Stammheim ein.[42] Die bis dahin real existierende Anstaltsleitung für die Sicherheitsabteilung III, der Sicherheitsbeauftragte der Anstalt und stellvertretende Anstaltsleiter[42a] Schreitmüller geht tatsächlich in Urlaub und Bundeskanzler Schmidt greift in die Aufgaben des Oberverwalters Bubeck in der Hochsicherheitsabteilung III hinein, um energisch die Freilassung der Häftlinge zu vereiteln.

Das Nachrichtenmagazin „Der Spiegel" kennzeichnet dies treffend in der folgenden Weise:

„Als er sich selbst offiziell zum obersten Krisenmanager ernannte, ahnte Helmut Schmidt noch nicht, daß er zugleich als Regierungschef abdankte".[43]

Die USA, die 1975 in der Schlußakte der Konferenz für Sicherheit und Zusammenarbeit in Europa (KSZE) die völkerrechtlich verbindlichen Prinzipien der Nichteinmischung in innerstaatliche Zuständigkeiten eines Teilnehmerstaates unterschrieben haben, mischten sich unter dem Vorwand der „Bekämpfung des internationalen Terrorismus" in die inneren Zuständigkeiten der BRD ein und verletzten dabei nicht nur die Europäische Menschenrechtskonvention, sondern auch den Internationalen Pakt über die bürgerlichen und politischen Rechte, der in Artikel 14 Ziff. 3 b) das Bestehen einer Verteidigung nach Wahl voraussetzt.[44] Diese Voraussetzung wird gerade durch die praktizierte staatliche Unterbrechung jedweder Verbindung der politischen Gefangenen untereinander und mit der Außenwelt beseitigt.

Überdies verletzt die bei der „Bekämpfung des internationalen Terrorismus" angewandte Behandlungsmethode der Totalisolation Art. 7 dieses Internationalen Paktes, der Folter von politischen Gefangenen verbietet.

Selbst vor dem US-Senatsausschuß bleibt das Mißverhältnis von tatsächlicher Bedrohung durch die internationalen Befreiungsbewegungen und dem inszenierten Aufmarsch der NATO-Streitkräfte zu Lande, zu Wasser und in der Luft auffällig: „Im Vergleich mit dem Ausmaß an Gewaltanwendungen weltweit", heißt es da, „ist der Anteil an terroristischen Gewalttaten winzig. In den letzten Jahren haben Terroristen weltweit weniger Menschen ermordet, als jedes Jahr allein in den USA ermordet werden, die jährlichen Verluste, die in den USA allein durch Ladendiebstähle entstehen, übertreffen die Summen, die durch Terrorismus weltweit bis jetzt entstanden sind. Angesichts anderer drängender Probleme weltweit kann man vielleicht verstehen, warum manche Regierungsbeamte den Terrorismus als zwar lästiges, aber geringes Übel empfinden".[45]

Die Spitze des Rüstungskapitals, die früher teilweise im „Freundeskreis des Reichsführers SS" organisiert war[46], hatte in den vergangenen Jahren mit den Projekten „Innere Sicherheit" und „Terrorbekämpfung" bereits kräftig Steuergelder eingezogen und ihre Profite lehrbuchmäßig potenziert: Hatte die BRD für die „Innere Sicherheit" für das Bundeskriminalamt im Jahre 1969 22,4 Millionen DM ausgezahlt, so waren es 1975 = 136,8 Millionen DM. Der Verfassungsschutz erhielt 1969 noch 29,9 Millionen DM, aber 1975 wurden endlich für die Sicherheit 76,9 Millionen DM aufgebracht und nachdem der Bundesgrenzschutz 1969 mit 314,4 Millionen DM Steuergeldern auskam, waren es 1975 = 758,3 Millionen DM[47], die zur Auszahlung in die Rüstungskassen gelangten. Dabei sind die Steuergelder für die Praktiken des Bundesnachrichtendienstes und des Militärischen Abschirmdienstes noch nicht einmal mitgezählt.

Angesichts der Bereitstellung immenser Steuermittel für die „Bekämpfung des Terrorismus" muß der Bedarf der hohen Kosten in besonderer Weise begründet und gerechtfertigt werden. Dies geschieht dadurch, daß das Bestehen einer nur durch „Notstandsmaßnahmen" zu beseitigenden Zwangs- und Bedrohungslage in der Vorstellung der Bevölkerung erzeugt wird, die der Wirklichkeit nicht oder nicht in diesem Umfang entspricht: Ein Beispiel für psychologische Kriegsführung.

Sowohl in der BRD als auch in den USA sind es die Rüstungsmonopole, die, wie es eine Arbeit der für das US-Kriegsministerium tätigen Rand Corporation zeigt, den Bedrohungsbedarf selbst bestimmen, für den sie zu produzieren gedenken.[48]

Daher werden die Regierungen in die Rolle einer Auftragszentrale gedrängt, in der die Monopole selbst kommandieren: Sie erfinden Bedrohungsbedarf und sorgen für die Auftragserfüllung auf Kosten der Steuerzahler.

Dafür haben beispielsweise die Public-Relations-Abteilungen in den USA ein Gefahrenfrüherkennungssystem entwickelt, dem nicht die geringste soziale Spannung in ihrem Einflußbereich entgeht, um rechtzeitig marktgerechte ideologische Feindbilder gezielt und emotional unter die Steuerzahler zu bringen.

Solche Feindbilder werden auch in der „Bekämpfung des internationalen Terrorismus" erzeugt. Dabei finden auch extrem radikale Vorstellungen Beachtung.

Sogar vor dem US-Senatsausschuß durfte der Vertreter der Rand Corporation unwidersprochen zur Terrorismusbekämpfung folgendes ausführen:

„Man kann mit dem Terrorismus nicht einfacher Schluß machen als mit Mord und Krieg. Bessere Sicherheitsvorkehrungen könnten bestimmt terroristische Angriffe verhindern."[49]

Der damalige Bundeskanzler Schmidt bediente sich einer anderen Methode: Er machte die relativ kleine Gruppe der RAF für alle Probleme und sozialen Spannungen in der BRD verantwortlich und schaffte auf diese Weise ein Feindbild, das falsch gezeichnet ist und von der wahren Problematik ablenken soll.

Propagandistisch verschleiert er die Ursache der Krise in der BRD beispielhaft in seiner Neujahrsansprache 1973, in der er an erster Stelle seiner Bilanz „die terroristischen Kommunisten der Baader-Meinhof-Gruppe, die uns beunruhigt haben"[50] als Urheber für die bestehenden sozialen Probleme bezeichnete, ganz so, als seien sie für Wirtschaftskrise, Massenarbeitslosigkeit, Kurzarbeit und rapide Zunahme der Sozialhilfeempfänger verantwortlich.

Er macht sogar die steuerzahlenden Massen mitverantwortlich, die den Gürtel nicht enger schnallen wollen, ein „Zuviel" an Reformen und ein „Übermaß" an

„Liberalisierung" verlangen und überhaupt überspannte Erwartungen an den Sozialstaat richten. Diesem gesellschaftlichen Prozeß soll mit dem Konzept der „Inneren Sicherheit" begegnet werden, wobei die Regierung die Gedanken des im Naziregime hochgeachteten Rechtslehrers Carl Schmitt wiederaufleben läßt:

„Diese Notwendigkeit innerstaatlicher Befriedung führt in kritischen Situationen dazu, daß der Staat den ‚inneren Feind' bestimmt."[51]

Schon lange vor dem Tod der RAF-Häftlinge war dieser „innere Feind" bestimmt worden: die Terroristen.

Seit 1972 sterben in den Haftanstalten der BRD immer wieder prominente politische Häftlinge, die die Bewegung des bewaffneten Widerstandes verkörpern und deshalb als besonders gefährlich gelten. Gerade ihre spätere Entlassung aus der Haftanstalt nach Verbüßung ihrer Strafe hätte ein besonderes Sicherheitsrisiko für die Regierung bedeutet, weil nicht zu erwarten war, daß bei ihnen der Strafzweck der Resozialisierung nach Haftende erreicht worden wäre. Deshalb ist immer wieder der Verdacht irregulären staatlichen Handelns aufgekommen. Angehörige und Anwälte haben vergeblich alle Versuche unternommen, die wahren Todesumstände aufzuklären. Ergebnis dieser Bemühungen war nicht die schonungslose Aufhellung, sondern die strafrechtliche Verfolgung derjenigen, die sich um Aufklärung bemühen: Die fassungslosen Angehörigen, ihre Freunde und Bekannten, auch die Rechtsanwälte werden zum Verfolgungsobjekt.[52]

Am Beginn dieser nebulösen, nie vollständig aufgeklärten Todesfälle steht der Fall des Untersuchungsgefangenen Holger Meins.

Während eines Hungerstreiks gegen die Isolationsfolter geriet 1974 in der Justizvollzugsanstalt Wittlich Holger Meins, nachdem ihn der Anstaltsarzt durch Wasserentzug und Zwangsernährung von diesem Vorhaben abbringen wollte, in eine kritische Situation. Auf Drängen der Verteidiger faßte das Oberlandesgericht Stuttgart einen Beschluß, wonach Meins nach Stammheim zu verlegen sei. Der Beschluß konnte angeblich nicht rechtzeitig ausgeführt werden, weil die Bundesanwaltschaft noch „umfangreiche Vorbereitungen und Sicherheitsvorkehrungen"[53] treffen wollte. Das Oberlandesgericht lehnte die Hinzuziehung von Vertrauensärzten ab. Ein Notarzt wird nicht gerufen und Holger Meins stirbt im November 1974.

Ein herbeigerufener Arzt kann nur noch seinen Tod feststellen. Bei einer Körperlänge von 1,84 m wog er nur noch 39 kg. Er starb durch langsames Verhungern, so seine Anwälte. Die Staatsanwaltschaft, mit der Sache befaßt, erklärte hingegen, „daß Holger Meins auch durch eine Klinikeinweisung in den letzten Tagen nicht mehr zu retten gewesen wäre ..."[54]

Gegenüber dem Spiegel äußerte sich Bundesjustizminister Vogel zu dem Fall: „Auch das Grundrecht auf Leben gilt nicht absolut."[55]

1975 beteiligte sich Siegfried Hausner an einer RAF-Aktion zur Befreiung der Gefangenen und besetzte die Botschaft in Stockholm. Nach Erstürmung der Botschaft durch eine Sonderpolizeieinheit wurde er durch Gewehrkolbenschläge schwer verletzt und erlitt mehrere Schädelbrüche. Obwohl transportunfähig, wird er aus dem schwedischen Krankenhaus nicht in eine Spezialklinik, sondern nach Stammheim gebracht, wo es weit und breit keine Intensivstation gibt. Anwälte werden nicht vorgelassen. Dort erliegt er den Brandverletzungen und mehreren Schädelbrüchen, so die Anwälte.

Die Staatsanwaltschaft, die den Fall auf Anzeige der Anwälte untersucht, lehnt die Einleitung eines Ermittlungsverfahrens ab, „weil keine zureichenden tatsächlichen Anhaltspunkte für das Vorliegen einer strafbaren Handlung" vorliegen.[56]

1976 meldete die Deutsche Presseagentur: „Ulrike Meinhof hat sich erhängt."[57]

Die Schwester Ulrike Meinhofs legte diesen Fall aufgrund der bisherigen Erfahrungen mit den Behörden der BRD, der Internationalen Untersuchungskommission vor, die zu folgendem Ergebnis kommt:

„Die Behauptung der staatlichen Behörden, Ulrike Meinhof habe sich durch Erhängen selbst getötet, ist nicht bewiesen, und die Ergebnisse der Untersuchungen der Kommission legen nahe, daß sich Urlike Meinhof nicht selbst erhängen konnte. Die Ergebnisse der Untersuchung legen vielmehr den Schluß nahe, daß Ulrike Meinhof tot war, als man sie aufhängte, und daß es beunruhigende Indizien gibt, die auf ein Eingreifen eines Dritten im Zusammenhang mit diesem Tod hinweisen.

Die Kommission kann keine sichere Aussage über die Todesumstände von Ulrike Meinhof machen. Trotzdem ist der Verdacht gerechtfertigt, angesichts der Tatsache, daß die Geheimdienste – neben dem Gefängnispersonal – Zugang zu den Zellen des 7. Stocks, und zwar durch einen getrennten und geheimen Eingang hatten."[58]

Alle hier aufgeführten Fälle sind bis heute nicht ganz aufgeklärt worden.

Als nun auch der Tod der RAF-Häftlinge in der Vollzugsanstalt Stuttgart-Stammheim gemeldet wird, wird im In- und Ausland der Verdacht irregulären staatlichen Handelns wach und deutlich artikuliert.[59] Sind die Vorgänge in der Vollzugsanstalt Stuttgart-Stammheim ein weiteres Glied in der Todeskette?

Nur kurze Zeit zuvor haben zahlreiche Spitzenpolitiker und prominente Persönlichkeiten sich in der Öffentlichkeit und auch nichtöffentlich zu den Fragen der Bewältigung des Terrorismusproblems geäußert und dabei unmißverständlich radikale Lösungen befürwortet.

Generalbundesanwalt Rebmann verlangt im Krisenstab die Wiedereinführung der Todesstrafe für Terroristen[60] und eine über den Instanzenweg zu treffende Regelung. Außer Rebmann treten weitere Politiker für außerparlamentarische, justiziell unkontrollierte, unbürokratische, unverzügliche und irreversible Maßnahmen ein. Vor Millionenpublikum fordert als erster der Historiker Golo Mann im Fernsehen den Staat auf, falls noch nicht geschehen, die Terroristen selbst als Geiseln zu nehmen und unter Kriegsrecht zu stellen[61], was Verteidigungsminister Leber als bemerkenswert bezeichnet. Im Kommentar der Frankfurter Allgemeinen Zeitung verlangt der Mitherausgeber Reißmüller, daß über ein Notwehrrecht gegen Terroristen nachgedacht werde.[62]

Auch Ministerpräsident Strauß scheut sich nicht vorzuschlagen, einen nach dem anderen aus dem Gefängnis rauszulassen und dann in einem „Ausnahmezustand" die Jagd zu eröffnen: „Oder alle Stunde einen erschießen."[63]

In der Regierungserklärung von 1975 hatte Bundeskanzler Schmidt bereits Wendungen gefunden, wie: „... mit allen Mitteln ..., diese Gruppe zu tilgen ..., härtestes Durchgreifen des Staates, der sich in einer Verteidigungsposition nicht scheuen kann, selbst zu töten ..."[64]

6. Die Einstellung des Todesermittlungsverfahrens

Im Februar 1978 schloß der baden-württembergische Untersuchungsausschuß seine Untersuchungen zu den Toden in Stammheim ab. Die Staatsanwaltschaft Stuttgart-Stammheim stellte kurz darauf, im April 1978, das Todesermittlungsverfahren ein, beide unbeeindruckt von der Tatsache, daß die wichtigsten kriminaltechnischen und gerichtsmedizinischen Untersuchungen noch ausstanden.

Staatsanwaltschaft
  Stuttgart

Stuttgart, den 18. April 1978

– 9 Js 3627/77 –

1. Das Ermittlungsverfahren wegen des Todes von

    Andreas Baader,
    Gudrun Ensslin und
    Jan-Carl Raspe,

2. die Anzeigesache wegen des Verdachts eines versuchten Tötungsdelikts zum Nachteil von Irmgard Möller

    werden nach § 170 Abs. 2 StPO eingestellt.
    Die Kosten trägt die Staatskasse.

Gründe:

I.

1. Am 18. Oktober 1977 um 7.41 Uhr fanden Beamte der Vollzugsanstalt Stuttgart bei der Frühstücksausgabe den Untersuchungsgefangenen Jan-Carl Raspe in seiner Zelle ohne Bewußtsein mit einer Verletzung am Kopf auf seiner Matratze sitzend vor. Neben seiner rechten Hand lag eine Pistole. Raspe wurde unverzüglich mit einem Notarztwagen in das Katharinenhospital Stuttgart gebracht, wo er um 9.40 Uhr im Operationssaal starb.

    Um 8.07 Uhr öffneten Vollzugsbeamte die Zelle des

139

Untersuchungsgefangenen Andreas Baader. Sie stellten fest, daß Baader tot auf dem Boden lag. Im Bereich des Kopfes befand sich eine Blutlache, links von ihm lag eine Pistole.

Die Untersuchungsgefangene Gudrun Ensslin wurde bei der anschließenden Überprüfung ihrer Zelle ebenfalls tot aufgefunden; sie hing mit einem Elektrokabel um den Hals am Gitter ihres Zellenfensters.

Die Untersuchungsgefangene Irmgard Möller wurde bei Öffnung ihrer Zelle um 8.10 Uhr auf ihrer Matratze liegend mit mehreren Stichverletzungen im Bereich der linken Brust vorgefunden. Etwa 1/2 m rechts von ihr lag ein blutverschmiertes anstaltseigenes Besteckmesser. Irmgard Möller wurde unverzüglich mit einem Notarztwagen in das Robert-Bosch-Krankenhaus Stuttgart gefahren und nach ärztlicher Erstversorgung mit einem Hubschrauber in die Chirurgische Universitätsklinik Tübingen verlegt, wo sie wegen ihrer – nicht lebensgefährlichen – Verletzungen operiert wurde.

2. Gegen Baader, Ensslin und Raspe hatte der 2. Senat des Oberlandesgerichts Stuttgart durch nicht rechtskräftig gewordenes Urteil vom 28. April 1977 (2 StE 1/74) wegen mehrfachen Mordes, vielfachen Mordversuchs, Bildung einer kriminellen Vereinigung u.a. jeweils lebenslange Freiheitsstrafen ausgesprochen. In dieser Strafsache befanden sich jene drei Gefangenen in Untersuchungshaft. In der Vollzugsanstalt Stuttgart wurde die Untersuchungshaft bei Gudrun Ensslin seit 28. April 1974, bei Andreas Baader seit 7. November 1974 und bei Jan-Carl Raspe seit 11. November 1974 vollzogen.

Irmgard Möller wurde am 3. Januar 1977 in die Vollzugsanstalt Stuttgart verlegt. Gegen sie ist ein Strafverfahren vor dem Landgericht Heidelberg wegen Mordes u.a. anhängig (4 Ks 1/77), in dem gegen sie Haftbefehl besteht.

II.

1. Die umfassend und in enger Zusammenarbeit mit Bundeskriminalamt, Landeskriminalamt Baden-Württemberg, Landespolizeidirektion Stuttgart II und der Landespolizeidirektion Tübingen geführten intensiven Ermittlungen der Staatsanwaltschaft Stuttgart erbrachten nach Erstattung zahlreicher Gutachten und Vernehmungen einer Vielzahl von Zeugen keinerlei Anhaltspunkte für eine strafrechtlich relevante Verursachung des Todes der Gefangenen Baader, Ensslin und Raspe sowie der Verletzungen der Gefangenen Möller durch Dritte. Hingegen ist nach dem Ergebnis dieser Ermittlungen nicht zweifelhaft, daß sich die Gefangenen selbst getötet bzw. verletzt haben.

2. Die richterliche Leichenschau der am Auffindeort belassenen Leichen von Baader und Ensslin sowie die gerichtsmedizinische Untersuchung der im 7. Stock der Vollzugsanstalt Stuttgart gelegenen Zellen von Baader, Ensslin, Raspe und Möller führten unter Aufsicht der zuständigen Richterin des Amtsgerichts Stuttgart-Bad Cannstatt Professor Dr. med. Joachim Rauschke, Leiter des Instituts für Rechtsmedizin am Gesundheitsamt der Landeshauptstadt Stuttgart, und Professor Dr. med. Hans Joachim Mallach, Direktor des Instituts für Gerichtliche Medizin an der Universität Tübingen, am 18. Oktober 1977 ab 15.45 Uhr durch. Mit dem Beginn der Untersuchung wurde auf Antrag der Staatsanwaltschaft Stuttgart durch Anordnung des Gerichts bis zu diesem Zeitpunkt gewartet, um den hinzugezogenen international anerkannten ausländischen Gerichtsmedizinern die Anwesenheit zu ermöglichen. Als Beobachter der Leichenschau und der gerichtsmedizinischen Zellenuntersuchungen waren Professor Dr. med. Hans-Peter Hartmann, Direktor des Instituts für Gerichtliche Medizin der Universität Zürich/Schweiz, und Professor Dr. med. Wilhelm Holczabek, Vorstand des Instituts für Gerichtliche Medizin der Universität Wien/Österreich, von Beginn an

sowie ab 18.00 Uhr außerdem Professor Dr. med. Armand André, Direktor des Instituts für Gerichtliche Medizin der Universität Lüttich/Belgien, zugegen.

Die in der Nacht vom 18./19. Oktober 1977 auf dem Bergfriedhof Tübingen durchgeführten richterlichen Leichenöffnungen bei Baader, Ensslin und Raspe nahmen ebenfalls die beiden deutschen Gerichtsmediziner vor, wobei die drei genannten ausländischen Sachverständigen wieder als Beobachter teilnahmen.

Einige frühere Verteidiger der verstorbenen Gefangenen sowie eine Verteidigerin der Gefangenen Möller machten zeitweise von der ihnen angebotenen Möglichkeit Gebrauch, während aller obengenannter Untersuchungen anwesend zu sein.

Sämtliche gerichtsmedizinischen Sachverständigen kamen zu übereinstimmenden Befunden und Ergebnissen. Diese wurden von den beiden deutschen Obduzenten schriftlich festgehalten. Die ausländischen beobachtenden Gerichtsmediziner erhielten von den Unterlagen Ablichtungen und brachten danach keine Änderungswünsche vor. Außerdem wurden die gerichtsmedizinischen Erkenntnisse von den Professoren Rauschke, Mallach, Hartmann und André vor dem Untersuchungsausschuß des Landtags von Baden-Württemberg, der u.a. wegen der auch diesem Ermittlungsverfahren zugrunde liegenden Vorfälle eingesetzt worden war, in öffentlicher Sitzung mündlich vorgetragen und ergänzt.

3. Danach und unter Einbeziehung der übrigen Ermittlungsergebnisse, insbesondere der weiteren umfangreichen und breit angelegten wissenschaftlichen Untersuchungen und der zahlreichen Zeugenvernehmungen, ergibt sich im wesentlichen folgendes:

a) Baader hatte – bei völlig gesunden inneren Organen und Fehlen sonstiger Verletzungsspuren – einen einzelnen Schädeldurchschuß mit Einschußöffnung im Nacken oberhalb der Nackenhaargrenze mit nach vorn ansteigendem und insbesondere durch den Hirnstamm führendem Schußkanal sowie mit Ausschußöffnung oberhalb der Stirnhaargrenze, der augenblicklich zur Bewußtlosigkeit und alsbald zum Tod geführt hatte. Es handelte sich um einen sogenannten absoluten Nahschuß mit aufgesetzter Waffenmündung. Die Beschaffenheit der Mündung der Pistole, die links neben dem Kopf Baaders in seiner Zelle aufgefunden wurde, stimmte mit dem Erscheinungsbild der Eintrittsöffnung des Projektils im Nacken Baaders vollständig überein. Kriminaltechnische Untersuchungen ergaben außerdem, daß das tödliche Geschoß – wie auch die übrigen in Baaders Zelle vorgefundenen verschossenen Projektile – aus dieser Pistole abgefeuert worden war. Bei ihr handelte es sich demnach um die Tatwaffe.

Für die Selbstbeibringung des tödlichen Schusses sprechen hauptsächlich die an der rechten Hand Baaders festgestellten Blutspritzer, die im Uhrzeigersinn ausgestrahlt sind und dem aus der Einschußwunde ausspritzenden Blut entsprochen haben. Daraus ist zu entnehmen, daß sich die rechte Hand Baaders bei der Schußabgabe ganz nahe bei der Einschußöffnung befand. Darauf lassen auch die an der rechten Hand vorgefundenen Substanzen schließen, bei denen es sich mit sehr großer Wahrscheinlichkeit um Schmauchablagerungen handelt.

Ein weiteres Indiz für eine Selbstabfeuerung durch Baader ist der von hinten nach vorn ansteigende Schußkanal, wenn man berücksichtigt, daß – wie die gerichtsmedizinischen und die kriminaltechnischen Untersuchungen ergeben haben – der tödliche Schuß Baader in sitzender Haltung getroffen hat.

143

Der Umstand, daß Baader den Einschuß nicht an der Schädelseite, sondern im Nacken hatte, spricht nicht gegen eine Selbstbeibringung. Wie die gerichtsmedizinische Literatur ergibt, ist dies zwar eine atypische, gleichwohl aber eine bekannte Form der Selbsttötung. Sie wird beispielsweise dadurch möglich, daß mit der einen Hand die Laufmündung im Nacken gestützt wird. Da nur an der rechten Hand Baaders Blutspritzer und Schmauchsubstanzen gefunden worden sind, liegt der Schluß nahe, daß sich diese Hand näher am Geschoßeinschlag befand und der Linkshänder Baader demnach mit der („stärkeren") linken Hand den Abzug bediente, während er mit der („schwächeren") rechten Hand die Laufmündung der Pistole an seinen Nacken führte.

Angesichts der erzielten Befunde ist eine Vortäuschung der Selbsttötung Baaders in der geschilderten Weise durch einen Dritten nicht denkbar. Der hypothetische Täter hätte, um die festgestellten Spuren an der rechten Hand Baaders entstehen zu lassen, diese Hand vor der Schußabgabe um den Pistolenlauf legen müssen. Das erscheint nur bei einem wehrlosen Opfer vorstellbar. Es gibt jedoch keine Anzeigen für eine Wehrlosigkeit Baaders unmittelbar vor seinem Tod. Im Schlaf kann er nicht überrascht worden sein, da ihn der tödliche Schuß frei sitzend getroffen hat. Wäre er unmittelbar vor seinem Tod festgehalten oder gefesselt worden, hätten für die Obduzenten unübersehbare Spuren zurückbleiben müssen; dasselbe gilt für den Fall einer Betäubung durch äußere Gewalteinwirkung, wie etwa durch einen Schlag auf den Kopf. Solche Spuren waren jedoch nicht vorhanden. Die chemisch-toxikologischen und chemisch-pharmakologischen Untersuchungen haben keinerlei Hinweise dafür erbracht, daß Baader kurz vor Eintritt seines Todes durch irgendwelche Mittel in einen wehrlosen, bewußtseinsgestörten oder bewußtlosen Zustand versetzt worden wäre. Er stand auch nicht unter Alkoholeinfluß.

b) Die Leiche Gudrun Ensslins wies alle nach den Erfahrungen der Gerichtsmedizin typischen Zeichen des Erhängungstodes auf: Totenflecken an Füßen, Beinen, Händen, Armen und Kinn; Strangmarke am Hals; mäßige Vergrößerung des Gehirns; einzelne Erstikkungsblutungen unter dem Bindehautüberzug des rechten Augenoberlids und -unterlids; Blutungen unter der Herzinnenhaut; mäßige Milzentspeicherung; flüssiger Zustand des Blutes in allen Gefäßabschnitten, fadenförmige Speichelabrinnspur vom Mund aus abwärts; eingeklemmte Zungenspitze zwischen Ober- und Unterkiefer; Abbruch der Hörner des Kehlkopfknorpels und Blutung unter der Harten Rückenmarkshaut in Höhe des dritten Halswirbelkörpers.

Bei den darüberhinaus festgestellten frischen Quetschungen und Blutungen an der linken Hand und an den Kniescheiben ist den gerichtsmedizinischen Sachverständigen zufolge anzunehmen, daß sie im Verlauf der bei Erhängen und Ersticken auftretenden charakteristischen unkontrollierten Bewegungen in der Agonie durch Anstoßen an die genau auf Höhe des Knies befindliche Lehne des bei der Leiche vorgefundenen Stuhls bzw. an die in Höhe der linken Hand befindliche untere Fensterkante entstanden sind.

Für ein Erhängen durch eigene Hand spricht die Verknotung des Kabels vorn am Hals und auch, daß die langen Haare der Toten nicht zwischen Halshaut und Kabel eingeklemmt waren.

Nach dem Obduktionsergebnis ist die festgestellte Strangfurche am Hals Gudrun Ensslins zu Lebzeiten entstanden. Die Speichelabrinnspur ist ebenfalls ein typisches Zeichen für Erhängen zu Lebzeiten. Daraus ist zu entnehmen, daß Gudrun Ensslin nicht als Tote in die Schlinge gehängt worden ist.

Irgendwelche Spuren von Gewalteinwirkung, insbesondere Kampfspuren, die für Erhängen durch Dritte charakteristisch wären, sowie Griffspuren, die durch Anpacken und Hochheben des Körpers als äußere oder innere Blutungen hätten entstehen müssen, waren an der Leiche nicht festzustellen.

Auch Gudrun Ensslin war kurz vor ihrem Tod nicht durch irgendwelche chemischen Mittel in einen Zustand der Bewußtseinsstörung oder der Bewußtlosigkeit versetzt worden und stand ebenfalls nicht unter Alkoholeinfluß.

c) Bei Jan-Carl Raspe wurde ein Schläfendurchschuß von rechts nach links festgestellt, der als sogenannter absoluter Nahschuß mit aufgesetzter Waffe abgefeuert worden war und schließlich zum Tod führte. Diese Verwendungsart einer Faustfeuerwaffe ist als für eine Selbsttötung klassisch zu bezeichnen. Nach dem Ergebnis der gerichtsmedizinischen und kriminaltechnischen Untersuchung muß Raspe den Schuß aus der neben ihm aufgefundenen Pistole in der sitzenden Haltung abgefeuert haben, in der er auf seiner Matratze entdeckt wurde.

Außer der Schußverletzung wurden bei Raspe keine Spuren äußerer Gewalteinwirkung festgestellt. Dies hätte aber der Fall sein müssen, wenn er unmittelbar vor Abgabe des Schusses von Dritten festgehalten worden wäre. Irgendwelche Substanzen, die für eine kurze Zeit vor der Schußverletzung vorhandene Bewußtseinsstörung oder Bewußtlosigkeit bzw. eine alkoholische Beeinflussung Raspes sprechen könnten, wurden in seinem Körper nicht gefunden.

d) Bei Irmgard Möller stellte Professor Dr. med. Hoffmeister, Ärztlicher Direktor der Abteilung für Thorax-, Herz- und Gefäßchirurgie der Chirurgischen Universitätsklinik

Tübingen, der die Gefangene operierte, über der Herzgegend vier Stichverletzungen fest. Zwei davon waren
etwa 2 cm tief, die anderen beiden etwa 4 cm tief. Alle
wiesen den gleichen parallelen Richtungsverlauf von
links oben nach rechts unten auf. An der Beugefläche
der Handgelenke hatte Irmgard Möller jeweils oberflächliche Schnittverletzungen.

Die Gefangene sollte als Zeugin zu den Vorfällen in
der Nacht vom 18. Oktober 1977 gehört werden. Bei der
für den 21. Oktober 1977 in der Universitätsklinik Tübingen angesetzen Vernehmung durch den Staatsanwalt
weigerte sie sich, Angaben zu machen. Die für den 10.
Januar 1978 in der Vollzugsanstalt Stuttgart vorgesehene richterliche Vernehmung durch den Haftrichter des
Amtsgerichts Stuttgart kam nicht zustande. Einerseits
lehnte es die Gefangene ab, ohne Beisein eines Anwalts
Angaben zu machen. Andererseits war Rechtsanwalt
Dr. Heldmann – Verteidiger in der gegen Irmgard Möller
anhängigen Strafsache – nicht bereit, sich der üblichen
Durchsuchung zu unterziehen, weshalb er nicht in die
Vollzugsanstalt eingelassen werden konnte.

Am 16. Januar 1978 gab Irmgard Möller vor dem
Untersuchungsausschuß des Landtags von Baden-
Württemberg in öffentlicher Sitzung u.a. an, sie wisse
nicht, woher ihre Verletzungen stammten. Sie selbst
habe sie sich nicht beigefügt. Sie sei in den frühen Morgenstunden des 18. Oktober 1977 eingeschlafen. Als
letztes bewußt Wahrgenommenes erinnere sie sich
dann an ein starkes Rauschen im Kopf. Sie sei wieder zu
Bewußtsein gekommen, als man ihr außerhalb ihrer
Zelle die Augenlider hochgezogen habe. Dann sei sie
„wieder weg" gewesen.

Demgegenüber besteht nach den von Professor Dr.
Hoffmeister erhobenen Befunden und nach dem Gutachten, das Professor Dr. Rauschke gegenüber dem

Untersuchungsausschuß mündlich erstattet hat, eine Reihe von Anhaltspunkten, die eindeutig für Selbstbeibringung der Verletzungen sprechen.

Dabei sind besonders folgende Punkte hervorzuheben:

Der von Irmgard Möller als einzige Bekleidung ihres Oberkörpers getragene Pullover war zwar auf der Vorderseite von Blut durchtränkt, jedoch nicht beschädigt; ein mit Tötungsabsicht Angreifender hätte auf die Kleidung seines Opfers erfahrungsgemäß keine Rücksicht genommen.

Die Stichverletzungen verliefen genau parallel und befanden sich auf einer eng umgrenzten Fläche; beruhten sie auf dem Angriff durch einen Dritten, so wären unregelmäßige Stichrichtungen und eine wesentlich größere Streuung der Verletzungen zu erwarten gewesen, es sei denn, die Gefangene hätte sich nicht bei Bewußtsein befunden. Insoweit konnten aber keinerlei Stoffe festgestellt werden, die geeignet gewesen wären, einen Bewußtseinsverlust hervorzurufen. Es lag auch bei ihr keine alkoholische Beeinflussung vor.

Die Verlaufsrichtung der Stichwunden von links oben nach rechts unten spricht ebenfalls für Selbstbeibringung. Sämtliche am Oberkörper und an den Handgelenken festgestellten Verletzungen lagen in Reichweite der Gefangenen.

Von besonderer Bedeutung ist, daß die gefährlichste, eine etwa 4 cm tiefe Stichverletzung trotz größerer Klingenlänge des zur Tat benutzten Messers im Vorderblatt des Herzbeutels endete, ohne den Herzbeutel selbst zu verletzen. Im Gegensatz zu dem Widerstand, der von den äußeren Körperpartien (Haut, Bindegewebe) ausgegangen war, hätte es nämlich nach der erreichten

Tiefe der Stichverletzung keines größeren Drucks mehr bedurft, um den Herzbeutel zu durchbohren und eine tödliche Blutung hervorzurufen. Weshalb ein zur Tötung entschlossener Dritter die Stichbewegung abgestoppt haben sollte, wäre nicht verständlich.

Für die Selbstbeibringung der Verletzungen spricht schließlich auch, daß an den Händen und Fingern Irmgard Möllers keine Verletzungen irgendwelcher Art gefunden wurden, die als Abwehrverletzungen gedeutet werden könnten.

Eine durch einen Dritten vorgenommene Vortäuschung eines Selbsttötungsversuchs wäre angesichts der übrigen Feststellungen nur denkbar, wenn Irmgard Möller kurze Zeit vor den Verletzungshandlungen betäubt worden wäre. Dafür ergaben sich jedoch – wie erwähnt – keinerlei Hinweise.

Schließlich ist die Behauptung Irmgard Möllers, sie sei erst außerhalb ihrer Zelle wieder zu Bewußtsein gekommen, also bei ihrem Auffinden in der Zelle bewußtlos gewesen, durch die Angaben des erfahrenen Sanitäters Soukop widerlegt, der als erster die Zelle betreten hatte. Der Zeuge hatte versucht, der Gefangenen in die Pupillen zu schauen, was ihm jedoch mißlungen war, weil sie die Augen zugekniffen hatte. Auch der kurz darauf eingetroffene Anstaltsarzt Dr. Majerowicz gab an, er habe keine Bewußtlosigkeit bei Irmgard Möller festgestellt.

4. Sowohl die erwähnten Schußwaffen als auch eine weitere, die später in der Vollzugsanstalt Stuttgart in einer Zelle gefunden wurde, in welcher der terroristische Gewalttäter Helmut Pohl bis August 1977 verwahrt worden war, stammen höchstwahrscheinlich aus Terroristenkreisen.

a) Bei der neben Raspe aufgefundenen Selbstladepistole Heckler & Koch, HK 4, Kaliber 9 mm, war die vom Werk angebrachte Waffennummer entfernt und durch offenbar nachträglich aufgeschlagene Ziffern ersetzt worden, die anschließend wiederum unkenntlich gemacht wurden. Die Griffschalen fehlten. Mit den dadurch verringerten Ausmaßen paßte die Waffe in den als Versteck angelegten Hohlraum, der hinter einer Sockelleiste in der Zelle Raspes entdeckt wurde.

Die Pistole HK 4 ist eine Schußwaffe mit austauschbaren Systemen. Der als terroristischer Gewalttäter gesuchte Christian Klar hatte am 27. Oktober 1976 in Aosta/Italien eine solche Waffe gekauft, allerdings ohne das System 9 mm. Dieses System wurde am 10. November 1976 bei der Waffenhandlung Mayer in Basel/Schweiz zusammen mit einem US-Karabiner gekauft, wobei der Käufer einen falschen Bundespersonalausweis vorlegte. Der US-Karabiner wurde anläßlich der Festnahme der inzwischen wegen terroristischer Gewalttaten angeklagten Siegfried Haag und Roland Mayer am 30. November 1976 in deren Pkw sichergestellt.

b) Die neben der Leiche Baaders sichergestellte Selbstladepistole Kaliber 7,65 mm wurde bei der Firma Fegyver in Ungarn hergestellt. Sie trug bei ihrem Auffinden keine zur weiteren Identifizierung geeigneten Kennzeichen. Auch bei ihr fehlten die Griffschalen. Mit den dadurch geschaffenen Abmessungen paßte sie sowohl in das in der Zelle Baaders aufgefundene Versteck, das in gleicher Weise wie dasjenige angelgt war, das in der Zelle Raspes festgestellt wurde, als auch in eine mit Büroklammern hergestellte Haltevorrichtung, die im Plattenspieler Baaders entdeckt wurde.

c) Bei der im Zuge kriminaltechnischer Untersuchungen in einer weiteren Zelle des „Terroristentrakts" gefundenen

150

Schußwaffe handelt es sich um einen Revolver „Colt detectiv special", Kaliber .38 spezial. Bei ihm war die Waffennummer am Rahmen und am Kern entfernt, auf der Innenseite der Deckplatte aber noch vorhanden. Der Revolver war im August oder September 1975 von dem Waffensammler Philipp Müller in Rheinach/ Schweiz an den wegen terroristischer Gewalttaten zur Festnahme ausgeschriebenen Clemens Wagner verkauft worden.

Die von Baader und Raspe zur Selbsttötung benutzten Pistolen standen demnach in der Verfügungsgewalt der terroristischen Gefangenen, also nicht dritter Personen.

Die Prüfung, auf welche Weise die genannten Schußwaffen samt Munition und Magazinen sowie die außerdem in verschiedenen Zellen im 7. Stock der Vollzugsanstalt Stuttgart entdeckten Sprengstoffpäckchen in die Hände der dort einsitzenden Gefangenen gelangt sind, ist Gegenstand eines Ermittlungsverfahrens wegen des Verdachts eines Vergehens nach § 129 a StGB, das bei der Bundesanwaltschaft anhängig ist (1 BJs 149/77).

5. Welche Beweggründe die Gefangenen zu der Selbsttötung bzw. zu dem Selbsttötungsversuch gebracht haben, kann offen bleiben. Jedoch liegt es nahe, daß Verzweiflung und Resignation die Motive gewesen sind, nachdem die Lufthansa-Maschine „Landshut" samt Passagieren und Besatzung, die von den Terroristen am 13. Oktober 1977 zum Zweck der Freipressung u.a. der Gefangenen Baader, Ensslin, Raspe und Möller entführt worden war, in Mogadischu in der Nacht zum 18. Oktober 1977 hatte befreit werden können. Damit mußte die Hoffnung der Gefangenen auf Freilassung zerstört sein, auch wenn sich der am 5. September 1977 entführte Arbeitgeberpräsident Dr. Schleyer noch in der Gewalt seiner Entführer befand.

Die Ermittlungen haben nämlich ergeben, daß die Gefangenen trotz der angeordneten Kontaktsperre Kenntnis vom Verlauf der beiden Entführungsverbrechen gehabt haben müssen.

Die Gefangene Möller hatte die Möglichkeit, den jeweils bis in die Abendstunden verbreiteten Anstaltsfunk und damit auch die Nachrichten in ihrer Zelle abzuhören, weil dort die Abtrennung der Zuleitung so unzureichend erfolgt war, daß die Gefangene den bei ihr vorgefundenen Ohrhörer wieder an das anstaltseigene Netz anschließen und den Anstaltsfunk empfangen konnte.

In der Zelle Raspes wurde ein betriebsbereites batteriebetriebenes Transistorradiogerät entdeckt, bei dem das 1. Programm des Süddeutschen Rundfunks eingestellt war. Die erste Meldung von der erfolgreichen Befreiung der Lufthansa-Maschine in Mogadischu verbreitete das gemeinsame Hörfunkprogramm der ARD-Sender am 18. Oktober 1977 um 0.40 Uhr.

Da es den Gefangenen gelungen war, unter Verwendung des anstaltseigenen Stromnetzes und der in ihren Zellen verbliebenen elektrischen Geräte heimlich eine gut funktionierende Gegensprechanlage zwischen ihren Zellen aufzubauen, war Raspe in der Lage, seinen Mitgefangenen auch über die Befreiungsaktion in Mogadischu zu berichten.

Die Annahme, daß die Gefangenen sodann ihren – nach dem Ermittlungsergebnis wahrscheinlich schon früher für den Fall des Mißlingens der Freipressungsversuche gemeinsam gefaßten – Entschluß zur Selbsttötung in die Tat umsetzten, ist mit dem Ergebnis der medizinischen Gutachten, die über den Todeszeitpunkt bei Baader und Ensslin sowie über den Verletzungszeitpunkt bei Raspe erstattet worden sind, vereinbar. Nach den von Professor Dr. Mallach unter Zugrundelegung von mehreren wissenschaftlichen Methoden angestellten Untersuchungen ist der Tod bei Andreas Baader frühestens im Zeitraum zwischen 0.15 Uhr und 2.15 Uhr am 18. Oktober 1977 sowie bei Gudrun Ensslin frühestens im Zeitraumzwischen 1.15 Uhr und 1.25 Uhr desselben Tages eingetreten. Aus dem Gutachten von Professor Dr. med. Peiffer, Direktor des Instituts für Hirnforschung der Universität Tübingen, ist zu entnehmen, daß bei Raspe zwischen dem Eintritt seines Todes am 18. Oktober 1977 um 9.40 Uhr und dem Zeitpunkt seiner Schußverletzung wahrscheinlich mehr als zwei Stunden liegen.

Hinsichtlich der Gefangenen Möller fehlt es an Erkenntnissen, die eine nähere Bestimmung des Zeitpunkts ihrer Verletzungen erlauben könnten.

Die übrigen Untersuchungen im Rahmen des Ermittlungsverfahrens haben nicht zu einer näheren Eingrenzung des Todes- bzw. Verletzungszeitpunkts geführt. Insbesondere haben weder Vollzugsbedienstete noch Insassen der Vollzugsanstalt Stuttgart, die in großer Zahl gehört wurden, Wahrnehmungen gemacht, die insoweit von Bedeutung wären. Beispielsweise konnte in der außerhalb des „Terroristentrakts" auf dem Flur des 7. Stocks der Vollzugsanstalt befindlichen Aufsichtskabine wegen der Vermeidung von Rufkontakten zwischen den Gefangenen an den Zellentüren angebrachten besonderen Schallisolierungen ein in den Zellen abgefeuerter Schuß nicht gehört werden. Dies hat ein Versuch ergeben, der im Rahmen der Nachforschungen des Untersuchungsausschusses durchgeführt worden ist.

III.

Nach alledem war das Verfahren gemäß § 170 Abs. 2 StPO einzustellen, weil die Gefangenen Baader, Ensslin und Raspe sich selbst getötet haben, die Gefangene

Möller sich selbst verletzt hat und eine strafrechtlich relevante Beteiligung Dritter nicht vorliegt.

(Christ)
Staatsanwalt

TEIL III

DIE ERGEBNISSE DES BADEN-WÜRTTEMBERGISCHEN UNTERSUCHUNGS-AUSSCHUSSES

Eine kritische Würdigung

1. Ermittlungen nur in Richtung „Selbstmord"

Die zeitweise parallel mit der Sachaufklärung befaßten Organe der Regierung Filbinger beschränkten ihre Ermittlungstätigkeit von Anbeginn auf die Beglaubigung der inzwischen zum Dogma herangereiften Selbstmordtheorie.

Die in den Krisenstäben von politischen Spitzenbeamten entfalteten Tötungsphantasien vermochten weder die Staatsanwaltschaft noch den baden-württembergischen Untersuchungsausschuß zu Ermittlungstätigkeiten zu bewegen, eine strafrechtlich relevante Beteiligung Dritter festzustellen.

Der baden-württembergische Untersuchungsausschuß wertete sogar die vom Generalbundesanwalt als „gesicherte Erkenntnis" verbreitete Waffentransportversion als Tatsache, obwohl noch keine gerichtsverwertbaren Beweise vorlagen.

Der baden-württembergische Untersuchungsausschuß, so läßt sich mutmaßen, ließ sich nicht von der ihm verfassungsrechtlich gebotenen Aufklärungsverpflichtung leiten (Art. 27 Abs. 2 der baden-württembergischen Landesverfassung), sondern folgte willig den Organen des Krisenstabs.

Diese Organe hatten, wenn überhaupt, eine eingeschränkte Aussagegenehmigung und durften über Vorgänge im Krisenstab keine Aussagen machen. Bundesjustizminister Vogel verfügte Aussagebeschränkungen für Staatssekretär Erkel und Generalbundesanwalt Rebmann, soweit Vorgänge betroffen wurden, die Verhandlungen des Krisenstabs mit den Entführern und den Häftlingen berührten. Ministerpräsident Filbinger und sein Kabinettskollege Schieß durften sich in Schweigen hüllen.[1]

Der baden-württembergische Untersuchungsausschuß hat die Frage, wie die Gefangenen Andreas Baader und Raspe in den Besitz von Schußwaffen gelangen konnten, auf „gesicherte Erkenntnisse" der Bundesanwaltschaft gestützt und den Waffenbesitz nicht bewiesen.

Die Staatsanwaltschaft wiederum bezieht ihr Prüfungsergebnis zum Waffenbesitz auf ein anhängiges Ermittlungsverfahren nach § 129 a StGB, das bei der Bundesanwaltschaft anhängig gewesen ist. Eigene Ermittlungen stellt sie nicht an.[2]

2. Wurden die Gefangenen betäubt oder unter Drogen gesetzt?

Die Feststellung der Staatsanwaltschaft, die chemisch-toxikologischen und chemisch-pharmakologischen Untersuchungen hätten keinerlei Hinweise darauf erbracht, daß die Häftlinge vor ihrem Tod oder vor den empfangenen Verletzungen durch „irgendwelche Mittel" in einen wehrlosen, bewußtseinsgestörten Zustand versetzt worden wären, wird nicht bewiesen.

Die Staatsanwaltschaft läßt lediglich chemisch-toxikologische Untersuchungen durchführen, die der Neuropathologe Peiffer vornimmt und der zu überraschenden Diagnosen kommt.

Gutachten v. 9.2.1978
betreffend Andreas Baader:

...Zum anderen fanden sich über das gesamte Gehirn verstreut geringfügige Ansammlungen weißer, rundkerniger Blutzellen (kleine Lymphozyten) in der Wand kleinerer

Venen. Diese Veränderungen sind wiederum mit Sicherheit älter als die Schußverletzung und stehen mit dieser in keinerlei ursächlichem Zusammenhang. Mit Wahrscheinlichkeit handelt es sich hierbei um Begleiterscheinungen eines möglicherweise bereits im Abklingen befindlichen Infektes. Die Veränderungen erreichen nicht einen Grad, der die Diagnose einer Enzephalitis (Hirnhautentzündung) rechtfertigen würde.[3]

Gutachten v. 30.1.1978 zu Gudrun Ensslin:

...Pathologisch am Zentralnervensystem ist das Vorkommen einiger entzündlicher Zellansammlungen um einzelne Hirngefäße. Der Grad dieser entzündlichen Veränderungen ist aber nicht so groß, daß von einer Hirnhautentzündung im eigentlichen Sinne (Enzephalitis) gesprochen werden könnte. Die weichen Hirnhäute sind auch frei von entsprechenden entzündlichen Veränderungen. Mit Wahrscheinlichkeit handelt es sich um eine Begleitentzündung bei einem kurz zurückliegenden Infekt oder bei einem entzündlichen Prozeß an einem sonstigen Körperorgan.[4]

Gutachten v. 10.2.1978 zu Jan-Carl Raspe:

...Geringfügige Ansammlungen von kleinen Blutkörperchen (Lymphocyten) an einzelnen Hirngefäßen können nicht als Reaktion auf die Schußverletzung gedeutet werden, entsprechen vielmehr den Folgen einer möglicherweise vor kurzem abgeklungenen Infektion im Organismus. Zeichen einer akuten oder älteren Vergiftung ergaben sich ebensowenig wie Anhaltspunkte für eine durch Mangelernährung zu erklärende Hirngewebsschädigung.[5]

Ähnliche Symptome sind bei Ulrike Meinhof festgestellt worden. Bis heute ist unaufgeklärt, ob diese Symptome durch Giftbeibringung oder durch die Haftbedingungen entstanden sind. Bei allen drei Toten müßte wegen der fehlenden Kampfspuren in den Zellen und infolge von Irmgard Möllers Bericht davon ausgegangen werden, daß sie in der Nacht vom 17. auf den 18. Oktober 1977 betäubt wurden. Am Beispiel Gudrun Ensslins wird diese Hypothese auch von Prof. Hartmann vor dem Untersuchungsausschuß erörtert: „Tatsächlich kann man mit flüchtigen Stoffen jemand bewußtlos machen und dann kann man ihn aufhängen, während er noch unter dem Einfluß dieser flüchtigen Stoffe steht. Weil man bei der Erhängung sofort stirbt, muß auch beim Toten dieser flüchtige Stoff noch vorhanden sein."[6]

Wäre Gudrun Ensslin also bewußtlos in der Kabelschlinge aufgehängt worden, so hätten sich möglicherweise auch die für ihre Verletzungen angeblich kausalen Muskelkrämpfe nicht eingestellt, so daß die Verletzungen zumindest teilweise Abwehrverletzungen vor ihrer Bewußtlosigkeit gewesen sein könnten.

Hartmann fährt fort: „Ich kann nicht beurteilen, ob sämtliche in Frage kommenden flüchtigen Stoffe durch die Analysemethoden von Herrn Mallach erfaßt worden sind."[7]

Die Äußerung ist entlarvend, weil in dem von Mallach unterschriebenen toxikologischen Gutachten vom 30. November 1977 zu lesen steht:

„Mit den angewandten Methoden werden folgende Substanzgruppen nicht erfaßt: Anorganische Verbindungen, tierische und pflanzliche Giftstoffe, die meisten Pflanzenschutzmittel und Schädlingsbekämpfungsmittel sowie viele als Pharmaka nicht verwendete organische Verbindungen."[8]

Nachdem Hartmann in seinem mündlichen Bericht flüchtige Stoffe und Schlaf- bzw. Betäubungsmittel ausgeschieden hat, fährt er fort:

„Aber ich gebe Ihnen recht, es gibt soundsoviele Gifte, daß man, wenn man nicht gerichtet auf ein bestimmtes Gift sucht, unter Umständen eines übersieht, vor allem die komplizierten organischen Gifte. Nehmen sie Digitalis oder nehmen sie Insulin. Wenn man darauf nicht gerichtet untersucht, wird man es nicht finden."[9]

Entsprechend wertlos ist der von Mallach vorgelegte toxikologische Befund, nach dem sich keine Anhaltspunkte für das Vorhandensein von Betäubungsmitteln bei allen drei Toten und Irmgard Möller gefunden hätten.

Nach der Aussage des Anstaltsarztes Dr. Henck vor der Staatsanwaltschaft vom 19.10.1977 haben Andreas Baader und Gudrun Ensslin mit ihm am 10. Oktober 1977 gesprochen:

„Beide erklärten mir übereinstimmend, daß der Anstaltskost die Psyche beeinflussende Stoffe beigemischt seien, so wie dies durch Amerikaner in Vietnam erfolgt sei."[10]

Merkwürdig ist, daß Henck in seiner Aussage vor dem öffentlich tagenden Untersuchungsausschuß mehrfach auf die Tatsache der Übereinstimmung in den Worten Andreas Baaders und Gudrun Ensslins an diesem Tage zu sprechen kommt, es dabei aber sorgfältig vermeidet, den oben angegebenen Inhalt der übereinstimmenden Worte beider anzugeben.

Auch der Haftrichter Foth hat in seiner Aussage vor dem Untersuchungsausschuß den Inhalt einer Beschwerde von Andreas Baader an ihn vom 7. Oktober 1977 (siehe S. 57f.) nicht wiedergegeben, obwohl die Beilage sowohl im vorläufigen Bericht der Landesregierung, als auch im Bericht des Untersuchungsausschusses abgedruckt wurde.[11]

Durch Irmgard Möllers Bericht ist bekannt, daß dieser Brief an Foth, der sich auf den kurz zuvor von der Anstaltsleitung gesperrten zusätzlichen Obsteinkauf der Gefangenen bezog, von der Vergiftung der Gefangenen durch dem Essen beigemischte Drogen sprach.

Abgesehen von dem auffälligen Schweigen über

160

diese Klagen der Gefangenen, das von Henck und Foth bewahrt wird, und abgesehen von dem damals geplanten und erörtertem Einsatz englischer und israelischer „Wahrheitsdrogen" gegen die Gefangenen,[12] gibt es einen medizinischen Befund in den Todesermittlungsakten, der infolge des Fehlens eines abschließenden gerichtsmedizinischen Gutachtens nirgends berücksichtigt wird.

Der Tübinger Neuropathologe Prof. Peiffer fand bei der histologischen Untersuchung des Gehirns von Andreas Baader gewisse „Veränderungen": „Mit Wahrscheinlichkeit handelt es sich hierbei um Begleiterscheinungen eines möglicherweise bereits im Abklingen befindlichen Infektes. Die Veränderungen erreichen nicht einen Grad, der die Diagnose einer Enzephalitis (Hirnentzündung) rechtfertigen würde."[13]

Peiffer sagt nichts über eine mögliche Ursache dieser Infektion, etwa über die Art der Bakterien und Viren, die sie ausgelöst haben könnten. Auch die Tatsache, daß Peiffer keine Anhaltspunkte für eine „toxische Schädigung" des Gehirns fand, sagt angesichts dessen nicht viel, daß er nicht angibt, welche Gifte er mittels der von ihm angewandten Methoden erfassen konnte.[14]

Bei der Untersuchung des Gehirns von Gudrun Ensslin findet Prof. Peiffer wiederum „entzündliche Zellansammlungen um einzelne Hirngefäße. Der Grad dieser entzündlichen Veränderungen ist aber nicht so groß, daß von einer Hirnhautentzündung im eigentlichen Sinne (Enzephalitis) gesprochen werden könnte..."[15]

Man erinnert sich angesichts dieser Befunde an die Klagen der Gefangenen über Kopfschmerzen, von denen Irmgard Möller berichtet hat, und an die z.T. enormen Mengen an Schmerzmitteln, die die Gefangenen während der Kontaktsperre konsumierten.

Schließlich findet sich auch in Peiffers Gutachten über Jan-Carl Raspes Gehirn der Satz: „Geringfügige Ansammlungen von kleinen Blutkörperchen (Lymphocyten) an einzelnen Hirngefäßen ... entsprechen vielmehr den Folgen einer möglicherweise vor kurzem abgeklungenen Infektion im Organismus."[16]

Die merkwürdige Übereinstimmung der Krankheitsbilder der Gehirne der drei Toten hat den Untersuchungsausschuß, dem die Gutachten Peiffers bekannt sein konnten, nicht dazu bewogen, Prof. Peiffer als Zeugen zu der Frage einer möglichen Ursache dieser Infektionen zu hören und auch nicht dazu, die Ärzte Müller und Schröder, die während der Kontaktsperre die Gefangenen wegen ihrer Kopfschmerzen behandelten, als Zeugen zu laden und mit Peiffers Ergebnissen zu konfrontieren.

Daß auch die Staatsanwaltschaft von dieser merkwürdig übereinstimmenden Erkrankung der drei Toten schweigt, versteht sich schon von selbst.

Die Frage ist, warum bei den chemisch-toxikologischen Untersuchungen keine spezielleren Techniken angewendet wurden, die positive Befunde ermöglicht hätten.

Um einen Vergiftungsverdacht auszuschließen, hätte auch gründlicher untersucht werden müssen. Die Obduzenten haben hierauf weder Arterienblut, Glaskörperflüssigkeit beider Augen, des Gehirns, der Lunge, der Haut, Nägel, Haare oder Fettgewebe untersucht.

Dabei hätten sie wissen müssen, daß die CIA und ihre befreundeten Dienste seit Jahren auf der Jagd nach seltenen Biogiften sind, die einen Nachweis unmöglich machen sollen. Der Spiegel schreibt in einer fiktiven Geschichte über einen Mossad-Einsatz (israelischer Geheimdienst): „Das Sichtinstrument, das jedes der drei Kommando-Mitglieder bei sich führte, hatte es in sich: es war mit einer kleinen Pistole kombiniert – ein Gerät, das vom US-Geheimdienst CIA konstruiert und in den USA breits heftig diskutiert wurde. Denn das Ding mit dem Namen ‚Nondiscernible Microbioinoculator' verschießt giftige und pharmakologisch präparierte Pfeile, die angeblich später in den Körpern der Opfer

162

nicht mehr ausgemacht werden können. Die Schießgeräte ... waren mit einem ebenfalls aus den USA stammenden Betäubungsmittel munitioniert, das gerade ausreichte, den Getroffenen für fünf oder zehn Minuten in Tiefschlaf zu versetzen:"[17]

Auch ist dieser Fall aus Großbritannien bekannt: Der Exilbulgare G. Markov wartet in der Londoner City auf seinen Bus. Dabei wird er leicht am Bein mit einem Schirm angestoßen. Kurze Zeit später fühlt er sich hundeelend. An seiner Wade entdeckt er nur einen kleinen roten Pickel, dem er keine Bedeutung beimißt. Am nächsten Tag wird er mit hohem Fieber ins Hospital eingeliefert, wo er über den „Schuß" in sein Bein phantasiert, dann stirbt er einen Tag darauf. Die Ärzteschaft diagnostiziert natürliche Blutvergiftung. Gewebeproben, auch die mit dem Blutpickel, werden an ein chemisches Labor geschickt. Dort machen die Wissenschaftler eine sensationelle Entdeckung. Sie finden ein stecknadelkopfgroßes Kügelchen, gerade eineinhalb Millimeter klein und mit Öffnungen versehen. In dieses Metallkügelchen passen 0,2 Milligramm hinein.

Für eine tödliche Blausäuredosis werden immerhin 60 Milligramm benötigt. Trotz eifrigen Forschens wird keines der bekannten Gifte gefunden. Nun beginnt die Suche nach Biogiften. Das wahrscheinlichste verwendete Gift heißt Rizin, kommt in Rizinussamen vor und ist doppelt so giftig wie Kobragift. Dennoch ist es in den Gewebsproben nicht nachzuweisen.[18]

Das Beispiel zeigt, daß sogar ein tödliches Gift, von dessen Vorhandensein man weiß und dessen geheimdienstliche Anwendung anzunehmen ist, nur aufgrund sehr spezieller und langwieriger Untersuchungen nachgewiesen oder gar nicht gefunden werden kann. Und dieses gilt – nach Hartmann – sogar für so bekannte Stoffe wie Digitalis und Insulin.

Stolz berichtet auch Robert H. Kuppermann, Wissenschaftler bei der US-Behörde für Rüstungskontrolle und Abrüstung, vor dem US-Senatsausschuß, wie es gelang, unbemerkt die Wasserversorgung in North Miami mit einem bestimmten Insektizid zu vergiften.[19]

Der renommierte Kriminalkommissar i.R. und freie Journalist Sepp Beranek urteilt:

„Der Verdacht, daß Baader, Ensslin, Raspe und Möller vor ihren ‚Selbst Morden' mit Gas betäubt wurden, ist immer noch nicht ausgeräumt. Solche Gase werden heutzutage von Hoteldieben, vornehmlich in den großen Badeorten an der Riviera, benützt, um Hotelgäste im Schlaf zu betäuben, um dann ungestört in Kleidern, Schränken und Koffern nach Beute zu suchen."[20]

In diesem Zusammenhang erscheint auch die Beschwerde mit Zusatzschreiben vom 7. Oktober 1977, die Andreas Baader an Haftrichter Foth sandte, in einem anderen Licht.[21]

Wozu hat der stellvertretende Anstaltsleiter und Sicherheitsbeauftragte Schreitmüller den Zusatzeinkauf von Obst und den gesamten Einkauf wirklich untersagt? Sollten die Häftlinge nur noch von Anstaltsverpflegung ernährt werden?

Die Behauptung der Staatsanwaltschaft, weder bei Andreas Baader, Gudrun Ensslin, Jan-Carl Raspe noch Irmgard Möller hätten die chemisch-toxikologischen und chemisch-pharmakologischen Untersuchungen Hinweise dafür erbracht, daß die Häftlinge vor Eintritt ihres Todes oder ihrer Verletzungen durch „irgendwelche Mittel" in einen wehrlosen, bewußtseinsgestörten oder bewußtlosen Zustand versetzt worden wären, wird nicht bewiesen.

Vielmehr ist nach den Indizien nicht auszuschließen, daß die Häftlinge vor Eintritt des Todes oder ihrer Verletzungen durch irgendwelche Mittel in einen verteidigungsunfähigen Zustand versetzt worden sind.

3. Der „Erhängungstod"
Gudrun Ensslins

a) Die „typischen" Zeichen eines Erhängungstodes

Nach dem Obduktionsprotokoll vom 19.10.1977 wies die Leiche Gudrun Ensslins außer den Verletzungen durch das Strangwerkzeug folgende Gewalteinwirkungsspuren auf:

„Oberhalb vom Nasenhöcker eine linsengroße fast runde Abschilferung der Hautdeckschicht mit scharfer Begrenzung, Einblutungen in der Umgebung nicht erkennbar."[22]

Ferner: „Unterhalb vom rechten Mundwinkel eine runde Hauteintrocknung mit 3 mm Durchmesser, unterhalb davon eine Eintrocknung von 1 mm Durchmesser."[23]

Aus dieser Beschreibung wird nicht erkennbar, daß die braunrote Farbe dieser „Eintrocknungen" sie als Blutspuren zu erkennen geben.

„Hinter der Stirn-Haar-Grenze ein Querfinger rechts neben der Mittellinie eine knapp pfennigstückgroße ganz oberflächliche Hautabschürfung. ...An der linken Brustseite 8 cm unterhalb der queren Linie durch die Brustwarzen und 6 cm neben der Mittellinie quer gerichtet zwei streifenförmige oberflächliche kaum tastbare jedoch eingeblutete Hautdefekte, der obere mit einer Länge von 12 mm und der untere, 5 mm tiefer liegende, von 11 mm. ...Unterhalb der beiden Handgelenke auf der Beugeseite am Beginn der Daumenmaus eine im Rand der Daumenmaus verlaufende 3 cm lange rotblaue Verfärbung von 3 – 4 mm Breite, im Unterhautgewebe frischrotes Blut, nicht bis in die Muskelhaut und in den Muskel hineinreichend. ...Über der linken Kniescheibe eine linsengroße leicht vorgewölbte blaurote Einblutung, im Unterhautgewebe Blutung von 3 mm Schichtdicke. An der rechten Kniescheibe eine gut pfennigstückgroße leicht vorgewölbte dunkelblaue Einblutung, im Unterhautgewebe eine 8 bis 10 mm dicke Blutansammlung, nicht auswischbar. In der Umgebung auf insgesamt fünfmarkstückgroßer Fläche kleinere und flachere Einblutungen. Keine Beschädigung der Hauptdeckschicht."[24]

Nicht – wie behauptet – im Obduktionsprotokoll, sondern im „Vorläufigen Gutachten" taucht dann noch eine weitere Verletzung auf: „ein kleiner Bluterguß im Bereich des Mittelgelenks des linken Mittelfingers"[25], bei dem nicht gesagt wird, ob er an der Außen- oder Innenseite der Hand oder an der Seite des Mittelfingers gesichtet wurde.

Von diesem Bluterguß, der Blutung an der linken Daumenmaus, den Blutergüssen an beiden Kniescheiben und den Hautkratzern unter der linken Brust wird nun sofort und ohne weiteres gesagt:

„Diese Gewalteinwirkungsspuren sind nicht auf eine Einwirkung von fremder Hand verdächtig."[26]

Die mündlich gegebene Begründung wird im Untersuchungsbericht so zusammengefaßt:

„Im vorliegenden Fall ist anzunehmen, daß die festgestellten Blutungen, die sämtlich frisch gewesen sind, und die Kratzer im Verlauf eines derartigen, während der Erstickung aufgetretenen Krampfes entstanden sind."[27]

Weder im Obduktionsprotokoll, noch im anschließenden „Vorläufigen Gutachten" werden zwei andere Verletzungen registriert, deren erste von den Professoren Hartmann und André vor dem Untersuchungsausschuß erwähnt werden. André spricht von „zwei bis drei kleinere(n) Kratzverletzungen im Bereich der Oberschenkel",[28] Hartmann von „vereinzelten Kratzer(n), nämlich in der Leistengegend ..."[29]

Schließlich fehlt jeder schriftliche oder mündliche Hinweis auf eine von Rechtsanwalt Heldmann bei der Obduktion gesehene weitere Verletzung im Nackenbereich. Im Obduktionsprotokoll heißt es nur:

„Am Rücken oben etwa vom ersten Brustwirbelkörper abwärts quergerichtet eine fast regelmäßige Gitterzeichnung, quere Ausdehnung 19 cm und von oben nach unten 11 bis 12 cm. ...Keine erkennbaren Einblutungen in diesem Bereich."[30]

Vor dem Untersuchungsausschuß sagt Hartmann lediglich etwas über diese Gitterzeichnung:

„Das ist unseres Erachtens eine Erscheinung nach dem Tod."[31]

Wenn es also auch richtig sein sollte, daß die von Mallach und Rauschke im Obduktionsbericht erwähnten Blutungen und Kratzer während der Erstickungskrämpfe entstanden sind, so bleibt ungeklärt, wie die von ihnen im „Vorläufigen Gutachten" nicht erwähnten Gewalteinwirkungsspuren am rechten Mundwinkel, an der Kopfhaut, an der Nase, an der linken Leiste und am Rücken in der Höhe des Nackens entstanden sind. Dazu schweigt der Obduktionsbericht einschließlich des „Vorläufigen Gutachtens".

Vor dem Untersuchungsausschuß hat sich Prof. Hartmann zur Entstehung der „vereinzelte(n) Kratzer" in der Leistengegend und unterhalb der linken Brust geäußert:

„Das sind ganz diskrete Hautkratzer ohne Unterblutung bei Einschnitt in die Weichteile."[32]

Da die Kratzer an der linken Leiste im Obduktionsbericht verschwiegen werden, kann Hartmanns Aussage hier nur mit den schon zitierten Ausführungen des Obduktionsberichtes über die Kratzer unter der linken Brust konfrontiert werden. Dort heißt es ausdrücklich, sie seien „eingeblutete Hautdefekte".[33]

Und was die Frage angeht, wie die erwähnten Kratzer zustande gekommen sind, so widerspricht Hartmanns Aussage vor dem Untersuchungsausschuß wiederum den Ausführungen des Untersuchungsberichtes. Denn während Hartmann sagt: „Ich muß sagen, wir zweifeln sogar etwas daran, daß diese Kratzer (an Leiste und Brustkorb) ganz frisch sind. Sie können ohne weiteres etwas früher zustande gekommen sein. Es ist zweifellos möglich, wenn es einen nur etwas juckt, daß man einen solchen Kratzer hat",[34] heißt es im Untersuchungsbericht, wie schon zitiert, daß die festgestellten Blutungen „sämtlich frisch gewesen sind", also auch die von Hartmann geleugnete Einblutung unter den Kratzern am Brustkorb. Und von den Kratzern selbst wird angenommen, daß sie „im Verlauf eines derartigen, während der Erstickung aufgetretenen Krampfes" entstanden und also doch „ganz frisch" gewesen sind.

Es mag sein, daß der Untersuchungsbericht wider Erwarten die Auffassung der Gerichtsmediziner nicht korrekt oder nicht vollständig wiedergibt. Hartmanns Behauptung: „Als Abwehrverletzungen sind sie (die Kratzer) völlig ausgeschlossen"[35] steht jedenfalls völlig unbegründet da und die harmlose Erklärung der Hautkratzer, die er gibt, wirft die Frage auf, warum die Beseitigung eines Juckreizes durch jeweils zwei Bekleidungsstücke hindurch blutunterlaufene Kratzspuren hinterlassen sollte.

Schließlich fehlt für die Verletzungen an Kopfhaut, Nase und Nacken jede Erklärung durch die Gerichtsmediziner. Es ist vielmehr völlig unerfindlich, mit welcher Berechtigung Rauschke vor dem Untersuchungsausschuß sagen konnte:

„Vielmehr waren alle die festgestellten Blutergüsse, blaue Flecken usw. an den Stellen, an denen man anschlägt, wenn es etwa zu krampfenden Bewegungen der Gliedmaßen kommt."[36]

André sagte vor dem Untersuchungsausschuß sogar aus:

„Bei der Autopsie wurde keine weitere Verletzung festgestellt, außer diesen Quetschungen und Blutungen an Hand und Kniescheiben."[37]

Auch haben sich Blutergüsse dort, wo man sie nach der angenommenen Lage von Körper und Stuhl hätte erwarten müssen, gerade nicht gefunden. Jedenfalls wird im Obduktionsbericht nirgends von einer Verlet-

168

zung an Gudrun Ensslins Schienbeinen gesprochen, die beim Krampfen gegen die Sitzfläche des vor ihr stehenden Stuhls hätten schlagen müssen.

Auch ist es sachlich nicht richtig, daß das Auftreten von Totenflecken an den Füßen, Beinen, Händen, Armen und am Kinn ein „typisches Zeichen des Erhängungstodes"[38] ist. Vielmehr handelt es sich um Zeichen der Blutsenkung („Hypostase"), die auch dann auftreten, wenn man etwa einen Verstorbenen bald nach seinem Tode aufhängt. Auch eine „mäßige Vergrößerung des Gehirns" oder eine „mäßige Milzentspeicherung"[39] sind in keiner Weise pathognomonisch für vitales Erhängen. Dasselbe gilt für die „Erhängungsstrangmarke am Hals"[40], die auch bei Aufhängung einer Leiche kurz nach dem Tode entstehen kann.

Nimmt man aber dennoch an, daß der Tod bei Gudrun Ensslin durch Erhängen eintrat, so stellt sich immer noch die Frage, ob Selbsttötung vorlag oder nicht.

Diese Frage kann nur durch eine Erklärung der kleineren Verletzungen beantwortet werden, die entweder nicht erfolgt ist oder ohne Vorlage der bei der Leichenschau gemachten Lichtbilder nicht überprüft werden kann.

Von den Untersuchungsmethoden, die nicht angewandt, und den Spuren, die nicht gesichert wurden, seien hier nur einige genannt. Der Histamintest, der erlaubt, festzustellen, ob eine Strangmarke vital oder postmortal entstanden ist, wurde, wie bei Ulrike Meinhof, nicht angewandt.

Obwohl nach dem Spurensicherungsbericht ein „Mikrospurenabzug von der Erhängungsfurche am Hals der Leiche", ein „Mikrospurenabzug von der linken und der rechten Hand" und als Spur Nr. 25 „Fingernagelabschnitte der Toten"[41] gesichert wurden, hat man nie wieder etwas von ihrer Untersuchung und deren Ergebnissen gehört. Das gilt auch für die zwei im Knoten des Kabels befindlichen Haare.

Alle diese Spuren „stehen einer weiteren Untersuchung zur Verfügung", heißt es im Spurenauswertebericht.[42] D.h. sie wurden bisher *nicht* untersucht.

Eines der wichtigsten Versäumnisse der gerichtsmedizinischen Untersuchungen ergibt sich daraus, daß nirgends gesagt wird, ob die Speichelabrinnspur gesichert wurde, die ebenso wie viele andere Spuren von einem Täter vorgetäuscht werden könnte. Deshalb wäre der Nachweis von Speichel nach der Jod-Stärke-Methode, der Nachweis der Blutgruppe und damit die Prüfung der Identität der Toten und der Quelle des mutmaßlichen Speichels erforderlich gewesen.

All dies ist ebensowenig geschehen, wie einige zunächst offenbar geplante kriminaltechnische Untersuchungen, z.B. die Herkunftsbestimmung der immerhin gesicherten Spur 14, des Nagels rechts von der Decke (was geschah mit den übrigen Nägeln?), die Untersuchung des Mikrospurenabzugs vom Boden der Zelle auf Fremdmaterial und des Mikrospurenabzugs von der Essensklappe[43], durch die bisher unbekannte Stoffe in die Zelle gekommen sein könnten.

Es fehlt ferner die Beantwortung der Frage, ob die an der Decke gesicherten Haare tatsächlich Haare von Gudrun Ensslin sind oder nicht. Fragen über Fragen.

Die Behauptung der Staatsanwaltschaft, die Leiche Gudrun Ensslins habe typische Zeichen des Erhängungstodes aufgewiesen und die festgestellten Verletzungen sprächen für Erhängung durch eigene Hand, ist **also** nicht bewiesen.

b) Der Stuhl und der „Expertenstreit"

Im Bericht über die Auffindung Gudrun Ensslins am Morgen des 18. Oktober 1977, der sich im Untersuchungsbericht des Landtags findet, wird der Stuhl, auf dem Gudrun Ensslin vor ihrer Erhängung gestanden haben soll, nicht erwähnt.

Der Sanitätsbeamte Soukop hat vor dem Untersuchungsausschuß über seinen Aufenthalt in Ensslins Zelle ausgesagt:

„Ich bin gar nicht hingegangen, ich habe mich nicht vom Tod der Ensslin überzeugt. Ich habe das dem Arzt überlassen . . ."[44]

Der Arzt, Dr. Majerowicz, hat bei seiner ersten polizeilichen Vernehmung am 18. Oktober über seine Feststellungen an der Leiche zwar einerseits ausgesagt:

„Berührt habe ich sie nicht . . ."[45].

Andererseits heißt es aber in der zweiten Vernehmungsniederschrift vom 26. Oktober:

„Die Körperwärme habe ich durch Anfassen einer Hand festgestellt. Die Hand war abgekühlt, aber nicht kalt."[46]

Ähnlich sagt Majerowicz dann vor dem Untersuchungsausschuß aus: „Ich habe bloß mit der Hand Temperatur (gemessen)."[47]

Möglicherweise hat er dabei auch festgestellt, was er in seiner zweiten Aussage so beschreibt: „Die Extremitäten und der Körper waren in einem tief gelockerten Zustand. Ganz bestimmt lagen keine Anzeichen für eine Starre vor."[48]

Aber nach seiner ersten Aussage am 18. Oktober hat er diese Wahrnehmung nur optisch gemacht:

„Berührt habe ich sie nicht, erkannte aber eine Cyanose und stellte fest, daß der Körper völlig entkrampft hing. . . . Weitere Maßnahmen habe ich auch in dieser Zelle nicht getroffen, habe nichts verändert und nichts berührt."[49]

Was an dieser Aussage interessiert, ist nicht so sehr der Widerspruch zu den beiden späteren Aussagen hinsichtlich des Anfassens der Leiche, als vielmehr die daraus folgende Unzuverlässigkeit der Beteuerung Majerowiczs, daß er „nichts verändert und nichts berührt" habe.

Immerhin gibt er im unmittelbar vorhergehenden Satz implizit zu, daß er die Decke, die die am Fenster hängende Leiche, mit Ausnahme der Füße, verdeckte, beiseite geschoben habe, um dahinter zu sehen:

„Ich habe dann etwas hinter die Bettdecke geschaut und sofort erkannt, daß die Frau tot sein muß."[50]

Merkwürdig ist, daß sich in den polizeilichen Aussagen der Zeugen, die sich über die Auffindung Gudrun Ensslins geäußert haben, keine Erwähnung des Stuhls findet, der nach dem Leichenschaubericht der Gerichtsmediziner vor der Leiche stand und in der späteren Rekonstruktion des Erhängungsvorgangs eine so wichtige Rolle spielt.

Im Leichenschaubericht heißt es über diesen Stuhl:

„Die Stuhllehne ist zur Außenwand gerichtet, über dem linken Vorderteil der Lehne hängt das untere Ende der Wolldecke."[51]

Wer also, wie Dr. Majerowicz, die Decke zurückgeschlagen haben muß, um dahinter zu sehen und eine Hand der Toten zu ergreifen, der könnte sehr leicht auch mit dem Stuhl in Berührung gekommen sein.

Freilich bestreitet das Majerowicz in seiner ersten Aussage ebenso wie die Tatsache, daß er den Körper der Toten berührt hat.

Noch unsicherer wird die Sachlage durch die Aussage des Vollzugsbeamten Münzing, der über den Krankenpflegehelfer Soukop, entgegen dessen eigener Aussage vor dem Untersuchungsausschuß, sagt:

„Er hat den Vorhang zur Seite getan und einen Blick dahinter geworfen. Dann hat er gesagt: Die ist tot."[52]

Das stimmt überein mit der Aussage Miesterfeldts vor dem Untersuchungsausschuß:

„Dann ist der Kollege Soukop, der Sanitäter, in die Zelle und hat die Decke ein bißchen abgehoben."[53]

Wenn diese Aussagen stimmen, dann hat, entgegen seiner eigenen Aussage, auch Soukop die vor Gudrun Ensslin hängende Decke angefaßt und dabei möglicherweise auch den davorstehenden Stuhl berührt.

Auch der zur Anstaltsleitung gehörende Regierungsrat Buchert sagt am 25. Oktober vor der Kriminalpolizei:

„Einer der Bediensteten, nach meiner Erinnerung ein Sanitätsbeamter ... ging in die Zelle und schaute hinter die Decke und sagte hierauf, Frau Ensslin sei tot, sie habe sich erhängt."[54]

Dies stimmt mit Miesterfeldts polizeilicher Vernehmung vom 18. Oktober überein:

„Einer der Sanitäter hob die Decke etwas an und sagte: ,Da ist nichts mehr zu machen!'"[55]

Da der Sanitäter Listner, wie er am 19. Oktober vor der Kriminalpolizei angibt, „gar nicht in die Zelle der Ensslin gesehen" hat,[56] wird jener Sanitäter, wie Miesterfeldt auch am 7. November vor dem Untersuchungsausschuß erklärt hat, der Krankenpflegehelfer Soukop gewesen sein.

Also stehen die Aussagen Bucherts, Münzings und Miesterfeldts gegen Soukops oben zitierte Aussage, die mit seiner polizeilichen Vernehmung vom 25. Oktober übereinstimmt:

„Die Vorderseite der Beine und Füße zeigte in Richtung Türe. Als ich dies sah, verließ ich sofort wieder die Zelle. Dr. Majerowicz, der soeben den Tod Baaders festgestellt hatte, kam nun in die Zelle der Ensslin."[57]

Es wird sich wohl nicht mehr klären lassen, ob Soukop die Decke vor der Leiche Gudrun Ensslins zurückgeschlagen hat, um dahinter zu sehen. Und da keiner, der in der Zelle oder an ihrer Türe sich aufhaltenden Personen den Stuhl vor der Decke erwähnt, ist wahrscheinlich auch nicht mehr zu klären, ob er bei der Besichtigung und Berührung der Leiche berührt oder verschoben worden ist. Es scheint allen so gegangen zu sein wie dem Regierungsrat Buchert, der vor der Polizei aussagte:

„Auf irgendwelche Möbelstücke in der Zelle, die in der Nähe des Fundorts der Frau Ensslin gestanden haben könnten, habe ich nicht geachtet."[58]

Dann ist aber auch nicht auszuschließen, daß in der Aufregung der Auffindungssituation der Stuhl verschoben wurde und zwar beispielsweise in Richtung auf die dahinter am Fenster hängende Leiche zu, wodurch die Wahrscheinlichkeit der Selbstmordversion gestiegen wäre.

Denn je weiter der Stuhl von der hängenden Leiche entfernt ist, desto unwahrscheinlicher ist es, daß er infolge der Todeskrämpfe des Körpers ins Zelleninnere verschoben wurde.

Schließlich wäre der Selbstmord sogar unmöglich, wenn sich gar kein Stuhl vor der Leiche befunden hätte, was nach den Aussagen von fünf Zeugen der Auffindung immerhin möglich ist.

Jedenfalls kann der Stuhl nicht zum Beginn des Erhängungsvorganges dort gestanden haben, wo er am späten Nachmittag von den Gerichtsmedizinern aufgefunden wurde. Denn von dem Anlegen der am Fenstergitter befestigten Schlinge um den Hals sagt Hartmann vor dem Untersuchungsausschuß:

„Es ist ohne weiteres möglich, das zu tun, allerdings nicht mit dem Stuhl in der Position, wie er gefunden wurde, sondern der Stuhl muß näher am Fenster sein. Das hat uns beunruhigt. Wir haben uns deshalb gesagt, der Stuhl muß verschoben worden sein."[59]

Wegen der oben dokumentierten Unsicherheit hinsichtlich einer Verschiebung des Stuhls bei der Auffindung der Leiche ist es also eine vorgebliche Genauigkeit, von der der Untersuchungsbericht zu berichten weiß:

„Der genaue Stand des Stuhls wird durch Einkreisung der Beine am Boden genau markiert."[60]

Aber auch der an dieser Stelle im Untersuchungsbericht verschwiegene Expertenstreit ist ganz und gar vergeblich gewesen. Man erfährt über diesen Streit etwas aus den Protokollen des Ausschusses.

Rauschke sagt aus:

„So ist zum Beispiel in dem noch zu schildernden Fall Ensslin im Bereich der Leiche ein Stuhl festgestellt worden. Prof. Holczabek wünschte, daß dieser Stuhl stehenbleibt. Ich war der Meinung, man sollte diesen Stuhl entfernen und abdecken, weil sich auf der Sitzfläche Spuren zeigten: Mörtel, Haare, Fasern usw., und ich Angst hatte, daß man diese Spuren zerstören könnte. Außerdem habe ich das Argument vertreten, daß, für den Fall, ein anderer wäre beteiligt, dieser andere an dem Stuhl unter Umständen Fingerabdrücke hinterlassen haben könnte. Wir waren also verschiedener Meinung, und schließlich habe ich gesagt: Ich bin hier der Gerichtsarzt, es kann also nur einer das Sagen haben, wir können nicht alle durcheinander reden; ich bin jetzt der Meinung, daß der Stuhl wegkommt und daß der Stuhl durch einen identischen Anstaltsstuhl ersetzt wird, der genau den gleichen Stand hat wie vorher. Das ist dann auch geschehen."[61]

Leider erfährt man aus diesem Bericht nichts über die Argumente des Professors Holczabek, der für das Verbleiben des Stuhls eingetreten sein soll. Aber vielleicht hat man hier einen der Gründe erfahren, warum Prof. Holczabek, nachdem ihm klar gemacht worden war, wer in Stuttgart der Gerichtsarzt war und das Sagen hatte, nach seiner Rückkehr nach Wien keinerlei Mitarbeit und Mitverantwortung im Todesermittlungsverfahren mehr übernommen hat.

Wenn die Sicherung der Spuren am Stuhl wirklich der Grund für die Differenz der beiden Gerichtsmediziner gewesen sein sollte, so wäre dies jedenfalls insofern verwunderlich, als diese Spuren wohl von Prof. Holczabek entdeckt wurden.

Mallach sagt vor dem Untersuchungsausschuß aus:

„Ich glaube, Herr Kollege Holczabek hat darauf hingewiesen, daß auf dem Stuhl Fasern, kleine Textilfasern gewesen sind..."[62]

Während die von Holczabek entdeckten Sandanhaftungen an den Schuhsohlen von Andreas Baader mit keinem Wort in dem von Rauschke diktierten Leichenschaubericht erwähnt werden, scheint es Holczabek gelungen zu sein, für die Registrierung der Spuren am

Stuhl zu sorgen. Denn es heißt im Leichenschaubericht: „Auf der Sitzfläche des Stuhls sieht man haar- und faserähnliche Auflagerungen, ferner etwas weißlichen Schmutz."[63]

Zwar scheint entgegen dem Wunsch des die Untersuchung führenden Gerichtsarztes eine Überprüfung des Stuhls auf Griffspuren nie stattgefunden zu haben; jedenfalls sagt der Spurensicherungsbericht nichts davon. Aber er registriert als „Spur 12: Mikrospurenabzug vom Stuhl, der unmittelbar bei der Leiche stand."[64] Und ferner wird angegeben, was mit diesem Mikrospurenabzug geschehen soll: „Untersuchung auf Fremdspuren."[65]

Wer nun glaubt, eine Untersuchung dieser Mikrospuren, deren Sicherung den Streit der Experten nach Rauschke auslöste und die ihm so am Herzen lag, daß er „Angst hatte, daß man diese Spuren zerstören könnte", hätte stattgefunden, der sieht sich getäuscht. Denn im Spurenauswertebericht vom 28. Februar 1978 (eine Woche nach Auflösung des Untersuchungsausschusses), den der Kriminalhauptkommissar Ziegler unterschrieben hat, heißt es trocken:

„Die Spuren 12 (Mikrospurenabzug vom Stuhl, der Verf.) und 13 (Mikrospurenabzug vom Boden, der Verf.) sind asserviert. Ihre weitere Untersuchung kann nur mit einem zielbegründenden Untersuchungsersuchen vorgenommen werden."[66]

Mit anderen Worten, dieser Kriminalbeamte will vor einer Untersuchung des Mikrospurenabzugs vom Stuhl wissen, woraufhin untersucht werden soll und scheint eine bloße Feststellung des gesicherten Materials nicht für der Mühe wert zu halten.

Weder die Staatsanwaltschaft, noch der Gerichtsarzt, der in Stuttgart das Sagen hatte, scheinen sich mit einem „Untersuchungsersuchen" an die Kriminalpolizei gewandt zu haben. Der Mikrospurenabzug befindet sich wohl noch heute ununtersucht beim Landeskriminalamt Baden-Württemberg, ohne daß sich ein mit der

Todesursache bei Gudrun Ensslin Ermittelnder je um ihn kümmerte, obwohl er am 19. Oktober 1977 einen Streit zweier Professoren der Gerichtsmedizin auslöste.

c) Das Erhängungswerkzeug

Nach dem Leichenschaubericht von Mallach und Rauschke hing die Leiche Gudruns an „zwei doppeladrige(n) Elektro- bzw. Radiokabel(n)."[67] Über die Herkunft dieses Kabels wird hier nichts gesagt, doch heißt es im Untersuchungsbericht unter „Feststellung der Todesursachen":

„Tatwerkzeug war ein zweiadriges, kunststoffisoliertes Elektrokabel, das ursprünglich an beiden Enden mit Steckern versehen war. Diese Stecker, die nebst einer Schere auf dem Zellenboden vorgefunden wurden, waren deshalb vom Kabel abgetrennt worden, weil das Kabel andernfalls nicht durch die engen Maschen des Fenstergitters hätte durchgezogen werden können."[68]

Nun wäre die Herkunft des Strangwerkzeuges für sich noch kein Indiz für die Entscheidung der Frage, ob Mord oder Selbstmord vorliegt. Denn ein vorhandenes Elektrokabel kann von Gudrun Ensslin oder einem anderen zurechtgeschnitten und am Gitter des rechten Fensters ihrer Zelle befestigt worden sein.

Seltsam ist allerdings, daß man aus dem Leichenschauprotokoll zwar genau erfährt, auf welcher Breite, wenn auch nicht in Zentimetern ausgedrückt, das Kabel durch das Gitter geschlungen war: „Hinter dem Gitterstab zwischen dem 15. und 16. Maschengitter von rechts aus (in Aufsicht gesehen) ..."[69] und diese Angabe ist zumindest für denjenigen eindeutig, der Gelegenheit hat, die Zelle 720 zu betreten und, solange das Gitter nicht verändert wird, dort an Ort und Stelle der Angabe nachzugehen.

Aber was fehlt ist die Angabe der Höhe des Aufhängepunkts, so daß man also z.B. nicht nachprüfen kann, wie hoch Gudrun Ensslin stehen mußte, um diesen Punkt zu erreichen, für den Fall, daß sie Selbstmord begehen wollte.

Auch kann deshalb niemand nachprüfen, wie nahe sich im Falle des Mordes oder Selbstmordes der Verknotungspunkt des Kabels unterhalb des Kinns vor und nach dem Erhängungsvorgang am Aufhängepunkt befunden haben muß bzw. wie groß die mögliche Fallhöhe bei schon verknotetem Kabel war.

Der Umfang der Schlinge und des Halses sind dem Spurenauswertebericht vom 28. Februar 1978 (eine Woche nach Auflösung des Untersuchungsausschusses) bzw. dem Obduktionsprotokoll zu entnehmen. Damit könnte man, wenn man die Höhe des Aufhängungspunktes kennt, überprüfen, ob der Verknotungspunkt für den Fall, daß Gudrun Ensslin auf dem erwähnten Anstaltsstuhl steht, sich in einer Höhe befindet, der sowohl der Höhe des Kinns entspricht als auch bei schon geknoteter Schlinge im Abstand vom Aufhängepunkt mit der vorgefundenen Schlingenlänge übereinstimmt.

Was immer die Ergebnisse einer solchen Nachprüfung des Erhängungswerkzeugs wären, sie ist nicht möglich, solange man die Höhe des Aufhängungspunktes (und die Stuhlhöhe) nicht kennt.

Bei all diesen Überlegungen ist bisher allerdings noch nicht in Frage gestellt, ob das genannte Elektrokabel für eine Erhängung von eigener Hand überhaupt geeignet ist. Das muß aber nach dem Spurenauswertebericht bezweifelt werden.

Fragt man nach dem Zeitpunkt der größten Belastung des vorhandenen Elektrokabels, so müßte der bei einem Selbstmord wohl dann vorliegen, wenn Gudrun Ensslin, wie es die Rekonstruktion der Gerichtsmediziner vorsieht, mit ihrem Gewicht von 49 kg vom Stuhl herunter in die Schlinge springt und dabei den Stuhl, ohne sich irgendwo anders halten zu können, mit den Füßen wegstößt, wobei er allerdings, trotz seines relativ geringen Gewichtes, nicht umgestürzt sein kann.

Eine zweite Periode der großen Belastung wäre nach der Rekonstruktion der Gerichtsmediziner dann eingetreten, wenn der Körper Gudrun Ensslins sich in schweren Krämpfen so heftig bewegt, daß sie gegen den schon weggeschobenen Stuhl so kräftig stößt, daß sich u.a. an ihrer rechten Kniescheibe im Unterhautgewebe eine 8 bis 10 mm dicke Blutansammlung und weitere kleinere und flachere Einblutungen bilden und ihre Hände so gegen die Fensterkante schlagen, daß sie u.a. an der linken Hand Blutergüsse davonträgt.

Bei diesen nach der Rekonstruktion der Gerichtsmediziner (oder jedenfalls derjenigen, die vor dem Untersuchungsausschuß ausgesagt haben) wohl stärksten Belastungen des Erhängungswerkzeugs müßte es, wie nach dem Augenschein der Auffindung der Leiche anzunehmen, gehalten haben und nicht gerissen sein.

Aber, so heißt es im Spurenauswertebericht:

„Beim Versuch, die Leiche aus ihrer ursprünglichen Lage abzuhängen, rissen die Kabel an der Stelle, an der sie durch das Wellgitter des Zellenfensters geschlungen waren."[70]

Es ist kaum anzunehmen, daß diejenigen, die den Versuch machten, die Leiche abzuhängen, das (doppeltgelegte) Kabel (bzw. die beiden parallelen Kabelstücke) schwerer belasteten, als es in den beiden Hauptbelastungsphasen durch das Körpergewicht und die Bewegungen geschehen sein müßte, wenn die Gerichtsmediziner recht hätten.

Das Reißen der Kabel muß allerdings den Verdacht aufkommen lassen, es sei für eine Erhängung von eigener Hand und deren Folgen zu schwach, habe aber für die Aufhängung der schon toten oder auch nur bewußtlosen Ensslin durch andere eine ausreichende Reißfestigkeit gehabt.

Es mochte sein, daß sich bei der späteren Obduktion zumindest Anhaltspunkte dafür finden würden, daß

Gudrun Ensslin lebend in die Schlinge gekommen ist und damit eine der möglichen Alternativen zum Selbstmord, Aufhängung der Leiche kurz nach dem Tod, auszuschließen wäre.

Aber was den genannten Verdacht bestärken muß, das ist das gänzliche Schweigen aller vor dem Untersuchungsausschuß aussagender Gerichtsmediziner, des Untersuchungsausschusses und erst recht des Einstellungsbescheides der Staatsanwaltschaft über das Durchreißen der Kabel.

Man muß den Eindruck gewinnen, als hätten die Gerichtsmediziner einen peinlichen Vorfall, bei dem sie nach André[71] zugegen waren, verschwiegen, oder als sei der Kriminalbeamte Ziegler oder sonst ein Kriminaltechniker u.a. auch deshalb nicht vor den Ausschuß geladen worden, weil dies eine Gegenüberstellung mit den Gerichtsmedizinern und ihrer Version des Selbstmordes hätte bedeuten können.

Der Vorfall wird jedenfalls im Spurenauswertebericht nur erwähnt, um ein anderes Malheur der Ermittler, das eine Folge des Kabelrisses ist, zu erklären:

„Weder die weichplastische Masse der Kabelummantelung, noch die gerissenen Kupferlitzen bilden an der Bruchstelle Paßstücke, so daß eine eindeutige Zuordnung der Kabelstücke nicht möglich ist."[72]

Je nach Zuordnung der vier Kabelstücke ergeben sich dadurch unterschiedliche Gesamtkabellängen, jeweils für die beiden parallel liegenden Kabel. Ihre Belastbarkeit anhand der in der Zelle angeblich vorhandenen und gesicherten gleichartigen Vergleichskabel ist, nach den vorliegenden Unterlagen, experimentell nie überprüft worden.

Aber eben das Vorhandensein solcher gleichartiger Vergleichskabel ist ebenfalls nicht sicher. Im Spurensicherungsbericht vom 16. Januar 1978 heißt es: „Spur Nr.1: kleine Schere, links neben der Liege. Untersuchung ob mit ihr das Erhängungswerkzeug abgeschnitten worden ist."[73]

Man erwartet eine Untersuchung der Schnittstellen des Kabels an Kupferlitze und Kunststoffisolierung, um herauszufinden, ob sich die Feinstruktur der Scherenschneiden an dem geschnittenen Material wiederfinden läßt, oder eine ähnliche Untersuchung, vielleicht auch eine chemische Analyse der Kunststoffummantelungen des Strangwerkzeuges und der noch vorhandenen Reststücke des Lautsprecherkabels – jedenfalls eine kriminaltechnische Untersuchung in einem Laboratorium, die eine eindeutige Zuordnung des Strangkabels zu den abgeschnittenen Kabelenden der Lautsprecher ermöglicht hätte.

Statt dessen heißt es im Spurensicherungsbericht, der drei Monate nach der Auffindung der Leiche Ensslins erstellt wurde: „Von dem Untersuchungsvorgang, ob mit der Spur Nr.1 (Schere) die Spuren 2 (abgeschnittener Kabelstecker, Endstück des Erhängungswerkzeugs, der Verf.), 3 (abgeschnittener Kabelstecker, Verwendung wie 2, der Verf.) und 7 (Schnittstellen von den Kabelenden, an denen vermutlich das Erhängungswerkzeug von den Boxen abgetrennt wurde, der Verf.) gesetzt worden sind, wurde aus *zeitlichen Gründen* hier abgesehen. Sollte der Vorgang für notwendig erachtet werden, bitte ich (Kriminalhauptkommissar Ziegler, der Verf.) um einen staatsanwaltlichen Auftrag."[74]

Dieser Auftrag ist nie erteilt worden. Denn im Spurenauswertebericht vom 28. Februar heißt es einfach: „Wie aus dem Lichtbild Nr. 83 der Zellenaufnahmen zu ersehen ist, waren die beiden Lautsprecherboxen der Ensslin untereinander (? – d. Verf.) mit einem grünfarbenen Elektrokabel verbunden, wie es, zumindest dem äußeren Anschein nach, auch das Erhängungswerkzeug darstellt."[75]

Nur durch den äußeren Anschein und nicht durch eine kriminaltechnische Untersuchung ist es bis heute also entschieden, daß das Erhängungswerkzeug und die fehlenden Lautsprecherkabel identisch sind.

Freilich konnte sowohl Gudrun Ensslin als auch ein

anderer die Lautsprecherkabel abschneiden und als Strangwerkzeug benutzen. Im Falle der Übereinstimmung der Schnittstellen untereinander und mit der vorgefundenen Schere wäre also die Alternative Mord oder Selbstmord nicht entschieden. Fände sich aber eine Abweichung von Restkabeln und Strangkabeln, etwa im mikroskopischen Bereich, so wäre dies ein sicheres Indiz für Fremdeinwirkung, wenn etwa das zunächst benutzte Lautsprecherkabel schon einmal gerissen und durch ein dem äußeren Anschein nach gleichartiges ersetzt worden wäre. Hätte die Staatsanwaltschaft auf den Verdacht des Mordes hin ermittelt, so hätte sie veranlaßt, daß diese Möglichkeit durch die kriminaltechnische Untersuchung ausgeschlossen worden wäre.

Die Behauptung der Staatsanwaltschaft, die Leiche Gudrun Ensslins habe typische Zeichen des Erhängungstodes aufgewiesen und die Verletzungs- wie Erhängungsart spreche für Erhängung durch eigene Hand, ist nicht bewiesen.

Es ist daher nicht auszuschließen, daß Gudrun Ensslin durch tatbeteiligte Dritte lebend oder tot erhängt worden ist.

4. Der Tod Andreas Baaders

a) Die Haltung der Waffe und die Blutspritzer an der Hand

Über die Haltung der Pistole FEG bei der Abfeuerung des Schusses, der den Schädel von Andreas Baader von hinten nach vorn durchschlug und ihn tötete, gibt es widersprechende Untersuchungsergebnisse.

Auf der einen Seite stehen die Aussagen der Gerichtsmediziner.

Prof. Rauschke antwortet auf die Frage, ob der „Genickschuß" mit dieser Waffe nur denkbar sei, wenn der Abzug nach oben zeigt: „Ja, das ist richtig."[76] Auch Prof. Mallach hat den tödlichen Schuß so dargestellt, daß das Griffstück der Waffe nach oben wies.[77] Ebenso hat Prof. Hartmann bei seiner Demonstration vor dem Ausschuß vorgeführt, wie die Pistole „umgekehrt" gegriffen und mit dem Daumen der linken Hand eines Linkshänders (wie Andreas Baader, der Verf.) abgefeuert werden konnte, während die schwächere rechte Hand die Laufmündung führte: „ ...Sie sehen das, das ergibt ungefähr den Kanal, den Sie gefunden haben."[78]

So seien auch die Beschmauchung und die Blutspritzer an der rechten Hand zu erklären.

Auf der anderen Seite stehen die Ergebnisse der Spurenauswertung durch die Kriminalpolizei. Ihnen zufolge soll Andreas Baader die Waffe mit dem Griff nach unten gehalten und mit der rechten Hand abgefeuert haben. Das soll sich aus der Beschmauchung der rechten Hand und aus der Lage der Hülse des tödlichen Geschosses ergeben, die nur auf der rechten Seite der Waffe ausgeworfen werden kann und sich rechts neben dem Toten befunden haben soll.[79]

Der Widerspruch zwischen diesen beiden einander ausschließenden Untersuchungsergebnissen wird in keinerlei abschließenden Gutachten über die Todesursache aufgeklärt. Tatsache ist, daß weder in den Protokollen des Untersuchungsausschusses noch in den Akten des Todesermittlungsverfahrens ein solches abschließendes Gutachten existiert.

Obwohl Prof. Rauschke vor dem Untersuchungsausschuß am 2. November 1977 erklärt, daß bislang „eine Rekonstruktion des Hergangs und der Körperhaltung", bei der auch „alle Befunde der Kriminaltechnik" mitverwertet werden müßten, noch nicht möglich war, geben die Professoren André und Hartmann am 23.

Januar 1978 im wesentlichen dieselbe Darstellung wie Mallach und Rauschke fast drei Monate vorher.

Die im „Vorläufigen Gutachten" von Mallach und Rauschke angekündigte „endgültige Stellungnahme" wurde offenbar nie abgegeben, auch nachdem der Spurenauswertebericht am 28. Februar, also nachdem der Untersuchungsausschuß seine Tätigkeit beendet hatte, schließlich vorlag.

Staatsanwalt Christ, der den Einstellungsbescheid im Todesermittlungverfahren am 18. April 1978 unterschrieb, hat den Widerspruch der Ermittlungsergebnisse offenbar bemerkt. Er hält sich zwar an die Darstellung von Hartmann und spricht von einem „oben liegenden Abzug" der Waffe, die mit der linken Hand abgefeuert wurde, will diese Rekonstruktion aber nur „beispielsweise" gelten lassen und sich somit die andere Möglichkeit offen halten. Damit umgeht er aber die Befunde der Ermittler und damit deren eklatanten Widerspruch. Denn wenn die Hülse des tödlichen Geschosses rechts von der Leiche liegt, muß sie mit dem Griff und Abzug nach unten abgefeuert worden sein. Bei dieser Haltung der Waffe und entsprechend der Hände des Schießenden sind aber die Beschmauchung und insbesondere die Blutspritzer, die im Spurenauswertebericht nicht erwähnt werden, in ihrer Lage auf der rechten Hand eines Linkshänders nicht zu erklären. Und umgekehrt ist die von Hartmann vorgeführte Hand- und Pistolenhaltung nicht mit der behaupteten Lage der Hülse des tödlichen Geschosses vereinbar, die er darum auch nicht erwähnt. Die naheliegende Annahme, daß eine zweite Person in der Zelle war, die sowohl die Blutspritzer an der rechten Hand von Andreas Baader verursachte, als auch die Lage der Hülse des tödlichen Geschosses beinflußte, wurde von der Staatsanwaltschaft nicht einmal als eine mögliche Hypothese berücksichtigt.

b) Was geschah mit Spur 6?

Ein weiterer Widerspruch zwischen den Annahmen der Gerichtsmediziner und den Ergebnissen der Spurenauswertung durch die Kriminalpolizei besteht hinsichtlich des tödlichen Geschosses.

Prof. Mallach hat am 2. November 1977 vor dem Untersuchungsausschuß berichtet, daß es in der Fensterwand von Andreas Baaders Zelle (neben einem dort steckenden Geschoß, das angeblich von einem der beiden Schüsse stammen soll, die vor dem tödlichen Schuß abgegeben wurden) „im Wandputz eine kleine Aufschlagstelle mit einem Abpraller"[80] gegeben habe.

Das dazugehörige Projektil habe rechts neben der Leiche etwa in Höhe des Brustkorbes gelegen. „Wir sind der Meinung, daß es das Geschoß war, das durch den Kopf bis vor in die Wand gegangen ist, von dort reflektiert wurde und auf den Boden zu liegen kam."[81]

Prof. André erklärt am 23.1.1978 vor dem Ausschuß: „Man hat (am 19. Oktober 1977, der Verf.) festgestellt, daß dem Körper gegenüber in der Wand ein Aufprall erfolgt war in der Mauer und hat dort Fragmente, Teile gefunden, die nach Eliminierung der anderen Geschosse den Schluß nahelegten, daß es sich hierbei um das Geschoß handeln mußte, das den Schädel durchschlagen hatte."[82]

Nimmt man an, daß hier nur infolge der Schwierigkeiten einer Übersetzung aus dem Französischen der Eindruck erzeugt wird, als ob das tödliche Geschoß in Fragmente zerteilt worden sei, so müssen die genannten Fragmente Teile des Wandputzes sein, die von dem danebensteckenden Geschoß herstammen können, und es ergibt sich dann insofern kein Widerspruch zur Aussage von Mallach, der das tödliche Geschoß unzerteilt mehr als zwei Meter entfernt in Höhe von Andreas Baaders Brustkorb gesehen haben will.

Beide Gerichtsmediziner berichten aber übereinstimmend von einem „Aufprall" bzw. einer „Einschlagstelle" oder „Aufschlagstelle" des tödlichen Geschosses in der Fensterwand.

Vergleicht man damit die Spurenauswertung der Kriminalpolizei, so heißt es dort: „In der Zelle 719 konnten, nach Absuchen von Boden, Wand und Decke nur die unter Spur 5 und 7 bezeichneten Schußdefekte (Aufschlagstellen) vorgefunden werden."[83]

Spur 5 ist aber das in der Fensterwand steckende Geschoß eines der nichttödlichen Schüsse, Spur 7 der Einschuß in die Liegenmatratze und das dazugehörige zweite nichttödliche Geschoß.

Somit gibt es also die von André und Mallach erkannte Aufschlagstelle des tödlichen Geschosses gar nicht. Entsprechend heißt es über das tödliche Geschoß im Spurenauswertebericht: „Das abgefeuerte Geschoß drang nur noch mit schwacher Restenergie aus dem Schädel und blieb im unmittelbaren Bereich der Leiche liegen."[84]

Somit kann es erst recht nicht „bis vor in die Wand" gegangen sein und von dort „reflektiert" worden und mehr als zwei Meter wieder zurückgeflogen sein, wie Mallach annimmt.

Was veranlaßte aber Mallach und André zu ihrer Annahme, das tödliche Geschoß habe die Fensterwand erreicht? Es ist offenbar die Spur 6, die im Spurensicherungsbericht registriert wird, bei der Spurenauswertung aber nicht mehr vorkommt und von keinem der Gerichtsmediziner und Kriminalbeamten, weder in den Protokollen des Untersuchungsausschusses noch in den Todesermittlungsakten der Staatsanwaltschaft jemals wieder erwähnt wird.

Im Spurensicherungsbericht heißt es: „Spur Nr. 6: Gewebeteil oder Blut an der Wand (befindet sich beim Gerichtsmedizinischen Institut der Stadt Stuttgart)."[85] Die Stelle, an der sich Spur 6 befindet, liegt nur eine Handbreit neben der Einschußstelle von Spur 5. Was ergab die Untersuchung der Spur 6 im Institut des Prof. Rauschke? Warum gibt es in den Protokollen des Unter-

suchungsausschusses und in den Akten des Todesermittlungsverfahrens überhaupt keine serologischen
und histologischen Gutachten, die jenes Stuttgarter
Institut übernommen hatte?

Warum haben die Ergebnisse dieser Stuttgarter
Untersuchungen keinen Niederschlag in einer „end-
gültigen Stellungnahme" der beiden verantwortlichen
Gerichtsmediziner gefunden, in der auch der Widerspruch in den genannten Annahmen der Gerichtsmediziner zu den Ergebnissen der Spurenauswertung aufgeklärt wurde?

Darüber werden wir weiter unten noch zu berichten
haben.

c) Pulverschmauch oder kein Pulverschmauch?

Zur Rekonstruktion von Waffen- und Körperhaltung bei
Andreas Baaders tödlichem Nackenschuß wurde schon
mehrfach und mit entgegengesetztem Ergebnis von der
Annahme Gebrauch gemacht, es gebe an der rechten
Hand des Toten Pulverschmauch zu sehen.

Im Bericht über die Leichenschau, der von Mallach
und Rauschke unterschrieben und von Rauschke diktiert wurde, heißt es zwar: „Die Gelenke an den Fingern
der rechten Hand totenstarr, Totenstarre mit festerem
Druck überwindbar, nach Überwindung der Totenstarre Feststellung einer gut markstückgroßen matten
Schwärzung der Haut am Endgelenk des Daumens zur
Zeigefingerseite hin und an der Beugeseite des Zeigefingers in Höhe des Mittelgliedes."[86] Aber von Pulverschmauch ist hier nicht die Rede.

Auch in seiner Aussage vor dem Untersuchungsausschuß ist Rauschke vorsichtig: „An der linken Hand
haben wir keine ... Schmauchspuren – oder sagen wir
vorsichtig: keine auf Schmauchspuren verdächtigen
Verfärbungen – festgestellt."[87]

Mallach ist noch vorsichtiger und stellt auch die Farbe

in Frage: „Und es ist hier am Daumengrundgelenk eine
... Ich würde sagen, eine Schwärzung oder eine Grautönung – fleckförmig größere Grautönung, wie man sie
sieht, wenn Pulverschmauch austritt und die Haut
geschwärzt wird. Legen sie mich bitte nicht fest mit dem
Ausdruck ‚schwarz'. Auch schwarz hat ja Nuancen."[88]

Nach dieser Verminderung der Schwärzung zur
Grautönung kann eine weitere Nuancierung nicht
überraschen. Die findet sich bei Prof. André am
23.1.1978: Er nennt „...die bläulichen Ausfärbungen,
die wir an der rechten Hand festgestellt haben, *sowie*
die Pulverablagerungen oder der Pulverschmauch, der
festgestellt worden ist, auch an der rechten Hand."[89]

Sieht es hier so aus, als gäbe es jene Verfärbung noch
zusätzlich zum Pulverschmauch, so ist der Pulverschmauch selbst keineswegs gesichert. Prof. Hartmann
sagt am selben Tag: „Man müßte das bei der Pistole, die
verwendet worden ist, noch überprüfen. Wir haben
nichts gesehen, wir haben keine Resultate darüber
gesehen. Aber im Prinzip geht bei Pistolen der
Schmauch vor allem vorne heraus..."[90]

Nun hat nach den Unterlagen des Untersuchungsausschusses und den Akten des Todesermittlungsverfahrens keine solche Überprüfung stattgefunden, die ergeben hätte, wo, außer an der Mündung des Laufs, die
Pistole FEG beim Schuß Pulverschmauch entläßt.

Aber selbst, wenn das feststünde, müßte noch die
verwendete Munition überprüft werden. Denn seit die
Tage des Schwarzpulvers vorbei sind, entwickelt die
heute verwendete Munition in der Regel keinen sichtbaren Pulverschmauch mehr. Aber auch eine solche
Überprüfung der in der Waffe noch vorhandenen Munition hat nach allen vorhandenen Unterlagen nicht stattgefunden.

Fragt man sich, warum die Gerichtsmediziner trotz dieser zahlreichen Ungewißheiten dennoch davon ausgehen, daß jene Verfärbungen der rechten Hand von

Andreas Baader aus Pulverschmauchablagerungen bestehen, so ist die Antwort die, daß in Tübingen vor der Obduktion der Toten angeblich ein Test durchgeführt wurde.

Nach Rauschke hat ein Assistent des Instituts für Gerichtliche Medizin der Universität Tübingen an den „schwärzlichen Auflagerungen der Haut" eine Reaktion durchgeführt und dabei „im Sinne von Pulverschmauch eine positive Reaktion erzielt."[91] Dies wird die „natriumrhodizanat-positive Reaktion" sein, von der der Obduktionsbericht spricht.[92]

Seltsam ist nur, daß jener Assistent in den drei Obduktionsberichten vom 19.10.1977 nicht als anwesend genannt wird. Erst am 22.12.1977 werden die Protokolle dahingehend ergänzt, daß auch der Diplomphysiker Dr. rer. nat. König vom schon genannten Institut an der Obduktion teilgenommen habe.

Welchen Verläßlichkeitsgrad die Natriumrhodizanat-Probe hat, ist nicht bekannt. Doch wurde anscheinend vor der Obduktion vom Kriminalbeamten Habel Hautgewebe des rechten Daumens und Zeigefingers und ein Abklatsch mit 10%iger Essigsäure beider Hände von Andreas Baader gesichert, „zur Untersuchung auf Schmauchantragungen zur Bestimmung der Schußhand."[93]

Offenbar ist der von Dr. König durchgeführte Test nicht ausreichend für die Zwecke der Gerichtsmedizin. Denn die Untersuchungen, die das BKA an dem Filterpapier mit dem Essigsäureabklatsch von Andreas Baaders Händen anstellt, bringen das überraschende Ergebnis, daß selbst durch eine mikroskopische Betrachtung „keine als Schußspuren anzusehenden Anhaftungen erkennbar" waren.[94] Auch eine mikroskopische Betrachtung des Hautteils aus dem rechten Daumen-Zeigefinger-Bereich ließ „keine als Pulverschmauch anzusehenden Anhaftungen erkennbar" werden:[95]

Freilich stammt dieses zweite Gutachten des BKA erst

vom 15. Juni 1978, wird also erst zwei Monate nach Einstellung des Todesermittlungsverfahrens erstattet, und fast acht Monate, nachdem jene Verfärbung der Haut an Andreas Baaders rechter Hand von den Gerichtsmedizinern zuerst als Pulverschmauch angesehen worden war.

Selbst wenn die am Filterpapier von der rechten Hand nachweisbaren Blei- und Bariumspuren, die, wie der Gutachter des BKA selbst sagt, „auch anderer Herkunft sein" können[96] und die an der Haut vorhandenen Blei- und Bariumspuren als ein „nicht zwingend(er)" Hinweis[97] auf Pulverschmauchanhaftungen aufgefaßt werden, – selbst dann ist durch diese zwei Gutachten des BKA erwiesen, daß es an Andreas Baaders rechter Hand keinen *sichtbaren* Pulverschmauch gab und die vorhandene Verfärbung also anderer Herkunft sein muß.

d) Die Frage der Schußentfernung

Ein letztes Beispiel für die Aussagekraft von Gutachten des in der Kriminaltechnik angeblich an führender Stelle stehenden BKA liegt im Gutachten vom 21. Februar 1978 vor, dem Tage nach der letzten Sitzung des Untersuchungsausschusses. Hier sollte aus einem Hautteil mit der Einschußverletzung vom Hinterkopf der Leiche Andreas Baaders die Schußentfernung bestimmt werden.

Im Gutachten heißt es:

„Auf der Hautoberseite ist die Verletzung von einer Prägemarke umgeben, deren Konturen dem Mündungsprofil der vorbezeichneten Pistole (FEG Kal. 7,65 mm, der Verf.) entsprechen."[98]

Detaillierter hatte es im Obduktionsprotokoll geheißen:

„An dieser Verletzung wird die in der Zelle von Baader gefundene Pistole, speziell die Waffenmündung, angehalten. Es entsprechen der Außendurchmesser des Mündungsteils der Waffe dem äußersten rötlichen

Randring, der Außendurchmesser der Laufmündung dem rötlichen Hof zwischen mittlerem roten Ring und zentralem Lochdefekt."[99]

Staatsanwalt Christ ist mit einer einfachen Entsprechung, wie sie in den beiden Gutachten festgestellt wird, nicht zufrieden. Er konstatiert eine „vollständige" Übereinstimmung:

„Die Beschaffenheit der Mündung der Pistole ... stimmt mit dem Erscheinungsbild des Projektils im Nakken Baaders vollständig überein."

Für die Schußentfernungsbestimmung ist außer der sogenannten Prägemarke die Frage des Vorhandenseins einer Schmauchhöhle von Belang, die nach dem Gutachten an der Unterseite des Hautteils erkennbar war.

„Erfahrungsgemäß entstehen Prägemarke und Schmauchhöhle nur dann bei einem Schuß, wenn dieser mit aufgesetzter oder aufgepreßter Waffe abgefeuert wurde."[100]

Und dies stimmt gut mit den Annahmen der Obduzenten Mallach und Rauschke überein.

Aber das Gutachten berichtet auch von einem ganz abweichenden Untersuchungsergebnis, das, für sich allein genommen, ausreichen würde, die Gesamtheit der übrigen Ermittlungsergebnisse aufzuwiegen und die Beweislast für die Ermordung von Andreas Baader zu tragen.

Auf dem Wege der Röntgenfluoreszenzanalyse wurde nämlich die auf der Haut vorhandene Bleimenge gemessen, aus der sich, bei Vorhandensein der Ergebnisse einer Vergleichsbeschießung von Haut mit der angenommenen Tatwaffe und Tatmunition, die Entfernung des Tatschusses bestimmen läßt. Das Maß für die Bestimmung der Bleimenge ist dabei die Impulsrate, gemessen in Imp/sec. Das Ergebnis der Vergleichsbeschießung aus verschiedenen Entfernungen, von aufgesetzter Mündung bis zu einem Abstand von 70 cm lautet:

„Wie es bei gleichartigen Untersuchungen häufig der Fall ist, nehmen die Impulsraten mit wachsender Entfernung ab. Vergleichsweise müßte der Tatschuß aus einer Entfernung zwischen 30 cm und 40 cm abgefeuert worden sein."[101]

Dieses Ergebnis würde bedeuten, daß, angesichts aller in seiner Zelle vorgefundenen Umstände, Andreas Baader sich nicht selbst erschossen haben kann.

Statt der bei aufgesetzter Waffe zu erwartenden Impulsrate von 74.000 Imp/sec finden sich an Haut und Haaren aus dem Einschußbereich nur 14.300 Imp/sec, die der genannten Entfernung zwischen 30 und 40 cm entsprechen. Nimmt man nur die auf der Oberseite der Haut gemessene Impulsrate, so ergeben sich sogar nur 12.400 Imp/sec, während die Unterseite die mehr als dreifach stärkeren Bleispuren in dem unter der Oberhaut gelegenen Gewebe aufweist: 38.500 Imp/sec.

Man fragt sich natürlich, wie das Gutachten die für die Selbstmordversion vernichtende Schlußfolgerung vermeidet und zu dem Ergebnis kommt:

„Der Tatschuß wurde mit aufgesetzter oder aufgepreßter Waffe abgefeuert, da die Einschußverletzung die hierfür charakteristischen Kennzeichen, Prägemarke und Schmauchhöhle, aufweist."[102]

Was ist aus dem dieser Version widersprechenden Untersuchungsergebnis geworden, nach welchen, entsprechend der Stärke der Bleispuren eine Entfernung von 30 bis 40 cm zwischen Haut und Laufmündung bestanden hat?

Das Gutachten sagt über dieses Ergebnis: „Da dies jedoch aufgrund der übrigen Befunde (=Prägemarke und Schmauchhöhle) mit Sicherheit ausgeschlossen werden kann, muß eine Verschleppung von Pulverschmauchspuren stattgefunden haben."[103]

Was der Gutachter Dr. Hoffmann hier dem Leser seines Gutachtens zur Schußentfernungsbestimmung zumutet, das ist die ohne weitere Erklärung gemachte Unterstellung, in einem so heiklen Todesermittlungs-

verfahren wie dem vorliegenden, in dem nur Professoren der Gerichtsmedizin, Kriminalbeamte der Mord-
kommission und wissenschaftliche Mitarbeiter des BKA
mit der Leiche bzw. Hautteilen in Berührung gekommen sind, würden Pulverschmauchspuren vom Nacken
des getöteten Andreas Baader verschleppt. Das dürfte
selbst dann nicht einfach sein, wenn man achtlos mit
den Spuren umgeht.

Im Lehrbuch „Gerichtliche Medizin" von B. Mueller,
Berlin 1975, heißt es in einem Beitrag von Prof. Sellier,
Bonn: „Die Beschmauchung sitzt ziemlich fest auf der
Haut (...) Längerer Transport einer Leiche, Anfassen
der Schußhand, Stecken der Hände in die Taschen
ändern einen ursprünglich positiven Antimon- bzw.
Blei-Befund nicht. Selbst nach längerer Liegezeit einer
Leiche im Grabe können noch verwertbare Befunde
erhoben werden (z.B. Fall Blomer in Münster: Exhumie-
rung nach etwa 1 1/2 Jahren, Feststellung von Nah-
schußzeichen seitens des BKA)."[104]

Was die Verringerung der anzunehmenden Impulsrate von 74.000 Imp/sec betrifft, so kann anhand der im
Gutachten gemachten Angaben die Hypothese der Pul-
verschmauchverschleppung auch nicht dahingehend
überprüft werden, ob sie auf beiden Seiten des Hautteils
vorgekommen sein soll. Denn zwar wird, wie zitiert, die
Impulsrate an der Unterseite des Hautteils von Andreas
Baader mit 38.500 Imp/sec angegeben, es fehlt aber der
entsprechende Wert der Vergleichsbeschießung.

e) Der Sand an Baaders Schuhen

Die Ungenauigkeiten, mit denen die Untersuchungen
durchgeführt wurden und die ihre Ergebnisse in einigen Fällen völlig wertlos machen, soll noch an zwei
weiteren Beispielen aufgezeigt werden.

Zu den bekanntesten Details der gerichtlichen Leichenschau am späten Nachmittag des 18. Oktober

gehört der von Prof. Holczabek entdeckte Sand an den Schuhsohlen von Andreas Baaders Schuhen, der die Frage auslösen mußte, wo Baader, der sich gewöhnlich barfuß, in Socken oder Turnschuhen bewegte, Gelegenheit hatte, so massive Sandanhaftungen an den Sohlen seiner in der Todesnacht getragenen festen Schuhe zu erhalten. Denn der Dachboden der Vollzugsanstalt soll nach allem, was man davon weiß, asphaltiert gewesen sein.

Die Schuhe mit dem ominösen Sand sind dann auch auf Holczabeks Wunsch asserviert und untersucht worden, obwohl von alledem in Rauschkes Leichenschauprotokoll nichts zu lesen steht und obwohl dieser Sand in den Sitzungen des Untersuchungsausschusses kein Interesse mehr fand.

Der Journalist Karl-Heinz Janssen hat daraufhin in der „Zeit" Zweifel an der Existenz des Sandes angemeldet, denn in seinem Report über die Vorfälle von Stammheim spricht er von dem „angeblichen Sand."[105]

Die Untersuchung der asservierten Schuhe dauerte länger als ein halbes Jahr. Vom 8. Mai 1978 datiert ein Gutachten des BKA über die „zahlreiche(n) Schmutzanhaftungen"[106] an den Sohlen der Schuhe. Aus dem Schreiben wird nicht genau ersichtlich, wann die Schuhe und ein Stück Klebefolie vom Boden der Zelle 719 mit Vergleichsmaterial aus dem Bereich der Füße der Leiche an das BKA eingesandt worden sind, doch scheint dies im Januar 1978 geschehen zu sein.

Jedenfalls wurden „auf Anforderung" des BKA am 26.1.78 weitere „fünfzehn Klebebandabzüge und zwei Kehrproben vom Boden eines Freiganges im 8. Stockwerk der JVA Stuttgart-Stammheim", wo die Gefangenen des 7. Stockes ihren Hofgang haben, übersandt. „Es sollte geprüft werden, inwieweit die Anhaftungen an den Schuhen von Andreas Baader den Schmutzproben aus der Zelle 719 bzw. dem Freigang zugeordnet werden können."[107]

Das Ergebnis der Vergleichsuntersuchungen der

Anhaftungen an den Schuhen und der Kehrproben vom Dach wird nun so eingeleitet:

„Bei der Bewertung der Ergebnisse war zu berücksichtigen, daß zwischen der Sicherstellung der Schuhe und der Sicherung des Vergleichsmaterials etwa drei Monate verstrichen und daß – laut Spurensicherungsbericht der LPD Stuttgart II (der in den Todesermittlungsakten nicht vorhanden ist, der Verf.) – in dieser Zeitspanne mehrere hundert Personen den Bereich betreten haben, in dem die Vergleichsproben entnommen wurden. Ob in dieser Zeit der Freigang auch gereinigt wurde, war dem Anschreiben nicht zu entnehmen."[108]

Unter diesen Umständen mußte die Vergleichsuntersuchung natürlich zur Farce werden, und man hätte erwarten können, daß der BKA-Gutachter Dr. Demmelmayer wegen der allzu großen Unsicherheitsfaktoren seine Untersuchung einstellt.

Statt dessen fährt er unverdrossen fort:

„Unter Berücksichtigung dieser Überlegungen führte die Vergleichsuntersuchung der vorliegenden Proben zu dem Befund, daß – trotz einigen Unterschieden in einzelnen Bestandteilen – eine Herkunft der Bodenanhaftungen an den Schuhen des Baaders aus dem Entnahmebereich der Vergleichsproben nicht auszuschließen ist."[109]

Das Ergebnis der Vergleichsuntersuchung des Faserschmutzes lautet sehr ähnlich: „Auch wenn berücksichtigt werden muß, daß es sich sowohl beim Spurengut als auch beim Vergleichsmaterial um Faserschmutz handelt, der entweder nur aus einem kleinen Bereich (Zelle) oder aber zeitlich sehr viel später (Freigang) gesichert wurde, kann aufgrund der gegebenen Übereinstimmung gesagt werden, daß der Faserschmutz von den Schuhen Anderas Baaders durchaus aus dem Entnahmebereich des Vergleichsmaterials stammen kann."[110]

Wenn hier auf die, trotz der ungünstigen Vergleichsbedingungen dennoch vorhandenen partiellen Übereinstimmungen beim Faserschmutz hingewiesen wird, so wird man fragen müssen, warum nicht umgekehrt aus den vorhandenen Nichtübereinstimmungen der Schluß gezogen wurde, daß der Faserschmutz an den Schuhen möglicherweise nicht aus dem Dachbereich stammt, zumal selbst die Übereinstimmung sich nur auf Fasermaterial „in gleicher Art"[111] bezieht und von den „überwiegend"[112] vorhandenen übereinstimmenden Einzelfasern an anderer Stelle des Gutachtens gesagt wird:

„Die einzeln liegenden Faserbruchstücke sind spurenkundlich als unspezifisch ubiquitäre Faserverschmutzungen anzusprechen. Sie lassen demnach keine Aussage hinsichtlich eines bestimmten Sachverhaltes zu."[113]

Abgesehen davon, daß eine Übereinstimmung der Fasern an Schuhen und Zellenboden und Dach ganz uninterssant ist, so ist bei der angeblich auch vorhandenen Artgleichheit von Fasern an Schuhen und Dachboden wohl eher umgekehrt zur Schlußfolgerung des BKA davon auszugehen, daß die Fasern auf dem Dach aus den Zellen von Gefangenen stammen und insofern ebenfalls ganz unintersessant sind.

Einzig die erst nach drei Monaten gesicherten und nach mehr als drei weiteren Monaten untersuchten „Bodenanhaftungen" wären für die Frage interessant, ob Andreas Baader sie vom Dachboden haben könnte oder nicht.

Über die Menge des auf dem Asphaltdach vorhandenen Sandes wird keine Aussage gemacht, vermutlich wäre sie auch wegen der inzwischen verstrichenen Zeit unergiebig.

Daß eine Übereinstimmung des Sandes an den Schuhen von Andreas Baader, oder wie es im Gutachten heißt, des „Bodenmaterial(s) mit meist hellen, durchscheinenden Partikeln und dunklen, feinkörnigen Partikeln, die zu größeren Teilen agglomeriert sind",[114] mit den Kehrproben vom Dach „nicht auszuschließen" ist, das ist das ganz magere Ergebnis einer Untersuchung, die ohne die Klärung der Frage auszukommen glaubt, ob die in beiden zu vergleichenden Sandmengen angeblich anzutreffenden hellen, durchscheinenden Partikel, auf die sich die Übereinstimmung reduziert, chemisch die gleiche Zusammensetzung haben oder nicht.

Aber selbst das Wenige, was als Ergebnis der Untersuchung drei Wochen nach Einstellung des Todesermittlungsverfahrens vorliegt, ist nur möglich geworden, nachdem das BKA Wiesbaden Vergleichsproben vom Dach der Vollzugsanstalt in Stuttgart eigens anfordern mußte, weil man es bei der dortigen Staatsanwaltschaft offenbar nicht für nötig befand, die Herkunft des Sandes an Andreas Baaders Schuhen zu klären.

5. Der Tod Jan-Carl Raspes

a) Der Pulverschmauch

Bevor an drei Beispielen die Mängel der Untersuchung der Todesursache bei Jan-Carl Raspe gezeigt werden, ist anzumerken, daß auch das Nichtvorhandensein von Beschmauchung und Blutspritzern die Gerichtsmediziner nicht davon abhalten kann, eine Hand, an der diese Spuren fehlen, zur Schußhand eines Selbstmörders zu erklären.

Während André und Hartmann sich über das Nichtvorhandensein von Pulverschmauch und Blutspritzern an Raspes Händen ebenso einig sind, wie über die mögliche Ursache dafür: die Behandlung des Schwerverletzten im Krankenhaus und eine dort vielleicht vorgenommene Waschung oder ein Abwischen der Hände, erklären sie gleichzeitig, daß solche Spuren gar nicht entstanden sein müssen.

André: „Man hätte möglicherweise Pulver- oder Blutspuren finden können. Das kann man aber nicht mit Sicherheit annehmen. Es muß nicht so sein."[115]

Hartmann: „Es braucht aber nicht, vor allem bei der modernen Munition nicht, sehr viel Schmauch zu geben, so daß eine Beschmauchung und allenfalls Blutspritzer nicht vorhanden sein müssen."[116]

Der naheliegende Gedanke, zumindest die Entwicklung von Schmauch mit der vorhandenen Waffe und Munition experimentell zu überprüfen, wird zwar von Hartmann geäußert, hat aber nach allen vorliegenden Unterlagen in der Bundesrepublik nicht zu praktischen Konsequenzen geführt:

„Ich würde auch sagen, hier wären Waffenversuche wichtig, um zu sehen, ob es überhaupt zu einer Beschmauchung bei einer Schußabgabe kommt, wenn die Waffe gewöhnlich gehalten wird."[117]

Solange diese Versuche ausstehen, wird man auch aus dem Vorhandensein von Blei-und Bariumspuren an zwei von acht Stellen des Hautteils von Jan-Carl Raspes rechter Hand keine sicheren Schlüsse ziehen können. Denn auch hier teilt das BKA in seinem Gutachten vorsichtshalber mit, daß diese Spuren „auch anderer Herkunft sein können" und sich „keine zusätzlichen Hinweise auf Pulverschmauchanhaftungen fanden."[118]

Dieses Gutachten stammt vom 20. Juni 1978, d.h. es ist vier Monate nach Auflösung des Untersuchungsausschusses und zwei Monate nach Einstellung des Todesermittlungsverfahrens erstattet worden.

Die von Hartmann für wichtig gehaltenen Versuche haben bis heute nicht stattgefunden.

b) Sitzen oder Liegen?

Bei der Diskussion der verschiedenen Aussagen über die Lage der Pistole HK 4 ist bisher immer unterstellt worden, daß Jan-Carl Raspe bei Schußabgabe gesessen habe und zwar etwa in der Position, in der er am Morgen des 18. Oktober auch aufgefunden wurde.

Das ist aber keineswegs gewiß, da sich auch hier widersprechende Ergebnisse der Untersuchungen finden. Einig sind sich die Beobachter am Morgen des 18. Oktober offenbar darin, daß Raspe bei seiner Auffindung auf seiner Liege saß.

Aber in der Aussage von Prof. Rauschke, der den verletzten Gefangenen nicht mehr auf der Liege gesehen hat, heißt es: „Nach den Blutspuren an dem Bettzeug und an der Schaumgummimatratze ist der Schuß von Raspe offenbar bei liegender Körperhaltung abgegeben worden."[119]

Im Bericht über die Rekonstruktion der Schußbahn durch die Kriminalpolizei (Spurenauswertebericht vom 28. Februar 1978, eine Woche nach Auflösung des Untersuchungsausschusses) heißt es über den Ort der Abgabe des tödlichen Schusses:

„Es ergibt sich (...) eine Höhe von 60 cm in Liegenmitte, Abstand zur Kopfwand 40 cm (...) Rekonstruktion (...) ergibt, daß Raspe sich vermutlich in sitzender Position den Schädeldurchschuß beigebracht hat. Danach dürfte er zuerst nach hinten an die Zellenwand gefallen und dann nach unten auf die Decken gesunken sein."[120]

Diese nach unten gesunkene Position dürfte die sein, in der Jan-Carl Raspe aufgefunden wurde, der nach den Aussagen der Vollzugsbeamten saß. Und von dieser Position scheint Rauschke angenommen zu haben, daß sie auch bei der Schußabgabe eingenommen wurde. Rauschke spricht von „liegender Körperhaltung".

Da die Übergänge zwischen Sitzen und Liegen fließend sind und da wir keine Angaben über die Höhe der

Liege haben, müssen wir auf eine Beantwortung der Frage verzichten, ob Raspe bei Schußabgabe gesessen oder gelegen hat. Da aber der Ort der Schußabgabe nach der kriminaltechnischen Untersuchung 40 cm von der Kopfwand entfernt ist und Jan-Carl Raspe an diese Wand zurückgesunken ist, muß der Kopf sich bei Schußabgabe beträchtlich höher als bei der Auffindung befunden haben, denn der Schwerverletzte konnte sich nach der Schußabgabe nicht mehr zurücksetzen. Da wir aber weder die Liegenhöhe noch die Höhe des Blutflecks kennen, können wir nicht entscheiden, ob die 60 cm auf Liegenmitte, die als Höhenangabe für den tödlichen Schuß genannt werden, einer möglichen Körperhaltung von Raspe entsprechen, oder ob sein Körper zur Kopfwand hin verschoben worden sein muß, um dann in die Auffindungslage zu geraten.

Mit anderen Worten, wir wissen wegen der Lückenhaftigkeit der Angaben nicht, ob es ein sicheres Indiz für Fremdeinwirkung bei oder nach Abgabe des tödlichen Schusses gibt. Und deshalb ist es keine bloße terminologische Frage, ob man die Körperposition bei Schußabgabe nun sitzen oder liegen nennt.

Auch aus einem anderen Grund ist die Frage von Bedeutung. Er ergibt sich aus Hartmanns Aussage über die Schußabgabe:

„Raspe mußte sitzen. Sitzen tut man im allgemeinen nur, wenn man bei Bewußtsein ist, oder dann hätte man ihn aufgerichtet. Das wäre bei einem Bewußtlosen möglich."[121]

Wenn Jan-Carl Raspe bei Schußabgabe also eine Haltung seines Körpers eingenommen hätte, die nur bei Anspannung seiner Muskeln möglich war, so spräche das insoweit für Selbstmord, während umgekehrt ein von einem anderen gehaltener bewußtloser Körper bei einer bestimmten Sitzposition zwar mehrere, aber nicht beliebige Kopfhöhen zuläßt.

Da wir keine Angaben über den genauen Ort auf der Liege, wo Raspe gesessen oder gelegen hat, haben, können auch von hier aus keine Rückschlüsse auf seinen Bewußtseinszustand und damit auf seine Todesart gezogen werden.

Mit Sicherheit ist aber nach den Ergebnissen der kriminaltechnischen Untersuchung die Darstellung der Staatsanwaltschaft Stuttgart falsch, in der es heißt:

„Nach dem Ergebnis der gerichtsmedizinischen und kriminaltechnischen Untersuchungen muß Raspe den Schuß aus der neben ihm aufgefundenen Pistole in der sitzenden Haltung abgefeuert haben, in der er auf seiner Matratze entdeckt wurde."[122]

c) Der Winkel hinter der Liege

Nach dem Untersuchungsbericht konnte sich „in dem spitzen Winkel des Dreiecks, das vom Bett Raspes und den beiden Außenwänden der Zelle gebildet wurde, aus räumlichen Gründen keine andere Person in Kopfnähe Raspes aufhalten."[123]

Wäre diese Behauptung zutreffend, so wäre schon durch die räumliche Lage des Gefangenen jede Fremdeinwirkung ausgeschlossen.

Dieses anscheinend schlagende Argument wird allerdings im Einstellungsbescheid der Staatsanwaltschaft nicht mehr gebraucht, – vermutlich weil der Staatsanwalt Christ sich inzwischen mit den erst nach Auflösung des Untersuchungsausschusses vorliegenden Spurenauswerteberichten näher beschäftigt hat.

Die im Untersuchungsbericht bezogene Position in dieser Frage scheint von den Gerichtsmedizinern zu stammen. Rauschke behauptet am 2. November 1977 vor dem Untersuchungsausschuß, „daß rechts neben dem Schädel von Raspe praktisch kein Raum gegeben war, in dem sich etwa eine andere Person hätte aufhalten können."[124]

Wenig später heißt es sogar in Rauschkes Aussage: „Zwischen der rechten Hand und der Außenmauer war kein Platz, weil die Schaumgummimatratze nach meiner Erinnerung ganz an der Wand lag oder fast ganz."[125]

Diese Darstellung ist im Untersuchungsbericht allerdings schon abgeschwächt. Denn dort ist von einem Dreieck die Rede, das vom Bett Raspes und den *beiden* Außenwänden der Zelle gebildet wird. Mit anderen Worten, hier ist der fünfeckige Grundriß der Zelle berücksichtigt, der Rauschke gar nicht aufgefallen zu sein scheint. Denn er sagt vor dem Ausschuß über die Zelle: „Das Zimmer hat einen rechteckigen Grundriß. Man betritt die Zelle durch eine Tür. An der gegenüberliegenden Schmalwand befand sich die Liege . . ."[126]

Diese „gegenüberliegende Schmalwand" sind vielmehr die zwei Außenwände der Zelle, die einen Winkel von 90 Grad und mit der querstehenden Liege, wie im Untersuchungsbericht, ein rechtwinkliges Dreieck bilden, dessen rechter Basiswinkel ein spitzer Winkel ist. Dort befindet sich auch das Kopfende von Raspes Liege, und so erklärt sich auch die Darstellung des Untersuchungsberichts.

Korrekt ist die Angabe von Prof. Hartmann, die sowohl Rauschkes Darstellung als auch dem Untersuchungsbericht widerspricht:

„Ein Mensch, der diesen Schuß dem auf dem Bett sitzenden Raspe beibringen will, muß hinter dem Bett stehen, zwischen Bett und Wand. Und dieser Platz ist außerordentlich beschränkt."[127]

Das ist zwar wahr, aber es geht uns um die von Rauschke stammende Behauptung des Untersuchungsberichts, daß sich in diesem beschränkten Raum „keine andere Person" hätte aufhalten können.

Berücksichtigt man nämlich die vermutliche Liegenbreite, den Abstand der Liege von der Basis des durch die Außenwände und die Verbindung ihrer Endpunkte gebildeten Dreiecks und den Abstand von 40 cm von der Kopfwand, so kommt man zu dem Ergebnis, daß zwischen dem Schädel Jan-Carl Raspes, wenn er in der Mitte der Liege sitzt oder liegt, und der rechten Außenwand nicht „praktisch kein Raum", sondern ca. 65 – 70 cm (je nach Liegenbreite von 90 oder 100 cm) liegen und die rechte Liegenkante auf der von der kriminaltechnischen Untersuchung angegebenen Schußhöhe ca. 20 cm von der rechten Außenwand entfernt ist. Es steht also zwar ein beschränkter, aber dennoch völlig ausreichender Raum für eine zweite Person zur Verfügung, um Raspe eine Pistole an die rechte Schläfe zu setzen und sie abzufeuern. Das scheint auch dem Staatsanwalt Christ aufgegangen zu sein, der darum von jenem Argument schweigt.

d) Die Pistole in der Hand?

In jedem Lehrbuch der Rechtsmedizin steht zu lesen, daß die Pistole in der Hand eines durch Kopfschuß Erschossenen ein Indiz für seine Ermordung und nicht für Selbstmord ist. Denn die schwere Gehirnverletzung, etwa bei einem Schläfendurchschuß, und der Rückstoß der Faustfeuerwaffe, vor allem bei einem relativ großen Kaliber wie 9 mm, lassen in aller Regel die Pistole aus der Hand des Opfers fallen, wenn es sich den Kopfschuß selbst beigebracht hat. Man findet dann die Waffe neben dem Körper des Erschossenen. Dagegen wird zur Vortäuschung eines Selbstmordes dem Ermordeten die Waffe gelegentlich in die Hand gelegt.

Diese gerichtsmedizinische Binsenweisheit ist wohl der Grund dafür, daß in der Einstellungsverfügung des Todesermittlungsverfahrens über die Auffindung Jan-Carl Raspes am Morgen des 18. Oktober 1977 zu lesen steht: „Neben seiner rechten Hand lag eine Pistole."[128] Denn eine in der Hand liegende Pistole hätte wohl zu leicht die Assoziation „Mord" ausgelöst.

Im Untersuchungsbericht des Landtages Baden-Württemberg heißt es noch: „Die genaue Lage der Pistole ist ungeklärt."[129] Dabei ist aber unzweifelhaft, daß sich die Pistole rechts neben dem rechten Oberschenkel von Jan-Carl Raspe befand und die Unklarheit betrifft nur die Frage, ob sie *unter* der rechten Hand auf der Matratze oder *auf* seiner rechten Hand gelegen hat, wie ein Beamter (Listner) vor dem Ausschuß angab.

Vergleicht man alle vor dem Ausschuß gemachten Zeugenaussagen, so muß man zu dem Schluß kommen, daß Listners Aussage auf einem Versprecher beruht und im übrigen für die Frage, ob die Pistole in oder neben Raspes rechter Hand lag, ganz irrelevant ist. Denn Listner sagt zweimal deutlich, daß die Pistole in Raspes Hand lag[130].

Schon am 18. 10. 1977 haben sich bei der polizeilichen Vernehmung fünf Beamte zur Lage der Pistole geäußert. Die Pistole ist beim ersten Öffnen der Zelle durch Stoll und Stapf nach deren Aussage vor dem Untersuchungsausschuß nicht gesehen worden, da diese die Zelle von Raspe dabei nicht betreten, sondern nur von der Tür aus hineinsehen[131], von wo aus die etwa vier Meter entfernt hinter dem rechten Bein des Schwerverletzten liegende Pistole offenbar nicht sichtbar war.[132]

Dennoch gibt Stoll bei seiner polizeilichen Vernehmung am 18.10. als einziger der fünf Beamten an: „Ich hatte den Eindruck, daß Raspe noch atmete. Neben der rechten Hand lag auf der Matratze eine Pistole."[134]

Nach der Formulierung dieser Aussage müßte er diese Beobachtung schon beim ersten Öffnen der Zelle von der Tür aus selbst gemacht haben, – obwohl Stoll das nicht ausdrücklich sagt –, bevor die Sanitäter Listner und Jost die Zelle nach der zweiten Öffnung betreten. Das widerspricht aber seiner Äußerung vor dem Untersuchungsausschuß. Auf die Frage Schielers: „Haben Sie beim ersten Betreten der Zelle die Waffe gesehen?" antwortet Stoll: „Nein, die habe ich nicht gesehen."

Und wenig später antwortet derselbe Zeuge auf die Frage Schielers, „wo die Waffe gelegen hat, bevor man sie wegnahm..." sogar mit: „Das weiß ich nicht."[134]

Diese widersprüchlichen Angaben stammen von dem einzigen Zeugen, der die Version der Staatsanwaltschaft, die Waffe habe neben der rechten Hand Jan-Carl Raspes gelegen, bestätigt.

Sieht man sich die Aussagen der übrigen vier Zeugen an, so gibt es bei der polizeilichen Vernehmung eine Aussage, die beide Versionen enthält und eine, die diese Frage offen läßt.

Die erste Aussage stammt von dem Sanitätsbeamten Jost: „Dagegen kann ich mich noch genau an eine Schußwaffe (Handfeuerwaffe) erinnern, die Raspe in der Hand gehabt hatte..." Trotz dieser genauen Erinnerung fährt der Zeuge fort: „...es kann aber auch sein, daß die Handfeuerwaffe nur in der Nähe von Raspes Hand auf der Matratze gelegen war."[135] Die zweite Version ist für Jost offenbar die unwahrscheinlichere. Dennoch läßt sich durch diese Aussage ebensowenig etwas über die Lage der Pistole entscheiden wie durch die von Münzing, der offenbar bewußt eine genauere Angabe vermeidet und nur sagt: „Neben ihm (Raspe, der Verf.) rechts auf dem Bett lag eine Pistole..."[136]

Vor dem Ausschuß hat Jost dann ausgesagt: „Die Hand (Raspes, der Verf.) war nicht geschlossen. Meiner Ansicht nach lag die Waffe noch zur Hälfte in der Hand. Ob er sie umkrampft hatte oder sonstwie hielt, weiß ich nicht mit Sicherheit."[137]

Jetzt sieht es so aus, als ob das frühere „in der Nähe" nur so viel bedeuten soll wie „noch zur Hälfte", wobei zu bedenken ist, daß man auch eine liegende Waffe in der Regel nur an einem Teil, dem Griff, umfaßt hält.

Münzing dagegen behält seine Zurückhaltung vor dem Ausschuß bei, indem er sagt: „Ich kann nur sagen, daß sie (die Pistole, der Verf.) rechts neben ihm auf dem Bett war (...)."[138]

Die beiden verbleibenden Aussagen vor der Kriminalpolizei sind dagegen eindeutig. Der Sanitätsbeamte Listner, der beim zweiten Öffnen als erster die Zelle betrat, sagt aus: „...da sich in der rechten Hand des Verletzten eine Schußwaffe befand... Die Waffe war nicht fest umschlossen, sondern lag lediglich im Bereich der rechten Hand, die wiederum auf der Matratze neben dem rechten Oberschenkel lag..."[139] Die Worte „im Bereich der rechten Hand, die wiederum auf der Matratze ... lag" sollen wohl das „in der rechten Hand" des vorher zitierten Satzes erläutern, und zwar im selben Sinne, wie es in der Aussage von Götz geschieht: die Waffe lag in dem Sinne „in" der Hand, daß diese mit halbgeschlossenen Fingern um die Waffe bzw. deren Griff herum auf der Matratze lag.

Vor dem Untersuchungsausschuß hat Listner ausgesagt: „Dann wurde festgestellt – das habe ich gesehen – daß in der rechten Hand des Raspe eine Pistole, eine Schußwaffe gelegen ist." Schieler: „An der rechten Hand?" Diese Frage zielt offenbar in die Richtung der Version der Staatsanwaltschaft. Aber Listner antwortet: „In der rechten Hand." Schieler: „Hatte er die Waffe noch in der Hand?" Listner: „Die Hand war offen. Die Waffe lag auf der Hand."[140]

Derjenige Zeuge, dessen Aussage in dieser Frage am glaubwürdigsten ist, weil er die Waffe nicht nur selbst gesehen, sondern auch angefaßt und weggenommen hat, ist Götz, der vor der Kriminalpolizei aussagt:

„Die rechte Hand, die eine Pistole umfaßte, lag neben dem rechten Oberschenkel auf dem Bett auf. Der Handrücken zeigte nach oben. Die Hand umfaßte den Griff der Pistole. Der Lauf zeigte zum Oberschenkel hin. Da Raspe noch atmete, nahm ich ihm sofort die Pistole aus seiner Hand."[141]

Vor dem Ausschuß hat Götz seine Angaben auf Befragen noch präzisiert. Schieler: „Hat Herr Raspe die Pistole in der Hand gehabt?" Götz: „Ja, hat er – der Handrücken lag noch oben auf dem Bett neben ihm, so

etwa (er zeigt es). Am Abzug war kein Finger mehr...
sondern die (Pistole, der Verf.) lag mehr oder weniger
lose in der geschlossenen Hand." (...) Schieler: „Raspe
hatte also die Pistole nach Ihrer Erinnerung praktisch in
der geschlossenen Hand?" Götz: „Ja, nicht fest, denn
ich konnte sie ganz leicht aus der Hand nehmen."[142]
Und etwas später sagt Götz: „...Beim Herausziehen fiel
die Hand dann etwas zur Seite." (...) Schieler: „Wie
haben Sie denn die Pistole angefaßt?" Götz: „Mit dem
Taschentuch." Schieler: „Am Lauf vorne?" Götz: „Ja,
der war frei."

Man kann daran zweifeln, daß die Frage, ob die
Pistole in oder neben der rechten Hand Raspes lag,
wirklich entscheidend ist für die Alternative Mord oder
Selbstmord. Denn zwar sollte man nach aller Wahrscheinlichkeit erwarten, daß die 9mm-Pistole nach dem
Schuß Raspe aus der Hand und auf den Boden rechts
neben die Matratze gefallen wäre, wenn er sich selbst
erschosssen hätte.

Aber man kann auch nicht völlig ausschließen, daß
sie bei einem selbstmörderischen Schuß irgendwie
neben ihm auf der Matratze zu liegen gekommen wäre
und daß die rechte Hand Raspes nicht, wie man eigentlich annehmen müßte, kraftlos von der Schläfenhöhe
nach unten fallen, sondern dann zufällig auf dem Griff
der jetzt neben seinem rechten Oberschenkel liegenden Pistole ruhen würde.

Woran man aber nach Prüfung und Vergleich aller
Zeugenaussagen nicht zweifeln kann, das ist, daß
weder die Lage der Pistole im Verhältnis zur rechten
Hand „ungeklärt" ist, noch daran, daß die Behauptung
der Staatsanwaltschaft falsch ist, nach welcher die
Pistole „neben" der rechten Hand lag.

Unter den sechs erst nach Abschluß der staatsanwaltlichen Ermittlungen fertiggestellter Gutachten findet
sich auch eines vom 20. Juni 1978, in dem nach dem
Spurensicherungsbericht[143] durch das BKA die Schuß-

entfernung zwischen Waffenmündung und Geschoßeinschlag in der Seitenwand von Jan-Carl Raspes Regal
festgestellt werden sollte, das aber dem Dr. Hoffmann
nur dazu diente, festzustellen: „Das Fehlen von Pulverschmauchspuren (am Geschoß, der Verf.) läßt sich
durch eine Abfilterung des Pulverschmauchs durch ein
in der Schußlinie befindliches Objekt erklären und steht
im Einklang mit der Annahme, daß der Schuß, der die
Regalseitenwand traf, zuvor durch den Kopf des Raspe
gegangen ist."[144]

Daß es, trotz Ankündigung[145] keine „abschließende
Stellungnahme" der beiden verantwortlichen Gerichtsmediziner gibt, in der die Ergebnisse der Rekonstruktio-
nen vom 19. Oktober 1977 und der kriminaltechnischen
Untersuchung verarbeitet wurden, ist schon mehrfach
erwähnt worden. Der Geist, in dem die Untersuchungen
geführt wurden, ist aus einer bedauernden Bemerkung
Prof. Hartmanns erkennbar, in der er über die vergebli-
che Suche nach den für den Selbstmord im Regelfalle
beweisenden Blutspuren an den Händen Raspes
spricht:

„Schön wäre es gewesen, wenn wir es für den Beweis
der Selbsthandlung gefunden hätten..."[146]

Aber weder diese Blutspritzer noch andere Beweise
für Selbstmord wurden gefunden.

6. Die Waffentheorie

a) Die Herkunft der Waffen

Dem Untersuchungsbericht zufolge sind die „Feststellungen" des Untersuchungsausschusses zur Herkunft
der Tatwaffen neben den Gutachten der Gerichtsmediziner die zweite Säule der offiziellen Selbstmordversion.[147] Da die Kriminalpolizei behauptet, nachweisen
zu können, daß die neben Jan-Carl Raspe aufgefundene Waffe HK 4 teils von Christian Klar, teils von einem

Mitglied der sogenannten „Haag-Mayer-Bande" gekauft wurde und die in Zelle 723 aufgefundene dritte Waffe, die allerdings keine Tatwaffe ist, von Clemens Wagner gekauft wurde, glaubt der Untersuchungsausschuß daraus Schlüsse ziehen zu dürfen:

„Der Schluß, daß auch die neben Baader aufgefundene Pistole von Terroristen beschafft wurde, liegt daher nahe."[148]

Dieser naheliegende Schluß ist natürlich alles andere als zwingend. Denn selbst wenn bewiesen wäre, daß Klar, Wagner und jener unbekannte Dritte jene Waffenkäufe getätigt hätten, wäre damit nicht bewiesen, daß sie die Waffen für die Gefangenen des 7. Stocks „beschafft" haben, seien dies nun zwei oder drei Handfeuerwaffen. Und selbst wenn erwiesen wäre, daß jene drei Waffen durch „Terroristenkreise" in den 7. Stock gelangt wären, wäre damit keineswegs bewiesen, daß zwei dieser Waffen den Gefangenen am 18. Oktober 1977 als Selbstmordinstrumente gedient haben.

Genauso wenig überzeugend ist der konfuse Schluß, den Staatsanwalt Christ aus der angeblichen Tatsache zieht, daß die genannten „Terroristen" zwei oder drei Waffen gekauft und Gefangene des 7. Stocks sie alle drei in ihren Zellen versteckt haben:

„Die von Baader und Raspe zur Selbsttötung benutzten Pistolen standen demnach in der Verfügungsgewalt der terroristischen Gefangenen, also nicht dritter Personen."[149]

Hier wird aus der nicht bewiesenen Tatsache der Waffenverstecke geschlossen, daß nur die beiden Toten aus den Zellen 716 und 719 Zugang zu diesen Waffen hatten und sich damit selbst töteten.

Dabei wird aus den Verhandlungen des Untersuchungsausschusses hinreichend klar, daß die Gefangenen weder Einfluß darauf hatten, in welche Zelle sie verlegt würden, noch wann und wie lange sie ihre Plattenspieler behielten, von denen einer als Waffenversteck für die FEG gedient haben soll.

Somit standen die beiden Tatwaffen, selbst dann, wenn sie im 7. Stock vor dem 18. Oktober vorhanden gewesen sein sollten, den beiden Gefangenen nur dann zur Verfügung, wenn sie durch die Anstaltsleitung oder sonstige Staatsdiener dazu in die Lage versetzt wurden.

Sowohl die angeblichen Waffenverstecke mit und ohne Inhalt, als auch Sprengstoff mit und ohne Zünder wurden schließlich nur in Zellen gefunden, die die Gefangenen Wochen oder gar Monate lang nicht betreten konnten. Da aber weder die Verstecke im 7. Stock, noch der Zeuge, der dafür gesorgt haben soll, daß Waffen und Sprengstoff in den 7. Stock gelangt sind, für eine unabhängige Untersuchung zur Verfügung stehen und da die als Waffen- und Sprengstofftransporteure angeklagten Rechtsanwälte Müller und Newerla durch einen Kronzeugen beschuldigt worden sind und dieser Taten nicht wirklich überführt sind, müssen wir von den genannten angeblichen Beweismitteln absehen und einen anderen Weg einschlagen.

b) Der „nichtdurchsuchte" Plattenspieler

Vor der Pistole FEG, die der Zeuge Volker Speitel für die Gefangenen des 7. Stocks besorgt haben will, gibt die Kriminalpolizei keinen Verkaufsweg an. Der Zeuge Speitel hat sich geweigert, diejenigen zu nennen, von denen er sie erhalten haben will, und wegen des Fehlens einer Herstellerbezeichnung, was auf illegale Einfuhr der Waffe hinweist, und der Unkenntlichmachung der Waffennummer ist es unmöglich, den Verkaufsweg der Waffe zu rekonstruieren.

Es bleibt darum nur der Ausweg, nachzuprüfen, ob Andreas Baader diese Waffe am 18. Oktober überhaupt zur Verfügung gehabt haben kann.

Die Antwort, die darauf gegeben wurde, ist zweifach.

Einerseits soll sich die Waffe in einem Wandversteck der Zelle 715 befunden haben, in die Andreas Baader gegen seinen Willen am 13. September 1977 verlegt wurde.

Andererseits soll sich die Waffe schon am 5./6. September in Baaders Plattenspieler befunden haben, der in diesem Zeitraum dem Vollzugsbeamten Bubeck zufolge und nach Angaben des Justizministeriums (Engler-Brief) zweimal von Beamten des LKA Baden-Württemberg durchsucht wurde.[150]

Obwohl die Frage, ob der Plattenspieler durchsucht wurde, nach dem Untersuchungsbericht „nicht zweifelsfrei geklärt" ist,[151] geht der Untersuchungsausschuß davon aus, daß sich in diesem Plattenspieler „zu diesem Zeitpunkt (6.9.77) mutmaßlich die am 18. Oktober 1977 in der Zelle Baaders aufgefundene Pistole befand".[152] Da Andreas Baader der Plattenspieler nach dem 6.9. für zwei Wochen abgenommen wurde, und er ihn erst in der Zelle 715 wieder erhielt, müssen die Ermittler annehmen, daß er die Pistole zumindest nach seiner Rückverlegung am 4. Oktober in Zelle 719, in der er am 18. Oktober tot aufgefunden wurde, im Plattenspieler verborgen hielt. Denn bei den täglichen Kontrollen während der Kontaktsperre hätte die Pistole wohl gefunden werden müssen, wenn sie nicht in dem dann nicht mehr kontrollierten Plattenspieler versteckt gewesen wäre.

Andererseits bedeutet die zitierte Annahme, daß Andreas Baaders Plattenspieler am 5./6.9. entgegen den Angaben des Justizministeriums nicht kontrolliert und mitsamt der Waffe am 23. September wieder an Baader zurückgegeben wurde, wodurch sich allerdings die Annahme des Untersuchungsausschusses, es gebe in Zelle 715 ein Waffenversteck, erübrigt.

Umgekehrt wäre die für die Selbstmordhypothese unverzichtbare Hilfshypothese möglicherweise sofort erledigt, wenn der Mann (oder jedenfalls einer der Männer) vor dem Untersuchungsausschuß befragt worden wäre, der für diese Durchsuchung am 5./6. September zuständig war. Hätte dieser allerdings ausgesagt, daß er diese Durchsuchung auch wirklich vorgenommen hat, so wäre die Selbstmordthese zusammengebrochen. Denn angesichts des Fehlens jedes Wandverstekkes in der Todeszelle 719 bleibt keine andere überzeugende Versteckmöglichkeit.

Hätte der Verantwortliche allerdings ausgesagt, daß er den Plattenspieler nicht durchsucht hat, so hätte die Selbstmordthese zwar weiter bestehen können, es wäre aber die Frage laut geworden, warum bei dieser gründlichen Durchsuchung der Zellen nach Schriftstücken, bei der von einem Durchsuchungsbeamten auch der Vorschlag gemacht wurde, die vorhandenen Eier aufzuschlagen, um dort nach Schriftstücken zu suchen,[153] ein so großes und für Schriftstücke und andere Gegenstände geeignetes Versteck, wie der Plattenspieler, nicht durchsucht wurde, obwohl sowohl der Leiter der Durchsuchungsaktion, OStA Widera, als auch der Einsatzleiter der Polizei, KHK Ring, darin einig waren, daß der Plattenspieler durchsucht würde.

Die verantwortlichen Polizeibeamten sind nach einem Aktenvermerk vom 6.9.77 KK Schmidt und der KHM Rainer Pohl Edler von Elbwehr vom LKA sowie der KHM Röck von der LPD Stuttgart II. Innerhalb der Zelle 719 hatte Pohl von Elbwehr „den Bereich rechts vom Eingang, in dem sich das Bett, Bücher auf dem Boden sowie ein Schallplattenreg (unleserlich) befanden" zu durchsuchen.[154] Es ist demnach völlig unverständlich, warum dieser Beamte vor dem Untersuchungsausschuß nicht befragt wurde, ob er Andreas Baaders Plattenspieler am 5./6.9. durchsuchte, wenn der Ausschuß an der Aufklärung der Todesfälle interessiert war.

Bei seiner Vernehmung vor der Staatsanwaltschaft am 20. Oktober wurde dieser Beamte nach der vorliegenden Vernehmungsniederschrift nicht danach befragt, ob er den Plattenspieler durchsucht hat. Da zu diesem Zeitpunkt die Version, der Plattenspieler sei Andreas Baaders Waffenversteck, noch nicht bestand, ist das nicht weiter auffällig.

Pohl von Elbwehr will aber am 5./6.9. auch ein Radiogerät in Baaders Zelle sichergestellt und der Anstaltsleitung übergeben haben. Da die Radiogeräte der Gefangenen zu diesem Zeitpunkt schon aus den Zellen entfernt waren, hätte dieses Radio im Durchsuchungsbericht genannt werden müssen, was aber nicht der Fall ist.

Auch die Frage, wieso dies nicht geschah, wurde vom Untersuchungsausschuß dem verantwortlichen Einsatzleiter, dem KHK Ring vom LKA, nicht gestellt und ebensowenig seinem Stellvertreter, KK Schmidt vom LKA, der die Durchsuchungsberichte zu fertigen hatte.

Ring erwähnt in seiner Vernehmung vom 20. Oktober auch den Plattenspieler von Andreas Baader und behauptet, er habe ihn der Anstaltsleitung mit der Bitte übergeben, seine Überprüfung zu veranlassen.[155] Hier hätte Ring das Gewicht des Plattenspielers auffallen müssen. Er ist relativ leicht, mit Pistole wäre er unverhältnismäßig schwer gewesen. Die Unklarheit hinsichtlich der Frage, ob Andreas Baaders Plattenspieler am 5./6.9. durchsucht wurde, hätte also durch eine Befragung der Zeugen Pohl von Elbwehr, Ring, Röck und Schmidt beseitigt werden können. Warum ist sie nicht erfolgt?

Noch am 14. November 1977 führen Schieler und der die Untersuchung der Polizei führende Kriminaloberrat Textor vom LKA Baden-Württemberg folgenden Dialog im Untersuchungsausschuß:

Schieler: „ . . .Eine Waffe war ja mutmaßlich in einem Plattenspieler versteckt, ich sage mutmaßlich. Haben Sie dieses Versteck auch gesehen?"

Textor: „Gesehen, ja. Das ist also auch nur eine hypothetische Annahme."[156]

Aber diese hypothetische Annahme wird im Laufe der Zeit zum Faktum. Und in der Tat sieht man nicht, wie die staatliche Selbstmordversion ohne diese Annahme bestehen könnte.

213

c) Eine Prophezeiung des BKA

Wir wissen bisher nicht, wie die zweite Tatwaffe, die HK 4, in Jan-Carl Raspes Hand geriet. Da die Waffe einen auswechselbaren Lauf hat, ist die Frage nach ihrer Herkunft zweimal zu stellen.

Beide Fragen glaubt die Kriminalpolizei beantworten zu können. Das ist in beiden Fällen nicht überzeugend, im Falle der Waffe selbst aber ist der Nachweis ihrer Identität mit einer von Christian Klar am 27. Oktober 1976 in Aosta/Italien gekauften Waffe sogar unmöglich. Die Nummer der Waffe war bei ihrer Auffindung überschlagen bzw. spanabhebend entfernt. Genauer gesagt geschahen die Bearbeitungen zur Unkenntlichmachung der Waffennummer an zwei Stellen. An diesen zwei Stellen ist heute das Metall der Waffe durch weitere Bearbeitung von Seiten des BKA entfernt und verätzt. Es wird also auch in Zukunft unmöglich sein, die werkseitig angebrachte Waffennummer festzustellen und die überschlagene Waffennummer nach Art und Größe zu identifizieren.

Der Zeuge Speitel hat behauptet, die Waffennummer mit Schlagstempeln überschlagen zu haben, die in einem Depot bei Stuttgart nach seinen Angaben gefunden wurden. Da aber die Stellen der Waffe, wo sich die Überschlagungen befunden haben sollen, vernichtet sind, läßt sich durch Vergleich mit den aufgefundenen Schlagstempeln diese Behauptung weder bestätigen noch widerlegen.

Immerhin ist es bemerkenswert, daß das BKA bisher nicht behauptet hat, die ehemals vorhandenen Überschlagungen stimmten mit den aufgefundenen Schlagstempeln überein.

Die Behauptung, daß die bei Jan-Carl Raspe vorgefundene Waffe identisch ist mit der von Christian Klar am 27. Oktober 1976 gekauften, kann sich also nicht auf Identität der Waffennummer stützen.

Jede HK 4 ist dazu geeignet, vier passende Läufe zu

tragen, also auch den in der Waffe vorgefundenen Lauf des Kalibers 9 mm kurz. Die Nummer dieses Laufs stimmt überein mit der Nummer eines am 2.11.1976 von einem Großhändler an eine Basler Waffenhandlung gelieferten 9 mm K Austauschlaufs, der am 10.11.1976 an einen Mann verkauft worden sein soll.

Dieser Mann kaufte am selben Tag noch eine andere Waffe, die bei der Festnahme von Siegfried Haag und Roland Mayer am 30.11.1976 in deren PKW gefunden worden sein soll. Der Verkäufer dieser zweiten Waffe bestreitet, daß der Käufer am 10.11.76 einen Austauschlauf kaufte, ein anderer Verkäufer behauptet dies aber. Der Widerspruch zwischen beiden Aussagen ist bisher unaufgelöst. Der Verkäufer, der den Lauf am 10.11.76 verkauft haben soll, bestreitet dies, obwohl er selbst eine Rechnung jenes Großhändlers beigebracht hat, auf der sich die Nummer des in Raspes Zelle gefundenen Laufs befindet. Der Verkäufer braucht von dieser Übereinstimmung nichts zu wissen, und auch nichts davon, welche Bedeutung die Identität der Laufnummern für die Polizei hat. Er geht davon aus, daß die Nummer auf der Verkaufsrechnung des Großhändlers zu einem anderen Lauf gehört, als es der ist, den er am 10.11.76 verkauft haben soll. Der Verkäufer bestreitet vielmehr, am 10.11.76 einen Lauf verkauft zu haben.

Das einzige Mittel, die bei Jan-Carl Raspe aufgefundene Pistole auf „Terroristenkreise" zurückführen zu können, ist der genannte Austauschlauf.

Nun ist es auffallend, daß die Nummer der Waffe an zwei Stellen so sorgfältig unkenntlich gemacht wurde, während sie an einer dritten Stelle, dem Lauf, sofort als Waffe mit nachweisbarem Verkaufswegs erkennbar wird. Wer immer die Waffennummer überschlagen hat, der mußte damit rechnen, daß der Waffenverkäufer über die Laufnummer bekannt werden würde. Die Überschlagung von zwei Nummern wird allerdings dann zu einem sinnlosen Akt, wenn die Verhinderung jeder Identifizierung beabsichtigt war. Nun findet sich aber die zur Identifizierung des Käufers geeignete Nummer an einem leicht und mit bloßen Händen auswechselbaren Teil der Gesamtwaffe. Man kann also schließen, daß derjenige, der von irgendeiner Pistole HK 4, deren Herkunft unbekannt bleiben mußte, beweisen wollte, daß sie von „Terroristenkreisen" gekauft worden sei, in die Waffe nur einen Teil einzusetzen brauchte, der seinerseits aus einem Kauf eines „Terroristen" stammte.

Ob und wann diese Manipulation stattgefunden hat, wissen wir nicht. Aber wir wissen, daß sie stattgefunden haben kann.

Wer immer von jener Laufnummer auf der Rechnung des Großhändlers jenes Basler Waffenhändlers und von dem Kauf am 10.11.1976 wußte, konnte, wenn er außerdem von dem Kauf Christian Klars in Aosta wußte, dafür sorgen, daß ein Lauf mit der bekannten Nummer in eine HK 4 eingebaut wurde. Beide Waffenteile waren für denjenigen als zusammengehörig zu betrachten, der sie beide mit Christian Klar in Verbindung bringen will. Das ist für den Waffenkörper durch den Kauf in Aosta entschieden, für den Lauf aber dadurch sehr nahegelegt, daß einer der beiden Basler Waffenverkäufer Christian Klar schon am 10.11.76 als Kunden seines Hauses erkannt haben will. Zwar gibt er an, Christian Klar sei nicht selbst Käufer jenes Laufs gewesen. Aber daß diese Verbindung dennoch vom BKA hergestellt wurde, geht aus dem Vermerk des BKA-Beamten Schelitzki vom 23. März 1977 hervor, in dem es heißt: „Am 27.10.1976 verkaufte ... Salval ... eine Pistole ‚Heckler und Koch' ... Nr. 19477 an Klar, Christian ... Am 10.11.1976 verkaufte die Fa. Mayer AG. ... ein Gewehr und ein Wechselsystem 9 mm kurz für die Pistole ‚Heckler und Koch', Modell 4 ... Zur Vervollständigung (der von Klar in Aosta gekauften Pistole – der Verf.) fehlte lediglich das System 9 mm kurz. Ein solches System wurde am 10.11.1976 ... in Basel erworben."[157]

Dieser Vermerk des BKA-Beamten Schelitzki faßt die

Erkenntnisse des BKA in dieser Angelegenheit zusammen. Diese Erkenntnis selbst und ihre Kombination dürften wesentlich älter sein als März 1977.

Von dem Kauf der HK 4 in Aosta konnte das BKA z. B. wissen, seit am 13.12.1976 in Wien ein Revolver sichergestellt wurde, der aus demselben Kauf stammen soll wie die HK 4, spätestens aber nachdem Christian Klar die beiden angeblich von ihm gekauften Waffen nicht über den ihm zur Auflage gemachten Grenzübergang ausführte, also seit dem 31.12.1976.

Von dem Kauf des Laufes in Basel hatte das BKA Kenntnis, seit nach der Festnahme von Haag und Mayer am 31.11.76 nach dem Käufer des bei ihnen angeblich gefundenen Gewehrs gefahndet wurde, also seit den ersten Tagen des Dezember 1976.

Nun sollen aber die zweite und dritte Waffe, d.h. die HK 4 und der Colt, nach den Aussagen von Volker Speitel nach Mitte Februar 1977 und vor Ende des RAF-Prozesses am 28. April 1977 in die Vollzugsanstalt transportiert worden sein. Zu dieser Zeit war dem BKA (und allen Sicherheitsbehörden) nach seinen eigenen Angaben der Kauf von Waffe und Lauf HK 4 längst bekannt.

Und jenes kleine Stück Metall, das die Verbindung zwischen der bei Jan-Carl Raspe gefundenen Waffe und den „Terroristen" herstellte, konnte mit seiner Nummer seit Anfang November 1976 von jedem Interessenten in jenem Baseler Waffengeschäft gekauft werden.

Es genügte aber zur Herstellung des genannten Zusammenhangs auch die Kenntnis der Nummer des Laufs in dem Geschäft, in dem Chriatian Klar Kunde gewesen sein soll. Jedenfalls hat der BKA-Beamte Schelitzki, anscheinend ohne Waffe und Lauf je gesehen zu haben, spätestens im März 1977 jene Zusammensetzung im Geiste vorweggenommen und schriftlich festgehalten, die seit dem 18. Oktober 1977 an der bei Jan-Carl Raspe aufgefundenen Waffe festgestellt wurde.

d) Die Wandlung eines Colt

Die letzte im 7. Stock der Vollzugsanstalt Stammheim aufgefundene Waffe ist ein Revolver Colt Detective Special. Das ist allerdings nicht einmal sicher. Denn als Generalbundesanwalt Rebmann am 12. Januar 1978 seine Pressekonferenz über die Geständnisse des Volker Speitel hält, wurde diese dritte Waffe am nächsten Tag von der „Süddeutschen Zeitung" auf Seite 1 als „Trommelrevolver des Typs Smith und Wesson" bezeichnet.

Nun könnte man hier an Unkenntnis und Sorglosigkeit eines Journalisten denken. Merkwürdigerweise findet sich aber eine solche Bezeichnung der Waffe auch in einem offiziellen Dokument, dem Untersuchungsbericht, der erst nach dem 20. Februar 1978 fertiggestellt wurde und also nicht Quelle für die „Süddeutsche Zeitung" gewesen sein kann. Dort heißt es in einem „Verzeichnis der Verstecke": „723 ... Pistole Smith und Wesson, vernickelt".[158]

In demselben amtlichen Dokument findet sich aber auch die Beschreibung der Waffe als verchromter Revolver der Marke Colt, ohne daß der Widerspruch beider Beschreibungen in allen drei angegebenen Waffenmerkmalen die Verfasser des Untersuchungsberichts zu stören scheint.

Es steht also nicht einmal fest, was angeblich am 18. Oktober 1977 in Zelle 723 gefunden wurde. Der Einfachheit halber gehen wir im folgenden davon aus, daß es ein Colt war.

Aber welcher Colt? Auch hier gibt es zwei Versionen. Einerseits weiß der BKA-Beamte Wittmann am 6.12.1977 zu berichten: „Durch chemotechnische Bearbeitung konnte die Nummer der Waffe F 41 530, die ursprünglich ausgeschlagen war, sichtbar gemacht werden."[159]

Nun konnte nach den Akten des Todesermittlungsverfahrens keine der Herstellernummern der drei gefundenen Waffen durch die Kriminalpolizei chemo-technisch oder sonstwie sichtbar gemacht werden. Auch zeigt der Revolver keinerlei Spuren einer chemo-technischen Bearbeitung, wie diejenigen versichern, die ihn gesehen haben. Von welchem Colt spricht also Wittmann, wenn er die Nummer F 41 530 angibt?

In einem Gutachten des BKA vom 12. Dezember 1977 heißt es dagegen: „Die Waffennummer wurde am Rahmen und am Kran spanabhebend und durch Unterschlagungen entfernt. Auf der Innenseite der Deckplatte wurde die Waffennummer nicht verändert."[160] Dasselbe hatte das BKA Wiesbaden schon am 29.11.77 an das BKA Bonn gemeldet.[161]

Nimmt man an, daß diese Darstellung korrekt ist, so hat man einen Parallelfall zur HK 4. Auch beim Colt ist die Waffennummer an zwei Stellen sorgfältig entfernt, während sie an der dritten Stelle völlig erhalten ist. Unter dem Gesichtspunkt der Verbergung des Waffenverkäufers handelt es sich auch hier bei der Bearbeitung der Waffe um einen sinnlosen Akt.

Daß aber auch hier eine Rückführung der Waffe auf ihren Käufer möglicherweise gar nicht verhindert werden sollte, folgt wiederum daraus, daß die Waffennummer sich an einem leicht auswechselbaren Waffenteil befindet. Man braucht nur zwei Schrauben mit einem Schraubenzieher zu lösen und kann dann die nicht mehr als fünfmarkgroße Deckplatte austauschen. Die Möglichkeit wird umso interessanter, als nach den Aussagen Speitels ein zweiter Revolver in einem Stuttgarter Depot vorhanden war, der dasselbe Kaliber wie der angeblich aus der Zelle 723 stammende Revolver hatte, aber, wie die Untersuchungen des BKA zeigte, nicht mit ihm identisch war.

Merkwürdig ist auch die Tatsache, daß nach einem Gutachten des BKA die auf dem Revolver noch vorhandene Überschlagung durch Schlagstempel nicht mit den von Speitel in einem Versteck aufgefundenen Schlagstempeln übereinstimmt.

Es stellt sich hiermit zum dritten Mal die Frage, welches die in Zelle 723 angeblich aufgefundene Waffe ist.

Die Beantwortung dieser Frage durch das BKA ist eindeutig. Der Revolver mit der angegebenen Nummer wurde nach seinen Ermittlungen von Clemens Wagner im Sommer 1975 bei einem Schweizer Waffensammler namens Philipp Müller gekauft.

Geht man dieser Auskunft nach, so findet man zahlreiche Widersprüche, deren geringste die sind, daß der Verkäufer die Waffe einmal mit vier und ein anderes Mal mit drei weiteren Waffen an Clemens Wagner verkauft haben will, daß der PKW Wagners einmal weinrot und einmal gelb gewesen sein soll, daß der Verkauf einmal im August und einmal im Juli stattgefunden haben soll. Vor allem aber werden von der Schweizer Polizei im Mai 1976 alternativ zwei Waffennummern für den Colt angegeben, obwohl eine davon vierstellig ist und also nicht in Frage kommt.

Im Februar 1978 zieht Müller dann jene Angabe, die wohl auch von ihm stammt, als irrtümlich zurück. Inzwischen hatte sich nämlich herausgestellt, daß die Nummer auf der Deckplatte des Revolvers aus dem 7. Stock und jene fünfstellige Nummer, die im Mai 1976 von der Schweizer Polizei genannt worden war, nicht übereinstimmten. Obwohl die Frage, welches die Nummer des von Müller bei einem Waffenhändler angeblich gekauften Revolvers war, durch Rückfrage bei diesem Verkäufer hätte beantwortet werden können, findet sich in den Akten des Todesermittlungsverfahrens keine Zeugenbefragung dieses Händlers. Dagegen gibt es genaue Angaben (Verkaufsdatum, Nummer des Lieferscheins) über den Verkauf eines Colt mit der genannten Nummer vom Großhändler an den Händler.

Mit anderen Worten, es ist bisher nicht aufgeklärt, wann Müller welche Waffe bei seinem Händler kaufte, an deren Nummer er sich dann später nicht mehr erinnern kann.

Dagegen steht fest, daß die Schweizerische Kriminalpolizei, auf ein Ersuchen des BKA hin, seit Mai 1976 von einem Colt und anderen Waffen wußte, die Wagner bei Müller gekauft haben soll, und dies ist nur möglich, wenn ein Händler befragt wurde, bei dem die Nummer einer der an Müller verkauften Waffen registriert ist.

Zwar muß dies nicht derselbe Händler sein, wie derjenige, der Müller einen Colt Revolver verkauft haben soll, aber es ist schwer vorzustellen, daß das BKA sich seit Mai 1976 mit jener Unsicherheit abgefunden haben soll, die ihm durch das Auftauchen von zwei alternativen Nummern für jenen Colt bekannt wurde. Schließlich handelte es sich um eine mögliche Tatwaffe für „Terroristen", an deren Verkaufsweg und den daran möglicherweise beteiligten Mittelsmännern das BKA seit Jahren ein gesteigertes Interesse nehmen mußte.

Also wird das BKA den ihm spätestens seit Mai 1976 bekannten Händler nach der Nummer und dem Kaufdatum des Colt, den er an Müller verkauft haben soll, gefragt haben bzw. ihn hat fragen lassen. Das heißt aber auch, daß dem BKA (und anderen Sicherheitsbehörden) etwa seit Mai 1976 die Nummer eines Colt bekannt sein mußte, die mit der seit November 1977 von der Kriminalpolizei genannten Waffennummer übereinstimmt.

Die auswechselbare Deckplatte, mit der seit fast einem Jahr bekannten Nummer der angeblich gefundenen Waffe ist hier wiederum jenes kleine Stück Metall, das beweisen soll, daß sie „höchstwahrscheinlich aus Terroristenkreisen" stammt.

Waffenbeschaffer Volker Speitel hat nach eigener Darstellung bereits lange vor seiner erwarteten „Festnahme" am 2. Oktober 1977 über Mittelsmänner der BRD-Sicherheitsbehörden, die gegen ihn wegen seiner Beteiligung an der Aktion gegen die deutsche Botschaft in Stockholm ermittelten, „wissen wollen, welche Chancen er habe, wenn er ... zurückkehre ...?"[162]

Dabei sei es unter anderem in Basel, Brüssel und in Frankfurt a. M. zu Kontaktaufnahmen und Gesprächen gekommen.[163]

Inzwischen hat der Verfassungsschutz Volker Speitels Interesse, Waffen und Sprengstoff „aus Terroristenkreisen" in den 7. Stock zu schmuggeln, längst für seine Ziele genutzt. Im Behördengewahrsam gibt Speitel sein Wissen preis.[164]

Am 4. Oktober 1977 wird Andreas Baader von Zelle 715 nach Zelle 719 und Jan-Carl Raspe von Zelle 718 auf Zelle 716 verlegt.

In der Abt. III beginnt eine immer verzweifelter werdende Suche nach den Waffen und dem Sprengstoff, die sich umso stürmischer entwickelt, je mehr die Justizverwaltung vom Vorhandensein dieser Gegenstände überzeugt ist. Aber selbst tägliche und gründliche Zellendurchsuchungen, bei denen ein Beamter vorschlägt, die vorhandenen Eier aufzuschlagen, um darin nach Hinweisen zu suchen, bleiben ergebnislos.

Hätten die Beamten der Justizverwaltung oder des LKA die Waffen in den Verstecken in den Fensterwänden der Zellen 715 und 716 bei ihren Durchsuchungen zu Beginn oder während der Kontaktsperre gefunden, dann hätte möglicherweise die Sache einen anderen Verlauf genommen, und die Häftlinge wären noch am Leben. So aber wird die Aussparung der beiden Zellen bei der Durchsuchungstätigkeit von der Bundesanwaltschaft organisiert (siehe Teil I).

Erst nach dem Tod der Häftlinge wird in Zelle 715, in der Andreas Baader bis zum 4. Oktober gewesen ist, ein Waffenversteck in der Fensterwand gefunden, und in Zelle 716, in die Jan-Carl Raspe nach dem 4. Oktober verlegt worden ist, kommt ebenfalls ein Waffenversteck in der Fensterwand zum Vorschein.[165]

Die Darstellung der Staatsanwaltschaft, die gefundenen Waffen stammten „höchstwahrscheinlich aus Terroristenkreisen", ist **also** nicht bewiesen.

Sämtliche Indizien weisen dagegen darauf hin, daß die „aus Terroristenkreisen" stammenden Waffen mit an Sicherheit grenzender Wahrscheinlichkeit unter den

Augen oder Händen der Geheimdienste in den 7. Stock gelangten. Verfassungsschutz und BND praktizierten bekanntlich seit März 1975 unkontrolliert im 7. Stock.[166]

7. Die „Gegensprechanlage"

Die Behauptung der Staatsanwaltschaft, den Häftlingen sei es gelungen, unter Verwendung des anstaltseigenen Stromnetzes und der in ihren Zellen verbliebenen elektrischen Geräte heimlich eine gut funktionierende Gegensprechanlage zwischen ihren Zellen aufzubauen und Raspe sei mittels Transistorradio in der Lage gewesen, seinen Mitgefangenen über die Befreiungsaktion in Mogadischu zu berichten, ist auch durch die Arbeit des Untersuchungsausschusses nicht bewiesen worden.

Weder aus den Ermittlungen der Staatsanwaltschaft noch aus dem Untersuchungsbericht ergibt sich, wer nach dem Tod der Häftlinge in Raspes Zelle 716 „ein betriebsbereites batteriebetriebenes Transistorradio entdeckt" hat. Der unbekannte Entdecker will das auf das „1. Programm der Süddeutschen Rundfunks" eingestellte Radio in einer Zelle entdeckt haben, die während der Kontaktsperre täglich erfolglos durchsucht worden ist.[167]

Bemerkenswert ist ferner die Feststellung, die Häftlinge hätten zum Zwecke der Herstellung eines „fernmeldetechnischen Kommunikationssystems"[168] von Zelle 718 oder 719 „eine Kabelverbindung zwischen dem anstaltseigenen Rundfunknetz und einem weiteren Netz hergestellt".[169]

Das ist offensichtlich selbst dem von der Staatsanwaltschaft bestellten Gutachter der Oberpostdirektion Stuttgart, Dipl.-Ing. Otto Bohner, nicht nachvollziehbar gewesen.

In seinem Gutachten heißt es: „Abgesehen von den beschriebenen Rundfunk- und Stromleitungen, die aus dem Bereich der Räume 715 bis 726 herausführen, konnten keine *von den Zellen aus* erreichbare Drahtverbindungen festgestellt werden."[170]

Dieser Sachverständige macht interessante Beobachtungen. In Baaders Zelle 719 findet er „einige Meter vieradriges Diodenkabel" vor, und in Gudrun Ensslins Zelle 720 überraschen ihn weitere 3 m lange Diodenkabel. In der Zelle Irmgard Möllers mißt er insgesamt 5,50 m an vorgefundenem Kabel ab. Der Entdecker dieser Kabelfunde ist unbekannt.

Die strengen Eingangskontrollen in der Vollzugsanstalt gegenüber Verteidigern und Privatbesuchern schließen einen Kabeltransport von etwa 10 m in den 7. Stock aus. Daß sogar rund 10 m Diodenkabel unbemerkt vor täglichen Zellenkontrollen versteckt werden konnten, ist unglaubhaft.

Als abwegig erscheint auch die Feststellung, die Häftlinge hätten im Umschlußraum vor den Zellen von 716 bis 718 weitere ca. 6 m Kupferkabel verlegt.

Der Transport dieser ca. 6 m Kupferkabel durch Verteidiger oder Privatbesucher durch die Kontrollschleuse der Vollzugsanstalt in den 7. Stock ist ausgeschlossen.

Ferner ist unter der optischen Überwachung durch Vollzugsorgane während des Aufenthalts der Häftlinge im Umschlußraum vom Wachraum (Glaskabine) aus, ausgeschlossen, unbemerkt Verkabelungsarbeiten auszuführen. Zudem macht der Betonfußboden solche handwerklichen Tätigkeiten ohne Bohrwerkzeuge unmöglich.

Dipl.-Ing. Bohner: „... nicht zu überwindende Schwierigkeiten, das Kabel vom Flur in die Zellen zu führen..."[171]

Warum sollten die Häftlinge bei nicht zu überwindenden Schwierigkeiten, das Kabel vom Flur in die Zellen zu führen, dann erst mit der Flurverkabelung begonnen haben?

Da die Häftlinge außerdem weder über Kenntnisse, Fähigkeiten oder Fertigkeiten in Elektrotechnik noch über ein Lötgerät verfügten,[172] wäre aufzuklären, wer nach dem Tod der Häftlinge rund 16 m Dioden- oder Kupferkabel trotz bestehender Kontaktsperre in die Zellen und den Flur verbracht hat.

Da Irmgard Möller die Möglichkeit hatte, sich mittels Ohrhörer am Anstaltsfunk zu beteiligen,[173] was mit ihren eigenen Angaben übereinstimmt, und sich die Häftlinge durch Zurufe von Zelle zu Zelle verständigten, wäre die Einrichtung eines „fernmeldetechnischen Kommunikationssystems" überflüssig gewesen.

Aber selbst dann, wenn ihnen jemand bei der Produktion eines „fernmeldetechnischen Kommunikationssystems" geholfen hätte, es wäre nur „eine Verständigung bei dieser Anordnung durch Klopfen oder Kratzen an der Hörmuschel möglich" gewesen.[174]

Damit scheidet das „fernmeldetechnische Kommunikationssystem" oder die „gut funktionierende Gegensprechanlage" zur Anwendung als Mittel der Nachrichtenübertragung aus.

Die behauptete Selbsttötungsverabredung ist dadurch widerlegt.

TEIL IV

1977–1988

WIE DIE ERMITTLUNGEN VERSCHLEPPT WERDEN

ODER

DIE WAHRHEIT IST IMMER KONKRET

1. Die Einstellungsbegründung und die Aktenlage

Gegen die Einstellungsverfügung der Staatsanwaltschaft Stuttgart im Todesermittlungsverfahren legt die Mutter von Jan-Carl Raspe Beschwerde ein. Bemängelt wird, daß die Staatsanwaltschaft im Hinblick auf eine Tatbeteiligung Dritter nicht ermittelt habe.

Die Ermittlungsorgane hatten weder den Bekundungen der überlebenden Zeugin Irmgard Möller Glauben geschenkt noch solche politischen Spitzenkräfte aus dem Krisenstab vernommen, wie jene in Person des baden-württembergischen Ministerpräsidenten Filbinger, der unmißverständlich erklärt hatte, daß „diese Kriminellen ... im Interesse unserer Gesellschaft rasch unschädlich gemacht werden" müßten.[1] Im Zusammenhang mit der Tatsache, daß eine Gruppe hoher Beamter einen Plan durchgespielt hatte, wonach Häftlinge exekutiert werden sollten,[2] ist die Nichteinvernahme dieser Zeugen durch die Staatsanwaltschaft ein Beweis, daß einseitig ermittelt wurde.

In der Ablehnungsbegründung zur Beschwerde heißt es, die Ermittlungen hätten sich auch auf die Frage erstreckt, ob eine strafrechtlich relevante Beteiligung Dritter am Tod von Jan-Carl Raspe in Betracht komme (was im Widerspruch zu KOR Textors Erklärung gegenüber dem „Stern" steht, er habe keine über Selbstmord hinausgehenden Ermittlungsaufträge bekommen).[3] Nach Ausschöpfung aller Erkenntnismöglichkeiten sei die Staatsanwaltschaft aber zu dem Ergebnis gekommen, daß das auszuschließen sei.

Fünf Monate nach der Einstellung des Todesermittlungsverfahrens sagt die Staatsanwaltschaft für Ende 1978 Akteneinsicht zu. Aber, wie das baden-württembergische Justizleben so spielt, zum vereinbarten Abholungstermin sind die zuständigen Justizbeamten unerreichbar und nur die unzuständigen im Hause.

Die Staatsanwaltschaft erneuert ihre Zusage für Januar 1979, wobei sie nur Akteneinsicht in ihren Räumen gewährt oder auf der Herstellung von Mehrfertigungen besteht. Von einem Teil der Ermittlungsakten können angeblich keine Mehrfertigungen hergestellt werden. Im Frühjahr 1979 ist es dann soweit, die ersten Aktenteile werden angeliefert.

Aber schon das oberflächliche Studium des Aktenmaterials deckt die immensen Widersprüche auf, die zwischen der Einstellungsbegründung und den Darstellungen in den Akten bestehen. Diese Widersprüche werden der Staatsanwaltschaft mitgeteilt.

Die Staatsanwaltschaft wird darauf hingewiesen, daß nach ihrer Einstellungsbegründung die Pistole Heckler & Koch (HK) 4 neben Jan-Carl Raspes rechter Hand lag.

Dagegen haben die Zeugen Götz, Listner und Jost vor dem baden-württembergischen Untersuchungsausschuß bekundet, die Pistole habe in seiner Hand gelegen. Nach gängiger Lehrbuchmeinung der Gerichtsmedizin ist die Aufprallgeschwindigkeit einer 9-mm-Waffe zu berücksichtigen, deren Gewicht es unmöglich macht, daß die Waffe nach Schußabgabe in der Hand verbleibt; Gewicht der Pistole 480 g, Gewicht des Magazins 40 g.[4]

Die Staatsanwaltschaft hatte darüber hinaus die Möglichkeit, aus den von der Kripo gefertigten Skizzen und Lichtbildern zu erkennen, daß sich hinter der Liege in Raspes Zellenraum ein Winkel befindet, weil der Zellengrundriß fünfeckig ist. Danach ist zwar ein beschränkter, aber für eine Person völlig ausreichender Raum zum Stehen vorhanden. Daher könnte von dort aus ein Täter den tödlichen Schuß abgegeben haben.

Denn nach der Darstellung von Hartmann vor dem Ausschuß: „Ein Mensch, der diesen Schuß dem auf dem Bett sitzenden Raspe beibringen will, muß hinter dem Bett stehen, zwischen Bett und Wand..."[5] hätte diese Möglichkeit der Aufklärung bedurft. Die Staatsanwaltschaft hat in dieser Richtung keine Sachaufklärung betrieben.

Ebenso untätig hat sie sich verhalten, als es um die Frage ging, woher Gudrun Ensslins Verletzungen stammten. Es gibt eine Reihe von Verletzungen, für die es keine Erklärung gibt, so oberhalb des Nasenhöckers, unterhalb des rechten Mundwinkels, hinter der Stirnhaargrenze, an der linken Brustseite, unterhalb der beiden Handgelenke, über der linken Kniescheibe, am linken Mittelfinger, am Oberschenkel, in der Leistengegend und im Nackenbereich usw.

Zweifel an der Selbstaufhängung sind schon deshalb angebracht, weil beim Versuch, die Leiche aus ihrer ursprünglichen Lage abzuhängen, die Kabel an der Stelle, an der sie durch das Zellengitter geschlungen waren, gerissen sind. Offensichtlich war das Erhängungswerkzeug für einen Sprung nicht geeignet.

Hat die Staatsanwaltschaft jemals versucht, im Experiment nachzuuntersuchen, ob ein Hängewerkzeug dieser Größe einen vergleichbaren Sprung überhaupt aushält? Keineswegs.

Die Staatsanwaltschaft wird darauf hingewiesen, daß sie das 2. Gutachten des BKA vom 15.6.1978[6] in ihrer Einstellungsbegründung nicht berücksichtigt hat. Dort heißt es (S. 5): „Für eine Selbstbeibringung des tödlichen Schusses sprechen hauptsächlich die an der rechten Hand Baaders festgestellten Blutspritzer, die im Uhrzeigersinn ausgestrahlt sind und dem aus der Einschußwunde ausgespritzten Blut entsprochen haben. Daraus ist zu entnehmen, daß sich die rechte Hand Baaders bei der Schußabgabe ganz nahe bei der Einschußöffnung befand. Darauf lassen auch die an der rechten Hand vorgefundenen Substanzen schließen, bei denen es sich mit sehr großer Wahrscheinlichkeit um Schmauchablagerungen handelt."[7]

In dem erwähnten BKA-Gutachten heißt es hingegen: „Auf Abb. 1 ist das Hautteil in natürlicher Größe gezeigt. Mikroskopisch waren auf dem Hautteil keine als Pulverschmauch anzusehenden Anhaftungen erkennbar. An zehn Stellen des Hautteils, deren Lage auf Abb. 1 durch numerierte Punkte gekennzeichnet ist, wurden Proben entnommen und mittels Emissionsspektralanalyse untersucht. Hierbei ließen sich an der Stelle 9 Blei- und Bariumspuren und an den Stellen 1 und 2 nur Bleispuren nachweisen. Diese Spuren können als Hinweis auf Pulverschmauchanhaftungen angesehen werden, der jedoch nicht zwingend ist, da es sich bei Blei und Barium um häufig in der Natur vorkommende chemische Elemente handelt, die auch anderer Herkunft sein können, und da sich keine zusätzlichen Hinweise auf Pulverschmauchanhaftungen fanden..."[8]

Die Vorlage dieser entsprechenden Lichtbilder hätte der Staatsanwaltschaft zwingend geboten erscheinen müssen.

Die Staatsanwaltschaft wurde daraufhin erinnert, daß auch eine Untersuchung eines Hautteils von dem rechten Daumen und rechten Zeigefinger bei Raspe ebenfalls keine als Pulverschmauch anzusehenden Anhaftungen nachweist. (BKA-Gutachten v. 20.6.78)[9]

Denn wenn sich weder an der rechten Hand Andreas Baaders noch an der von Jan-Carl Raspe Pulverschmauch feststellen läßt, ist eine weitere Sachaufklärung über die tatsächliche Haltung der Todeswaffen erforderlich. Vor allem drängt nach Aufklärung, wie sich Andreas Baader aus einer Entfernung von 30-40 cm zwischen Haut und Laufmündung nach der Stärke der gemessenen Bleispuren (BKA-Gutachten v. 21.2.78, S. 4)[10] selbst erschießen konnte.

Da sich in den Ermittlungsakten keine Hinweise finden, daß das Erhängungswerkszeug – das Kabel – auf Vergleichsspuren etwa mit Kabelenden des Plattenspielers durch elektronenrastermikroskopische Untersuchungen untersucht worden ist, wird um Aufhellung ersucht.

Bei Gudrun Ensslin findet sich in den Akten kein Hinweis darauf, daß Histamintest oder Mikrospurenabzug gemacht worden seien, die erlaubt hätten, festzustellen, ob die Strangmarke und Erhängungsfurche am Hals vital oder postmortal entstanden sind. Auch die Herkunft des Speichels auf der Abrinnspur sei ausweislich der vorgelegten Beweismittel unerklärlich.

Es wird auch vergeblich gebeten, Asservatenschau bei Plattenspieler, Geschoßhülsen, Kleidungsstücken und Erhängungswerkszeug zu gestatten.

Schließlich wird die Staatsanwaltschaft noch auf diesen Umstand hingewiesen: Nach den Ermittlungsakten sei hinsichtlich des Todes von Andreas Baader das tödliche Geschoß in seinen Schädel eingedrungen, habe diesen durchschlagen und sei nach Auffassung der Gerichtsmediziner sodann auf die gegenüberliegende Wand geprallt (Spur 6) und von dort wieder zurückgeprallt, rechts neben die Leiche.

Aber nach Auffassung der Kripo sei das Geschoß mit schwacher Restenergie aus dem Schädel gedrungen und im unmittelbaren Bereich der Leiche liegengeblieben.

Die Staatsanwaltschaft wird in diesem Punkt ersucht, mitzuteilen, welche dieser beiden Darstellungen den Tatsachen entspricht und ob Rauschke inzwischen auftragsgemäß beim Gerichtsmedizinischen Institut der Stadt Stuttgart ein histologisches und serologisches Gutachten aus den gesicherten Gewebeteilen und dem Blut erstattet habe.

Die Staatsanwaltschaft antwortet postwendend und teilt unter anderem mit, Akteneinsicht sei bereits gewährt worden, eine Übersendung sei nicht möglich und sie – die Staatsanwaltschaft – habe zu keiner Zeit Lichtbilder veröffentlicht, die im Rahmen des vorliegenden Ermittlungsverfahrens gefertigt seien. Im übrigen bestehe kein Anlaß, die Ermittlungen wieder aufzunehmen.[11]

2. Die fehlenden Fingerabdruckgutachten

Die bei Andreas Baader und Jan-Carl Raspe aufgefundenen Schußwaffen sind zum Zwecke der Untersuchung auf daktyloskopische Spuren zur kriminaltechnischen Untersuchung dem BKA übersandt worden. Obwohl keiner der Häftlinge bei seinem Auffinden Handschuhe trug, finden sich auf den Waffen zunächst keine Fingerabdrücke.

Das BKA telext an das LKA, daß sich auswertbare daktyloskopische Spuren weder bei der Besichtigung unter besonderen Lichtverhältnissen noch bei der Spurensuche mit Hilfe von Haftpulver hätten erkennbar machen lassen.[12] Ein offizielles Gutachten wird von der Staatsanwaltschaft weder angemahnt noch sonst vermißt.

Die Daktyloskopie ist in der Lage, mit chemischen Mitteln, wie der Anwendung von sublimierenden Joddämpfen, auch Fingerspuren in Form von Schweißablagerungen sichtbar zu machen. Überdies gibt es photochemische Verfahren, mit denen ebenso Papillarlinienab- und -eindrücke auch unter ungünstigsten Voraussetzungen sichtbar gemacht werden können.

Dieses kriminaltechnische Gutachten ist bislang noch immer nicht zu den Akten gelangt.

(Dabei hat gerade das BKA eines der modernsten

Klassifizierungssysteme entwickelt; der „Spiegel" schreibt: „Aus dem daktyloskopischen Archiv des Bundeskriminalamts, das mit Hilfe eines neuentwickelten Klassifizierungssystems die vorhandenen 18 Millionen Abdrücke im Computer speichern kann; Grundlage ist eine Formel zur Beschreibung des jeweiligen Abdrucks, die pro Fingerspur bis zu 100 Buchstaben, Ziffern und Zeichen umfaßt."[13])

Auch das Fingerabdruckgutachten über Abdrücke auf Gudrun Ensslins Hängewerkzeug fehlt, obwohl auch sie unverwechselbare Abdrücke ihrer Fingerkuppen hätte hinterlassen müssen.

Damit fehlt bis heute auch ein kriminaltechnischer Beweis dafür, daß die Häftlinge selbst mit den Waffen oder Hängewerkzeug in Berührung gekommen sind. Der Beweis könnte aber durch das oben erwähnte Fingerabdruckgutachten angetreten werden.

Im Oktober 1979 werden Rechtsanwälte, die Mehrfertigungen der in den Ermittlungsakten enthaltenen Lichtbilder und Skizzen begehren, wie folgt beschieden:

„...Auf Ihre Beschwerde... habe ich die Sachbehandlung von Herrn Oberstaatsanwalt Dr. Kässer im Wege der Dienstaufsicht überprüft. Ich teile seine Ansicht, wonach gewichtige Gründe entgegenstehen, Ihnen Mehrfertigungen der in den Ermittlungsakten enthaltenen Lichtbilder und Skizzen zu überlassen. Dadurch würden diese Unterlagen nicht nur Ihnen – und aus Gründen der Gleichbehandlung den übrigen Rechtsanwälten – sondern auch anderen Personen, z. B. dem Büropersonal zugänglich. Aus diesem Grunde und nicht zuletzt weil auch einige Lichtbilder und Skizzen Details aus dem sicherheitsrelevanten Bereich der Vollzugsanstalt Stuttgart enthalten, kann der Gefahr eines Mißbrauchs der Unterlagen nur wirksam begegnet werden, wenn sie zur Einsicht bei der Staatsanwaltschaft Stuttgart verbleiben..."[14]

Daß die Gefahr des Mißbrauchs der Lichtbilder auch

nach ihrem Verbleib in den Räumen der Staatsanwaltschaft nicht auszuschließen ist, zeigen Veröffentlichungen von „Stern" 45/1980 und „Quick" 46/80, die auf bemerkenswerte Art und Weise in den Besitz zahlreicher Lichtbilder gelangten. Die Staatsanwaltschaft hatte gegen Unbekannt (!) am 14.9.81 ein Ermittlungsverfahren wegen des Verdachts der Verletzung des Dienstgeheimnisses § 170 Abs 2 StPO eingeleitet und eingestellt.

In den Einstellungsgründen heißt es unter anderem: „In der Illustrierten ‚Stern'... und ‚Quick' wurden Lichtbilder aus dem Ermittlungsverfahren wegen des Todes von Andreas Baader, Gudrun Ensslin und Jan-Carl Raspe sowie der Anzeigesache wegen des Verdachts eines versuchten Tötungsdelikts von Irmgard Möller... veröffentlicht, die von Beamten der Landespolizeidirektion Stuttgart II (Baader, Ensslin und Raspe) bzw. der Landespolizeidirektion Tübingen (Möller) aufgenommen worden waren. Es besteht der Verdacht, daß die Lichtbilder den Illustrierten durch eine Straftat zugespielt wurden.

Die Ermittlungen des Landeskriminalamts Baden-Württemberg haben ergeben, daß vom gesamten Negativmaterial, das im Verfahren 9 Js 3627/77 angefertigt wurde, mindestens 15 Abzüge und darüber hinaus noch eine unbekannte Anzahl von auszugsweisen Fertigungen hergestellt wurden, so daß von einer Gesamtzahl von insgesamt zwischen 20.000 und 30.000 Abzügen auszugehen ist. Die genaue Anzahl der gefertigten Lichtbildmappen sowie deren Verteilung waren nicht mehr festzustellen, weil bei den beteiligten Polizeidienststellen hierüber keine Unterlagen vorhanden sind. Es ließ sich auch nicht mehr klären, welche Personen im einzelnen an der Herstellung der Bilder beteiligt waren. Die Lichtbildmappen wurden zum Teil in Nachtarbeit, an Wochenenden und an Feiertagen erstellt, wobei auch Kräfte anderer Dienststellen (z. B. des Landesamts für Verfassungsschutz und der Wasserschutzpolizei) zugezogen waren.

Bei dieser Sachlage läßt sich nicht mehr aufklären, wer auf welche Weise die Lichtbilder den beiden Illustrierten zugespielt hat. Christ. Staatsanwalt."[15]

Manfred Bissinger schreibt: „Nach meinen Schätzungen, die ich in Gesprächen mit hohen BND-Leuten überprüfen konnte, arbeiten gut fünf Prozent aller Redakteure für irgendeinen der Dienste, sei es der BND, sei es der Verfassungsschutz oder gar irgendein ausländischer Verein. Wen wundert da, daß die Dienste lancieren können, was sie gedruckt haben wollen, daß sie verhindern können, was die Öffentlichkeit nicht wissen soll. Einfluß auf die Geheimdienste hat niemand, nicht einmal die Regierung weiß wirklich, was geschieht (wie jüngst in der Industriespenden-Affäre wieder bewiesen)."[16]

3. Kann sich ein Mensch aus 30 Zentimeter Entfernung von hinten erschießen?

Nach der Leichenschau und der Eilobduktion der Leiche Andreas Baaders im Sektionsraum der Leichenhalle auf dem Bergfriedhof in Tübingen kommen die Obduzenten zu diesem Ergebnis:

„Die Obduktion hat... ergeben, daß es sich bei der Einschußöffnung oberhalb der Nacken-Haar-Grenze um einen absoluten Nahschuß mit aufgesetzter Waffenmündung gehandelt hat. Schließlich muß hervorgehoben werden, daß die rechte Hand des Toten am Daumen ... und Zeigefinger Blutspritzer aufgewiesen hat."[17]

Ihre Schlußfolgerung, die sie später vor dem Untersuchungsausschuß wiederholen und die auch so in der Einstellungsverfügung der Staatsanwaltschaft steht: Andreas Baader als Linkshänder hat seine Pistole mit dem Griff nach oben mit der rechten Hand an den Nakken gehalten und mit dem linken Daumen abgedrückt. Nach dem Schuß sei das Blut an die rechte Hand gespritzt. Ein eindeutiger Selbstmord.[18]

Was die Ärzte nicht wissen, stellen die Experten der Kriposonderkommission am Tatort fest: Die Patronenhülse liegt rechts von der Leiche. Baaders Waffe, eine ungarische FEG, Kaliber 7,65 wirft die Hülsen nach rechts heraus. Fazit der Kriminalisten: Andreas Baader hat seine Pistole normal mit dem Griff nach unten gehalten, mit der linken Hand den Lauf an den Hinterkopf gehalten und mit der rechten abgedrückt. Das wäre eine Erklärung dafür, daß die Hülse rechts liegt.

Weshalb aber haftet dann Blut an der rechten Hand und nicht an der linken?

Ein wichtiges kriminaltechnisches Gutachten bleibt den in- und ausländischen Gerichtsmedizinern ebenso unbekannt wie dem parlamentarischen Untersuchungsausschuß, die beide die Selbstmordthese favorisieren.

Am 21. Februar 1978 – als der Ausschuß seine Tätigkeit beendet – wird beim Bundeskriminalamt in Wiesbaden ein Gutachten zur Schußentfernungsbestimmung[19] erstellt, das eine Woche später bei der Staatsanwaltschaft in Stuttgart eingeht. Der BKA-Experte Hoffmann hatte die Nackenhaut mit dem Einschußloch von Andreas Baader auf Schmauchspuren untersucht. Nach den gemessenen Schmauchablagerungen (Barium und Blei) kann festgestellt werden, aus welcher Entfernung ein Schuß abgefeuert wurde. Je mehr Schmauch, umso näher die Schußabgabe.

Mit der sogenannten Röntgenfluoreszenz-Analyse maß der Experte eine Schmauchablagerung von 14300

Impulsen pro Sekunde. Ferner wurde mit der Pistole und der verwendeten Munition in einer Testreihe aus verschiedenen Entfernungen auf Schweinehaut geschossen, die in ihren Eigenschaften der menschlichen Haut ähnlich ist. Das Ergebnis: „Vergleichsweise müßte der Tatschuß aus einer zwischen 30 Zentimeter und 40 Zentimeter gelegenen Entfernung abgefeuert worden sein."[20]

Mit diesem Ergebnis kam der Gutachter in eine verzwickte Lage. Sowohl von den Gerichtsmedizinern als auch von ihm selbst wurden auf der Hautprobe der Leiche alle Merkmale eines aufgesetzten Schusses festgestellt. Wie war, so sein Gedanke, das Unvereinbare zu vereinbaren? Für die sich widersprechenden Ergebnisse fand er dann diese Erklärung:

„Da dies jedoch aufgrund der übrigen Befunde mit Sicherheit ausgeschlossen werden kann, muß eine Verschleppung von Schmauchspuren stattgefunden haben."[21]

Diese These ist unhaltbar, denn dann müßten drei Viertel des Schmauchs verschwunden sein.

Der dänische Schußwaffenexperte, Chemie-Ingenieur bei der Kripo, Erik Mörch, hat anhand der vorliegenden Gutachten den Fall untersucht. Nach den kriminaltechnischen Untersuchungen finde man keinen Beweis, daß Andreas Baader die Pistole abgefeuert hat. Es gebe noch nicht einmal einen Hinweis. Nach seiner Auffassung, die sich an dem gemessenen Pulverschmauch des BKA-Gutachtens orientiert, habe der Schußabstand 30-40 cm betragen. Weil keine Pulverrückstände auf seinen Händen waren und keine Fingerabdrücke, konnte er die Pistole nicht abgefeuert haben.

Und zur Frage der Verschleppung von Pulverschmauch:

In der technischen Abteilung des Kopenhagener Polizeihauptquartiers sagt der dänische Kriminalassistent G. Martens: „Nach einem Berührungsschuß brennt der

Pulverrückstand sich auf und unter der Haut fest. Und er kann nicht ohne weiteres verschleppt werden. Der größte Teil fliegt unter die Haut rein, wo er sich sehr fest ablagert."

Die dänische Polizei unternahm es dann, in der technischen Abteilung des Kopenhagener Hauptquartiers eine Schußprobe durchzuführen. Gegen ein Stück Stoff wurden zahlreiche Testschüsse mit einer 7,65 mm Pistole mit und ohne Schalldämpfer abgefeuert. Dabei zeigte sich folgendes: Der kreisförmige Pulverrückstand wurde viel dunkler, wenn kein Schalldämpfer verwendet wurde.

Dazu erklärt Kriminaltechniker G. Martens: „Der verwendete Schalldämpfer hat Gummikränze auf der Innenseite des Rohres, das einen geringeren Diameter hat als das Diameter des Geschosses, so daß eine Menge von dem Pulverrückstand zurückgehalten wird."

Ein Berührungsschuß mit Schalldämpfer sieht daher aus, als wäre er aus größerer Entfernung abgefeuert worden. Damit erklärt sich alles. Der dänische Pulverrückstands-Experte Erik Mörch:

„Wir müssen die Möglichkeit vor Augen haben, daß Andreas Baader durch eine Pistole mit Schalldämpfer getötet wurde."

Erik Mörch sagt dazu:

„Wenn ich keinen Pulverrückstand auf der Hand eines Selbstmörders feststellen kann, geht die Kripo immer auf Jagd nach einem Täter."[22]

In seinem Lehrbuch „Gerichtliche Medizin" erläutert der Bonner Gerichtsmediziner und Schießexperte Karl Sellier, „Die Beschmauchung sitzt ziemlich fest auf der Haut. Längerer Transport einer Leiche, Anfassen der Schußhand, Stecken der Hände in die Taschen ändern einen ursprünglich positiven Antimon- bzw. Blei-Befund nicht."[23]

Dann ist dieser aufgesetzte Schuß nach den gemessenen Schmauchspuren nur so zu erklären: Bei der Schußabgabe wurde auf den Lauf der Pistole ein Schalldämpfer gesteckt. Ein Schalldämpfer wurde in Andreas Baaders Zelle nicht gefunden.

Die Staatsanwaltschaft hat diesen Widerspruch nicht aufgeklärt. Dieser Widerspruch ist Grund genug für ein Wiederaufnahmeverfahren.

Auf eine Kleine Anfrage des Abgeordneten Heimann (Die Grünen) dazu im Herbst 1980 antwortete der Justizminister des Landes Baden-Württemberg:

„Das Gutachten des Bundeskriminalamts ...über die Schußentfernungsbestimmung bei Andreas Baader ist nicht widersprüchlich. Der Sachverständige führt zwar zunächst aus, bei Vergleichsversuchen seien Bleianhaftungen in einer Größenordnung festgestellt worden, demzufolge der Tatschuß aus einer Größenordnung zwischen 30 cm und 40 cm abgefeuert worden sein müßte. Dies könne jedoch aufgrund der übrigen Befunde mit Sicherheit ausgeschlossen werden. Es müsse eine Verschleppung von Pulverschmauchspuren stattgefunden haben..."[24]

Fazit: Andreas Baader habe sich als Linkshänder mit der rechten Hand aus einer Entfernung von 30 cm bis 40 cm erschossen und den Tatschuß „mit aufgesetzter oder aufgepreßter Waffe abgefeuert, da die Einschußverletzung die hierfür charakteristischen Kennzeichen, Prägemarke und Schmauchhöhle, aufweist."[25]

Anstatt durch ein weiteres Sachverständigen-Gutachten festzustellen, ob sich dieser Widerspruch aus der Benutzung eines Schalldämpfers erklären lasse, wiederholt das Justizministerium stereotyp den Formel-Kompromiß des BKA.

Im übrigen vereitelt das Justizministerium mit der Billigung staatsanwaltschaftlichen Nichtstuns die Wiederaufnahme der Ermittlungen.

4. Das Abhandenkommen der Spur 6

Ungeklärt blieb auch ein weiterer Expertenstreit. In Baaders Zelle waren drei Projektile gefunden worden. Eins steckte in einer Matratze, eins im Putz der Mauer neben dem Zellenfenster, das dritte, und tödliche, lag links neben der Leiche vor dem Bett.

Die Kripo stellte fest, Baader habe, um einen Kampf vorzutäuschen, zuerst in sein Bett und dann sitzend vom Fußboden aus, in die gegenüberliegende Wand gefeuert, ehe er sich selbst erschoß. Im Spurenauswertungsbericht wird der tödliche Schuß so beschrieben: „Das abgefeuerte Geschoß drang nur noch mit schwacher Restenergie aus dem Schädel und blieb im unmittelbaren Bereich der Leiche liegen."[26]

Die Gerichtsmediziner hingegen stellten in Baaders Zelle etwas anderes fest. Neben der Kugel in der Wand (Kripo-Spur 5) fanden sie eine Einbuchtung „mit Gewebeteil oder Blut." Diese Spur, die auch die Kripo fand, bekam die Nr. 6.[27] Das Fazit der Gerichtsmediziner: Nach Verlassen von Baaders Schädel sei das tödliche Geschoß auf die gegenüberliegende Wand geflogen, sei abgeprallt und dann zwischen Bett und Leiche gekullert.

Die Staatsanwaltschaft wird erst 1981 auf Initiative des „Spiegel" die Ermittlungen wiederaufnehmen, um den Verbleib der Spur 6 festzustellen.

Der von der Staatsanwaltschaft Stuttgart in Sachen Todesermittlungsverfahren dargebotene Sachstand hat sich dann, den Bereich wissenschaftlicher Kriminologie wie gesetzlicher Verfahrensordnung still verlassend und von kritischer Öffentlichkeit unbemerkt, unter dem Beifall zahlreicher kriminalistischer und juristischer Analphabeten auf eine ausgedehnte staatlich geschützte Dunkelzone zubewegt.

Eine solche, in tiefste Verdunkelung führende Schleichspur, scheint jene, der die Stuttgarter Kripo die Zahl 6 zuordnete, weil sie am 18.10.1977 unmittelbar neben der Kripo-Spur-Nr. 5, der Kugel in der Zellenwand Baaders, sichergestellt werden konnte, und zwar als eine Einbuchtung in der Zellenwand „mit Gewebeteilen oder Blut", die nach Darstellung des Gerichtsmediziners Prof. Rauschke das tödliche Geschoß darstellte. Dieses Geschoß sei, so der Professor, nach Verlassen von Baaders Schädel an die gegenüberliegende Zellenwand geflogen, von dort abgeprallt und zwischen Bett und Leiche gekullert.

Nach dem Sachverständigengutachten des BKA „müßte der Tatschuß aus einer zwischen 30 und 40 cm gelegenen Entfernung abgefeuert worden sein".

Da Rauschke wie die anderen Gerichtsmediziner zweifelsfrei am Einschußloch Merkmale eines aufgesetzten Nackenschusses feststellte, versuchte der BKA-Sachverständige diesen offenkundigen Widerspruch damit zu erklären, Pulverschmauch sei „verschleppt" worden, was allerdings nach Wissenschaft und Lehre unmöglich ist.

Der Spur 6 mußte daher entscheidende Bedeutung zukommen, weil mit diesem Beweismittel Blut- und Gewebsübereinstimmung mit den der Leiche entnommenen Gewebs- und Blutproben hätte nachgewiesen und das Schicksal des tödlichen Schusses in vollem Umfang hätte aufgeklärt werden können.

„In acht bis vierzehn Tagen", erklärte am 2.11.1977 der mit den serologischen und histologischen Untersuchungen beauftragte Prof. Rauschke vor dem Untersuchungsausschuß, könnten seine Arbeiten „abgeschlossen" sein.[28]

Gegen Jahresende 1977 drängte der damalige Ausschußvorsitzende den Professor zur Auftragserfüllung, wonach derselbe umgehend Trost spendete: Es seien noch Untersuchungen im Gange, worüber er deshalb im Augenblick darüber noch nichts sagen möchte. Es handele sich um Untersuchungen in Zusammenarbeit mit dem Institut für Rechtsmedizin der Freien Universität Berlin.

Der Vorsitzende des Untersuchungsausschusses, Schieler, freundlich: „Können Sie etwas darüber sagen, auf was diese Untersuchungen zielen, oder wollen Sie das nicht sagen?"

Der Professor Rauschke, liebenswürdig: „Nein, das möchte ich nicht sagen."

Schieler, verständnisvoll bestätigend: „Das möchten Sie jetzt nicht sagen, bis wann werden die Untersuchungsergebnisse vorliegen?"

Rauschke, erneut liebenswürdig: „In ein bis zwei Wochen wird das Gutachten schriftlich bei der Staatsanwaltschaft und dann auch beim Justizministerium und beim Ausschuß eingegangen sein."[29]

Am 23.1.1978 erschien dieser Professor zum dritten Mal vor dem Ausschuß, allerdings ohne das zugesagte Gutachten, was indessen weder dem Vorsitzenden noch anderen Organen des Untersuchungsausschusses nach dem Protokoll auffiel und auch sonst ihr Untersuchungsinteresse nicht sichtbar berührte.

Ende 1979 verbot die Staatsanwaltschaft Stuttgart dem Professor ein bereits vereinbartes „Spiegel"-Gespräch über das Schicksal der Blut- und Gewebsproben. Man habe sich entschlossen, über Detailfragen keine Angaben mehr zu machen.

Am 5.1.1980 schrieb der Professor dem Autor u.a.: „Als Strafverteidiger werden Sie gewiß Verständnis dafür haben, daß sich aus Ihrer Eigenschaft als gesetzlicher Vertreter von Frau Charlotte Raspe für mich als einen der vom Amtsgericht und von der Staatsanwaltschaft beauftragten Sachverständigen nicht die Berechtigung herleiten läßt, Untersuchungsbefunde bekannt zu geben, über die allein der Auftraggeber als Geheimnisherr verfügen kann, da sie in seinem Auftrag erarbeitet worden sind. Ich möchte Sie höflichst bitten, sich an die Staatsanwaltschaft Stuttgart ... zu wenden..."[30]

So geschah es. Die Untersuchungsbefunde wurden von der Staatsanwaltschaft Stuttgart begehrt. In einem Antwortschreiben vom 22.2.1980 verheißt die Staatsanwaltschaft: „Über die in Ihrem Schreiben genannten Untersuchungsergebnisse befinden sich noch keine schriftlichen Unterlagen bei den Ermittlungsakten. Ihre Übersendung durch das Institut der Rechtsmedizin beim Gesundheitsamt der Landeshauptstadt Stuttgart ist jedoch angekündigt . . ."[31]

Eine unter dem 18.3.1980 vom Autor gefertigte Dienstaufsichtsbeschwerde wegen jahrelanger Verschleppungstätigkeit und Unterdrückung der histologischen und serologischen Untersuchungsbefunde und erwiesener Unfähigkeit staatsanwaltlicher Organe wird am 14.4.1980 mit der Begründung zurückgewiesen, zu Maßnahmen der Dienstaufsicht bestehe „kein Anlaß".

Am 25.11.1980 versichert das Organ der Staatsanwaltschaft, Christ, dem Autor fernmündlich, ihm lägen die begehrten Untersuchungsergebnisse nunmehr bald vor, sie seien aber noch nicht eingetroffen. Sobald sie vorlägen, stünde der Herausgabe nichts entgegen.

Nach den Bekundungen der Geheimnisherren steht also zweifelsfrei fest, daß Untersuchungen stattgefunden haben und mit hoher Wahrscheinlichkeit auch zu einem Ergebnis führten. Fraglich ist nur, ob im Ergebnis die der Zellenwand entnommenen Blut- und Gewebsproben der Spur 6 mit jenen von Baaders Leiche wie gewünscht übereinstimmten oder nicht. In letzterem Fall wäre keine Blut- oder Gewebeidentität der Spur 6 etwa mit Blut- und Gewebeproben der Leiche Andreas Baader ein unübersehbares Indiz für Mord.

Inzwischen erschien Stern 45/1980, zahlreiche Untersuchungslumpereien aufdeckend, nicht ohne öffentliches Echo. Auf diesbezügliche Abgeordnetenanfrage antwortete für die Bundesregierung der parlamentarische Staatssekretär Dr. de With am 20.11.1980 u.a.:

„Nach den der Bundesregierung vorliegenden Informationen haben Staatsanwaltschaft und Polizei von

244

Anfang an unter Ausschöpfung aller relevanten Ermittlungsmöglichkeiten die Ermittlungen durchgeführt und sämtliche Spuren verfolgt..."[32]

Im Rahmen des „peinlich genauen" Untersuchungsverfahrens stand auch die baden-württembergische Landesregierung dieser Verlautbarung in nichts nach. Am 10.12.1980 erklärte Justizminister Dr. Eyrich auf Anfrage u.a.:

„Nach den Erkenntnissen der Landesregierung haben Staatsanwaltschaft und Polizei die Ermittlungen von Anfang an unter Ausschöpfung aller relevanten Erkenntnismöglichkeiten durchgeführt und sämtliche Spuren verfolgt... Die Landesregierung billigt die Verfahrensweise und Stellungnahme der Staatsanwaltschaft..."[33]

Ein Schelm, der denkt, Landes- und Bundeshoheiten hätten den Text der Verlautbarungen abgesprochen, ja sich sogar auf gemeinsame semantische Voraussetzungen geeinigt.

Auf weiteres Drängen schließlich verstand sich die Staatsanwaltschaft Stuttgart plötzlich, das Unerhörte zu melden: Die als „Gewebeteil oder Blut" an der Zellenwand von Baader gesicherten Beweismittel (Spur 6) seien verschwunden.

Vermerk vom 19. Januar 1981

I. Im Ordner IX der Ermittlungsakten ist auf Bl. 5 im Spurensicherungsbericht Nr. 12 – betreffend die Zelle 719 (Baader) – unter anderem folgendes aufgeführt:
Spur Nr. 6: Gewebeteil oder Blut an der Wand (befindet sich zur Untersuchung beim Gerichtsmedizinischen Institut der Stadt Stuttgart).

II. Ich habe heute den Leiter des Gerichtsmedizinischen Instituts beim Gesundheitsamt der Landeshauptstadt Stuttgart, Herrn Professor Dr. Rauschke, fernmündlich befragt, bis wann ich mit der Vorlage des Untersuchungsbefundes rechnen könne. Professor Dr. Rauschke hat daraufhin geantwortet, er habe das Gewebeteil nicht bekommen. Eine Untersuchung sei deshalb nicht möglich.

III. Ich habe daraufhin bei Herrn KHK Ziegler vom Kriminaltechnischen Institut der Landespolizeidirektion Stuttgart II angerufen. Er hat mir auf Befragung mitgeteilt, er habe das Gewebeteil der Spur 6 Herrn Professor Dr. Rauschke am 18. Oktober 1977 im Verlauf der Besichtigung der Zelle Baaders zur Untersuchung übergeben. Es sei das erste Beweismittel gewesen, das er Herrn Professor Rauschke übergeben habe. Deshalb könne er sich daran so genau erinnern. Herr Professor Rauschke habe das Asservat selbst mitgenommen.
Einige Monate später habe er Herrn Professor Rauschke anläßlich einer Obduktion in anderer Sache gefragt, was die Untersuchung des Gewebeteils ergeben habe. Herr Professor Rauschke habe erwidert, das Gewebeteil sei bisher noch nicht untersucht worden. Nach seiner – KHK Zieglers – Erinnerung habe Herr Professor Rauschke dazu erläutert, er müsse es wegschicken (möglicherweise nach Erlangen) oder er müsse zur Untersuchung noch jemanden beiziehen.
KHK Ziegler ist sich jedenfalls sicher gewesen, das Gewebeteil der Spur 6 Herrn Professor Rauschke übergeben zu haben.

IV. Ich habe daraufhin Herrn Professor Rauschke die unter Ziffer III wiedergegebene Äußerung von Herrn Ziegler mitgeteilt. Er hat Überprüfung und Rückruf zugesagt.

V. Nach Mitteilung von Herrn Professor Rauschke befindet sich das Asservat Spur 6 nicht in seinem Institut. Alle sonstigen Asservate (Abstriche u.ä.) seien noch vorhanden. Es gebe auch keine Hinweise wie Schriftverkehr u.a. dafür, daß das Gewebeteil der Spur 6 seinem Institut übergeben worden sei.
Prof. Rauschke zu dem im Zusammenhang mit Spur 6

behaupteten Widerspruch Kripo/med. Gutachter: Wenn ein Geschoß den Schädelknochen durchschlage und aus dem Schädel austrete, habe es noch so viel Restenergie, daß es weiterfliege und nicht „abtropfe".
(Christ) Staatsanwalt[34]

Unter dem 25.2.1981 schrieb Staatsanwalt Christ an den Autor:

„Sehr geehrter Herr Rechtsanwalt Weidenhammer, ...wegen des Abhandenkommens des Gewebeteils der Spur 6 habe ich gegen Herrn Professor Rauschke kein Ermittlungsverfahren eingeleitet, weil zureichende tatsächliche Anhaltspunkte für das Vorliegen einer Straftat nicht ersichtlich sind. Hochachtungsvoll. Christ. Staatsanwalt."[35]

Bekanntlich werden trotz öffentlicher Proteste gegen keinen der am Verschwinden der Spur 6 Beteiligten straf- oder auch dienstrechtliche Maßnahmen ergriffen. Ihnen wird kein Haar gekrümmt, obwohl, wenn es denn herauskäme, auch in der Bundesrepublik mit bis zu 5 Jahren Freiheitsstrafe bedroht wird, wer Beweismittel unterdrückt – wegen Strafvereitelung im Amt, § 258 StGB.

Monate später gibt der Petitionsausschuß des baden-württembergischen Landtags dazu eine Beschlußempfehlung ab, nach der weder vorsätzliches Handeln der Beteiligten einen Verwahrungsbruch erkennen lasse noch sonst eine dienstliche Verfehlung nachzuweisen sei. Schließlich handele es sich um einen auf Unachtsamkeit beruhenden Verlust, „eine bedauerliche Panne", wie ein Vertreter des Justizministeriums meint.[36] Die Petition von Frau Raspe, die die Klärung der wirklichen Vorgänge in Stammheim bezweckte, wird mit der Stellungnahme der Regierung für erledigt erklärt.

Im Oktober 1983 erklärt das Justizministerium auf Anfrage der GRÜNEN, daß zwar die Spur 6 als „Delle mit Gewebefetzen an der … Wand" in Baaders Zelle von den Ermittlungsbehörden festgehalten worden sei und daß zwar zwei der gerichtsmedizinischen Sachverständigen vor dem baden-württembergischen Untersuchungsausschuß eine „kleine Aufschlagstelle im Wandputz" o.ä. ausgemacht hätten, aber das sei noch lange keine Beschädigung des Wandputzes. Auch die Lichtbildaufnahme zur Spur 6 lasse eine Eindellung in der Wandfläche, die als Abprallmarke eines Geschosses gedeutet werden könnte, nicht erkennen.

Vielmehr sei nach dem kriminaltechnisch gesicherten Spurenbefund davon auszugehen, daß das tödliche Geschoß nach Durchdringung des Schädels nicht mehr mit hinreichender Restenergie weitergeflogen sei, um an der Wand eine feststellbare Abprallmarke, Delle o.ä. zu hinterlassen. Unter den gegebenen Umständen könne jedenfalls auch nicht ausgeschlossen werden, daß das als Spur 6 gesicherte „Gewebeteil oder Blut" durch Wegspritzen bei der tödlichen Schußverletzung an der Wand angetragen worden sei.[37]

Unter Anwendung solcher wirklichkeitsfremden Logik ist auch nicht auszuschließen, daß „Gewebeteil oder Blut" infolge einer Unachtsamkeit Baaders bei der Naßrasur an der Wand angetragen worden ist.

Weitere Sachaufklärung ist daher zunächst von der Inaugenscheinnahme des von Spur 6 gefertigten Lichtbildes Nr. 61 zu erwarten.

Im Sommer 1984 wird die Staatsanwaltschaft um Vervollständigung der Akteneinsicht und um Mehrfertigung des Lichtbildes Nr. 61 ersucht. Im September antwortet die Staatsanwaltschaft: „…wie ich Ihnen … mitgeteilt habe, stehen Ihnen die Beweismittel zur Besichtigung in den Räumen der Staatsanwaltschaft Stuttgart zur Verfügung. Das von der Spur 6 gefertigte Lichtbild Nr. 61 … kann ich Ihnen daher nicht übersenden…"[38]

Schon im Januar 1984 hatte der Vertreter der Landesregierung im Ständigen Ausschuß des baden-württembergischen Landtages erklärt: „Aber selbst wenn diese Spur vorläge, könnte sie in keiner Weise das Ergebnis der Selbsttötung von Andreas Baader tangieren."[39]

Die Unterdrückung dieser Spur beweist aber wohl eher das Gegenteil.

5. Konnten die Häftlinge in den Besitz von Waffen gelangen?

a) Die Waffenschmuggelversion

Die tragende Säule der behördlichen Selbstmordversion besteht in der unbewiesenen Behauptung, die Häftlinge hätten sich durch Schmuggeltransporte in den Besitz von Waffen gebracht. Die Staatsanwaltschaft hat zu Beweiszwecken in dieser Richtung bekanntlich keine eigenen Ermittlungtätigkeiten entfaltet, sondern auf ein anhängiges Ermittlungsverfahren wegen § 129 a StGB der Bundesanwaltschaft verwiesen. In diesem Verfahren ebenso wie vor dem baden-württembergischen Untersuchungsausschuß wird als einziges Indiz für den behaupteten Waffenbesitz der Häftlinge die „gesicherte Erkenntnis" der Bundesanwaltschaft angeführt, die sich auf die zu dieser Zeit weder der Staatsanwaltschaft noch dem baden-württembergischen Untersuchungsausschuß bekannte Aussage von Volker Speitel stützt. Beide lassen es ohne nachprüfbare Beweistatsache dabei bewenden, die Häftlinge seien in Waffenbesitz gewesen.

Wie aber hätten die Häftlinge Waffen oder Sprengstoff in die Sicherheitsabteilung III schmuggeln können? Wie wäre der Transportweg gewesen?

Nicht selten wird das Waffen- oder Sprengstoffschmuggelthema in Zusammenhang mit der Tatsache gebracht, daß die Häftlinge immerhin ordnungswidrig in den Besitz einer Minox gelangt waren,[40] was auch nicht zu bestreiten ist, und sich so – unter Umgehung der strengen Kontrollen – auf demselben Transportweg auch hätten Waffen und Sprengstoff schmuggeln lassen können.

Der Besitz einer Waffe in der in sich abgeschlossenen Sicherheitsabteilung III hat nur dann einen Sinn, wenn mit der Waffe und dem Sprengstoff ein gewaltsamer Ausbruch geplant war. Das konnte, wenn überhaupt, weder bei Alarmstufe 1 noch bei der Kontaktsperre sinnvoll sein.

Die Häftlinge mußten vernünftigerweise davon ausgehen, daß ihre Freilassung über einen Geiselaustausch und nicht über einen gewaltsamen Ausbruch in Stammheim erfolgt, der angesichts des Festungscharakters und der Hochsicherheitsmaßnahmen bei Alarmstufe 1 erfolglos sein mußte.

Obwohl keiner der Häftlinge in der in sich abgeschlossenen Hochsicherheitsabteilung III auch nur den Versuch einer Selbstbefreiung unternommen hatte, veranlaßte Bundeskanzler H. Schmidt, der inzwischen in Staatsnotwehr de facto die Leitung der Sicherheitsabteilung III übernommen hatte, daß noch in der Nacht vom 5./6. September 1977 die Haftzellen der Häftlinge auf „Verstecke" durchsucht wurden. Noch immer hat er keinerlei Beweis, daß die Häftlinge im Hochsicherheitstrakt ein „terroristisches Hauptquartier" sind[41] oder sonst mit dieser Entführung im strafrechtlichen Sinne zu tun haben.

Die in Durchgriffsverwaltung tätigen LKA-Bediensteten vermerken – wie bereits erwähnt – zum Abschluß ihrer Untersuchung und Durchsuchung in den Haftzellen bei Gudrun Ensslin (720), Andreas Baader (719) und Jan-Carl Raspe (718):

„Fazit: Keine der am 5./6. September 1977 durchsuchten Zellen enthielt ein Versteck, in dem die Waffen mit an Sicherheit grenzender Wahrscheinlichkeit von Baader und Raspe aufbewahrt wurden."[42]

Gleichzeitig wurden auf Parallelanweisung des Generalbundesanwaltes die Zellen der Häftlinge Irmgard Möller, Ingrid Schubert, Werner Hoppe, Wolfgang Beer und H. Pohl (723) von je zwei LKA-Beamten durchsucht, ohne daß Gegenstände sichergestellt oder beschlagnahmt worden sind.[43]

Die Zelle von Ingrid Schubert stand seit dem 19. August 1977 leer, die Zelle von Hoppe (724) seit dem 13. August, ebenso Zelle 725 von Beer und die 723 von Pohl.[44] (Wolfgang Beer ist seit 12.8.1977 in Hamburg, Ingrid Schubert seit 18.8.1977 in M.-Stadelheim.)

Der guten Ordnung halber muß allerdings erwähnt werden, daß die Zellendurchsuchung bei den Häftlingen doch nicht ganz ohne Fundsachen ablief; bei Andreas Baader (719) wurde eine Kaffeekanne sowie eine betriebsbereite Birne vorgefunden und zu Untersuchungszwecken eingezogen[45] – Schriftstücke, über die von Generalbundesanwalt Rebmann behauptete „Kommunikation der Inhaftierten mit den Entführern"[46] über ihre Verteidiger werden nicht gefunden, obwohl die „Sicherstellung aller Papiere zur Untersuchung auf latente Schriften[47] ein unbestimmter Zweck der angeordneten Durchsuchungsmaßnahme war.

Obwohl der Generalbundesanwalt diese Behauptung weder glaubhaft machen noch beweisen konnte, zog er für die Bundesregierung, ohne einen Sachbeweis für seine Behauptungen zu besitzen, mit einer polemischen Streitschrift vor das Bundesverfassungsgericht, um „über die Anwendung des Grundgedankens" der Staatsnotwehr Verteidigerbesuche unterbinden zu lassen:

„Nach der Entführung von Hanns Martin Schleyer hat die für die Justizvollzugsanstalten in Stuttgart-Stammheim, Heilbronn und Pforzheim zuständige Landesjustizverwaltung des Landes Baden-Württemberg durch mündliche Weisung an die Vorstände dieser Justizvollzugsanstalten verfügt, daß die wegen terroristischer Gewalttaten in Untersuchungshaft einsitzenden Personen zum gegenwärtigen Zeitpunkt – längstens bis zur Beendigung der Entführung – von niemandem, auch nicht von ihren Verteidigern aufgesucht werden dürfen. Diese Maßnahmen wurden nach Abstimmung mit mir und mit meiner Billigung angeordnet."[48]

Von da an waren die Häftlinge totalisoliert.

Da späterhin, nach dem 18. Oktober, noch zahlreiche – in diesem Zusammenhang aber unwesentliche – Verstecke gefunden werden, sollen hier nur diese von Interesse sein, die mit den am 18. Oktober aufgefundenen Waffen bei Andreas Baader und Jan-Carl Raspe zu tun haben, oder wo sich exakt nachweisen läßt, daß der Zellenfund mit dem Häftling nichts zu tun haben kann. Deswegen soll anhand der Zellenfunde die Dramaturgie der Zellenverlegung nachgestellt werden.

In Raspes Zelle 718 wurde am 5./6. September 1977 keine Waffe und auch kein Versteck dieser Waffe gefunden. Nach seinem Tod soll sich in der Zelle 716, in der sich Raspe am 18. Oktober befand, ein „mutmaßliches Versteck in der Fensterwand"[49] befunden haben, in dem er die Waffe versteckt haben soll. An der Waffe sind aber nicht einmal Mörtelspuren oder andere verdächtige Spuren gefunden worden.

Nach dem Zellenbelegungsplan war Raspe vom 25. Juni bis zum 4. Oktober 1977 in der Zelle 718 untergebracht,[50] wo aber überraschenderweise keine Funde gemacht werden, obwohl er sich monatelang darin aufgehalten hat. Erst am 4. Oktober wird er erstmals „wg Rückverlegung" auf die Zelle 716 verbracht. Daß er nicht wissen konnte, in Zelle 716 verlegt zu werden, steht fest. Hätte er tatsächlich beabsichtigt, ein Waffenversteck anzulegen, dann in Zelle 718. Dort wurde aber nichts gefunden. Raspe war vorher niemals in Zelle 716 untergebracht. Fest steht aber, daß die Zelle 716 vom 26. Juni bis zum 3. Oktober leer gestanden hat, oder präziser ausgedrückt: nicht von Gefangenen aus der RAF belegt war.

In der Zelle von Andreas Baader (719) werden neben dem berühmten Plattenspielerversteck, auf das wir noch zurückkommen werden, nach dem 18. Oktober „vier 9-mm-Pistolenpatronen unterhalb des 3 cm starken Estrichbodens, ca. 10 cm von der Wand entfernt gefunden..."[51] Mit der bei ihm aufgefundenen ungarischen FEG lassen sich solche Patronen nicht verschießen, ihr Lauf hat 7,65 mm Kaliber.

Andreas Baader war zunächst vom 25. Juni bis zum 13. September 1977 in der Zelle 719, wurde am 13. September wegen „Kontaktsperre"[52] bis zum 4. Oktober in die Zelle 715 verlegt und vom 4. Oktober bis zum 18. Oktober wieder in die Zelle 719.

Wenn die Bundesregierung in ihrer Stellungnahme gegenüber der Kommission für Menschenrechte erklärt, Andreas Baader sei „auf eigenen Wunsch" am 6. Oktober in die Zelle 719 verlegt worden,[53] so hat sie den tatsächlichen Zellenverlegungsplan ebenso verheimlicht (Baader wurde am 4. Oktober in Zelle 719 verlegt und das auch nicht auf eigenen Wunsch) wie die täglichen Zellenkontrollen, bei denen weder Waffen noch Sprengstoff gefunden wurden,[54] was den Verdacht der Irreführung nahelegt.

So verhält es sich auch mit den fragwürdigen Erklärungen gegenüber der Kommission, „kriminaltechnische Untersuchungen hätten ergeben,... präparierte Verstecke, wie ausgekleidete, für Waffen geeignete und mit Gips verschlossene Hohlräume, die der Größe der gefundenen Waffe entsprachen, aber auch eine weitere Feuerwaffe, Patronen und Sprengstoff in den von den Beschwerdeführern benutzten Zellen..."[55] seien gefunden worden.

Warum soll Andreas Baader in einer Zelle, von der er gar nicht wissen konnte, daß er in sie verlegt wird (719), Patronen des Kalibers 9 mm versteckt haben, die aus den Beständen des rheinland-pfälzischen Innenministeriums[56] stammen, wo er doch zur Selbsttötung eine Waffe mit 7,65 mm Kaliber benutzt haben soll, deren Lauf offensichtlich nicht zu der gefundenen Munition paßt?

Ein bemerkenswertes Besitzverhältnis hat auch die mutmaßliche Smith & Wesson, respektive der mutmaßliche Colt Detectiv Special – die baden-württembergischen Untersuchungsorgane gehen zunächst von einer Smith & Wesson aus,[57] später einigt man sich auf einen Colt Detectiv Special, möglicherweise, weil dieser besser in einen ausgehöhlten Aktenordner paßt.

Jedenfalls wird in Zelle 723, die vom 6. Juli bis zum 12. August 1977 von Helmut Pohl belegt war, eine Waffe und Sprengstoff gefunden. Hat dieser Häftling, als er am 6.7.1977 gefesselt von Hamburg nach Stammheim verbracht wurde, körperliche und Einlieferungskontrollen überlistet und die Waffe eingeschmuggelt?

Am 6. September war die Zelle 723 in Abwesenheit des Häftlings, der inzwischen nach Hamburg verschubt worden war, ebenfalls auf Anweisung der BAW, von 0.20 Uhr bis 1.50 Uhr durch Beamte des baden-württembergischen Landeskriminalamts, verstärkt durch ebensolche der Landespolizeidirektion Stuttgart im Beisein von Anstaltsleiter Nusser, des Stellvertreters Schreitmüller, dreier Aufsichtsbeamter und Bundesanwalt Widera („zeitweise") durchsucht worden, ohne daß „beweiserhebliche Gegenstände" sichergestellt wurden.[58] Festzustellen bleibt, daß die Zelle 723 seit der Verschubung von Pohl am 12.8.1977 leersteht, oder präziser ausgedrückt: nicht mehr von Häftlingen aus der RAF belegt war. Fest steht ferner, daß ein Häftling aus einem unteren Stockwerk am 17.10.1977 aus dieser Zelle Geräusche gehört haben will.[59]

Als der Generalbundesanwalt am 12. Januar 1978 vor dem baden-württembergischen Untersuchungsausschuß verbreitete, er habe „gesicherte Erkenntnisse", wonach Waffen und Sprengstoff von den Anwälten durch die Kontrollen im Mehrzweckgebäude via präparierter Handakten in den 7. Stock transportiert worden seien, war noch kein Kontrollbeamter vernommen worden. Knapp 90% der später vor dem OLG Stuttgart in der Strafsache gegen die Rechtsanwälte Müller und Newerla Vernommenen aus dem Mehrzweckgebäude, 30 von 34, schlossen kategorisch aus, daß Rechtsanwälte Akten oder auch nur Blattsammlungen bei den Kontrollen in den Händen behalten durften. Auch die übrigen 4 Beamten schlossen aus, daß ihnen Präparierung von Anwaltsakten entgangen wäre.[60]

Bei der Verbreitung dieser „gesicherten Erkenntnis" stützte sich Generalbundesanwalt Rebmann auf die Aussage eines einzigen Zeugen: Volker Speitel, der am 2. Oktober von der Polizei im Skandinavien-Express von Kopenhagen nach Hamburg kurz hinter der Staatsgrenze in Puttgarden festgenommen worden war oder besser: sich dort hatte festnehmen lassen.

Den Vorgang bewertet Jürgen Saupe so: „Milde Strafen, neue Pässe und viel Geld – so dealten Bundesanwaltschaft und BKA mit Volker Speitel..., um Aussagen in den RAF-Mordprozessen wegen Buback, Ponto und Schleyer zu erhalten."[61]

Da die öffentliche Mutmaßung über einen solchen Kronzeugen notwendigerweise auch dessen Aussagequalität entwertet, hätte sich der Generalbundesanwalt um einen möglicherweise sachkundigeren Zeugen H.-J. Klein bemühen können, der unaufgefordert und aus eigenem Wissen der Weltöffentlichkeit aus dem Untergrund mitteilte: „Ich wußte, daß sie seit 1975 Waffen im Knast hatten."[62]

255

Der Zeuge Volker Speitel hatte vor dem Ermittlungsrichter hingegen erklärt, die Übergabe der Waffen und
des Sprengstoffs erfolgte nach März 1977, spätestens
Juni 1977, jedenfalls nach der Entlassung der Mohn-
haupt aus der Haft.[63]

Den beiden Zeugen ist eine gewisse Fachkunde nicht
abzusprechen. Beide arbeiteten im Rechtsanwaltsbüro
von Klaus Croissant in Stuttgart, in dem auch das Internationale Verteidigerkomitee[64] tätig war.

Über die Beurteilung der Qualität der Aussage von
Klein sind sich die veröffentlichten Meinungen uneins.
Die einen halten sie für die eines „Aussteigers",[65]
andere hingegen charakterisieren sie als jene eines von
westdeutschen Geheimdiensten angeworbenen Informanten.[66]

Im Prozeß gegen die beiden Rechtsanwälte Arndt
Müller und Armin Newerla wird Klein nicht vernom-
men, auch nicht nach Prozeßende in dieser neuen
Sache.

Denn wenn die Waffen bereits seit 1975 in der Sicherheitsabteilung III und im 7. Stock waren, sind Speitels
Aussagen gegen die beiden Anwälte unbrauchbar und
Generalbundesanwalt Rebmanns Aufgabe wäre es
gewesen zu ermitteln, wer in wessen Auftrag Waffen
schon 1975 in den 7. Stock geschmuggelt hat und auf
welche Weise das geschehen ist. Dazu wäre eine einge-
hende Vernehmung von Klein unerläßlich gewesen.

Denn mit der Frage, wie es den Häftlingen gelang, in
den bestgesicherten Hochsicherheitstrakt und in die in
sich völlig geschlossene Abteilung III Waffen, Munition
und Sprengstoff hineinzubringen, steht und fällt die
wichtigste Säule der Selbstmordversion.

Es ist zutreffend, daß die von den Kontrollbeamten verwendeten Metallsonden selbst bei Stecknadelköpfen
im Hemdkragen anschlugen oder bei Pfennigstücken in
der Hosentasche Alarm anzeigten. Selbst Hosenladen-
reißverschlüsse wurden kraft richterlicher Verfügung

„hintergriffen", und die Anwälte mußten Aktenordner aus der Hand geben, wo sie vom Kontrollbeamten mit umgedrehtem Schriftbild durchblättert wurden. Weder bei den Kontrollmaßnahmen im Mehrzweckgebäude noch in der Vollzugsanstalt ist es vorstellbar, an diesen Kontrollen vorbei Waffen, Waffenteile oder Munition und Sprengstoff zu schmuggeln.

Bei den Waffenschmuggelversionen der Behörden bleibt eine Tatsache völlig außer Betracht: Die Häftlinge hatten weder Einfluß auf den Zellenverlegungsplan noch wußten sie, in welche Zelle sie verlegt wurden. Sie konnten auch nicht wissen, ob und für wie lange sie im Besitz ihrer Plattenspieler bleiben durften. Somit hätten den Häftlingen die Waffen nur dann zur Verfügung gestanden, wenn sie durch die Anstaltsleitung oder durch Geheimdienste dazu in die Lage versetzt worden wären.

Ein Beispiel ist der Waffenfund in Zelle 723. In diese bislang unbelegte Zelle wird am 6. Juli nach dem Zellenbelegungsplan der von Hamburg nach Stammheim verschubte Häftling Helmut Pohl verlegt. Am 12. August wird er wieder nach Hamburg in die Totalisolation zurückgebracht. Sowohl die Staatsanwaltschaft als auch der Untersuchungsausschuß stellen fest: In dieser Zelle befand sich ein Waffenversteck. Der Ausschuß findet eine Smith & Wesson, die Staatsanwaltschaft stellt ohne eigene Ermittlungen einen Colt Detectiv Special fest. Wie bereits dargelegt, ist eine Einigung erfolgt.

Zu fragen ist doch: Hatte Helmut Pohl die Waffe aus Hamburg mitgebracht? Wenn er sie tatsächlich mitgebracht hätte, weshalb war sie dann bei seiner Einlieferung und Durchsuchung am 6. Juli nicht entdeckt worden? Kannte dieser Häftling den Zellenverlegungsplan? Warum läßt er die mutmaßlich von ihm versteckte Waffe in der Zelle zurück und läßt sich unbewaffnet wieder nach Hamburg zurückbringen?

Häftlinge werden beim Transport vorschriftsmäßig

gefesselt. Hätte Helmut Pohl die Waffe beim Hin- oder Rücktransport mit sich geführt, wäre das mit Sicherheit seiner Bewachung aufgefallen, zumal er auch dort in Totalisolation gehalten wurde.

Ähnliche Fragen stellen sich bei der Dramaturgie der Zellenverlegung in Bezug auf Jan-Carl Raspe. Er war zunächst vom November 1974 bis Juni 1977 in Zelle 714 untergebracht worden. Von Juni 1977 bis 4. Oktober lebte er in Zelle 718. Am selben Tag wurde er in die Todeszelle 716 verlegt. Dort, in dieser neuen Zelle, ermittelte der Ausschuß ein Waffenversteck in der Fensterwand.[67]

Woher konnte Raspe wissen, daß er am 4. Oktober in die Zelle 716 verlegt wird? Hatte er bei seiner Verlegung die Waffe mit sich geführt, ohne daß das entdeckt worden wäre? Kannte auch er den Zellenverlegungsplan? Beides ist zu verneinen.

Ebenso bemerkenswert ist das Zellen-wechsle-dich-Spiel, das man mit Andreas Baader treibt. 1974 befindet er sich in der Zelle 709. Danach wird er in die Zelle 711/712 verlegt.

Vom 25. Juni 1977 bis zum 13. September wird er in die Zelle 719 gesteckt. Vom 13. September bis zum 4. Oktober wird er in der Zelle 715 untergebracht. Erst am 4. Oktober wurde er in die Todeszelle 719 zurückverlegt. Woher konnte er wissen, daß er in die Zelle 719 verlegt werden würde? Hatte er bei der Verlegung die Waffe mit sich geführt, ohne daß das entdeckt worden wäre? Kannte er den Zellenplan?

Nach den Feststellungen des Ausschusses hat Andreas Baader in der Zelle 715 ein Waffenversteck in der Fensterwand angelegt. Konnte er die Waffe bei der Verlegung nach 719 im Plattenspieler einschmuggeln? Der Plattenspieler war ihm bereits am 5. September zu Kontaktsperrebeginn durch Amtsinspektor Hauk abgenommen und von Beamten des Landeskriminalamtes durchsucht und überprüft worden. Der Brief des baden-württembergischen Justizministeriums vom 10. Januar 1978, aus dem sich diese Tatsachen ergeben, gelangt rechtzeitig zum Vorsitzenden Schieler, er steht sogar als Anlage im Untersuchungsbericht. Der Brief selbst ist dem Untersuchungsbericht nicht beigefügt. Es ist auch nicht klar, ob der Vorsitzende den Untersuchungsausschuß-Mitgliedern den Brief zur Kenntnis gebracht hat. Gleichwohl vermag der Brief die Meinung des Untersuchungsausschusses, wonach es dennoch beim Plattenspielerversteck bleibt, nicht zu beeinflussen.

Da wir uns am Meinungshandel nicht beteiligen, können wir davon ausgehen, daß der Plattenspieler ordnungsgemäß durchsucht und überprüft worden ist; Andreas Baader bekam den Plattenspieler erst am 22. September vom Oberverwalter Bubeck ausgehändigt.[68]

Bekanntlich aber stellt die Staatsanwaltschaft in ihrer Einstellungsbegründung (S. 15) ebenso wie der baden-württembergische Untersuchungsausschuß (S. 88) Andreas Baaders Plattenspieler als Waffenversteck fest. In ihrer Stellungnahme gegenüber dem Europäischen Gerichtshof behauptete die BRD-Regierung ebenfalls, der Plattenspieler sei als Waffenversteck präpariert gewesen und habe eine Haltevorrichtung für eine Pistole aufgewiesen (S. 15). Diese Version wird am 20. 11. 1980 gegenüber dem Bundestagsabgeordneten Manfred Schmidt durch die Bundesregierung gedeckt. In ihrer Antwort auf dessen Anfrage nach dem „Stern"-Bericht erklärt sie unter anderem, nach den ihr vorliegenden Informationen hätten Staatsanwaltschaft und Polizei unter Ausschöpfung aller relevanten Erkenntnismöglichkeiten die Ermittlungen durchgeführt und sämtliche Spuren verfolgt. Erst vor dem Ständigen Ausschuß des baden-württembergischen Landtags am 20.1.1984[69] allerdings begegnet der Staatssekretär im baden-württembergischen Justizministerium kritischen Parlamentsanfragen mit einem Geständnis: Er gab zu, daß der Vollzugsdienstleiter vor dem Untersuchungsausschuß erklärt habe, daß alle Geräte in den Räumen der Gefangenen untersucht worden seien, während der Untersuchungsausschuß zum Ergebnis gelangt sei, daß die Pistole im Plattenspieler des Andreas Baader untergebracht gewesen sei. Solche Gegensätze träten aber in den meisten Verfahren auf. (S. 5)

Konnte Baader aber die Waffe bei der Verlegung transportieren, ohne daß dies bemerkt worden wäre? Das durch die Waffe erhöhte Gewicht des Plattenspielers wäre den erfahrenen Beamten aufgefallen.

Es kann ausgeschlossen werden, daß die Häftlinge Kenntnis vom Zellenverlegungsplan erhalten haben. Es ist außerdem auszuschließen, daß die Waffen bei der Verlegung übersehen werden konnten. Die Waffenverstecke konnte indessen nur derjenige anlegen, der genau wußte, daß Raspe in Zelle 716 verlegt wird. In Zelle 718, wo er monatelang gewesen ist, befand sich kein Waffenversteck, ebenso nicht in Zelle 714, die er jahrelang belegte.

Demnach steht fest: Bei Helmut Pohl bricht die Waffentransportlegende an den Umständen des Transports und daran, daß diese Zelle zuvor nicht belegt gewesen ist, in sich zusammen.

Bei Andreas Baader krankt die Transportlegende an der Tatsache, daß sein Plattenspieler sowohl als Waffenversteck als auch als Transportmittel beim Zellenumzug nicht in Frage kommt. Zum Verlegungszeitpunkt ist der Plattenspieler bereits vom LKA durchsucht und überprüft worden.

Bei Jan-Carl Raspe ist auszuschließen, daß er die Waffe in der Zelle 714/718 versteckte. Denn dort wurden keine derartigen Verstecke gefunden. Als er am 4. Oktober verlegt wurde, konnte er nicht wissen, daß er in die Zelle 716 verlegt wird, wo später in der Fensterwand das Waffenversteck gefunden wird.

Das Waffenversteck kann in seiner Zelle 716 nur derjenige angelegt haben, der wußte, woher auch immer, daß Raspe während der Kontaktsperre in diese Zelle verlegt werden würde.

In der Zeit von 1975 bis zur Kontaktsperre wurde bei keinem der Stammheimer Häftlinge ein Waffenversteck gefunden.

Die Zelle 723, in der sich als einziger RAF-Häftling Pohl in der Zeit vom 6. Juli bis zum 12. August 1977 aufhielt, kann von Klein nicht gemeint gewesen sein, als er behauptete, daß die Gefangenen bereits seit 1975 Waffen in der Vollzugsanstalt versteckt hätten. Nun ist aber dort eine Waffe und ein Waffenversteck gefunden worden. Wer mag es wohl angelegt haben? Und wann?

Baader befindet sich 1975 in den Zellen 709, 711/712. Nach Durchbruch der Zellenwand kommt er von 709 zurück in diese neue Doppelzelle 711/712. In dieser Doppelzelle wird kein Versteck gefunden. Der Ausschuß ermittelt zwar in 709 einen Hohlraum, aber erst ein Jahr später.

„Als im Sommer 1976 in der Zelle Baaders knapp über der Bodenleiste ein etwa 10 cm langes, 5 cm tiefes und 3 cm hohes Loch in der Wand entdeckt wird, beruhigte sich die VZA schließlich bei der Erklärung Baaders, daß sein Bettgestell das Loch in die Wand getrieben habe..."[70] Selbst der Ausschuß kommt nicht umhin, die Abriebstelle an der Wand als unbedeutend zu bezeichnen. Diese Stelle wurde mit keinem Waffenversteck in Verbindung gebracht.

Der polizeilich nicht vernommene Roland M. belegte im Sommer 1977 die Zelle 619, unmittelbar unter Baaders Zelle und machte folgende Beobachtungen:

„In der Zeit August 1977, als die RAF im Hungerstreik war, befand ich mich genau einen Stock tiefer in der Zelle 619. Also genau unter Baader. An welchem Tag genau, weiß ich nicht mehr, auf jeden Fall war die RAF

in der Nacht nach 22 Uhr bis über 2 Uhr auf die Intensivstation in der Anstalt gebracht worden. Als Andreas
Baader geholt wurde, konnten wir in den Zellen darunter die Zellentüre Baaders deutlich hören. Mit mir in der
Zelle befanden sich weitere Gefangene... Als wir nun
von unserer Zelle ins Revier blickten, konnten wir
sehen, wie Baader auf der Liege unten ankam. Danach
hörten wir unverzüglich wie die Zellentür wieder geöffnet wurde und mehrere Personen (mindestens zwei) die
Zelle betraten. Einige Minuten später entstand ein
Schabgeräusch an unserer Zellendecke, das, wie ich
vermutete, aus der Ecke kam. Dieses Geräusch hielt ca.
eine halbe Stunde an, wobei mit Unterbrechungen die
Toilette gespült wurde..."[71]

b) Unkontrollierte Transportwege

Unterstellt, ein Unbekannter hätte die Häftlinge davon
überzeugt, daß es einen RAF-Befreiungsplan gebe, sie
aus dem Hochsicherheitstrakt zu befreien und sie in den
Besitz von Waffen zu bringen... Dann müßte man sich
auf folgendes Gedankenspiel einlassen:

Die Häftlinge, zunächst mißtrauisch, verlangen einen
„Probelauf" mit einer harmlosen Minox-Kamera als
erste vertrauensbildende Maßnahme. Nun gelingt diesem Helfer, die Minox in den 7. Stock zu schaffen, die
Häftlinge fotografieren sich sogar.

Tatsächlich soll nach „gesicherter Erkenntis" der
Bundesanwaltschaft trotz zahlreicher Zellendurchsuchungen die Ende 1976 eingeschmuggelte Minox erst
während der Kontaktsperre am 13. September gefunden worden sein. Das baden-württembergische Justizministerium wird merkwürdigerweise davon zunächst
nicht unterrichtet.

Nachdem der Minox-Transport zunächst einmal
gelungen war, würden sich daraufhin die Häftlinge – so
der Gedanke – dann allen Ernstes auf die Waffentrans-

porte mutmaßlicher Gesinnungsfreunde eingelassen haben? Wenn ja, aber wie?

Der von Speitel dargestellte Transportweg ist zwar denkbar, aber höchst unwahrscheinlich. In der Kontrollschleuse des Mehrzweckgebäudes wurde genauso streng kontrolliert wie in der Vollzugsanstalt. Unüberwachte Privatbesuche waren erst recht ausgeschlossen.

Vielmehr konnten die Waffen auf dem vom Ausschuß aufgezeigten möglichen weiteren Weg in den 7. Stock gelangen. Einmal über „die umfangreichen Getränkelieferungen"[72] ins Mehrzweckgebäude oder über Baustofflieferungen in die Vollzugsanstalt: „Das zum Umbau der dritten Abteilung benötigte Baumaterial... wurde über Baustoffhändler bezogen und von diesen in den Hof der Vollzugsanstalt geliefert. Eine Durchsuchung unterblieb. Sowohl das Justizministerium als auch die Vollzugsanstalt wußten, daß dies ein neuralgischer Punkt im Sicherheitssystem war..."[73]

Die Helfer konnten also die Waffen auf diesem unkontrollierten Transportweg in die Vollzugsanstalt bringen. Das angelieferte Material wurde nicht von Aufsichtsbeamten, sondern von den beim Baukommando beschäftigten Häftlingen abgeladen und in einem Lagerraum eingeschlossen. Von dort aus trugen die Gefangenenarbeitskräfte das Material in die III. Abteilung. Eine vorherige Kontrolle erfolgte nicht.[74] Bei diesem Vorgang waren daher Manipulationen möglich. Das räumte auch der Ausschuß ein.

Der damalige Leiter der im Mai und Juni 1977 erfolgten Umbaumaßnahmen, Ministerialdirektor und heutiger Generalbundesanwalt Rebmann, wurde vom Ausschuß erst gar nicht gefragt, warum er nicht unverzüglich Kontrollmaßnahmen vorgeschlagen oder durchgesetzt hat. Er will als verantwortlicher Leiter der Umbaumaßnahmen erst bei seiner Vernehmung vor dem Ausschuß erfahren haben, daß im 7. Stock auf der Baustelle Gefangenenarbeitskräfte eingesetzt waren. Das ist unglaubhaft.

Er selbst war bei den Baumaßnahmen persönlich dort gewesen[75] und hatte sie überwacht. Demnach wären die Häftlinge unter seiner Leitung in der Lage gewesen, Kontakte zu den Gefangenenarbeitskräften im Umschlußraum vor den Einzelzellen, also auf der „Großbaustelle"[76] aufzunehmen.

Daher ist es denkbar, daß nicht nur „Material oder Werkzeuge",[77] sondern auch Waffen unkontrolliert von den Gefangenenarbeitskräften entgegengenommen wurden. Dies wäre versteckt in Baumaterial leichter möglich gewesen als auf irgendeine andere Weise.

Daß die Waffen auf diesem Wege in die Vollzugsanstalt und in den 7. Stock hätten gelangen können, ist nicht auszuschließen. Dies war ein möglicher unkontrollierter Transportweg für den Waffenschmuggel, weil weder Material noch Personen inspiziert wurden.

In Kenntnis dieses neuralgischen Punkts im Sicherheitssystem der Anstalt können die Helfer die Waffen in den 7. Stock gebracht haben, quasi unter „Aufsicht" des Justizministeriums und seines Ministerialdirektors.

Darüber hinaus konnte es nur noch einen weiteren Transportweg in den 7. Stock geben, der von der Anstaltsleitung und dem Justizministerium nicht kontrolliert wurde:

Es betrifft den Zugang insbesondere der Geheimdienste und der US-Militärpolizei. Dies ergibt sich aus dem vorläufigen Bericht der Landesregierung vom Dezember 1977, der danach nie wieder aufgetaucht ist:

Im Eingangshof der Vollzugsanstalt ist in Behelfsbauweise eine Kontrollschleuse eingerichtet worden. Jeder Besucher muß diese Schleuse vor dem Betreten des Anstaltsgebäudes passieren und dabei seinen Ausweis abgeben. Der Besucher erhält den Ausweis nach Beendigung des Besuchs oder Rückgabe einer Besucherkarte wieder ausgehändigt. Darüber hinaus wird jeder Besucher in der Kontrollschleuse einer körperlichen Durchsuchung durch Abtasten über der Kleidung und durch Absonden mittels eines Metallsuchgerätes unterzogen. Vom Besucher mitgeführte Gegenstände werden auf einem Kontrolltisch überprüft. Von der Durchsuchung ausgegenommen sind Anstaltsbedienstete und Bedienstete der Aufsichtsbehörde, Haftrichter, Haftstaatsanwalt und die Bediensteten dieser Dienststellen, Angehörige der uniformierten Polizei, der Kriminalpolizei, der Zollfahndung, der Bahnpolizei, der Bundeswehr, des Bundesgrenzschutzes und der *amerikanischen Militärpolizei*, Ärzte, die im Revier aushilfsweise Dienst tun, sowie *im einzelnen festgelegte* – mit einem besonderen Ausweis ausgestattete – *Personen*, die regelmäßig in die Vollzugsanstalt kommen und deren Zuverlässigkeit überprüft wurde.[78]

In der Kontrollschleuse der Vollzugsanstalt wurden also weder Angehörige der US-Militärpolizei noch der Geheimdienste kontrolliert.

Damit steht fest: Die Kontaktsperre hat nicht lückenlos funktioniert. Die Leitung der VZA hatte bei diesem Personenkreis, der schon vor Beginn der Kontaktsperre zu den Unkontrollierbaren zählte, keinerlei Kontrollrechte und keinerlei Kontrollmöglichkeiten.

Es kann daher nicht ausgeschlossen werden, daß die Waffen auf diesem Wege über diesen Personenkreis in den 7. Stock gelangten.

Daß der Ausschuß diesen unkontrollierbaren Transportmöglichkeiten im Rahmen seiner Beweiserhebung keine Bedeutung beigemessen hat oder zumessen wollte, läßt die Vermutung bestehen, daß an dieser Aufklärung kein Interesse bestand.

Bei objektiver Sachaufklärung hätte ein neutraler Ausschuß in diesem Zusammenhang den baden-württembergischen Justizminister Bender befragen müssen, was er als Verfassungsorgan der BRD im August 1977 im europäischen Hauptquartier der US-Streitkräfte in

Heidelberg erörtert und beschlossen hat.[79] Sollte er dazu bewegt werden, insgeheim Überwachungs- und Kontrollbefugnisse hinsichtlich der Vollzugsanstalt Stammheim an die US-Streitkräfte zu übergeben? Was hat ein baden-württembergischer Justizminister bei der US-Army zu besprechen? Bender wird diese Frage nicht mehr beantworten können. Der Justizminister trat noch 1977 von seinem Amt zurück. Im Frühjahr 1979 heißt es, er sei an einem „Gehirnschlag" und dessen Folgen verstorben.[80]

Da die Staatsanwaltschaft Stuttgart von Anbeginn auf eine Nachprüfung der unkontrollierten Transportwege in die Vollzugsanstalt verzichtet hat, wollte oder konnte sie die Lückenlosigkeit der Kontaktsperre nicht feststellen.

c) Die „Telemat-Anlage" und die „Siemens-Techniker"

Der baden-württembergische Untersuchungsausschuß hingegen konnte ermitteln, daß die elektronischen Sicherheitsanlagen im 7. Stock defekt waren, die von Siemens-Mitarbeitern während der Kontaktsperre überprüft worden waren.

Unbekannten wäre es möglich gewesen, vom Hof der Vollzugsanstalt aus über den Treppenflur in den 7. Stock zu gelangen, wenn sie unbemerkt hätten eindringen können. Das wäre auch während der Kontaktsperre möglich gewesen, wenn die elektronischen Anlagen versagt hätten.

Die beiden Video-Kameras, die nachts den Flur vor den Haftzellen überwachten, hatten gravierende Mängel: Die elektronische Telemat-Anlage der Firma Siemens arbeitete nach folgendem Prinzip: Die Kameras nehmen kurz hintereinander Bilder auf, die permanent vom angeschlossenen Computer verglichen werden.

Stimmen die Bilder nicht überein, weil ein Mensch durch den Flur geht, ertönt in der Wachkanzel im 7. Stock und bei der Torwache ein Gong. Außerdem erscheint auf den Monitoren um das sich bewegende Objekt ein flimmernder Lichtkranz.

Als das Landeskriminalamt später die Anlage testete, wurden weder Gong noch Lichtalarm ausgelöst.

Vor dem parlamentarischen Ausschuß erklärte Martini vom LKA:

„Ich bin durch die Tür ... dann an der linken Wand entlang ganz vorgelaufen bis zur Zelle, wo Herr Baader war, habe die Zellentür geöffnet, bin rein in die Zelle, dann wieder raus und dann diagonal durch den Gang nach vorn gelaufen, und das ganze sehr langsam – und dabei hat die Warneinrichtung nicht angesprochen."[81]

Die Funktionsfähigkeit der Telemat-Anlage von Siemens gab deshalb auch für den Ausschuß Anlaß, die mit dem Einbau und der Überwachung der Anlage befaßten Mitarbeiter von Siemens zu hören.

Aufgrund der Beweisaufnahme waren „sichere Feststellungen darüber, ob der ... festgestellte Mangel schon in der Nacht vom 17. zum 18. Oktober 1977 vorlag ..., nicht möglich."[82] Es war allerdings auch nicht auszuschließen, daß die Anlage nicht funktionierte.

Nach dem Ergebnis der Beweisaufnahme stand fest, daß sich während der sogenannten „Kontaktsperre" Mitarbeiter der Firma Siemens im Sicherheitsbereich des 7. Stocks der Vollzugsanstalt aufgehalten haben. Sie sollen dort Reparaturarbeiten an den Fernsehkameras im Flur zwischen den Zellen von Andreas Baader, Gudrun Ensslin, Jan-Carl Raspe und Irmgard Möller ausgeführt haben. Überraschenderweise stellt der Ausschuß das Nichtfunktionieren der Telemat-Anlage während der Kontaktsperrezeit fest. Warum funktioniert die optische Überwachung trotz Reparatur nicht?

Dem zuständigen Vollzugsdienstleiter Hauk war über Funktionsstörungen der Anlage während dieser Zeit nichts bekannt.[83]

Dennoch hat zumindest am 12. September 1977 eine Reparatur durch einen Revisor der Firma Siemens nach deren Betriebsunterlagen stattgefunden. Der Ausschußvorsitzende bat die Firma Siemens, ihre Unterlagen über alle Besuche und Reparaturen dem Ausschuß zur Verfügung zu stellen, um festzustellen, ob auch nach dem 12. September weitere Besuche stattgefunden haben.[84]

Doch die Staatsanwaltschaft ist dieser Spur, die möglicherweise Aufklärung über die Funktionsuntüchtigkeit der Telemat-Anlage in der Todesnacht hätte geben können, nicht gefolgt.

Die Kleine Anfrage eines Landtagsabgeordneten dazu aus dem Jahre 1983 beantwortet der Justizminister für die Landesregierung teilweise und ausweichend. Die Sachbehandlung der Staatsanwaltschaft sei nicht zu beanstanden. Hierfür bestehe schon deswegen kein Grund, weil das Ermittlungsergebnis, wonach die Gefangenen sich selbst getötet haben, durch zahlreiche und überzeugende Beweise belegt sei. Dieses Ergebnis werde auch nicht durch die ständig wiederholte Behauptung in Frage gestellt, es bestünden noch Lükken in der Beweisführung oder es sei bisher unterblieben, bestimmte Spuren und Beweismittel aufzugreifen. Weil damit ersichtlich nur der Zweck verfolgt werde, Mißtrauen und Zweifel an der Objektivität der Ermittlungsbehörden zu wecken...[85]

Auf weiteres parlamentarisches Drängen, ob die Landesregierung in diesem Zusammenhang geheimdienstliche Aktivitäten ausschließe, antwortete das baden-württembergische Justizministerium im Jahre 1984 vor dem Ständigen Ausschuß:

„Unbestritten hätten während der Kontaktsperre zwei Siemens-Beauftragte die Telemat-Anlage überprüft. Fest stehe aber auch, ...daß sich in der Nacht vom 17. auf den 18. Oktober 1977 in der Vollzugsanstalt Stuttgart-Stammheim weder Fachleute der Firma Sie-

mens noch des Bundeskriminalamts, noch des Bundesnachrichtendienstes aufgehalten hätten. Darum könne
auch die Feststellung, daß die Siemens-Beauftragten an
der Telemat-Anlage gearbeitet hätten, das eindeutige
Ergebnis der Selbsttötung in keiner Weise erschüttern."[86]

Auf eine wiederholte briefliche Anfrage eines Abgeordneten, welche Mitarbeiter der Firma Siemens während der Kontaktsperrezeit mit der Reparatur beauftragt waren und warum die Anlage nachweislich nicht
nach diesen „Reparaturen" funktioniert haben soll,
auch nach dem Verbleib von Reparaturauftrag und
Kostenrechnung antwortet die Landesregierung mit der
Arroganz der Macht. Wer den Reparaturauftrag für die
Firma Siemens erfüllt hat, wird erst gar nicht beantwortet; ferner heißt es: „Ob bei den Ermittlungen der Reparaturauftrag der Vollzugsanstalt und die Kostenrechnung der Firma Siemens vorlagen, ist dem Justizministerium nicht bekannt. Unterlagen über die bis zum 18.
Oktober 1977 vorgenommenen Revisionen der Anlage
befanden sich jedoch bei der Beweisaufnahme des
Untersuchungsausschusses in der Hand des zuständigen Firmenvertreters. Ob der Zeuge entsprechend seiner Zusage in der Sitzung vom 9. Februar 1978 ... diese
Unterlagen dem Ausschuß zugesandt hat, ist dem
Justizministerium ebenfalls unbekannt."[87]

Demnach steht ferner fest, daß die sogenannte „Kontaktsperre" von unbekannten Mitarbeitern oder Beauftragten der Firma Siemens dadurch sabotiert worden
ist, daß sie nicht in der Lage waren, die Funktionstüch-
tigkeit der Telemat-Anlage zu gewährleisten, oder vielleicht auch, daß sie die Anlage außer Funktion setzten.

Die sogenannte „Kontaktsperre" hat nicht lückenlos
funktioniert. Die Staatsanwaltschaft hat es unterlassen,
auch in dieser Richtung unkontrollierbare Transportwege zu untersuchen.

d) Der Zugang zu den Zellen

Bei der Untersuchung der Zellentürschlösser gibt es bemerkenswerte Feststellungen:

Bei Andreas Baader (719) sind bei Schloß I die Zuhaltungen ohne Schutzverzahnung. Bei der Zuhaltung 1, 3 und 6 fehlen die Zuhaltungsfedern. Bei Schloß II ist die Verschraubung unversiegelt und die Zuhaltung ohne Schutzverzahnung.

Bei Gudrun Ensslin (720) ist bei Schloß I bei der Verschraubung das Siegel gebrochen. Schloß II hat kein Siegel, Schlüsselführungszylinder und Verschlußanzeige fehlen, und die Zuhaltung ist ohne Schutzverzahnung.

Bei Irmgard Möllers Zellentür (725) hat Schloß I keine Verschraubung, und das Siegel ist verletzt. Auch bei Schloß II ist die Verschraubung unversiegelt und die Zuhaltung ohne Schutzverzahnung.

An der Zellentür von Jan-Carl Raspe (716) fehlt bei Schloß II die Versiegelung bei der Verschraubung, und die Zuhaltung ist ohne Schutzverzahnung.[88]

Das bedeutet, daß bei verletzter oder entfernter Versiegelung die Schloßdecken bereits einmal abgenommen worden sind. Somit steht fest, daß von den Türschlössern an den Zellen der Häftlinge Nachschlüssel angefertigt worden sind.

Dazu schreibt die Kripo selbst: „Die Untersuchungen schließen die Möglichkeit, daß nach einem Originalschlüssel ein Nachschlüssel gefertigt werden kann, nicht aus."[89]

e) Optische und akustische Überwachung

Nachdem durch die Dramaturgie der Zellenverlegungen und -durchsuchungen und durch die Plattenspieleruntersuchung auszuschließen ist, daß Andreas Baader und Jan-Carl Raspe Waffen in die Zellen schmuggeln konnten, soll noch – mehr aus Gedankenspielerei und hypothetisch – untersucht werden, ob sie die Waffen unentdeckt hätten aufbewahren können.

Eine unentdeckte Aufbewahrung wäre nur dann möglich gewesen, wenn die Haftzellen weder optisch noch akustisch überwacht worden sind.

Bereits während des Stammheimer Prozesses hatte Andreas Baader in einem Streitgespräch mit dem Vorsitzenden Richter Prinzing und Bundesanwalt Wunder seine Wahrnehmung über unerlaubte Überwachungsmaßnahmen dargelegt.[90] Als inhaftierter Angeklagter war er natürlich nicht in der Lage, Sachbeweise beizubringen.

Am 17. März 1977 gab hierzu das Innenministerium Baden-Württemberg eine Pressemitteilung heraus. Hierin wurde zugegeben, daß das baden-württembergische Justizministerium Lauschoperationen in beiden Fällen durchgeführt hatte.[91] Betroffen davon waren die Häftlinge und ihre Verteidiger, deren Gespräche in den sogenannten Sprechzellen der Vollzugsanstalt abgehört worden sind.

Aufgrund dieser Abhöraktion lehnten es die Wahlverteidiger der Angeklagten, die Rechtsanwälte Hans Heinz Heldmann, Michael Oberwinder, Otto Schily und der Autor ab, am Prozeßgeschehen in Stammheim weiter teilzunehmen.

Schon im April und Mai 1975 sowie Dezember 1976 und Januar 1977 waren diese Lauschoperationen ausgeführt worden, ohne die erhofften „Hinweise auf geplante schwere Straftaten"[92] zu erbringen.

Über die Installation der verborgenen Mikrofone zitierte die Frankfurter Rundschau einen Sprecher des Bundesinnenministeriums: Zwei technische Mitarbeiter des Bundesamtes für Verfassungsschutz seien in der Stammheimer Haftanstalt vom 1. bis 3. März 1975 (zum Zeitpunkt der Lorenz-Entführung) und am 1. Mai (kurz nach dem Überfall auf die Botschaft in Stockholm) bei

Lauschaktionen tätig geworden. Offenbar hätten diese Maßnahmen damals zu keinen Erkenntnissen geführt, denn kurz darauf habe das Landeskriminalamt von Baden-Württemberg in der gleichen Sache um technische Hilfe beim Bundesnachrichtendienst (BND) nachgesucht. Ob und wann die „Lauschmittel" aus der Stammheimer Haftanstalt wieder beseitigt wurden, war der Bundesregierung unbekannt."[93]

In der Hauptverhandlung am 22. März 1977 erklärte der Vorsitzende Richter Foth: „Prozessual freilich ist der geschehene Verstoß gegen § 148 StPO (Ungehinderter mündlicher Verkehr mit dem Verteidiger – Verf.) nicht aus der Welt zu schaffen."[94]

Die Rechtsanwälte erstatteten Anzeige gegen die beiden Abhörminister wegen Verletzung der Vertraulichkeit des Wortes. Das eingeleitete Ermittlungsverfahren stellte Generalstaatsanwalt Erwin Schüle mit der Begründung ein, die Minister seien zutreffend davon ausgegangen, sie seien befugt, die Gespräche zwischen den in der Vollzugsanstalt Stuttgart-Stammheim einsitzenden Terroristen und ihren Wahlverteidigern abzuhören. Diese Befugnis habe sich aus dem Vorhandensein einer Notstandslage im Sinne von § 34 StGB ergeben. Nur so konnten sie etwas über die Vorhaben der Terroristen erfahren.[95] Sonach geschah „das Abhören der Gespräche rechtmäßig"[96] und mit Billigung des Bundeskanzleramts.[96a] Während des Stammheimer Prozesses waren nicht nur die Abhörmaßnahmen gegen Wahlverteidiger und Häftlinge in den Sprechzellen zur Sprache gekommen, sondern auch Abhörmaßnahmen gegen die Häftlinge in den Haftzellen, etwa über die Gegensprechanlage, eine Annahme, die die Landesregierung bis auf den heutigen Tag von sich weist.

Da Andreas Baader als Angeklagter nicht in der Lage war, Sachbeweise beizubringen, wollen wir an dieser Stelle einen Geheimagenten zu Wort kommen lassen; nämlich den für die CIA mit dem baden-württembergischen Landesamt für Verfassungsschutz kollaborierenden Special Agent (SA) Watson, der schon am 1. April 1975 um 4.52 Uhr vertraulich an das State Departement der Vereinigten Staaten wahrheitsgemäß das folgende drahtete:

MSGNO 49 (MIIB) AAP C1/04/75 04:52 Watson)
K. Um die Unterbringung der Baader Meinhof Kerngruppe sicherzustellen, sind 100 weitere Häftlinge aus dem Gefängnis Stuttgart Stammheim in andere Haftanstalten verlegt worden. Die BMG Mitglieder befinden sich im 8. Stock (das ist nach deutscher Zählung der 7. Stock) im rechten Flügel. *Fernsehkameras überwachen das Innere der Zellen* und die Außenbereiche. Über den Hof wurde Draht gespannt, um ein Landen von Hubschraubern zu verhindern. Das Gerichtsverfahren wird in einem eigens hierfür errichteten zweistöckigen Gebäude stattfinden, ungefähr 75 Fuß von den Außenmauern des Gefängnisses entfernt. Das Gebäude ist durch einen Drahtzaun gesichert, der 7 1/2 Fuß hoch ist, des Nachts beleuchtet wird und bei dem ein direkt dahinter errichteter Holzzaun verhindert, daß das Gelände von außen einzusehen ist. Eine Asphaltstraße um den Zaun herum wird von der Polizei bewacht.

Nach dem Prozeß soll das Gebäude als Arbeitsraum für die Häftlinge verwendet werden.[97]

Dieses CIA-Dokument ist zweifelsfrei ein Anhaltspunkt dafür, daß in den Haftzellen bis zum Tod der Häftlinge eine optische und akustische Überwachung stattgefunden hat.

Beim Hantieren mit einer Langfeldleuchte aus den Häftlingszellen entdeckt ein Anstaltstechniker nach dem Tod der Häftlinge einen Minisender, der noch funktionsfähig ist.[98] Er ist in der Lampenhalterung versteckt.[99]

Jahre später verbreitet der „Spiegel" undementiert:

„Die gängige Annahme lautete damals, die Einsitzenden hielten über ihre Verteidiger Kontakte zu den Gesinnungsfreunden in Freiheit, steuerten womöglich deren terroristische Aktionen. Gerade wegen des angeblichen Zusammenspiels hatte der Krisenstab gleich nach der Entführung Schleyers die Häftlinge durch eine Kontaktsperre von jeder Verbindung zur Außenwelt und untereinander abzuschneiden versucht. Und zusätzlich bauten die BND-Experten – wie jetzt zehn Jahre später ruchbar wird – im Stammheimer Hochsicherheitstrakt Wanzen ein, um alle Gespräche zu überwachen."[100]

Waren es solche Experten, wie Oberst a.D. Decker, einst wie Langemann beim BND und Sicherheitsbeauftragter der Firma Siemens, die dabei halfen?[101]

Noch im Dezember 1977 intervenierte der Autor schriftlich und vergeblich beim Vorsitzenden des baden-württembergischen Untersuchungsausschusses, den Abhörkomplex in die Untersuchungen mit einzubeziehen. Die Frage, weshalb bei einer Notstandslage wie bei der Schleyer- und Flugzeugentführung, trotz vorheriger regierungsamtlicher Ankündigung, in vergleichbaren Situationen erneut abzuhören, auffälligerweise während der Kontaktsperre in den Haftzellen nicht abgehört worden sein soll, wird vom Vorsitzenden Schieler niemals beantwortet.[102]

Der baden-württembergische Ministerpräsident Filbinger hatte zuvor unmißverständlich erklärt, in vergleichbaren Situationen werde die Regierung erneut so handeln.[103]

Die beiden Abhörminister Bender und Schieß verlautbarten zuvor ebenfalls, sie würden in vergleichbaren Situationen ihre Entscheidungen in gleicher Weise treffen.[104]

Wenn damals „nach gründlicher Beratung und Abwägung"[105] die Abhörminister in Staatsnotwehr Verteidigergespräche abhören ließen, in ihrer Programmvorschau für den vergleichbaren Wiederholungsfall erneut Abhörmaßnahmen ankündigten, weshalb hätten sie dann vor Abhörmaßnahmen gegen die Häftlinge während der Kontaktsperrezeit in den Haftzellen zurückschrecken sollen?

Eine solche Annahme wäre lebensfremd.

Damit steht so gut wie fest, daß die Häftlinge während der Kontaktsperrezeit optisch und akustisch überwacht wurden. Sie hatten also, wären sie in den Besitz von Waffen gekommen, gar keine Möglichkeit, diese unbemerkt zu verwahren.

Ein Jahrzehnt nach den mysteriösen Todesfällen in Stammheim werden „die exotischen Lösungen zur Befreiung Schleyers im Herbst 1977 – überlisten, internieren, erschießen"[106] einer breiteren Öffentlichkeit bekannt.

Da die Staatsanwaltschaft Stuttgart erfahrungsgemäß untätig bleibt, wird unter Bezugnahme auf die behauptete neue Tatsache, wonach BND-Experten im Stammheimer Hochsicherheitstrakt Wanzen einbauten, um alle Gespräche zu überwachen, interveniert. Denn nach der Amtsversion müßten sich die Häftlinge unter Aufsicht der Geheimdienste zur Selbsttötung verabredet und diese durchgeführt haben.

Gleichzeitig wird die Staatsanwaltschaft daran erinnert, daß die Anstaltsleitung aus öffentlich-rechtlicher Garantenstellung eine solche Suizidabrede und den Suizid nicht hätte zulassen dürfen.

Die Antwort der Staatsanwaltschaft ist abweisend. Die Frage, ob und in welchem Umfang die Gespräche zwischen den Gefangenen abgehört wurden, sei bereits Gegenstand des Verfahrens der Staatsanwaltschaft Stuttgart (17 Js 966/77) gewesen.[107]

Dazu hat es aber zu keiner Zeit einen Ermittlungsvorgang gegeben. In der Einstellungsverfügung des Generalstaatsanwalts Erwin Schüle, mit der die Ermittlungsverfahren wegen Verletzung der Vertraulichkeit des Wortes eingestellt worden sind, heißt es, die Minister seien zutreffend davon ausgegangen, daß Gespräche in der Vollzugsanstalt zwischen einsitzenden Terroristen und ihren Wahlverteidigern abgehört werden durften, weil sich ihre Befugnis aus einer Notstandslage nach § 34 StGB ergeben habe. Hatte nicht bereits der Ausschußvorsitzende Schieler, konfrontiert mit der Frage, ob die Häftlinge während der Kontaktsperre abgehört wurden, beredt geschwiegen?

Dabei wäre es doch gerade für die Staatsanwaltschaft ein Pluspunkt, könnte sie mit der Veröffentlichung der gefertigten Tonbandabschriften der Geheimdienste endgültig die letzten Zweifler auf dem Erdball von der Tatsache der Verabredung der Selbsttötung überzeugen.

Strafverfolgung bräuchten die Täter nicht mehr zu befürchten, der Verstoß gegen § 201 StGB war nach Ablauf von 5 Jahren verjährt. Also warum veröffentlichen die Behörden die Tonbandabschriften nicht? Weil die Tonbänder etwas anderes beweisen?

f) Wozu hätten die Häftlinge Waffen gebrauchen können?

Die Häftlinge mußten wissen, daß der Besitz einer Waffe in der geschlossenen Abteilung III nur dann einen Sinn hatte, wenn mit der Waffe ein gewaltsamer Ausbruchsversuch möglich war.

Angesichts des Festungscharakters und der Hochsicherheitsmaßnahmen gingen von solchen absurden Perspektiven nicht einmal die Behörden aus:

„Nur die Unterbrechung jedweder Kommunikation der Inhaftierten mit den Entführern beugt der Gefahr vor, daß die Inhaftierten den Entführern im Fall H. M. Schleyer durch Informationen Hilfe gewähren oder aus den Vollzugsanstalten heraus auf die Begehung flankierender Terroranschläge hinwirken."[108]

Die Häftlinge mußten vielmehr davon ausgehen, daß ihre Freilassung über einen Geiselaustausch und nicht über einen gewaltsamen Ausbruch aus Stammheim erfolgen würde.

Ein letztes Schmuggelmotiv ist auch nicht überzeugender: Sie hätten zur Suizidabrede Waffen benötigt. Dieses Ziel konnten sie einfacher erreichen, wenn sie Hunger- und Durststreik bedingungslos bis zu ihrem Tod weitergeführt hätten. So war es aber nicht. Sie setzten den Hungerstreik als letztes verbliebenes Kampfmittel gegen die Totalisolation ein, was sich aus Gudrun Ensslins Erklärung ergibt:

„Wenn diese Bestialität hier, die ja auch nach Schleyers Tod nicht beendet sein wird, andauert – die Repressalien im sechsten Jahr in der U-Haft und Isolation – und da geht es um Stunden, Tage, das heißt nicht mal ne Woche – dann werden wir, die Gefangenen in Stammheim, Schmidt die Entscheidung aus der Hand nehmen, indem wir entscheiden, und zwar wie es jetzt noch möglich ist, als Entscheidung über uns ..."[109]

Ebenso hat Irmgard Möller dem baden-württembergischen Untersuchungsausschuß erklärt:

„Wenn wir von toten Gefangenen sprachen, dann immer als Folge des Hungerstreiks. Es ist abstrus zu behaupten, wir hätten mit Selbstmord gedroht."[110]

Im übrigen haben die Häftlinge ihren Hungerstreik gegen die Isolationsfolter immer dann rechtzeitig beendet, wenn sie bemerkten, daß der Staat auf ihren Streik nicht eingeht und ihren Tod riskiert.

6. Die beiden nicht vernommenen Außendienstbeamten

Immerhin gelang es durch beharrliches Auskunftsersuchen mit Hilfe der Staatsanwaltschaft, ein winziges Geheimdienstzipfelchen zu lüften. Erst nach einem knappen Jahrzehnt werden die Namen der beiden Todesnachtwächter bekannt, die außerhalb des Anstaltsgebäudes, aber im Anstaltsbereich Dienst taten, und zwar in Sichtweite der Eingangstür des Treppenaufgangs zum 7. Stock, der immerhin einen unbemerkbaren lautlosen Zugang über das Nottreppenhaus zu den Zellen der Häftlinge ermöglicht, wenn die dazu notwendigen Nachschlüssel vorhanden sind.

Während nun die Staatsanwaltschaft etwa das gesamte Anstaltspersonal polizeilich vernehmen läßt, sogar solche, die in der fraglichen Nacht überhaupt keinen Dienst taten, über 100 Personen immerhin, werden bemerkenswerterweise die wichtigsten Zeugen nicht vernommen, vielmehr lediglich telefonisch befragt. Dabei bestätigen sie, daß sie nicht vernommen worden sind und in der Nacht vom 17./18.10. keinerlei verdächtige Wahrnehmungen gemacht hätten. Die Staatsanwaltschaft gibt sich damit zufrieden, freiwillig oder unfreiwillig, obwohl einer der Außenposten in der Todesnacht zwischen zwei und drei Uhr seinem Vorgesetzten von der Anstalt meldete, daß außerhalb des Anstaltsbereichs Leute wahrzunehmen gewesen seien, die laut gesprochen hätten. Die vom Vorgesetzten verständigte Sonderwache der Polizei rief dort später zurück und erklärte, es hätte sich um junge Leute gehandelt, die überprüft worden wären, es sei alles in Ordnung...

Das Justizministerium findet diese Sachbehandlung deswegen in Ordnung, weil alle für die Frage eines strafrechtlichen Tatverdachts maßgeblichen Umstände zwar zu ermitteln sind, die notwendige Beweissicherung aber ihre Grenze an der Zielsetzung des Vorverfahrens findet.

Demnach steht seit dem 18.10.77, 8.58 Uhr fest, daß die Selbstmordbehauptung der BRD-Regierung und sonst nichts zu beweisen ist, ein weiteres Beispiel für das negative Aufklärungsinteresse der „objektivsten Behörde der Welt".[111]

Die jungen Leute, die außerhalb des Anstaltsbereichs laut gesprochen haben und polizeilich überprüft worden sind, von denen die Polizei sagt, es sei alles in Ordnung, sind also keine Unbefugten, sondern zur nächtlichen Tätigkeit in der Todesnacht in Stammheim außerhalb des Anstaltsbereichs befugt... etwa wie jene, die für ihre Auftraggeber in Celle ein Loch in die Anstaltsmauer sprengten?

Jahre später wird bekannt, daß auf Vermittlung des BND in Bayern Beamte des Bayerischen Landeskriminalamts dem israelischen Geheimdienst Mossad die Gefängnistore in Straubing, München, Landsberg und Amberg öffneten und diese unerkannt einschleusten.[112] War es vielleicht ebenso in Stammheim?

7. Hatte der Krisenstab ein Motiv für die Ermordung der Gefangenen?

Der Möglichkeit, die Freilassung der Häftlinge über eine oder mehrere Folge-Entführungen zu verwirklichen, mußte aus Sicherheitsgründen auch die Bundesregierung nahetreten. Die Schleyer- und Flugzeugentführung nach Mogadischu hatten auf die Politik der Bundesregierung bereits einen solchen großen öffentlichen Druck in Richtung Geiselaustausch ausgeübt, daß

Bundeskanzler Schmidt für den Fall des Scheiterns der GSG-9 Aktion in Mogadischu mit dem Gedanken an Rücktritt spielte.

Er mußte also damit rechnen, daß der internationale und öffentliche Druck nach einer weiteren Geiselentführung seine Politik der Stärke zu Fall bringen würde. Wie aber sollten zukünftig weitere Geiselentführungen und Freilassungserpressungen verhindert werden? Was erscheint tunlich?

Zu diesem Punkt zeigte der oberste bayerische Staatsschützer Langemann „Operative Hinweise zum internationalen Terrorismus" auf; wenige Wochen nach den Todesfällen in Stammheim war der Ex-Geheimdienstler Stauffenberg nach Paris gereist, um sich dort mit dem ehemaligen BND-Agenten Simon Mallay mit dem Decknamen Petrus zu treffen,[113] von wo er folgende Informationen mitbrachte:

Sein langjähriger Gewährsmann, der früher als Spitzenverbindung im BND tätige DN Petrus, habe ihm mitgeteilt, daß er Kontakte bis in die Führungsgruppe der PFLP des Dr. Habash habe ... Er ist Herausgeber des bekannten Magazins „Afrique Asie" ...

Nach wie vor gehe die Planung in der gesamten arabisch-europäischen Terrorszene von einer Aktionsgruppe aus, zu der insbesondere Wadi Hadad an prominenter Stelle gehöre, daneben der bekannte Carlos. Das politische Ziel dieser zwar von der PFLP abgesonderten, aber konspirativ mit ihr verknüpften Aktionsgruppe sei der bedingungslose Kampf gegen die Israelis einerseits und gegen die als imperialistisch angesehenen arabischen Staatswesen auf der anderen Seite ... In der Bundesrepublik würden die Terroraktionen weitergehen ... Der Führungskader Europa besteht derzeit aus 8 Personen ... Petrus habe gesagt, daß sein Verbindungsmann bereit sei, zur Aufklärung und Zerschlagung der gesamten Gruppe beizutragen ... Wenn die Bundesregierung zum Beispiel bereit sei, für eine einzelne

Geiseloperation Lösegelder in Höhe von 10 Millionen DM zur Verfügung zu stellen, so würde sich der Aufwand dieser vorgeschlagenen, in der letzlichen Durchführung arabischen Abwehraktion sicherlich ebenfalls auf einige Millionen belaufen... Als Operationsphase schlage er vor:
a) Erfassung der Planungen
b) Eliminierung des europäischen Führungskaders
c) Eindringen in den Kern der zuerst genannten Aktionseinheit und deren Liquidierung.[114]

Demzufolge hat in dieser Situation die Bundesregierung ein Motiv, die Häftlinge während der Kontaktsperre zu beseitigen.

Später werden Bundeskanzler Schmidt und Bundesinnenminister Maihofer behaupten, die Häftlinge hätten ihren Selbstmord als Mord inszeniert.

Detlef zum Winkel weist diese Theorie zurück:

„Die diversen ‚Modelle' wurden ja nicht durchgespielt, um der RAF neue Anhänger zu verschaffen, sondern weil man – zurecht – davon ausging, daß Gewalt gegen die Gefangenen eine abschreckende Wirkung haben würde. Gerade der letzte Punkt ist es wert, festgehalten zu werden: Warum sollten sich die Gefangenen politischen Nutzen für die RAF versprechen, ihren Selbstmord wie Mord erscheinen zu lassen, wenn die Staatsschutzstrategen einen politischen Nutzen darin sahen, sie umzubringen, wenn es nur zu bewerkstelligen wäre? Leider ist die Gegenthese nicht so kompliziert, nicht so widerspruchsvoll, ja nicht einmal exotisch: Daß es sich um einen als Selbstmord dargestellten Mord gehandelt hat..."[115]

Bekanntlich mußte Innenstaatssekretär Siegfried Fröhlich für den Kanzler zum Thema „exotische Vorschläge" in Klausur mit einem Beamten seines Hauses und Geheimdienstexperten über „das Undenkbare", die Lösung des Terrorproblems nachdenken. Das Ergebnis dieser Sitzung vom 8. September sind neun „Modelle":[116]

Nr.1: Ein „Sonderkommando" wird das Flugzeug mit den freigelassenen Häftlingen im Zielland „empfangen".

Nr. 2: Die Freigepreßten in ein „falsches" Flugzeug einsteigen lassen. In der „Doublette" werden sie eingebunkert. Ein zweites Flugzeug mit den gedoubelten Häftlingen landet am gewünschten Zielort.

Nr. 3: Drohung gegenüber Terroristen mit „Repressalien" auch gegen nahe Angehörige, wenn Schleyer nicht freigelassen werde. Der Bundespräsident könne dafür gewonnen werden.

Nr. 4: Den Schlupfwinkel der Entführer auffinden, gewaltsam eindringen, auch wenn dies für Geisel und Bewacher den Tod bedeute.

Nr. 5: Mitwissern oder Beteiligten aus dem Umfeld wird zumindest Strafmilderung und eine neue Identität angeboten, wenn sie zur Aussage bereit sind (Kronzeugenlösung).

Nr. 6: Der Bundestag ändert unverzüglich Artikel 102 des Grundgesetzes, der lautet: „Die Todesstrafe ist abgeschafft." Statt dessen können nach Grundgesetzänderung solche Personen erschossen werden, die von Terroristen durch menschenpresserische Geiselnahme befreit werden sollen. Durch höchstrichterlichen Spruch wird das Todesurteil gefällt. Keine Rechtsmittel möglich.

Nr. 7: Das vorhergehende Modell wird öffentlich als Absicht der Bundesregierung oder des Deutschen Bundestages angekündigt. Die Geiselnehmer sollen zum Nachgeben bewegt werden, um das Leben der RAF-Häftlinge nicht zu gefährden.

Nr. 8: Für Terroristen wird ein erweitertes Haftrecht geschaffen. Sie werden in einem „Internierungslager" festgehalten.

Nr. 9: In Verbindung mit Nr. 5 erörtert. Persönlichkeiten der Sympathisantenszene werden für Appelle und Einflußnahme auf Terroristen gewonnen.

Über diese Konferenz des Krisenstabes finden sich weder in den Akten des Todesermittlungsverfahrens noch in den Unterlagen des baden-württembergischen Untersuchungsausschusses Hinweise.

Allerdings finden sich Anhaltspunkte dafür, daß die Vorgänge im Krisenstab den Parlamentsorganen und der Öffentlichkeit nicht bekannt werden sollten.

Bei einigen Zeugen war die Genehmigung zur Aussage beschränkt. So erstreckten sich die vom Bundesminister der Justiz erteilten Aussagegenehmigungen für Staatssekretär Dr. Erkel und Generalbundesanwalt Dr. Rebmann nicht auf die Verhandlungen der aus Anlaß der Entführung der Lufthansamaschine „Landshut" gebildeten Beratungs- und Entscheidungsgremien, soweit diese Vorgänge und Sachverhalte nicht in die Dokumentation der Bundesregierung Eingang gefunden haben. In gleicher Weise beschränkte die Landesregierung von Baden-Württemberg die Aussagegenehmigungen für Ministerpräsident Dr. Filbinger und Innenminister Schiess. Auch hier waren die Vorgänge im Krisenstab nicht von der Aussagegenehmigung umfaßt, soweit sie nicht von der Dokumentation der Bundesregierung offengelegt sind.[117]

Die Regierungskrisenstäbe haben dem Journalisten und Rechtsanwalt Gössner zufolge allen Anlaß, sicherzustellen, daß ihre staatsschützenden Grenzüberschreitungen der Öffentlichkeit und den Parlamentsorganen verborgen bleiben.

Rolf Gössner schreibt über staatsschützende Grenzüberschreitungen:

„Das Bundeskanzleramt (BuKa) besitzt seit 1975 eine ‚zentrale Kommando-Brücke', die praktisch alle Bereiche der inneren Sicherheitspolitik über ein geheimes und parlamentarisch unkontrolliertes Geflecht ressortübergreifender Ausschüsse und Stellen koordiniert; das Lagezentrum, ein technisch perfekt ausgerüstetes ‚Anti-Krisen-Büro', unterstützt auch die ‚Großen, Kleinen' und ‚Interministeriellen Krisenstäbe', ferner werden dort aufgrund eines ‚Organisationserlasses‘ die Geheimdienste VS, BND und MAD über einen ‚Beauftragten für die Nachrichtendienste‘ zentral koordiniert, u.a. zur Verbesserung der ‚ressortübergreifenden Zusammenarbeit‘ mit anderen Behörden und Dienststellen, insbesondere der Polizei. Das ‚Programm für die innere Sicherheit der Bundesrepublik‘ vom Februar 1974 sieht für alle Innenministerien 'die Einrichtung funktionsfähiger Lagezentren vor, um als Voraussetzung für Entscheidungen im Bereich der inneren Sicherheit jederzeit einen Austausch von aktuellen Informationen und aktuellem Hintergrundwissen zu gewährleisten.'

So wurde im BMI zur Bewältigung von Großlagen und schwerwiegenden Störungen der inneren Sicherheit ein Führungsstab mit ständig besetzter ‚Führungs- und Lagezentrale (FLZ)‘ eingerichtet. ‚Besondere Lagen‘, bei deren Vorliegen der Führungsstab in Aktion tritt, können u.a. ‚unfriedliche demonstrative Aktionen größeren Ausmaßes‘ sein. Stellt sich eine ‚besondere Lage‘ heraus, so leitet das FLZ ‚erste unaufschiebbare Maßnahmen aus dem Stand heraus‘ ein und koordiniert sie u.a. mit den verschiedenen Fachreferaten des BMI und allen Staatssicherheitsorganen. Bereits am 21.11.1977 war in der ‚Frankfurter Allgemeinen Zeitung‘ (FAZ) im Zusammenhang mit der Fahndung nach den Entführern des Arbeitgeberpräsidenten Schleyer zu lesen: ‚Wenige Tage nach der Entführung... ist die zentrale Einsatzleitung konstituiert worden; sie besteht dem Vernehmen nach fort. Dabei ist nicht nur das Bundesamt für Verfassungsschutz, sind auch die entsprechenden Landesämter dem Bundeskriminalamt zugeordnet worden. Zwar soll in dem Kabinetts-Beschluß nicht direkt von einer Unterstellung dieser Behörden unter das Bundeskriminalamt die Rede sein, aber doch faktisch von einer Zuordnung, die einer Unterstellung ähnlich sieht, wobei der Gedanke an Weisungen... nicht ganz abwegig zu sein scheint.‘ ...

Als weitere Zentralisations- und Koordinationsinstanz in Sachen Polizei- und Geheimdienste, auch in ‚Normalzeiten', hat sich die ‚Ständige Konferenz der Innenminister des Bundes und der Länder' (Innenministerkonferenz = IMK) erwiesen. Obwohl das Gremium weder in der Verfassung vorgesehen ist noch eine gesetzliche Grundlage aufzuweisen hat, werden in dieser Bund-Länder-Einrichtung weitreichende Beschlüsse, insbesondere zur Organisation, Zusammenarbeit und Rechtsgestaltung gefaßt, die für die einzelnen Bundesländer Vorbildcharakter haben. Die Folge ist eine Vereinheitlichung des bundesdeutschen Auf- und Ausbaus von Polizei und Geheimdiensten nach den Gesichtspunkten sicherheitspolitischer Praxiserfordernisse, obwohl Polizeiangelegenheiten prinzipiell Ländersache sind...

Die Krönung aller personellen Grenzüberschreitungen ist im Jahre 1987 zu verzeichnen: Der ehemalige Vize-Präsident des BKA, Boeden, eingefleischter Polizist von der Pike auf, der im Laufe seiner 42-jährigen Polizeikarriere schon die Sicherungsgruppe Bonn, die Abteilung ‚TE' (‚Terrorismus') und ‚Staatsschutz' geleitet hatte, stieg zum Präsidenten des Bundesamtes für Verfassungsschutz auf...

Nicht zuletzt ist das personelle Ämterhüpfen auch auf der Agenten- und V-Leute-Ebene zu verzeichnen. Nicht nur der legendäre V-Mann und Quasi-Agent Werner Mauss diente mehreren ‚Herren', mitunter gleichzeitig; er wechselte mehrfach vom BND zum BKA sowie zu verschiedenen LKA... und auch zum VS. Seine Skrupellosigkeit und seine Fähigkeit zur verdeckten Arbeit waren – Trennungsgebot hin oder her – in allen Ämtern und Diensten gefragt..."[118]

Der Physiker Detlef zum Winkel merkt dazu an:

„Jahre später wird bekannt, daß die deutsche Industrie – angeblich nach 1977 – dem BND Großspenden gewährte. Mit diesen Mitteln bezahlte der Geheimdienst den Privatdetektiv und V-Mann Werner Mauss für Spezialaufträge beim Kampf gegen den Terrorismus. Die Operation hatte den Segen des Maihofer-Nachfolgers Baum, der immer noch als liberales Gewissen der Bonner Herrenlandschaft auftritt. Der FDP-Politiker rechtfertigte sich mit der sachbezogenen Aussage, von Mauss sei nicht bekannt gewesen, daß er Leute umbringt oder sowas. Das kann zweierlei bedeuten: ,Der war's nicht', oder ,Damals wußte ich noch nicht, daß der es war' ..."[119]

Da die Bundesregierung bereits wiederholt in Staatsnotwehr handelnd vom § 34 StGB Gebrauch gemacht hat[120] und die „Krisenstäbe" von dieser pauschalen Exekutivermächtigung partizipieren, kann es nicht mehr überraschen, wenn die herrschende Meinung es im Staatsnotwehrfall für erlaubt hält, auch seine eigenen Ermittlungsorgane zu täuschen. So sei die Sprengung der Celler Gefängnismauer durch den Verfassungsschutz „ein rechtlich nicht zu beanstandender Realakt."[121]

Die Vermutung liegt nahe, daß es eine staatlich geschützte Dunkelzone gibt, aus der parlamentarisch unkontrolliert die Geheimdienste ihre Aktivitäten entfalten. Dafür gibt es zahlreiche Beispiele:
Bei der Sprengung der Celler Gefängnismauer in der Nacht vom 25. Juli 1978 wirkten Beamte des niedersächsischen Verfassungsschutzes und Spezialisten der „Antiterror"-Spezialeinheit GSG 9 in einer gemeinsamen „Aktion Feuerzauber" mit, deren Ziel „Operation Neuland" die „Schaffung brauchbarer Zugänge zu Terroristenkreisen" war. Mit der Sprengung sollte ein „terroristischer" Versuch zur Befreiung eines der RAF zugerechneten Häftlings vorgetäuscht werden, um sich durch diese vertrauensschaffende Maßnahme in Terroristenkreise einzuschleusen.[122]
Vor dem niedersächsischen Untersuchungsausschuß

vernommen, erklärte Mauss, die „Aktion Neuland" (geplante Einschleusung von Kriminellen als V-Leute in die Terrorszene in den Jahren 1977/78) sei keine Aktion des niedersächsischen Verfassungsschutzes, sondern des BKA gewesen.[123]

Der damalige Chef der „Anti-Terror"-Abteilung des BKA und heutige Präsident des Bundesamtes für Verfassungsschutz, Gerhard Boeden, bestritt dies zunächst, doch wenige Tage später bestätigte ein BKA-Experte überraschend die Version von Mauss.[124]

Hatte nicht bereits Ex-BKA-Direktor Kollmar damals dem höchsten bayerischen Staatsschützer und Ex-BND-Mann Langemann vorgeschlagen, eine terroristische Vereinigung zu gründen, gerade weil Schwierigkeiten bei der Einschleusung von Agenten in Terroristengruppen bestehen?[125]

Diese verdeckte Operation galt dem damals in der Justizvollzugsanstalt inhaftierten Sigurd Debus, der nicht RAF-Mitglied war. Die gegen ihn getroffenen Totalisolationsmaßnahmen werden mit RAF-Befreiungsplänen und der Sprengung der Celler Gefängnismauer begründet.

Sigurd Debus starb nach Teilnahme am Hungerstreik der RAF-Gefangenen für die Zusammenlegung unter mysteriösen Umständen 1981 nach einer Zwangsernährung in Hamburg.

Vor dem niedersächsischen Untersuchungsausschuß zum Celler Bombenanschlag wurde auch bekannt, daß der Verfassungsschutz Entführungsaktionen regelrecht bestellt:

Antonio Cubillo, Führer der Befreiungsbewegung der Kanarischen Inseln, bekundet als Zeuge der V-Mann Jelco Susak, Beauftragter des Werner Mauss, habe ihm zur Jahreswende 1977/78 angeboten, wohlhabende BRD-Bürger auf den Kanarischen Inseln zu entführen, um Geld für die MPAIAC zu erpressen. Tatsächlich seien später gefälschte Erpresserbriefe gegen Firmen auf den Kanarischen Inseln aufgetaucht, um die MPAIAC zu verleumden.

Wenige Tage vor seiner Abreise zur UNO, um dort auszusagen, wird Cubillo bei einem Attentat in Algier durch Messerstiche lebensgefährlich verletzt... Als Täter werden zwei Spanier gefaßt und abgeurteilt. Als Auftraggeber für die Tat benennen sie einen V-Mann des spanischen Geheimdienstes..., der wiederum im Bericht der niedersächsischen Landesregierung bei der Aufklärung des Celler Bombenanschlags mit Decknamen genannt ist.

Dieser Mann soll dem V-Mann Susak bei dessen Einschleusung nach Algerien und bei der Kontaktherstellung zu Cubillo geholfen haben...[126]

Im Jahre 1979 öffneten Beamte des Bayerischen Landeskriminalamts dem israelischen Geheimdienst Mossad die Gefängnistore in Straubing, München, Landsberg und Amberg. Sie zeigten ihre Dienstausweise und schleusten die Mossad-Agenten unerkannt ein. Zweck des Besuches waren Verhöre von dort einsitzenden palästinensischen Häftlingen.[127]

Könnte es sein, daß Mossad-Agenten auch in der Vollzugsanstalt Stuttgart-Stammheim waren?

Bekannt geworden ist ferner der Fall des Verfassungsschutzagenten Peter Urbach, der im Auftrag des Westberliner Landesamtes für Verfassungsschutz Ende der sechziger Jahre und Anfang der siebziger Jahre Bomben aus dem Arsenal seines Amtes an terroristische Gruppen verteilte und bei Aktionen Schmiere stand. Darüber hinaus verkaufte er Waffen an die RAF, die sich seinerzeit gerade formierte.[128]

Im Herbst 1980 stellte sich im Verlauf eines Strafverfahrens vor dem Oberlandesgericht Celle gegen den Nazi-Gauleiter Otte heraus, daß Sprengstoffbeschaffer Lepzien als Agent des niedersächsischen Verfassungsschutzes tätig war. Otte und anderen waren zahlreiche Bombenanschläge auf Justizgebäude vorgeworfen worden.[129]

Im Frühjahr 1982 kommt im Fememord in Lübeck gegen die ANS-Bande ans Licht, daß ein Geheimdienstagent beim Verfassungsschutz im Sold stand und die Ermordung des Bandenmitglieds Bügner befohlen hat.[130]

Im Herbst 1982 begehrt die italienische Justiz vergeblich die Auslieferung des Agenten Fiebelkorn, den sie der Tatbeteiligung am Mailänder Bombenanschlag beschuldigt. Nach Informationen der „Fankfurter Rundschau" ist Fiebelkorn V-Mann des BKA und wird auf freien Fuß gesetzt.[131]

Im Juni 1974 wird in Westberlin Schmücker ermordet. Der Westberliner Verfassungsschutz hat unmittelbar nach der Mordtat an seinem Informanten Schmücker – so „Der Spiegel" – das wichtigste Beweisstück, die gerade abgekühlte Tatwaffe, von seinem Zuträger übernommen, beiseite geschafft und bis jetzt den Gerichten unterschlagen.[132]

Diese Aufzählung von Verstrickungen der Geheimdienste in Straftaten ist notwendigerweise unvollständig. Sie zeigt aber, daß Geheimdienstaktivitäten als „Anti-Subversion"[133] gegen politische Gegner der Regierung im außerparlamentarischen Raum entfaltet werden: in einer staatlich geschützten Dunkelzone.

Seit Jahren darf Generalbundesanwalt Rebmann mündlich wie gedruckt behaupten, der Hungerstreik der politischen Gefangenen und die Aktionen draußen im Lande seien strategisch zwischen drinnen und draußen abgesprochen.

Sobald sich Angehörige oder Bürger für humane

Haftbedingungen der Häftlinge einsetzen, können sie sich wegen Werbung für eine terroristische Vereinigung strafbar machen.[134] Diese absurde Konstruktion wird zur Strafverfolgung gegen Mißliebige eingesetzt.

Kommen die Praktiken der Isolationsfolter einmal an die Öffentlichkeit, wird endlich die Forderung nach Humanisierung der Haftbedingungen für die Häftlinge damit verbunden, geschehen, um das zu verhindern, merkwürdige Dinge:

Während der öffentlichen Auseinandersetzung um die Haftbedingungen kolportieren der CIA nahestehende Medien, die RAF habe einen Anschlag auf ein Kaufhaus verübt, obwohl der Täter ein Faschist ist. Oder es wird wider besseres Wissen unterstellt, die RAF wolle das Trinkwasser einer Großstadt vergiften, auch der Bombenanschlag in Hamburgs Hauptbahnhof sei der RAF zuzurechnen.

Als in Stammheim selbst die vom Gericht bestellten Ordnungsverteidiger drauf und dran waren, wegen der Abhöraffäre am Sinn ihres weiteren Verbleibens auf den Verteidigerbänken des Mehrzweckgebäudes zu zweifeln – ihr Auszug hätte den Prozeß zum Platzen gebracht –, wurde auf das Haus des Präsidenten der Rechtsanwaltskammer in Frankfurt a. M. ein Sprengstoffanschlag verübt, den die bekannten Medien den Häftlingen zurechneten. Daraufhin schlug in Stammheim bei den verbliebenen Verteidigern die Stimmung wieder in die gewünschte Richtung um.

Noch im Sommer 1977 bestand die Chance, den Konflikt mit den Stammheimer Häftlingen politisch zu lösen.

Hatten sie etwa Unmögliches begehrt?

Sie verlangten von der Bundesregierung nicht ihre Freilassung, vielmehr bestanden sie konsequent auf der von der baden-württembergischen Landesregierung gegebenen Zusage, daß ihre Isolationshaftbedingungen beendet würden und entsprechend dem vom Oberlandesgericht Stuttgart bestellten medizinischen Sachverständigengutachten im 7. Stock in der Vollzugsanstalt eine Gefangenengruppe von 10-15 Personen zusammengelegt würde. War das unerfüllbar?

Warum nahm Generalbundesanwalt Rebmann die Zusage, die er als Ministerialdirigent für die baden-württembergische Landesregierung gegeben hatte, zurück?

Durch die folgenden Verlegungen wurde die Gruppe in Stammheim um die Hälfte verkleinert und die Häftlinge wieder voneinander totalisoliert. Für den größten Teil der Häftlinge galt: ihre Anwälte sind entweder ausgeschlossen oder kriminalisiert. Wenn die Gefangenen überhaupt noch Verteidiger finden, werden Telefonate mit ihnen grundsätzlich abgelehnt. Verteidigerpost ist bis zu einem Monat unterwegs, seit sie richterlich kontrolliert wird; bei fast allen Häftlingen werden Besuchsanträge abgelehnt, soweit sie nicht von Verwandten sind, Zeitungen, Bücher, werden angehalten.

In diesem sozialen Vakuum – das Rebmann und Bender human nennen – verweigern die Häftlinge die Nahrungsaufnahme.

Das ist die Situation „im besten demokratischen Staat, der bisher je in der deutschen Geschichte bestanden hat", so Bundeskanzler Schmidt[135] im Bundestag.

Die Situation ist so, als würden alle aus der staatlich geschützten Dunkelzone an einem Strick ziehen: Eine Medienkampagne gegen die Häftlinge löst die andere ab, die provozierte Schlägerei im 7. Stock, die folgende Totalisolation, der Meinungshandel über die Zwangsernährung, das den Häftlingen zugeschriebene Bombenattentat gegen das Stuttgarter Büro der Wahlverteidiger Müller und Newerla im August.

CIA-Agent Watson kabelt über diese Situation ins State Departement:

„Die Anklagevertretung im Baader-Meinhof Prozeß beendet am 14. April die Zeugenvernehmung und fordert lebenslängliche Haftstrafen für die Angeklagten

Baader, Ensslin und Raspe wegen Mordes und versuchten Mordes. Wahlverteidiger und Angeklagte waren nicht anwesend und haben das Gericht auch nicht mehr betreten, seit das ‚Abhören' der Stammheimer Häftlinge bekannt wurde. Plädoyers der Verteidiger sind für den 14. April geplant. Die Angeklagten sind scheinbar immer noch im Hungerstreik.

Der für Gudrun Ensslin vom Gericht bestellte Verteidiger Künzel bat um seine Entlassung vom weiteren Verfahren, da er der Meinung ist, daß der Abhörfall in Stammheim nicht angemessen untersucht wurde . . ." [136]

War es nicht Generalbundesanwalt Rebmann gewesen, der sich öffentlich für eine Endlösung eingesetzt hatte, indem er verlangte, man solle diese Leute hart anfassen. Auf die Journalistenfrage, was wäre, wenn ein Gefangener stirbt, antwortete er, das sei immer eine schlechte Sache, aber es wäre die Konsequenz. [137]

In diesem von der Bundesregierung aufgeheizten politischen Klima des Hasses werden die letzten im Stuttgarter Büro tätigen Rechtsanwälte kriminalisiert. Das politisch-ideologische Feindbild, die Stammheimer Häftlinge als gemeine Kriminelle, beginnt sich in dem bekannten manipulierbaren Teil der BRD-Bevölkerung zu verfestigen. Die gewünschte Konfrontation erfährt ihre Zuspitzung. Der „Spiegel" schreibt später: „Alle verschärften Haftbedingungen haben noch keinen Terroristen von seiner kämpferischen Zielsetzung abgebracht. Im Gegenteil, sie haben seiner Feindschaft gegenüber dem Staat neue Nahrung gegeben . . . " [138]

Als in diesem künstlich erzeugten Spannungsklima um den möglichen Tod der hungerstreikenden Häftlinge das Kommando „siegfried hausner" Schleyer entführt, um die Freilassung der Häftlinge von außen durchzusetzen, teilt der Bundeskanzler die BRD-Bevölkerung in zwei einfache Kategorien: in kriminelle Sympathisanten und in Hilfssheriffs. [139] Das Verhängnis kann seinen Lauf nehmen.

TEIL V

WIE ES GEWESEN SEIN KÖNNTE

ODER

HAT DER RECHTSSTAAT FUNKTIONIERT?

In Anbetracht aller Umstände kann nicht mehr ausschließlich davon ausgegangen werden, daß die Häftlinge Selbstmord begangen haben. Sie könnten vielmehr nach allen vorliegenden Beweisen und Indizien auch Opfer eines heimtückischen Geheimdienstattentats geworden sein. Dabei könnten sich die Ereignisse auf folgende Weise zugetragen haben:

Der Krisenstab signalisiert sein Einverständnis, daß die „terroristischen Gewalttäter", deren Freilassung die Entführer der Lufthansa-Maschine „Landshut" erzwingen wollen, beseitigt werden. Nach reiflicher Überlegung kann nur die Liquidierung der „Rädelsführer" die Bundesrepublik Deutschland vor noch schlimmeren Entführungsaktionen bewahren.

Stunden vor dem Tod der Häftlinge gelangt das Exekutionskommando des israelischen Geheimdienstes Mossad in den 7. Stock.

Tatsächlich beobachtet auch ein Häftling, daß zwischen 3 und 4 Uhr nachts drei große Mercedes PKWs in den Innenhof der Anstalt fahren. Wegen des starken Nebels kann er nicht erkennen, wie sich mehrere Personen in Richtung Zellenbau I begeben. Eine von ihnen öffnet mit einem Nachschlüssel des BND die Erdgeschoßtür zum Nottreppenhaus, das direkt in den 7. Stock führt. Von dort gelangen sie unbemerkt bis zur Feuertür zum Hochsicherheitstrakt (Abt. III), wo sie ebenfalls mit Nachschlüsseln das Haupt- und das Zusatzschloß öffnen. Der bereits in Zelle 712 stationierte BND-Agent hat vorsorglich die „Telemat"-Anlage durch das Einschieben einer Leiterplatte manipuliert, was auf den Überwachungsmonitoren im 7. Stock und bei der Torwache ein Standbild vom Umschlußraum vor den Häftlingszellen erzeugt. Das kann er ungehindert tun, denn Verbindungstüren zwischen Aufsichtsraum und der Glaskabine im Treppenhaus werden auch zur Nachtzeit nicht abgeschlossen.

Vom Krisenstab wird jetzt die Killertruppe kriegsmäßig an den „terroristischen Feind" herangeführt. Ohne Verzögerung wird die Truppe in den Nachbarzellen der Häftlinge untergebracht. Dort bezieht sie Aufklärungsposition. Der BND-Mann kommandiert einen in Baaders Nachbarzelle 718, einen in Raspes Nachbarzelle 715, einen in Ensslins Nachbarzelle 721 und den letzten in die Nachbarzelle Möllers, 726.

Den Meldeweg zur Gruppe stellt er durch ein Kabel von Baaders Nachbarzelle 718 bis zu seinem Meldekopf in Zelle 712 her.

Tatsächlich wird später ein Kabelreststück von 718 in Richtung 712 aufgefunden, immerhin 6 m lang im Flur[1]. Für die Nachrichtenverbindung der Gruppe ist vorgesorgt. Sie kann untereinander über das Anstaltsnetz kommunizieren. Tatsächlich stellt die OPD Stuttgart in ihrem Gutachten fest:

„Erkennbar manipuliert worden war in den Hauptdosen der Zellen 718 bis 720 sowie in den Dosen der Zellen 715, 716, 721 und 725.

Die Anlage war in ihrem ursprünglichen, bauseitigen Zustand für die Kommunikation zwischen den Zellen grundsätzlich brauchbar."[2]

In Zelle 718 werden tatsächlich später 1 Lautsprecher mit auf ca. 8 m verlängertem Anschlußkabel und 3 Monozellen gefunden.[3] Ferner findet die Kripo noch ein wassergefülltes Glasgefäß.[4]

In Zelle 721 findet die Kripo später folgendes:

„... Wolldecke hängt noch am rechten Teil des Fensters an einem Nagel ... Schriftstücke, die hier im Raum verstreut sind ..., untersucht das LKA ... KHM Donaubauer hat in dieser Zelle ... sämtliche elektronischen Teile eingesammelt, die teilweise in Plastikbehältnissen oder wahllos auf dem Fußboden lagen ...

Diese Plastiktüte (mit elektronischen Bauteilen – der Verf.) wird der Sachverständige der Bundespost zur Begutachtung erhalten ... In dem Raum befinden sich ... eine Kiste mit Kleidungsstücken, ein Stuhl, zwei

Obstkisten und eine Matratze, um die eine braune Decke gewickelt ist..."[5]

Die Ergebnisse der kriminal-technischen Untersuchungen bleiben bis heute unter Verschluß.

In der Zelle 715 werden später „Seifenreste" gefunden.[6]

In der Zelle 726 findet die Kripo in einer Plastiktüte verschiedene kleine bearbeitete Blechstücke. Sie findet weiter eine „grün-weiß-gestreifte Matratze, die überzogen ist."[7]

Die Ergebnisse der angekündigten weiteren kriminal-technischen Untersuchungen sind bis heute nicht bekannt.

Inzwischen hat die Killertruppe die Funktionsfähigkeit der Nachrichtenverbindung untereinander und mit dem BND-Mann in der Zelle 712 getestet.

Dieser begibt sich wieder zur „Telemat"-Anlage, entfernt die Leiterplatte, um nunmehr wieder ein tatsächliches Überwachungsbild auf den Monitoren im 7. Stock und an der Torwache herzustellen.

In seiner Zelle wird die Kripo später wirklich auch dieses finden: „...roter Magnet und ein schwarzes, kunststoffüberzogenes Metallplättchen."[8]

In der Hektik mag das der BND-Mann vergessen haben.

In der BND-Zelle, die mit elektronischen Geräten vollgestopft ist, findet die Kripo später zahlreiche Kabelteile, 4 tragbare Monitore, 4 Batteriestangen mit 12 Monozellen und weitere elektronische Geräte.

Die 4 tragbaren Monitore werden vom BKA sichergestellt, die Kripo kündigt auch einen ausführlichen Untersuchungsbericht an, der nie eintrifft.[9]

Die BND-Zelle 712 ist fernmeldetechnisch so ausgelegt, daß sie Bild- und Funkkontakt zum Krisenstab hält.

In der BND-Zelle 712 wird die Kripo weiter fündig:

„Ungefähr in der Mitte des Bettes liegen Zellstoff und zwei Holzstücke... darauf nochmals ein Teppich der VZA... darauf wieder etwas Zellstoff..."[10]

Bezeichnenderweise findet die Kripo auch in Raspes Zelle im Waffenversteck – das im Aufbau und in Größe dem in Zelle 715 entsprach – Zellstoff.[11]

Es ist der gleiche Zellstoff, derselbe Täterkreis, der die beiden Waffenverstecke angelegt hat.

Die gesicherten und asservierten Spuren aus den Nachbarzellen der Häftlinge werden niemals untersucht. Noch im November 1977 ordnet Generalbundesanwalt Rebmann den Abbruch der Zellen im Sicherheitsbereich an, weil sich dort angeblich „noch Sprengmittel und eine Schußwaffe befinden sollen."[12] Durch diese Maßnahmen werden alle Spuren beseitigt.

Der Killer in Zelle 721 bringt gegen die Nachbarzelle 720, in der Gudrun Ensslin ist, seine elektronischen – optischen und akustischen – Überwachungsgeräte in Position. Tatsächlich werden später von der Kripo an den Häftlingszellen Wanzen und zur Steckdose führende Schwachstromkabel vorgefunden.[13] Der BND-Mann hat die Stellen, durch die der Miniaturkopf der Video-Restlichtkamera durch die millimeterdünne Bohrung zu führen ist, bereits gekennzeichnet und präpariert.

Auch erleichtert das Vorhandensein des mit durchgehenden Schrauben von außen festgemachten Spiegels über Gudrun Ensslins Waschbecken die Überwachungsarbeit. Mit wenigen Handgriffen entfernt er die Abdeckung und kann wie durch ein Glasfenster ins Zelleninnere der Gefangenen sehen, ohne von ihr bemerkt zu werden.

Der Umstand, daß sie vor diesem Spiegel einen Sichtschutz geschoben hat, nutzt ihr nichts, denn die Mini-Kamera ist so plaziert, daß kein toter Winkel bei der Bildübertragung entsteht.

Bei den anderen Häftlingen funktioniert es ähnlich. Es gibt keine Schwierigkeiten. Der BND-Mann empfängt noch am frühen Morgen in einwandfreier Ton- und Bildqualität aus den 4 Häftlingszellen auf 4 Monitoren das gewünschte Programm. Dieses Programm überträgt er verschlüsselt über eine Ton- und Bildbrücke ins Videozentrum des Krisenstabs, wo man entschlüsselt erstklassige Funkbilder mit Originalton sehen kann.

Vom Umschlußraum gelangen auf gleiche Weise Funkbilder ins Videozentrum des Krisenstabs.

Als sich der Mann vom Bundeskanzleramt, Hegelau, Stunden vor dem Tod der Häftlinge, von Oberverwalter Bubeck erläutern läßt, welche Zurufmöglichkeiten die Häftlinge haben, ergibt das keinen Sinn. Das hätte er durch fernmündliche Auskunft erfragen können.

Plausibel hingegen erscheint es, wenn er sich beim BND-Mann im 7. Stock nach ungestörten und gesicherten Nachrichtenverbindungen für die Killertruppe erkundigt hätte. Solche Gesprächsinhalte sind aber für fernmündliche Auskünfte ungeeignet.

Die Zeit bis zu ihrem Einsatz verbringen die Killer in den Einzelzellen. Staatsminister Wischnewski holt sich um 23.50 Uhr MEZ von Bundeskanzler Schmidt das letzte Okay. Der Einsatzbefehl erreicht ohne Verzögerung kurz vor Mitternacht über einen US-Nachrichtensatelliten den Krisenstab in Bonn.

Weitab in Stammheim ist das Kommando vorbereitet und wartet auf den Einsatzbefehl, der aus Gründen der Abschirmung verschlüsselt und außerhalb nachmeßbarer Funkwellen eintrifft:

Eine ambulante GSG9-Funkstelle empfängt ebenfalls den Funkspruch über US-Satellit und gibt, getarnt als Kraftfahrzeug, wenige hundert Meter von der Vollzugsanstalt entfernt in Richtung der Zellen 718 und 715 (Mossad-Zellen) und 712 (BND-Zelle) durch Lichtzeichen das verabredete Einsatzsignal.

Tatsächlich beobachtet der Häftling Christian K. von seinem Zellenfenster aus, was sich kurz vor Mitternacht am alten Wasserturm, am Ortsrand von Kornwestheim, abspielt: Ein Lichtschein, gesteuert von Autoscheinwerfern, geht an und aus, etwa 2 Minuten lang. Dann fährt das Fahrzeug eine gewisse Wegstrecke einen Bogen und kehrt zum Standort am alten Wasserturm zurück. Jetzt blinkt der Scheinwerfer nochmal kurz auf, und das Fahrzeug fährt weg.[14]

Das ist das verabredete Einsatzsignal für die Killertruppe. Der BND-Mann manipuliert die „Telemat"-Anlage erneut, um im 7. Stock und bei der Torwache das bekannte Standbild zu erzeugen.

Er führt die zu „Terroristenwaffen" manipulierten FEG und HK 4 mit sich, beide mit Schalldämpfern versehen, außerdem Strangkabel und Handschuhe.

Jetzt schließt er die Killerzellen auf, übergibt die präparierten Waffen, Strangkabel, Taschenlampen, Anstaltsdecken und einen Spieltischfilz.

Die Killertruppe nähert sich der Zelle Andreas Baaders. Vor der Zellentür 719 wird das Kontaktsperrepolster entfernt und die Zellentür mit Nachschlüsseln geöffnet. Blitzschnell dringt die Truppe ein, der BND-Mann schließt von außen die Zellentür und bringt das Kontaktsperrepolster an, das jetzt als „Schallmauer" dient.

Im Innern der Zelle sieht die Gruppe im Schein der Taschenlampen Andreas Baader, durch die Wirkung der verabreichten bewußtseinseintrübenden Spritzen und Medikamente beeinflußt, benommen neben der Schamwand in Türnähe auf dem Zellenboden sitzen.

Ehe er sich umsehen kann, ist er umringt. Zwei der Eindringlinge ziehen seine Arme nach hinten und halten ihn fest. Er hat nicht mehr die Kraft, den Kopf zu heben. Seine Abwehrbewegungen sind schwach. Ein Dritter preßt ihm blitzschnell den Schalldämpfer der FEG präzise und geübt in der Nackenmitte auf und drückt ab. Der Schuß durchdringt seinen Schädel und prallt an der gegenüberliegenden Zellenwand ab. Andreas Baader rutscht tot auf den Zellenboden. Wegen des Schalldämpfers hört niemand außerhalb der Zelle den Schuß. Der Täter gibt noch zwei Schüsse in der Zelle ab, entfernt den Schalldämpfer von der Pistole und nimmt ihn an sich. Die Pistole legt er neben den Toten.

Einer der Eindringlinge signalisiert dem BND-Mann nach draußen, daß die Zellentür wieder geöffnet werden kann. Dies geschieht, und die Täter, die Handschuhe tragen, bringen jetzt über den Zellenfenstern den Spieltischfilz an, um zu vereiteln, daß ein Lichtschein nach draußen dringt.

Jetzt beginnen die Täter in Ruhe mit der Präparierung der Zelle. Dem toten Andreas Baader schneiden sie den Haarschopf ab. Die Haarreste spülen sie später im WC weg.

Wirklich hört der Häftling W., der unter der Zelle Baaders ist, wie gegen 2 Uhr und 2.30 Uhr in der darüberliegenden Zelle zwei bis dreimal die Wasserspülung betätigt wird.[15] Die ermittelnde Kripo wird auch tatsächlich unter Spur Nr. 17 „abgeschnittene Haare aus der WC-Schüssel"[16] sichern.

Als der BND-Mann die Zellentüre wieder verschließt und das Kontaktsperrepolster wieder anbringt, treibt er die Killertruppe zur Eile.

Später werden an der aufgefundenen Pistole keinerlei Fingerabdrücke gefunden. An den Händen Baaders findet sich begreiflicherweise auch kein Pulverschmauch. Der Schalldämpfer ist nicht in seiner Zelle. Dies sind sichere Zeichen dafür, daß Andreas Baader durch fremde und nicht durch eigene Hand erschossen worden ist.

Das Exekutionskommando begibt sich jetzt in die gegenüberliegende Zelle 720 von Gudrun Ensslin. Die Gefangene denkt, sie werde zum Austausch mit den entführten Flugzeugpassagieren und dem entführten Schleyer abgeholt. Sie ist reisefertig. Plötzlich wird ein Kabel um ihren Hals geschlungen und zugezogen.

Jetzt beginnt sie, sich zu wehren. Ihre Gegenwehr ist so heftig, daß überall an ihrem Körper Verletzungen entstehen, was später bei der Obduktion festgestellt werden wird. Schreien kann sie nicht, denn das Kabel ist dafür zu eng gezogen. Als sie das Bewußtsein verliert, hängen die Täter die Gefangene mit dem Strangkabel am Gitter ihres Zellenfensters auf. Zu diesem Zeitpunkt können die Täter nicht wissen, ob die Gefangene noch lebt oder bereits tot ist.

Die Mikrospuren von den Erhängungsfurchen am Hals der Gefangenen werden deshalb später nur sichergestellt, aber nicht untersucht. So unterbleibt der Beweis, daß die Gefangene sich nicht selbst erhängt hat, sondern durch fremde Hand erdrosselt wurde. Auch das sichergestellte Hängekabel wird nicht daraufhin untersucht, ob es überhaupt von den Lautsprecherboxen stammt oder ob es von den Tätern mitgebracht wurde.

Während die Täter die Zelle präparieren, befestigen sie über den Zellenfenstern Anstaltsdecken, damit kein Lichtschein nach außen dringt. An die am Zellengitter hängende Gefangene schieben sie einen Stuhl heran. Vom intakten Kabel der Lautsprecherboxen schneiden sie ein langes Stück ab und nehmen es mit.

Sodann verlassen sie die Zelle und bringen das Kontaktsperrepolster wieder an.

Das Exekutionskommando nimmt sich nun Raspe vor. Die manipulierte Pistole „Heckler & Koch" (HK 4), die es mit vier austauschbaren Läufen verschiedenen Kalibers gibt, stammt aus der Asservatenkammer des BND. Eine solche Waffe – ohne den 9-Millimeter-Lauf – hatte nach BKA-Ermittlungen der als Terrorist verdächtige Christian Klar im Oktober 1976 im italienischen Aosta gekauft. Das weiß auch der BND.

Ein einzelnes Neun-Millimeter-Rohr – das weiß das BKA – war vermutlich durch ein Mitglied der Haag-Mayer-Gruppe in Basel erworben worden.

Durch die bekannte Manipulation trimmt der BND diese Waffe zur „Terroristenwaffe". Auf dem Neun-Millimeter-Rohr wird jetzt ein Schalldämpfer angebracht.

Das Kommando geht mit dem BND-Mann vor Raspes Zelle in Stellung. Es ist kurz nach 5 Uhr früh, als Raspes Kontaktsperrepolster entfernt, die Essensklappe aufgerissen wird und einer der Täter durch die Klappe auf den auf dem Bett sitzenden Raspe zwei präparierte Giftpfeile aus dem „Nondiscernible Microbioinoculator" abschießt, die keine Spuren im Körper hinterlassen und das Opfer sofort für 5 oder 10 Minuten in Tiefschlaf versetzen.

Dies ist – im Gegensatz zu dem durch Spritzen und Medikamente bewußtseinsgetrübten Andreas Baader – bei Raspe notwendig, weil sich dieser noch in verteidigungsfähigem Zustand befindet und deshalb die Gefahr bestehen würde, daß bei einer heftigen Gegenwehr der erste Schuß mit der HK 4 nicht richtig trifft. Dann aber wäre ein Nachschuß erforderlich, der einen sicheren und objektiven Beweis für die Tötung von fremder Hand erbringen würde. Sicherheitshalber mußte deshalb Jan-Carl Raspe vor dem ersten Schuß betäubt werden. Der erste Schuß muß sitzen.

Tatsächlich findet auch die Kripo später in Raspes schwarzem Oberhemd links von der Knopfleiste „ein 7 mm großes Loch" und an der Knopfleiste selbst einen „2 cm langen querverlaufenden Einstich", was im Kleideruntersuchungsbericht näher erläutert ist.[17]

Als Raspe zusammensinkt, dringen die Täter in die Zelle ein. Einer von ihnen springt mit der schallgedämpften HK 4 über Raspes Liege und schießt Raspe mit aufgepreßter Waffe in die rechte Schläfe. Der Häftling sinkt, an die Seitenwand gelehnt, zusammen.

Dann legt der Täter die Todeswaffe ohne Schalldämpfer in die halbgeöffnete rechte Hand des Opfers, macht sich noch an der Sockelleiste nahe dem Fenster zu schaffen, öffnet das Waffenversteck und verläßt die Zelle.

Der BND-Mann legt das später aufgefundene Transistorradio in die Zelle, verschließt die Zelle und bringt das Kontaktsperrepolster wieder an.

Tatsächlich wird bei Jan-Carl Raspe die Waffe später weder Fingerabdrücke aufweisen noch werden sich Schmauchspuren an seinen Händen befinden. Auch wird kein Schalldämpfer gefunden. Dies sind – wie bei Baader – sichere Anzeichen für Tötung von fremder Hand. Daß die Waffe *in* seiner Hand liegt, beweist die Tatbeteiligung Dritter.

Jetzt dringen die Täter in die Zelle der schlafenden Irmgard Möller ein. Einer der Täter versetzt ihr mit dem Messer 6 Stiche, davon 4 in der Herzgegend. Als sie sich mit unkontrollierten Bewegungen wehrt, zieht sie sich an den Handgelenken Schnittverletzungen zu.

Die Kripo in ihrem Untersuchungsbericht:

„Der Pulli ist so zerschnitten, daß seine ursprüngliche Form nicht mehr brauchbar rekonstruiert werden kann. An den vorhandenen Resten ist zu erkennen, daß der Pulli großflächig mit Blut durchtränkt ist."[18]

Der BND-Mann drängt die Killertruppe erneut zur Eile. Nachdem sie die Zelle Irmgard Möllers verlassen haben, verschließt er die Zellentür und bringt das Kontaktsperrepolster wieder an.

Noch am Vormittag verschwinden die Täter unbehelligt, den entstandenen Trubel der Ereignisse nutzend, inmitten einer Gruppe von Sanitätern und Kriminalbeamten, vom Anstaltsgelände.

Der BND-Mann hatte unterdessen die Leiterplatte aus der „Telemat"-Anlage entfernt. Im 7. Stock und an der Torwache zeigte sich auf den Überwachungsmonitoren das gewohnte und tatsächliche Bild vom Umschlußraum.

Die Rettungsaktion für Raspe und Möller kommt dem Krisenstab nicht ungelegen. Denn dadurch würde bei der kritischen Öffentlichkeit Zweifel an der Lauterkeit des Staates erst gar nicht aufkommen.

Als der Krisenstab erfährt, daß Irmgard Möller das Gemetzel überlebt hat, erscheint es tunlich, sie solange von ihren Angehörigen, Freunden und Verteidigern fernzuhalten, bis feststeht, daß sie keine tatrelevanten Beobachtungen gemacht hat.

Tatsächlich wird sie noch viele Tage abgeschirmt, bis der Krisenstab davon ausgehen kann, daß die Voraussetzung für die Abschirmung entfallen ist.

Nachdem der Bundeskanzler in der Kabinettssitzung am 18. Oktober 1977 die Glückwünsche seiner Kabinettskollegen entgegengenommen hat, begibt er sich zum „Großen politischen Beraterkreis", wo Herbert Wehner fürchtet, der Krisenstab werde verdächtigt, einen Mord ausgeheckt zu haben. „Wegen des Ansehens des Staates müssen wir das überzeugend widerlegen." Politische Solidarität dürfe „jetzt nicht auseinanderbrechen." Friedrich Zimmermann ist einverstanden: In keiner Phase habe es „ernsthafte Differenzen gegeben. Das ist ein Wert an sich: In der Zeit der Bedrohung hat die Demokratie funktioniert."[19]

Der Todestag der Häftlinge ist seitdem der Geburtstag der „Solidarität der Demokraten" in der BRD und Westberlin. Hanns-Martin Schleyer wird tot aufgefunden. Im Bundestag verlangt der Bundeskanzler „aus Gründen der Rechtsstaatlichkeit und aus außenpolitischen Gründen wegen des Ansehens Deutschlands in der Welt" müsse die Bundesregierung „dringend erwarten, daß jene Vorgänge in einer über jeden Zweifel erhabenen Form untersucht, vollständig aufgeklärt... werden."

Dennoch wird die „Solidarität der Demokraten" durch die Weltöffentichkeit und sogar befreundete Regierungen harten Prüfungen unterzogen: Der kuweitische Finanzminister Salem al Atiqui bezweifelte gegenüber dem ehemaligen Bundeswirtschaftsminister Graf

Lambsdorff die offizielle Selbstmordversion von Stammheim.[20]

Der faschistische Diktator Augusto Pinochet konfrontiert den Chile-Reisenden Norbert Blüm mit der Frage: „Was habt ihr in Stammheim gemacht?"[21]

Und selbst der damalige CDU-Chef und jetzige Bundeskanzler Helmut Kohl bestreitet öffentlich – wenn auch sicherlich wie so oft unfreiwillig – nicht den Mordvorwurf.

Helmut Kohl am 22.2.1979 in der ZDF-Fernsehsendung „Bürger fragen – Politiker antworten":

Frage: „Die Tatsache ist jetzt, daß in der BRD seit 1974 sieben politische Gefangene ermordet worden sind."

Kohl: „Die Gruppe, die Sie angesprochen haben, die Sie eben meinten, wo Sie glaubten, mit der Zahl sieben, das sind die Insassen von Stammheim, wenn ich Sie richtig verstanden habe, das sind brutale Verbrecher gewesen."[22]

ANHANG

DOKUMENTE

DOKUMENT 0
ZELLENBELEGUNGSPLAN

. . . .   **Stgt.-Stammheim** . . . . . **197** . . . . .

Meldung

Meinhof:	vom	28. 4.74 – 27. 8.74	Zelle 719
	vom	2.12.74 – 9. 5.76	Zelle 719
Ensslin:	vom	28. 4.74 – 9. 5.76	Zelle 718
	vom	9. 5.76 – 25. 6.77	Zelle 713
	vom	25. 6.77 – 18.10.77	Zelle 720
Baader:	vom	7.11.74 –	Zelle 709
	vom	–	Zelle 711 – 712
	vom	25. 6.77 – 13. 9.77	Zelle 719
	vom	13. 9.77 – 4.10.77	Zelle 715
	vom	4.10.77 – 18.10.77	Zelle 719
Raspe:	vom	11.11.74 – 25. 6.77	Zelle 714
	vom	25. 6.77 – 4.10.77	Zelle 718
	vom	4.10.77 – 18.10.77	Zelle 716
Roll:	vom	21.10.74 – 24. 3.75	Zelle 721
	vom	24. 4.75 – 25. 4.75	Zelle 721
Schubert:	vom	3. 6.76 – 17. 7.76	Zelle 718
	vom	17. 7.76 – 25. 6.77	Zelle 715
	vom	25. 6.77 – 18. 8.77	Zelle 721
Mohnhaupt:	vom	3. 6.76 – 17. 7.76	Zelle 718
	vom	17. 7.76 – 27. 1.77	Zelle 716

Möller:	vom	3. 1.77 – 19. 2.77	Zelle 710
	vom	19. 2.77 – 25. 6.77	Zelle 716
	vom	25. 6.77 – 13. 9.77	Zelle 722
	vom	13. 9.77 – 18.10.77	Zelle 725
Schmitz:	vom	25. 6.77 – 29. 6.77	Zelle 767
	vom	29. 6.77 – 18.10.77	Zelle 768
Becker:	vom	25. 6.77 – 18.10.77	Zelle 767
	vom	18.10.77 b. a. weiteres	Zelle 771
Pohl:	vom	6. 7.77 – 12. 8.77	Zelle 723
Hoppe:	vom	6. 7.77 – 12. 8.77	Zelle 724
Beer:	vom	6. 7.77 – 12. 8.77	Zelle 725

DOKUMENT 1
DAS SOGENANNTE KONTAKTSPERREGESETZ

Gesetz zur Änderung des Einführungsgesetzes zum Gerichtsverfassungsgesetz

Vom 30. September 1977
Der Bundestag hat mit Zustimmung des Bundesrates das folgende Gesetz beschlossen:

Artikel 1
Änderung des Einführungsgesetzes
zum Gerichtsverfassungsgesetz

In das Einführungsgesetz zum Gerichtsverfassungsgesetz in der im Bundesgesetzblatt Teil III, Gliederungsnummer 300-1, veröffentlichten bereinigten Fassung, zuletzt geändert durch § 180 des Strafvollzugsgesetzes vom 16. März

1976 (BGBl. I S. 581), werden hinter § 30 folgende Vorschriften eingefügt:

„§31

Besteht eine gegenwärtige Gefahr für Leben, Leib oder Freiheit einer Person, begründen bestimmte Tatsachen den Verdacht, daß die Gefahr von einer terroristischen Vereinigung ausgeht, und ist es zur Abwehr dieser Gefahr geboten, jedwede Verbindung von Gefangenen untereinander und mit der Außenwelt einschließlich des schriftlichen und mündlichen Verkehrs mit dem Verteidiger zu unterbrechen, so kann eine entsprechende Feststellung getroffen werden. Die Feststellung darf sich nur auf Gefangene beziehen, die wegen einer Straftat nach § 129 a des Strafgesetzbuches oder wegen einer der in dieser Vorschrift bezeichneten Straftaten rechtskräftig verurteilt sind oder gegen die ein Haftbefehl wegen des Verdachts einer solchen Straftat besteht, das gleiche gilt für solche Gefangene, die wegen des Verdachts einer anderen Straftat in Haft sind und gegen die der dringende Verdacht besteht, daß sie diese Tat im Zusammenhang mit einer Tat nach § 129 a des Strafgesetzbuches begangen haben. Die Feststellung ist auf bestimmte Gefangene oder Gruppen von Gefangenen zu beschränken, wenn dies zur Abwehr der Gefahr ausreicht. Die Feststellung ist nach pflichtgemäßem Ermessen zu treffen.

§ 32

Die Feststellung nach § 31 trifft die Landesregierung oder die von ihr bestimmte oberste Landesbehörde. Ist es zur Abwendung der Gefahr geboten, die Verbindung in mehreren Ländern zu unterbrechen, so kann die Feststellung der Bundesminister der Justiz treffen.

§ 33

Ist eine Feststellung nach § 31 erfolgt, so treffen die zuständigen Behörden der Länder die Maßnahmen, die zur Unterbrechung der Verbindung erforderlich sind.

§ 34

(1) Sind Gefangene von Maßnahmen nach § 33 betroffen, so gelten für sie, von der ersten sie betreffenden Maßnahme an, solange sie von einer Feststellung erfaßt sind, die in den Absätzen 2 bis 4 nachfolgenden besonderen Vorschriften.

(2) Gegen die Gefangenen laufende Fristen werden gehemmt, wenn sie nicht nach anderen Vorschriften unterbrochen werden.

(3) In Strafverfahren oder anderen gerichtlichen Verfahren, für die die Vorschriften der Strafprozeßordnung als anwendbar erklärt sind, gilt ergänzend folgendes:

1. Gefangenen, die keinen Verteidiger haben, wird ein Verteidiger bestellt.

2. Gefangene dürfen bei Vernehmungen und anderen Ermittlungshandlungen auch dann nicht anwesend sein, wenn sie nach allgemeinen Vorschriften ein Recht auf Anwesenheit haben; Gleiches gilt für ihre Verteidiger, soweit ein von der Feststellung nach § 31 erfaßter Mitgefangener anwesend ist. Solche Maßnahmen dürfen nur stattfinden, wenn der Gefangene oder der Verteidiger ihre Durchführung verlangt und derjenige, der nach Satz 1 nicht anwesend sein darf, auf seine Anwesenheit verzichtet. § 147 Abs. 3 der Strafprozeßordnung ist nicht anzuwenden, soweit der Zweck der Unterbrechung gefährdet würde.

3. Eine Vernehmung des Gefangenen als Beschuldigter, bei der der Verteidiger nach allgemeinen Vorschriften ein Anwesenheitsrecht hat, findet nur statt, wenn der Gefangene und der Verteidiger auf die Anwesenheit des Verteidigers verzichten.

4. Bei der Verkündung eines Haftbefehls hat der Verteidiger kein Recht auf Anwesenheit; er ist von der Verkündung des Haftbefehls zu unterrichten. Der Richter hat dem Verteidiger das wesentliche Ergebnis der Vernehmung des Gefangenen bei der Verkündung, soweit der Zweck der Unterbrechung nicht gefährdet wird, und die Entscheidung mitzuteilen.

5. Mündliche Haftprüfungen sowie andere mündliche Ver-

handlungen, deren Durchführung innerhalb bestimmter Fristen vorgeschrieben ist, finden, soweit der Gefangene anwesend ist, ohne den Verteidiger statt; Nummer 4 Satz 2 gilt entsprechend. Eine mündliche Verhandlung bei der Haftprüfung ist auf Antrag des Gefangenen oder seines Verteidigers nach Ende der Maßnahmen nach § 33 zu wiederholen, auch wenn die Voraussetzungen des § 118 Abs. 3 der Strafprozeßordnung nicht vorliegen.

6. Eine Hauptverhandlung findet nicht statt und wird, wenn sie bereits begonnen hat, nicht fortgesetzt. Die Hauptverhandlung darf bis zur Dauer von dreißig Tagen unterbrochen werden; § 229 Abs. 2 der Strafprozeßordnung bleibt unberührt.

7. Eine Unterbringung zur Beobachtung des psychischen Zustandes nach § 81 der Strafprozeßordnung darf nicht vollzogen werden.

8. Der Gefangene darf sich in einem gegen ihn gerichteten Strafverfahren schriftlich an das Gericht oder die Staatsanwaltschaft wenden. Dem Verteidiger darf für die Dauer der Feststellung keine Einsicht in diese Schriftstücke gewährt werden.

(4) Ein anderer Rechtsstreit oder ein anderes gerichtliches Verfahren, in dem der Gefangene Partei oder Beteiligter ist, wird unterbrochen; das Gericht kann einstweilige Maßnahmen treffen.

§ 35

Die Feststellung nach § 31 verliert ihre Wirkung, wenn sie nicht innerhalb von zwei Wochen nach ihrem Erlaß bestätigt worden ist. Für die Bestätigung einer Feststellung, die eine Landesbehörde getroffen hat, ist ein Strafsenat des Oberlandesgerichts zuständig, in dessen Bezirk die Landesregierung ihren Sitz hat, für die Bestätigung einer Feststellung des Bundesministers der Justiz ein Strafsenat des Bundesgerichtshofes; § 25 Abs. 2 gilt entsprechend.

§ 36

Die Feststellung nach § 31 ist zurückzunehmen, sobald ihre Voraussetzungen nicht mehr vorliegen. Sie verliert spätestens nach Ablauf von dreißig Tagen ihre Wirkung; die Frist beginnt mit Ablauf des Tages, unter dem die Feststellung ergeht. Eine Feststellung, die bestätigt worden ist, kann mit ihrem Ablauf erneut getroffen werden, wenn die Voraussetzungen noch vorliegen; für die erneute Feststellung gilt § 35. War eine Feststellung nicht bestätigt, so kann eine erneute Feststellung nur getroffen werden, wenn neue Tatsachen es erfordern. § 34 Abs. 3 Nr. 6 Satz 2 ist bei erneuten Feststellungen nicht mehr anwendbar.

§ 37

(1) Über die Rechtmäßigkeit einzelner Maßnahmen nach § 33 entscheidet auf Antrag ein Strafsenat des Oberlandesgerichts, in dessen Bezirk die Landesregierung ihren Sitz hat.

(2) Stellt ein Gefangener einen Antrag nach Absatz 1, so ist der Antrag bei einem Richter bei dem Amtsgericht aufzunehmen, in dessen Bezirk der Gefangene verwahrt wird.

(3) Bei der Anhörung werden Tatsachen und Umstände soweit und solange nicht mitgeteilt, als die Mitteilung den Zweck der Unterbrechung gefährden würde. § 33 a der Strafprozeßordnung gilt entsprechend.

(4) Die Vorschriften des § 25 Abs. 2, des § 24 Abs. 1, des § 25 Abs. 2 und der §§ 26 bis 30 gelten entsprechend.

§ 38

Die Vorschriften der §§ 31 bis 37 gelten entsprechend, wenn eine Maßregel der Besserung und Sicherung vollzogen wird oder wenn ein Unterbringungsbefehl nach § 126 a der Strafprozeßordnung besteht."

Artikel 2
Übergangsregelung

(1) Die §§ 31 bis 38 des Einführungsgesetzes zum Gerichtsverfassungsgesetz finden entsprechende Anwendung, wenn gegen einen Gefangenen ein Strafverfahren

wegen des Verdachts der Bildung einer kriminellen Vereinigung (§ 129 des Strafgesetzbuches) eingeleitet worden ist oder eingeleitet wird, deren Zweck oder deren Tätigkeit darauf gerichtet ist,

1. Mord, Totschlag oder Völkermord (§§ 211, 212, 220a),

2. Straftaten gegen die persönliche Freiheit in den Fällen des § 239 a oder des § 239 b oder

3. gemeingefährliche Straftaten in den Fällen der §§ 306 bis 308, des § 310 b Abs. 1, des § 311 Abs.1, des § 311 a Abs.1, der §§ 312, 316 c Abs.1 oder des § 324 zu begehen. Sie finden entsprechende Anwendung auch in dem Fall, daß der nach § 31 Satz 2 zweiter Halbsatz erforderliche dringende Tatverdacht sich auf eine Straftat nach § 129 des Strafgesetzbuches bezieht, der die Voraussetzungen des Satzes 1 Nr.1 bis 3 erfüllt.

(2) Das gleiche gilt, wenn der Gefangene wegen einer solchen Straftat rechtskräftig verurteilt worden ist.

Artikel 3
Überleitungsregelung

Sind beim Inkrafttreten des Gesetzes in § 33 des Einführungsgesetzes zum Gerichtsverfassungsgesetz bezeichnete Maßnahmen auf einer anderen Rechtsgrundlage als § 119 der Strafprozeßordnung getroffen worden und dauern diese Maßregeln an, so gelten die nachfolgenden besonderen Vorschriften:

1. Derartige Maßnahmen treten außer Kraft, sofern nicht in bezug auf die von ihnen betroffenen Gefangenen innerhalb von drei Tagen nach dem Inkrafttreten dieses Gesetzes eine Feststellung nach § 31 des Einführungsgesetzes zum Gerichtsverfassungsgesetz getroffen worden ist.

2. § 34 des Einführungsgesetzes zum Gerichtsverfassungsgesetz gilt vom Inkrafttreten des Gesetzes an auch für diese Maßnahmen.

3. Gerichtliche Verfahren wegen dieser Maßnahmen richten sich vom Zeitpunkt des Inkrafttretens dieses Gesetzes an nach § 37 des Einführungsgesetzes zum Gerichtsverfassungsgesetz.

Artikel 4
Berlin-Klausel

Dieses Gesetz gilt nach Maßgabe des § 13 Abs.1 des Dritten Überleitungsgesetzes auch im Land Berlin. Die Rechte und Verantwortlichkeiten der Alliierten Behörden, einschließlich derjenigen, die Angelegenheiten der Sicherheit und des Status betreffen, bleiben unberührt.

Artikel 5
Inkrafttreten

Dieses Gesetz tritt am Tage nach der Verkündung in Kraft.

Das vorstehende Gesetz wird hiermit ausgefertigt und wird im Bundesgesetzblatt verkündet.
Bonn, den 30. September 1977
Der Bundespräsident
Scheel
Der Bundeskanzler
Schmidt
Der Bundesminister der Justiz
Dr. Vogel

DOKUMENT 2
NEUROPATHOLOGISCHES GUTACHTEN
ANDREAS BAADER

Prof. Dr. med. Jürgen Peiffer
Direktor des Instituts für Hirnforschung
der Universität Tübingen

Tübingen, den 9.2.1979 P/Schw

AZ.: 9 Js 3627/77

Ich erstatte der Staatsanwaltschaft Stuttgart auf Veranlassung des Instituts für Gerichtliche Medizin der Universität Tübingen (Schreiben vom 6.12.77) ein neuropathologisches Gutachten in der Leichensache

Andreas Baader

geb. 6.5.43, tot aufgefunden am 18.10.77. Das Gutachten stützt sich auf die eigene neuropathologische Untersuchung des Gehirns des Verstorbenen sowie die durch das Institut für Gerichtliche Medizin überlassenen Daten zur Vorgeschichte.

Zur *Vorgeschichte* wurde bekannt, daß B. am Morgen des 18.10.77 gegen 08.00 Uhr tot aufgefunden wurde mit Schußverletzungen im Sinne einer Einschußlücke im Hinterhaupts-Nackenbereich dicht links der Mittellinie und einer als Ausschußlücke gedeuteten Verletzung im oberen Stirnbereich. Lokalbefund siehe im übrigen im Gutachten des Instituts für Gerichtliche Medizin.

Die *Obduktion* erfolgte am 19.10.77 zwischen 00.30 Uhr bis 03.00 Uhr (16 1/2 Stunden nach dem Auffinden). Der genaue Termin der Schußverletzung ist nicht bekannt...

Beurteilung:

Das Gehirn weist eine annähernd in der Mittellinie verlaufende Durchschußverletzung auf. Da sich an der Rißstelle der harten Hirnhaut unmittelbar in der Mittellinie an dem grossen Längsblutleiter in Stirnhirnhöhe feinste Partikel von Kleinhirn- und Großhirngewebe finden, ist dieser Defekt auch neuropathologisch eindeutig als Ausschußwunde definierbar. Der Einschuß erfolgte unmittelbar links der Mittellinie unter Durchreissung des Kleinhirnwurmes ohne unmittelbare Schußverletzung der Brücke und des verlängerten Markes.

Wie die beigefügten Abbildungen 7 – 17 zeigen, verlief der Schußkanal weiter nach vorne aufwärts unter Verletzung der mittleren Abschnitte der Stammganglien (insbesondere beider Seh-Hügel), der Scheidewand zwischen beiden Hirnhälften und des die beiden Hirnhälften verbindenden Balkens bei nur geringfügiger Schädigung der sich zur Scheitelhöhe hin anschliessenden, zur Mittellinie zugewandten Windungen in dem Spaltraum zwischen den beiden Hirnhälften.

Neben diesen unmittelbaren Schußverletzungen fanden sich Blutungen an den mittleren Abschnitten der Schläfenlappenbasis beidseits und an der Basalfläche (Orbitalfläche) beider Stirnhirnlappen. In geringerem Grade waren entsprechende pfeffer- und salzfarbene Verfärbungen auch an der Basalfläche der Hinterhauptslappen sowie um den Aquaedukt bzw. den Boden der IV. Hirnkammer herum sichtbar. Es handelt sich hierbei um Verletzungen, die mit hoher Wahrscheinlichkeit in Verbindung mit dem komplizierten Bruchsystem der Schädelbasisknochen im Sinne einer Contusio cerebri entstanden sind, als es durch die Schußverletzung zu dem Berstungsbruch und einer plötzlich intensivsten Drucksteigerung im Schädelinnendruck kam.

Bei der mikroskopischen Untersuchung ergab es sich, daß mit an Sicherheit grenzender Wahrscheinlichkeit keine intravitalen Gewebsreaktionen vorliegen. Daraus ist zu schliessen, daß der Tod der Schußverletzung unmittelbar folgte. Es sind nicht einmal Verteilungsstörungen in der Zusammensetzung roter und weißer Blutkörperchen zu sehen, geschweige denn beginnende Gefäßwandthrombosen oder entzündliche Erscheinungen, die mit der Schußverletzung in Verbindung gebracht werden könnten. Nur zwei Veränderungen konnten festgestellt werden, die zeitlich nicht unmittelbar mit der Schußverletzung korreliert sind: Einmal handelte es sich hierbei um Schwellungen der sog. Oligodendroglia, d.h. bestimmter Stützzellen des Nervengewebes. Diese Schwellungen sind ausschließlich an den Oberflächen der inneren Hirnkammern in der Nähe der Verletzungsstellen und am Hirnstamm unter der das Zentralnervensystem aussen umgebenden dünnen Haut (Pia mater) zu beobachten. Mit hoher Wahrscheinlichkeit handelt es sich um Schwellungszustände, die nach dem Tod in dem – bei einer Zeitberechnung zwischen Auffindung der

Leiche und Beendigung der Sektion – etwa 19 Stunden
während Intervall bis zum Beginn der Fixierung des Hirngewebes durch Formalin entstanden. Der Austritt der Ner-
venflüssigkeit (Liquor cerebrospinalis) im Verletzungsbereich in das durch feine Risse geschädigte Hirngewebe ist
die wahrscheinliche Ursache dieser auf die oberflächlichen
Schichten beschränkten Zellschwellungen. Zum anderen
fanden sich über das gesamte Gehirn verstreut geringfügige Ansammlungen weisser, rundkerniger Blutzellen
(kleine Lymphozyten) in der Wand kleinerer Venen. Diese
Veränderungen sind wiederum mit Sicherheit älter als die
Schußverletzung und stehen mit dieser in keinerlei ursächlichem Zusammenhang. Mit Wahrscheinlichkeit handelt es
sich hierbei um Begleiterscheinungen eines möglicherweise bereits im Abklingen befindlichen Infektes. Die Veränderungen erreichen nicht einen Grad, der die Diagnose
einer Enzephalitis (Hirnentzündung) rechtfertigen würde.

Die neuropathologische Untersuchung läßt keinen Zweifel daran, daß der Kopfdurchschuß die Todesursache darstellt. Der Tod ist mit an Sicherheit grenzender Wahrscheinlichkeit unmittelbar nach dem Schuß eingetreten, bevor
intravitale Reaktionen des Gewebes einsetzen konnten.
Hierfür spricht auch das Fehlen von Veränderungen an der
Kleinhirnrinde abseits der unmittelbaren Verletzungsstellen.

Einen Rückschluß auf den Todeszeitpunkt erlaubt die
neuropathologische Untersuchung nur insoweit, als das
Fehlen von Fäulnisvorgängen – insbesondere wiederum an
der hierfür besonders empfindlichen Körnerzellschicht der
Kleinhirnrinde – dafür spricht, daß zwischen Tod und Auffindung der Leiche ein allenfalls wenige Stunden betragender
Zeitraum bestand. Hierbei wird berücksichtigt, daß die Leiche bei normaler Zimmertemperatur aufgefunden wurde
und daß bis zum Verbringen in eine Kühlzelle noch mehrere
weitere Stunden vergingen. Anhaltspunkte für eine toxische
Schädigung des Gehirns fanden sich nicht, weder im Sinne
einer akuten Vergiftung noch im Sinne einer chronischen
Schädigung. Auch lichtmikroskopisch nachweisbare Fol-

gen einer eventuellen Mangelernährung konnten nicht nachgewiesen werden.

(Prof. Dr. J. Peiffer)

DOKUMENT 3
CHEMISCH-TOXIKOLOGISCHES GUTACHTEN ENSSLIN

Universität Tübingen
Institut für Gerichtliche Medizin
Direktor: Prof. Dr. H.J. Mallach

7400 Tübingen, den 30.11.1977
Az.: L249/77; Ma/Mos/Pl

An die
Staatsanwaltschaft
bei dem Landgericht Stuttgart
Herrn 1. Staatsanwalt Herrmann
Olgastr. 7
7000 Stuttgart

In der Leichensache Gudrun Ensslin, geb. am 15.8.1940, tot aufgefunden am 18.10.1977, – Az.: 9 Js 3627/77 –, wird ein

Gutachten
zu der Frage erstattet, ob die Bewußtseinstätigkeit durch toxische Einflüsse beeinträchtigt worden sein kann.

Sachverhalt.
Nach Auskunft des behandelnden Arztes, Regierungsmedizinaldirektor Dr. Henck, hatte die Untersuchungsgefangene Ensslin als Dauermedikation täglich vier Tabletten Xitix und ein Dragee Tradon, ferner für den Bedarf am 14.10.1977 insgesamt 10 Dragees Ordinal forte erhalten ...

Beurteilung.

Die 37 Jahre alte Untersuchungsgefangene Gudrun Ensslin hatte während der letzten Zeit ihrer Inhaftierung drei Medikamente verordnet erhalten: Ordinal forte, Tradon und Xitix.

Ordinal forte enthält als Wirkstoff Actodrin, Norfenefrin und Adenosin, ist in Form von Dragees im Handel und wird zur Behandlung niedrigen Blutdrucks, ferner von Kreislaufregulationsstörungen und allgemeiner Leistungsschwäche verordnet.

Tradon, in Tablettenform auf dem Markt enthält als Wirkstoff Pemolin und (wird) zur Behandlung von Leistungs- und Antriebsschwäche verordnet.

Xitix kommt in Form von Brausetabletten in den Handel und enthält Vitamin C (=Ascorbinsäure).

Keiner dieser Wirkstoffe war in den untersuchten Organen oder Körperflüssigkeiten nachweisbar. Hingegen fanden sich neben Nicotin, welches in erster Linie aus dem Genuß von Tabakwaren gestammt haben dürfte, Spuren von Aminophena, so daß Gudrun Ensslin einige Zeit vor ihrem Tode nicht vom Arzt verordnete Medikamente, wahrscheinlich leichte Schmerz- oder Fiebermittel eingenommen haben muß.

Weitere Wirkstoffe fanden sich bei den chemisch-toxikologischen Untersuchungen nicht, insbesondere keine Substanzen, die zur Beeinträchtigung der Bewußtseinstätigkeit geeignet gewesen wären.

Zusammenfassung.

Bei den chemisch-toxikologischen Untersuchungen an den Organen und Körperflüssigkeiten, die bei der Leichenöffnung der 37 Jahre alten Untersuchungsgefangenen Gudrun Ensslin asserviert worden waren, ließen sich keine Wirkstoffe nachweisen, die einen Einfluß auf die Bewußtseinstätigkeit hätten ausüben können.

Prof. Dr. med. H.J. Mallach
Dr. rer. nat. A. Mossmayer

322

DOKUMENT 4
NEUROPATHOLOGISCHES GUTACHTEN ENSSLIN

Prof. Dr. med. Jürgen Peiffer
Direktor des Instituts für Hirnforschung
der Universität Tübingen

74 Tübingen, den 30.1.1978 P/Schw

AZ.: 9 Js 3627/77

Ich erstatte der Staatsanwaltschaft Stuttgart auf Veranlassung des Instituts für Gerichtliche Medizin der Universität Tübingen (Schreiben vom 6.12.77) ein neuropathologisches Gutachten in der Leichensache
Gudrun Ensslin
geboren am 15.8.1940, verstorben 17./18.10.1977.
   Das Gutachten stützt sich auf die eigene neuropathologische Untersuchung des Zentralnervensystems der Verstorbenen. Zur Vorgeschichte ist aus amtlichen Quellen bekannt, daß E. erhängt aufgefunden worden war...

Beurteilung:
Das Zentralnervensystem weist keine frischen Gewebsschädigungen auf. Die Verdickungen der harten Rückenmarkshaut im Halsmarkbereich steht in keiner Beziehung zu der zum Tode führenden Strangulation. Es handelt sich um eine Anomalie, die mit Sicherheit Jahre zurückliegt und deren Verursachung nicht klärbar ist. Es liegen jedenfalls keinerlei Zeichen einer entzündlichen Erkrankung der Rückenmarkshaut vor.
   Für das Lebensalter ungewöhnlich, aber nicht als Krankheitszeichen zu bewerten ist die Verkalkung der Muskelschicht der Schlagadern im Globus pallidus (blasser Kern) der Großhirns. Derartige Verkalkungen, die nichts mit einer Arteriosklerose zu tun haben und eine besondere Reak-

tionsform der Arterien dieses speziellen Kerngebietes darstellen, kommen im mittleren und höheren Lebensalter nicht selten vor. Sie haben keine funktionelle Bedeutung. Pathologisch am Zentralnervensystem ist das Vorkommen einiger entzündlicher Zellenansammlungen um einzelne Hirngefässe. Der Grad dieser entzündlichen Veränderungen ist aber nicht so groß, daß von einer Hirnentzündung im eigentlichen Sinne (Enzephalitis) gesprochen werden könnte. Die weichen Hirnhäute sind auch frei von entsprechenden entzündlichen Veränderungen. Mit Wahrscheinlichkeit handelt es sich um eine Begleitentzündung bei einem kurz zurückliegenden Infekt oder bei einem entzündlichen Prozeß an einem sonstigen Körperorgan.

Das Fehlen von durch Sauerstoffmangel bedingten Nervenzellschädigungen – sieht man von ganz vereinzelten derartig geschädigten Nervenzellen ab – spricht dafür, daß der Tod sehr kurz nach der Strangulation eingetreten ist. Schon bei Zeitintervallen zwischen Strangulation und Tod von 3 bis (unleserlich) Minuten kann es nach Literaturangaben zu wesentlich deutlicher ausgeprägten Sauerstoffmangelschädigungen der hierfür besonders empfindlichen Nervenzellen kommen. Da derartige Veränderungen fehlen, trat der Tod mit hoher Wahrscheinlichkeit innerhalb von 1 bis 2 Minuten nach der Strangulation, wenn nicht mittelbar dabei ein. Anhaltspunkte für irgendwelche to (unleserlich) Schädigungen oder für Gewalteinwirkungen auf das Zentralnervensystem fanden sich nicht.

(Prof. Dr. J. Peiffer)

DOKUMENT 5
NEUROPATHOLOGISCHES GUTACHTEN RASPE

Prof. Dr. med. Jürgen Peiffer
Direktor des Instituts für Hirnforschung
der Universität Tübingen

74 Tübingen, den 10.2.1978 P/Schw

AZ.: 9 Js 3627/77

Ich erstatte der Staatsanwaltschaft Stuttgart auf Veranlassung des Institus für Gerichtliche Medizin der Universität Tübingen (Schreiben vom 6.12.77) ein neuropathologisches Gutachten in der Leichensache
                    Jan-Carl Raspe
geboren am 27.4.1944, gestorben am 18.10.1977.
   Das Gutachten stützt sich auf die eigene neuropathologische Untersuchung des Verstorbenen sowie auf die vom Institut für Gerichtliche Medizin überlassenen Daten zur Vorgeschichte.

Zur *Vorgeschichte* wurde bekannt, daß R. in den frühen Morgenstunden des 18.10.77 mit einer schweren Kopfverletzung in seiner Zelle aufgefunden worden war. Er wurde noch lebend in das Katharinenhospital Stuttgart überführt und dort chirurgisch versorgt, starb aber um 09.40 Uhr. Die Leichenschau wurde gegen 10.30 Uhr ausgeführt. Die Leiche war hierbei noch handwarm.
   Die Obduktion erfolgte am 19.10. gegen 03.00 Uhr.

Beurteilung:
Die neuropathologische Untersuchung ergab – wie bereits auf Grund des Obduktions-Ergebnisses zu erwarten – einen das Großhirn quer durchsetzenden Schußkanal mit Einschußmündung am rechten Schläfenlappenpol im

Bereich der ersten und zweiten Schläfenlappenwindung (Abb.3) und Ausschußöffnung in nahezu symmetrischer Anordnung am linken Schläfenlappen, nur etwas höher als rechts (Abb.4). Blutungen in die umgebenden weichen Häute waren über beiden Hirnhälften zu erkennen (Abb.1 und 2). Der Schußkanal verlief quer durch die Stammganglien mit einer von rechts nach links ansteigenden Linie (Abb.5-7) unter Eröffnung der dritten Hirnkammer. Abseits des Schußkanales fanden sich an der Basis des Stirnhirnlappens und an den mediobasalen Anteilen der beiden Schläfenlappen Einblutungen in die Rinde und das angrenzende Mark (Abb.5-10). Weitere Blutpunkte wurden im Hirnstamm auf den Schnitten durch die Brücke festgestellt (Abb.11/12).

Die mikroskopische Untersuchung zeigte, daß die Schußverletzungen zwar frisch sind, aber doch bereits deutliche intravitale Gewebsreaktionen nachweisbar sind:

Man sieht an verschiedenen Stellen in der Umgebung des Schußkanals nicht nur – wie bei Andreas Baader – Austritte von Blut aus den zerrissenen Blutgefässen in die Umgebung, sondern ein aktives Wandern weisser Blutkörperchen in diese Blutungsbereiche hinein und von dort aus in das angrenzende, durch Blutflüssigkeit durchtränkte und aufgelockerte Hirngewebe (Abb.3). Derartige Einwanderungen von weissen Blutkörperchen (neutrophile Granulozyten) können bereits innerhalb von zwei Stunden nach einer Verletzung der Blut-Hirnschranke lichtmikroskopisch nachweisbar sein. Ein weiterer Hinweis auf intravitale Reaktionen ist die starke ödematöse Auflockerung verschiedener Markstreifen in der näheren Umgebung des Schußkanals. Darüberhinaus sind vielfach Schwellungszustände der Zell-Leiber der Oligodendrogliazellen (Stützgewebe und Markscheiden-bildende Zellen) zu beobachten, vorwiegend im unmittelbaren Verletzungsbereich und wiederum bevorzugt an den Grenzflächen zu den inneren und äusseren Oberflächen des Gehirns.

Der Vergleich mit dem Gehirn von Andreas Baader zeigt, daß auch dort derartige Schwellungszustände der Oligodendroglia vorhanden waren, wenn auch insgesamt etwas geringer als bei dem Gehirn Raspe. Diese Schwellungszustände können auch nach dem Tod auftreten, vor allem, wenn die Leiche nicht sofort in eine Kühlzelle gebracht wird und damit eine Autolyse (Selbstauflösung) des toten Gewebes einsetzt. Dafür, daß zwischen Schußverletzung und Tod eine einige Stunden verlaufende Spanne eines schweren Schockzustandes lag, spricht die Untersuchung der Kleinhirnrinde, in der sich schwere, aber nicht vollständige Nekrosen der Körnerzellschicht und der sog. Purkinjezellen finden. Der Vergleichsfall Baader ist frei von diesen Veränderungen, was dafür spricht, daß diese Kleinhirnschädigungen bei R. nicht postmortal auftraten, da die Bedingungen bei der Leichenaufbewahrung, dem Leichentransport und dem Zeitpunkt der Obduktion bei beiden Todesfällen sich annähernd entsprachen.

Die Todesursache ist mit an Sicherheit grenzender Wahrscheinlichkeit in der Schußverletzung zu sehen. Diese führte nicht nur zu einer schweren unmittelbaren Schädigung im Verlauf des Schußkanals, sondern durch die plötzliche Druckerhöhung im Schädelinnenraum zu schweren Fernwirkungen im Gehirn. So sind die Blutungen an der Basis des Stirnhirns und des Schläfenlappens zu deuten, so die Blutungen innerhalb des Hirnstammes (Abb.9, 10, 11, 12). Vor allen die Hirnstammschädigungen sind wahrscheinlich auf die plötzliche Verschiebung des Hirngewebes innerhalb der Schädelkapsel zurückzuführen, bei denen es zu Einrissen der den Hirnstamm versorgenden Blutgefässe kam.

An den Druckstellen der mediobasalen Schläfenlappenrinde, die dadurch entstehen, daß bei starker Hirndrucksteigerung diese Hirnteile gegen die derbe, bindegewebige Kante der Verspannungen des Kleinhirnzeltes gepresst werden, erkennt man einen geringen Anteil von weissen Blutkörperchen innerhalb der Blutungsbereiche. Dies spricht dafür, daß diese Blutungen zumindest zum Teil etwas jüngeren Datums sind als die Schußverletzung selbst. Sie entstanden wahrscheinlich durch die sich an die

Schußverletzung anschliessende schwere Hirngewebsschwellung, für die auch die oben beschriebenen Markschwellungen und gelegentliche Schwellungen der Nervenzellfortsätze sprechen.

Anzeichen für eine von der Schußverletzung unabhängige Vorkrankheit ergaben sich nicht. Geringfügige Ansammlungen von kleinen Blutkörperchen (Lymphocyten) an einzelnen Hirngefässen können nicht als Reaktion auf die Schußverletzung gedeutet werden, entsprechen vielmehr den Folgen einer möglicherweise vor kurzem abgeklungenen Infektion im Organismus. Zeichen einer akuten oder älteren Vergiftung ergaben sich ebensowenig wie Anhaltspunkte für eine durch Mangelernährung zu erklärende Hirngewebsschädigung.

Die genaue Festlegung des Zeitintervalls zwischen Schußverletzung und Tod ist nicht möglich. Die intravitalen Gewebsreaktionen sprechen aber dafür, daß dieser Zeitraum mit Wahrscheinlichkeit länger als zwei bis drei Stunden war. Eine exakte Festlegung ist deswegen nicht möglich, weil zuviele Variable diese Gewebsveränderungen vor und nach dem Tode beeinflussen, so zum Beispiel die Körpertemperatur, der Grad der gestörten Hirndurchblutung und das Ausmaß therapeutischer Maßnahmen (Infusionen, Herzstützung, u.ä.)

(Prof. Dr. J. Peiffer)

DOKUMENT 6
VERNEHMUNG DES ARZTES DR. MAJEROVICZ

LPD Stuttgart II
Kriminalpolizei
Dienststelle 1

Stuttgart, 18.10.1977

Vernehmung:
Am Vormittag des 18.10.1977 wurde in der JVA S-Stammheim der verh. Anstaltsarzt

Dr.med. Wolf Majerovicz
*14.6.1917
erreichbar über JVA S-Stammheim

gehört. Er machte folgende Angaben:

„Die sog. ‚Abteilung 3' im 7. OG der hies. Anstalt ist mit den BM-Häftlingen belegt.
Seit 2 Monaten etwa hatte ich mit diesen Leuten nichts mehr zu tun.
Herr Dr. Henck hat sich die Betreuung dieser Leute vorbehalten. Seit vergangenem Freitag ist Dr. Henck krank, so daß ich seither der einzige angestellte Arzt hier bin.
Gestern sind die nach Beendigung des Hungerstreiks von Dr. Henck verordneten Sonderzulagen abgelaufen. Sonderzulagen waren zusätzliches Fleisch und sonstige kräftige Nahrungsmittel.
Was dies im einzelnen genau war, kann ich ohne Überprüfung der Unterlagen nicht sagen.
Im wesentlichen war ich über die Abt. 3 nicht informiert, da ich, wie schon angeführt, seit mindestens 2 Monaten nichts mehr mit diesen Gefangenen zu tun hatte. Damals war ich während des Hungerstreiks mit in die Betreuung eingeschaltet. Wenn ich mich über die Abt. 3 informieren wollte, ich meine jetzt über die ärztliche Betreuung, hätte ich die Unterlagen einsehen müssen. Dafür bestand für mich aber kein Anlaß, da ich auch sonst im Haus genügend zu tun hatte.
Heute früh habe ich Punkt 8.00 Uhr zusammen mit dem Anstaltsleiter, Herrn Nusser, das Gebäude betreten. Unten, beim Eingang, wurden wir beide von einem Beamten kurz darüber informiert, daß es in der Abt. 3 zu einem furchtbaren

329

Vorkommnis gekommen sei. Unter den Häftlingen habe es Tote gegeben, während Raspe bereits in ein Krankenhaus verbracht worden sei. Wie schon gesagt, hat Herr Nusser diese Information mit mir bekommen.

Ich habe nur meinen Mantel aus der Krankenabteilung geholt und bin sofort mit dem Fahrstuhl zum 7. Stock hochgefahren.

Bei meinem Eintreffen waren verschiedene Beamte da, u:a. die Sanitätsbeamten Just und Sukop. Fast gleichzeitig wurde unser Notarztkoffer in diesen Teil der Anstalt gebracht.

Die Zelle der Möller war offen und ich konnte beim Betreten derselben sehen, daß die Frau auf einer Matratze lag. Diese Häftlinge wollen alle nicht die normalen Pritschen sondern eben nur Matratzen.

Bei Frau Möller stellte ich am Oberkörper, und zwar links vom Brustbein, etwa 3-4 oberflächliche Schnittverletzungen fest. Andere Verletzungen konnte ich nicht feststellen.

Pupillenreaktion war normal, Puls und Herztätigkeit befriedigend. Der Puls war auch regelmäßig. Der von mir festgestellte Blutverlust dürfte bei ca. 100-150 ml liegen. Der Blutdruck war 95/60. Die Frau hat nicht gesprochen, auch konnte ich bei ihr keine Cyanose erkennen. Ich habe ihr dann gleich das Herzmittel „Cardiasol" intramuskulär injiziert. Auch „Akrinor" habe ich intramuskulär gespritzt. Danach habe ich erneut die Herztätigkeit geprüft und eine Normalisierung festgestellt. Die Wunden habe ich zuletzt steril versorgt. Der Notarztwagen war längst alarmiert und mit diesem wurde die Frau dann auch abtransportiert.

Anschließend ging ich in die Zelle von Andreas Baader. Er lag nahe der Türe an einer Abschirmwand. Der Kopf lag an einem Fuß dieser Wand. Oberkörper und der Kopf waren, soweit ich mich noch erinnere, von einer großen Blutlache umgeben.

Links von dem Kopf (linke Kopfseite) sah ich in Höhe der Ohrmuschel eine Pistole liegen, die ich dem Aussehen nach für eine Walther PP gehalten habe. In Höhe des linken Oberschenkels sah ich zwei Patronenhülsen.

Ich habe dann bei Baader nach Lebenszeichen gesucht, konnte aber keine Herztätigkeit und keine Atmung mehr feststellen. Auch die Pupillenreaktion fehlte. Damit war Baader für mich tot, so daß ich mich nicht weiter um ihn kümmern konnte. Ich habe weder in seiner Zelle noch an der Leiche irgendwelche Veränderungen vorgenommen, wenn man davon absieht, daß ich seine Herzgegend etwas freigemacht habe, um nach Herztätigkeit zu horchen.

Anschließend wurde ich zur Zelle der Ensslin geholt. Die Zelle selbst war mit einer vor das Fenster gehängten Bettdecke verdunkelt.

Ich konnte dann feststellen, daß hinter diesem Teppich jemand hing, denn ich konnte vom Zelleneingang aus Füße und Beine bis etwa oberhalb des Sprunggelenkes erkennen.

Ich habe dann etwas hinter die Bettdecke geschaut und sofort erkannt, daß die Frau tot sein muß. Berührt habe ich sie nicht, erkannte aber eine Cyanose und stellte fest, daß der Körper völlig entkrampft hing. Die Zunge war herausgerückt.

Weitere Maßnahmen habe ich auch in dieser Zelle nicht getroffen, habe nichts verändert und nichts mehr berührt.

Raspe war, wie schon eingangs gesagt, bereits mit dem NAW abtransportiert worden.

Ich habe mich dann gleich nach Frau Becker und Schmitz erkundigt, doch wurde dort festgestellt, daß im Bereich dieser beiden Frauen keine Auffälligkeiten gegeben waren.

Dr. Henck war m.W. am vergangenen Donnerstag, gegen Mittag, letztmalig in der Abt. 3.

Für weitere Auskünfte stehe ich hier in der Anstalt jederzeit zur Verfügung."

Kögel, KHK

DOKUMENT 7
ANHÖRUNG VZA-Beamter STOLL

LPD Stuttgart II
Kriminalpolizei
Dienststelle 1

Stuttgart, den 18.10.1977 Wö/Sr.

Ebenfalls am 18.10.1977 wird der verh. Justizobersekretär im Vollzugsdienst

Gerhard Stoll,
geb. 11.12.1934 in S-Stammheim,
Pflugfelder Str. 9,

zur Sache gehört. Er gibt folgendes an:

„Ich bin seit 1. September 1960 im Strafvollzugsdienst tätig. Seit ca. 3/4 Jahren verrichte ich meinen Dienst im Sicherheitstrakt, in welchem die BM-Häftlinge untergebracht sind.

Heute morgen (18.10.1977) habe ich meinen Dienst um 07.15 Uhr angetreten. Nach Dienstbeginn habe ich zunächst die schalldämmenden Wände an den einzelnen Zellentüren der BM-Häftlinge entfernt. Dabei haben auch meine anderen Kollegen mitgeholfen. Anschließend habe ich den Rolladen von dem Traktfenster hochgezogen.

Genau um 07.41 Uhr habe ich dann die Zelle 716 von Raspe geöffnet. Bereits zuvor war von meinem Kollegen Miesterfeld das Sicherheitsschloß geöffnet worden. Dies geschah zu der Zeit, als ich noch beim Abbau der schalldämmenden Wände war. Die Öffnung der Zellentür von Raspe erfolgte zum Zwecke der Frühstücksausgabe. Ich habe die Tür in Gegenwart meines Kollegen, d.h. meiner Kollegen Stapf, Miesterfeld und Hermann geöffnet. In der Zelle lag Raspe auf seiner Schaumgummimatratze und zwar so, daß er mit dem Oberkörper und dem Kopf an die Wand gelehnt war. Es war also eine halb sitzende Stellung. An der Stelle, wo der Oberkörper und der Kopf an die Wand gelehnt waren, sah ich einen Blutfleck oberhalb des Kopfes. Auch die linke Gesichtshälfte von Raspe war blutig. Ich hatte den Eindruck, daß Raspe noch atmete. Neben der rechten Hand lag auf der Matratze eine Pistole. Ohne irgendetwas zu verändern, wurde sofort der Sanitäter Listner vom Haus zugezogen. Zusammen mit dem Sanitäter Jost, ebenfalls vom Haus, traf er um 07.44 Uhr an der Zelle von Raspe ein. Beide haben die Zelle von Raspe betreten, während ich außen stehengeblieben bin. Auch sie haben nach meinen Beobachtungen nichts verändert. Es wurde sofort klar, daß sich Raspe mit der Pistole erschossen hatte, zumindest hatte ich diesen Eindruck. Schon wenig später wurde dann Raspe mit dem zwischenzeitlich hier eingetroffenen Notarztwagen im Beisein des Notarztes und meines Kollegen Götz ins Katharinenhospital Stuttgart verbracht. Auch ich fuhr dorthin mit, saß jedoch vorne im Führerhaus, während mein Kollege Götz im Ambulanzraum des Wagens war. Ich konnte somit nicht sehen, was während der Fahrt ins Krankenhaus im Wagen vom Arzt gemacht wurde.

Noch solange ich im Krankenhaus anwesend war, ist Raspe dort um 09.40 Uhr verstorben. Er wurde vom Arzt in meinem Beisein für tot erklärt. Als Todesursache erwähnte der Arzt eine Schußverletzung am Kopf.

Gegen 10.30 Uhr kam ich dann vom Krankenhaus aus wieder in die Vollzugsanstalt zurück.

Soweit ich gesehen habe, hat Raspe vom Zeitpunkt seines Auffindens bis zu seinem Tod nichts mehr gesprochen.

A.F.: Zu den BM-Häftlingen hatte ich durch meine Tätigkeit im Sicherheitstrakt einen normalen Kontakt. Ich habe nie mit den Häftlingen gesprochen, sofern ich nicht von ihnen angesprochen wurde. In dieser Beziehung haben sich aber nie besondere Dinge ereignet. Die Gefangenen wollten mit uns grundsätzlich nichts zu tun haben. So kam es auch, daß nur das Notwendigste gesprochen wurde.

Gestern, 17.10.1977, hatte ich Dienst von 07.15 Uhr bis 17.00 Uhr. Gestern nachmittag von 15.54 Uhr – ca. 17.00 Uhr hatte Frau Ensslin Besuch von den beiden Anstaltsgeistlichen, Dr. Rieder und Oberpfarrer Kurmann. Der Besuch und das Gespräch zwischen den Geistlichen und Frau Ensslin erfolgte auf Wunsch von Frau Ensslin. Das Gespräch fand in der Besucherzelle statt. Bei dem Gespräch war außer den jetzt genannten Personen niemand anwesend. Der Gesprächsinhalt ist mir nicht bekannt.

Der Besuch der Geistlichen wurde schon in der vergangenen Woche angeregt. Wie es zu der ersten Kontaktaufnahme zwischen den Geistlichen und Frau Ensslin bzw. den anderen BM-Häftlingen kam, entzieht sich meiner Kenntnis.

Über den weiteren Ablauf am gestrigen Abend nach Beendigung des Besuches kann ich keine Angaben machen, weil ich meinen Dienst um 17.00 Uhr beendet habe.

Seit der Kontaktsperre sind mir keine Besuche der BM-Häftlinge bekanntgeworden, ausgenommen der gestrige Besuch durch die beiden Geistlichen.

Darüberhinaus fand seit der Kontaktsperre kein gemeinsamer Umschluß der BM-Häftlinge statt. Auch die Kommunikationsmittel wurden den Häftlingen entzogen. Mir fällt eben ein, daß nach der Entführung Schleyer die Zellen der Häftlinge von Beamten des LKA Stuttgart durchsucht wurden.

Von uns Bediensteten wurden die Zellen der Häftlinge in deren Abwesenheit, also wenn sie beim Hofgang oder beim Baden waren, kontrolliert. Es waren sogenannte Sicherheitskontrollen, bei denen wir darauf zu achten hatten, ob sich in den Zellen verdächtige Gegenstände befinden. Die Kontrollen wurden jeweils ins Kontrollbuch eingetragen. Die Kontrollen wurden je nach personeller Lage von einem oder 2 Beamten durchgeführt. Besondere Vorkommnisse bei den Kontrollen mußten gemeldet werden. Mir persönlich ist nicht bekannt, daß bei derartigen Kontrollen seit der Kontaktsperre Besonderheiten festgestellt werden konnten.

Körperliche Duchsuchungen der BM-Häftlinge erfolgten seit der Kontaktsperre nicht mehr. Derartige Durchsuchungen wurden nur durchgeführt, wenn die Gefangenen von einem Rechtsanwalt besucht wurden. In diesen Fällen erfolgte die Durchsuchung vor der Kontaktaufnahme mit dem Anwalt und dann wieder bei der Rückkehr auf die Zelle. Zu diesem Zweck wurden die Gefangenen abgetastet. In den Fällen, wo ich solche Durchsuchungen gemacht habe, haben dies die Gefangenen immer widerstandslos geduldet.

Nicht durchsucht wurden in diesen Fällen die Akten, die von den Gefangenen mitgeführt wurden. Wir hatten dazu keine Berechtigung.

Obwohl die Gefangenen über kein Radio, keine Zeitungen und keinen Fernsehapparat mehr verfügten, man hat ihnen diese Dinge beim Inkrafttreten der Kontaktsperre aus den Zellen genommen, bestand für sie trotzdem eine Möglichkeit, das Geschehene im Zusammenhang mit der Terroristenbekämpfung über das Radio anderer Gefangener in den Stockwerken darunter mitzuverfolgen. Viele Gefangene in den anderen Stockwerken haben in den Zellen Radios, vorwiegend Transistorgeräte, die von ihnen beliebig in Betrieb genommen werden konnten und auch wurden. Es kam häufig vor, daß eingeschaltete Radios dieser Gefangenen so laut tönten, daß sie bis in unser Stockwerk und somit auch von den Häftlingen im Sicherheitstrakt gut gehört werden konnten.

Eine Veränderung der Persönlichkeit der BM-Häftlinge seit der Kontaktsperre, insbesondere aber in den letzten Tagen, war für mich nicht erkennbar."

Wörner, KHM

DOKUMENT 8
VERNEHMUNG VZA-Beamter GÖTZ

Kriminalpolizei
Dienststelle 1

Stuttgart, den 18.10.77

Am 18.10.77, um 15.00 Uhr wurde der geschiedene Amtsinspektor im Strafvollzugsdienst

Erich Götz
geb. 7.8.30 in Schorndorf,

an seinem Arbeitsplatz in der VZA Stammheim vernommen. Er gab folgendes an:

„Ich bin der Leiter der Besuchsüberwachung und in dieser
Eigenschaft u.a. zuständig für die Überwachung der Besuche bei den BM-Häftlingen. Daraus ergibt sich zwangsläufig
eine enge Zusammenarbeit mit den Aufsichtsbeamten des
7. Stockwerks, in dem die BM-Häftlinge untergebracht
waren.

Da ich keinen Stockwerksdienst versehe, war ich auch
nicht im 7. Stockwerk unmittelbar eingesetzt. Ich kam dort
überwiegend nur hoch, wenn ich einen Besucher oder
einen Anwalt begleitete.

Heute nahm ich gegen 07.00 Uhr meinen Dienst auf. Als
ich mich um 07.15 Uhr zufälligerweise im Büro vom Amtsinspektor Bubeck aufhielt, erfuhr ich, daß mit Raspe etwas
passiert sein soll. Ich begab mich daraufhin sofort in das 7.
Stockwerk, wo Miesterfeldt und weitere Kollegen zugegen
waren, die ich augenblicklich namentlich nicht mehr benennen kann. Es waren jedenfalls die Beamten, die auf dem
Stockwerk Dienst hatten. Unmittelbar hinter mir trafen auf
dem Stockwerk die Sanitätsbeamten Listner und Jost ein.

Ohne näher zu fragen, sagte ich, man solle die Tür von der Zelle des Raspe öffnen. Einer der umstehenden Beamten, wer, kann ich nicht sagen, öffnete daraufhin die Zellentür. Ich betrat als erster die Zelle. Dabei fand ich folgende Situation vor:

Raspe saß auf seinem Bett. Sein Rücken lehnte gegen die Wand. Der Kopf war etwas nach rechts geneigt und lehnte auch an der Wand. Die Beine lagen ausgestreckt auf dem Bett. Die linke Körperseite zeigte zur Zellentür. An der linken Gesichtshälfte war Blut. Die Arme hingen entlang des Körpers herunter. Die rechte Hand, die eine Pistole umfaßte, lag neben dem rechten Oberschenkel auf dem Bett auf. Der Handrücken zeigte nach oben. Die Hand umfaßte den Griff der Pistole. Der Lauf zeigte zum Oberschenkel hin. Da Raspe noch atmete, nahm ich ihm sofort die Pistole aus seiner Hand. Dabei ging ich so vor, daß ich mit meinen Händen die Schußwaffe nicht berührte. Ich umwickelte die Waffe zunächst mit meinem Taschentuch und anschließend packte ich sie in ein Geschirrtuch, welches ich mir von Miesterfeldt bringen ließ, dem ich dann auch die umwickelte Pistole übergab.

An der Waffe, die außer mir und Miesterfeldt niemand in den Händen hatte, wurde von mir nichts verändert.

Parallel zu meinem geschilderten Vorgehen haben sich die Sanitäter um (!) Raspe angenommen. Aufgrund der angetroffenen Situation mußten wir davon ausgehen, daß sich Raspe in den Kopf geschossen hat.

Bis zum Eintreffen der Sanitäter des Notarztwagens blieb Raspe in seiner Haltung unverändert. Die Sanitäter nahmen sofort Wiederbelebungsversuche auf, indem sie Raspe Sauerstoff zuführten. Dabei war sein Atem hörbar. Sonst war keine Reaktion festzustellen. Als Raspe zum Notarztwagen in den Hof transportiert wurde, war dort zwischenzeitlich der Notarzt eingetroffen, der mit einem zweiten Fahrzeug angefahren worden war. Er übernahm sofort die ärztliche Versorgung.

Ich fuhr mit dem Notarztwagen ins Katharinenhospital und war dort zugegen, bis Raspe verstarb. Der Tod wurde um 09.40 Uhr festgestellt. Beim Eintreffen im KH wurde sofort mit der ärztlichen Versorgung von Raspe durch die Ärzte begonnen.

Erst im Katharinenhospital habe ich von den Selbstmorden, bzw. Selbstmordversuchen der anderen BM-Häftlinge gehört.

Wir sahen uns verpflichtet, sofort Raspe ärztlich zu versorgen und haben deshalb nicht gleich in die anderen Zellen geschaut. Zu diesem Zeitpunkt gab es ja keinerlei Anhaltspunkte für weitere Selbstmorde der Mithäftlinge."

DOKUMENT 9
VERNEHMUNG VZA-BEAMTER MIESTERFELDT

Kriminalpolizei
Dienststelle 1

Stuttgart, den 18.10.1977

Am 18.10.77, um 09.05 Uhr wurde der verheiratete Hauptsekretär im Strafvollzugsdienst

Klaus Miesterfeldt,
geb. 13.11.1935 in Potsdam,
wh.; Stuttgart-Stammheim, Pflugfelderstr.32

in der VZA Stuttgart-Stammheim vernommen, wobei er folgende Angaben machte:

„Ich bin seit 1958 im Strafvollzugsdienst tätig und versah meinen Dienst ständig in Stuttgart. Seit der ersten Aufnahme der BM-Häftlinge in der VZA Stuttgart-Stammheim bin ich als stellvertretender Abteilungsleiter für das Stockwerk zuständig, in dem die Häftlinge untergebracht waren. Es handelt sich um die 3. Abteilung im 7. Obergeschoß. Der kurze Flügel dieses Stockwerks ist mit 20 Zellen ausgestattet. In ihm waren zeitweise die 8 BM-Gefangenen BAADER, RASPE, ENSSLIN, MÖLLER, SCHUBERT, HOPPE, BEER und POHL untergebracht. Die Gefangenen hatten am Tag 4 Stunden gemeinsamen Umschluß einschließlich des Hofgangs. Jeder hatte eine Einzelzelle, wobei die Gefangenen getrennt nach Geschlechtern zusammen schlafen konnten. Bei den Männern war ein Zusammensein bis zu 3 Personen gestattet.

Im Zusammenhang mit dem Hungerstreik und einer späteren Gefangenenmeuterei wurden BEER, HOPPE und POHL am 12.8.77 nach Hamburg zurückverlegt. Die Gefangene SCHUBERT kam am 18.8.77 nach München-Stadelheim. Seitdem waren in dem kleinen Seitenflügel ausschließlich die Gefangenen RASPE (Zelle 716), BAADER (Zelle 719); ENSSLIN (Zelle 720) und MÖLLER (Zelle 725) untergebracht. Nach der Verlegung war der gemeinsame Umschluß unterbunden worden. Von nun ab hatte jeder der Gefangenen Einzelhofgang und kam nicht mehr mit anderen Mithäftlingen zusammen. Die Zellen 719 (BAADER) und 720 (ENSSLIN) liegen einander genau gegenüber; ebenso die Zellen 716 (RASPE) und 725 (MÖLLER).

Aufgrund der Lage der Zellen war nicht auszuschließen, daß sich die Häftlinge durch die Fenster oder über den Gang durch lautes Zurufen verständigen konnten. Von uns wurden diese Zurufe wiederholt bemerkt. Sie waren meistens belanglosen Inhalts. Wir wurden zwar verpflichtet, solche Zurufe zu verhindern, konnten dies jedoch aufgrund der baulichen Gegebenheit nicht in letzter Konsequenz durchführen.

Die Zellentüren der BM-Häftlinge waren seit einer bestimmten Zeit – ich meine, es sei seit dem 18.8.77 gewesen – entsprechend einer Anweisung der Anstaltsleitung immer doppelt verschlossen. Zur Nachtzeit (16.30 bis 07.30 Uhr) wurden die Türen noch durch ein zusätzliches Schloß gesichert. Die Häftlinge kamen nur zum Baden oder zum Hofgang einzeln aus ihrer Zelle heraus und wurden dabei ständig von mindestens 2 bis 3 Beamten beaufsichtigt.

Nach dem 18.8.77 erfolgten bei den Häftlingen nur noch für eine kurze Zeit die Anwaltsbesuche. Die genauen Daten darüber sind bei der Besuchsüberwachung vermerkt. Die Anwaltsbesuche liefen folgendermaßen ab:

Der Anwalt ist nach entsprechender Durchsuchung von einem Kollegen der Besuchsüberwachung zum 7. Obergeschoß hochgebracht worden. Ihm wurde dort der dafür vorgesehene Raum (Zellen 709 bis 712) zur Verfügung gestellt. Anschließend wurde ihm der Gefangene durch uns zugeführt. Die Nummer des Raumes und die Uhrzeit wurden von uns festgehalten. Das Gespräch zwischen dem Anwalt und dem Häftling fand bei geschlossenen Türen statt und wurde nicht überwacht. Der Anwalt meldete das Ende des Gesprächs durch einen Druck auf den Zellenknopf. Vor und nach dem Anwaltsbesuch wurde der Häftling von uns jeweils körperlich durchsucht, indem wir den ganzen Körper, mit Ausnahme der Genitalgegend, mit den Händen abtasteten.

Seit der Kontaktsperre hatten die Häftlinge nur noch mit dem Vollzugspersonal, mit dem Anstaltsarzt und den Sanitätern, sowie mit Beamten des LKA Stuttgart und des Bundeskriminalamts Kontakt.

Außerdem führten gestern die Anstaltsgeistlichen Dr. Rieder und Pfarrer Kurmann mit der ENSSLIN ein Gespräch. Hierzu muß ich folgendes ausführen:

Die Häftlinge hatten in der zurückliegenden Zeit nie nach den Anstaltsgeistlichen verlangt, weshalb es bis letzte Woche zu keinem Kontakt kam. Ich glaube, es war am Donnerstag letzter Woche, als beide Anstaltsgeistliche dem BAADER ein Gespräch angeboten haben. Beide sprachen von der Zellentür aus mit BAADER. Ich selbst war bei dem Vorgang nicht zugegen. Wie ich aber von meinem Kollegen erfuhr, lehnte BAADER ein Gespräch mit den Pfarrern ab.

Am Montag, dem 17.10.77, also gestern, meldete sich die ENSSLIN bei mir um die Mittagszeit herum und verlangte die beiden Pfarrer zu sprechen. Sie sagte lediglich, sie wolle die beiden Pfarrer sprechen. Dies sah ich im Zusammenhang mit dem vorausgegangenen angebotenen Gespräch.

Meines Wissens haben die Pfarrer am vergangenen Freitag auch versucht, mit ENSSLIN, MÖLLER und RASPE ins Gespräch zu kommen. Diesen Vorgang erlebte ich nicht mit, sondern kenne ihn aus dem Erzählen der Kollegen. Unmittelbar nachdem die ENSSLIN gestern bei mir nach den Pfarrern verlangte, rief ich Dr. Rieder in seinem Anstaltsbüro an. Er sagte mir, sein Amtsbruder Kurmann sei nicht zu Hause und fragte mich, ob ich den Eindruck hätte, daß das Gespräch der ENSSLIN dringend sei. Ich konnte ihm das zunächst nicht beantworten und fragte deshalb die ENSSLIN. Ich sagte ihr, Dr. Rieder sei allein im Haus und fragte sie, ob es morgen früh noch reichen würde. Die ENSSLIN antwortete, es sei dringend, es könne auch ein Beamter von uns bei dem Gespräch zugegen sein. Ich erklärte ihr, dies sei nicht üblich, ich würde aber Dr. Rieder entsprechend verständigen. Ich telefonierte nun wieder mit Dr. Rieder und teilte ihm mit, daß nach den Äußerungen der ENSSLIN das Gespräch als dringend anzusehen sei. Ich gab Dr. Rieder in diesem Zusammenhang zu verstehen, die ENSSLIN habe angeboten, daß ein Beamter von uns bei dem Gespräch zugegen sein könne. Seit der Kontaktsperre hatte keine Einzelperson zu dem BM-Häftlingen Zugang. Bei dem Telefonat erklärte mir Dr. Rieder, er werde versuchen, seinen Kollegen Kurmann für ein Gespräch herzuschaffen. Das Gespräch zwischen ENSSLIN und den beiden Anstaltspfarrern fand gestern von 15.45 bis 17.00 Uhr im Besucherraum des 7. Obergeschosses statt.

Es wurde ohne Aufsicht durchgeführt. Weder die Pfarrer noch die ENSSLIN sind von uns vor und nach dem Gespräch durchsucht worden.

Gestern vormittag waren Herr Klaus vom BKA und eine weitere Begleitperson aus Bonn bei BAADER!

Seit der Entführung von Schleyer waren den Häftlingen sämtliche Kommunikationsmittel unterbunden. Aus Gesprächen von Kollegen weiß ich jedoch, daß die BM-Häftlinge bis zuletzt die Möglichkeit hatten, Nachrichtensendungen aus dem Radio von den darunterliegenden Zellen mitzuhören, sofern die Radios bei geöffnetem Fenster laut eingestellt waren. Ich selbst habe dies jedoch nie wahrgenommen. Die Zellen des 6. Stockwerks, die unmittelbar unter den BM-Häftlingen liegen, sind alle belegt.

Eine andere Möglichkeit, Nachrichten zu erfahren, kann ich mir nicht vorstellen und halte dies aufgrund meiner dienstlichen Erfahrung auch für ausgeschlossen. Andererseits war es aber so, daß trotz der strengen Aufsicht schon verbotene Gegenstände, wie zum Beispiel eine Minox, in der Zelle des BAADER aufgefunden wurden. Am 13.9.77 war BAADER von der Zelle 719 nach 715 verlegt worden, weil bei einer Routinekontrolle in seiner Zelle eine Minox gefunden wurde. Seine Rückverlegung in seine alte Zelle 719 erfolgte am 4.10.77 auf Anraten des Anstaltsarztes. Aufgrund der Rückverlegung des BAADER auf Zelle 719 wurde RASPE am 4.10.77 von 718 nach 716 verlegt, weil die beiden sonst unmittelbar nebeneinander gelegen hätten.

Laut Anweisung der Anstaltsleitung wurden die Zellen der BM-Häftlinge mindestens dreimal in der Woche kontrolliert. Es waren hauptsächlich Sicherheitskontrollen, bei denen man die Fenstergitter und anderes überprüfte. In dem persönlichen Habe wurden nur Stichproben vorgenommen. Die Kontrollen erfolgten hauptsächlich, wenn der Gefangene im Bad oder auf Hofgang war. Meines Wissens fand bei BAADER und RASPE erst gestern eine Zellenkontrolle statt. Die einzelnen Kontrollen sind dem Zellenkontrollbuch zu entnehmen.

Ich hatte gestern wie üblich Tagesdienst, der von 07.15 bis 16.45 Uhr dauerte. Wegen des Besuchs der beiden Anstaltspfarrer bei der ENSSLIN kam ich allerdings erst gegen 17.00 Uhr weg.

Der Tagesdienst wird normalerweise von 6 Beamten wahrgenommen. Herr Bubeck ist der leitende Beamte, während ich sein Stellvetreter bin. Zu meinen Aufgaben gehört es u.a., morgens bei Dienstbeginn gegen Unterschrift den Schlüssel für das Zweitschloß der Zellentüren zu holen, der im Schlüsselschrank der Vollzugsdienstleitung verwahrt wird. Abends bei Dienstschluß schließe ich mit diesem Schlüssel das Zweitschloß der Zellentüren und am nächsten Morgen öffne ich sie wieder bei Dienstbeginn. Dadurch ist gewährleistet, daß nachts die Zellen nicht betreten werden können. Die ärztliche Versorgung, wie z.B. die Zuteilung von Schlaftabletten findet über den Essenschalter statt.

Gestern hatten außer mir auf dem 7. Stockwerk die Kollegen Stoll, Hermann, Weiß, Zieker und Giebler Tagesdienst. Kollege Weiß machte bis 18.00 Uhr Spätdienst, während die anderen schon um 17.00 Uhr ihren Dienst beendeten. Um 18.00 Uhr nahm mein Kollege Springer seinen Dienst auf. Er dauerte bis heute morgen um 06.30 Uhr. Nachts ist das Stockwerk nur durch einen Beamten bewacht.

Gestern habe ich im Zusammenhang mit den BM-Häftlingen keinerlei Auffälligkeiten bemerkt.

Heute morgen um 06.30 Uhr wurde Kollege Springer von dem Kollegen Riesinger abgelöst, der Frühdienst hatte. Als ich um 07.15 Uhr meinen Dienst aufnahm, holte ich bei der Vollzugsdienstleitung den Sicherheitsschlüssel und öffnete wie üblich die Zweitschlösser an den Zellentüren. In der Regel wird zwischen 07.30 und 07.40 Uhr die Fernsehüberwachungsanlage ausgeschaltet und danach werden die Sicherheitsschlösser geöffnet. So ging ich auch heute morgen vor. Beim Entriegeln der Sicherheitsschlösser ging ich von Zellentür zur Zellentür, ohne daß von mir die Zellentüren geöffnet wurden. Um 07.41 Uhr öffneten die Kollegen Stoll und Stapf die Zellentür bei RASPE. Ich befand mich zu dieser Zeit auf dem Flur in unmittelbarer Nähe. Stoll rief mir zu: ‚Hier ist was passiert.' Ich ging deshalb sofort zu der Zelle und sah Raspe in sitzender Haltung mit dem Rücken an der Wand auf seiner Matratze. An seiner linken Halsseite, die zur Tür zeigte, war Blut zu erkennen.

Ich rannte nun sofort zum Telefon und verständigte in unserem Krankenrevier den Sanitäter Listner. Stoll beauftragte ich, die Vollzugsdienstleitung zu verständigen. Die Zellentür war zwischenzeitlich wieder verschlossen worden. Wir warteten das Eintreffen der Sanitäter Listner und Jost ab, die um 07.43 Uhr in unserem Stockwerk erschie-

nen. Wir gingen gemeinsam in die Zelle. Während die Sanitäter RASPE anschauten, rief plötzlich ein Kollege – ich
glaube es war Stapf – ‚Da liegt eine Pistole!' Nun überstürz-
ten sich die Ereignisse. Es kamen mehrere Kollegen vom
Hause hinzu, von dem ich ein Telefonat geführt hatte, mit
wem weiß ich nicht mehr, vermutlich hatte irgendjemand
vom Hause angerufen, betrat ich die Zelle von RASPE.
Dabei sah ich, wie Kollege Götz die Pistole in der Hand hielt.
Er hatte sie mit einem Taschentuch umwickelt. Ich lief in die
Küche, holte dort ein Handtuch und gab dieses Götz, damit
er die Schußwaffe darin einwickeln konnte. Anschließend
nahm ich die eingewickelte Pistole an mich und legte sie in
meinem Büro ab, ohne daß von mir an der Waffe etwas
verändert wurde. Dann fanden verschiedene Telefonate
statt und wir warteten das Eintreffen des Notarztwagens ab.
Die anderen Zellentüren der BM-Häftlinge blieben zunächst
verschlossen, weil ja zu diesem Zeitpunkt niemand ahnen
konnte, was passiert war.

Nach dem Abtransport von RASPE mit dem Notarztwagen wurde um 08.0? (unleserlich) Uhr die Zellentür von
BAADER durch den Kollegen Münzing geöffnet. Dabei
stand Regierungsrat Buchert. Die beiden hatten sich unter
dem Türrahmen aufgestellt. Über ihre Schultern hinweg sah
ich BAADER auf dem Zellenboden liegen. Münzing rief: ‚Da
liegt auch eine Pistole!' Der hinzugetretene Sanitäter Listner stellte fest, daß jede Hilfe zu spät war. Deshalb verschlossen wir die Zellentür wieder und begaben uns zu
ENSSLINS Zelle. Ich öffnete die Tür und in diesem Moment
rief einer der Sanitäter, der neben mir war: ‚Da hängt sie!'
An einer Decke, die an der Wand beim Zellenfenster aufgehängt war, hingen unten Beine hervor. Der Körper war
durch die Decke verdeckt. Es waren lediglich die Füsse und
ein Teil der Beine sichtbar, die herunterhingen. Sie waren
bodenfrei. Man mußte davon ausgehen, daß sich die
ENSSLIN erhängt hat. Einer der Sanitäter hob die Decke
etwas an und sagte: ‚Da ist nichts mehr zu machen!'

Wir verschlossen deshalb die Zellentür und anschließend
hat irgendein Kollege dann die Zellentür der MÖLLER

344

geöffnet. Ich sah die MÖLLER zugedeckt auf ihrer Matratze liegen. Einer der Sanitäter ging zu ihr hin und drehte den Kopf zu sich. Dabei sah ich Blutspuren im Bereich ihres Halses. Während sich die Sanitäter um die MÖLLER annahmen, verriegelte ich die Sicherheitsschlösser an den Zellentüren von BAADER und ENSSLIN, da beiden laut den Sanitätern nicht mehr zu helfen war. Später habe ich die Türen nochmals für den Anstaltsarzt Dr. Majerowitz geöffnet. Er sah sich beide Toten an, ohne daß von ihm etwas verändert wurde.

Die MÖLLER wurde mit einem Notarztwagen abtransportiert. Zwischenzeitlich war auch der Anstaltsleiter Herr Nusser hinzugekommen.

In der Zelle von Raspe habe ich am Eingang einige dort abgelegte Gegenstände – es waren eine Schreibmaschinenhülle, ein paar Dosen, u.a. – zur Seite gegeben, damit der Eingang für den Abtransport frei war. Sonst wurde von mir in keiner Zelle etwas verändert. Ich habe nur die Zelle von Raspe betreten. In die anderen Zellen schaute ich nur von der Zellentür aus hinein. Soweit ich beobachten konnte, haben meine Kollegen in den Zellen ebenfalls keine Veränderungen vorgenommen.

Für mich ist unerklärlich, wie RASPE und BAADER zu ihren Schußwaffen gekommen sind.

Bei den BM-Häftlingen waren keine Kontrollen zu festen Zeiten vorgeschrieben. Durch die Tür konnte man keine Einsicht in die Zellen nehmen, da der Spion abgedeckt war. Wie ich hörte, erfolgte in der vergangenen Nacht gegen 23.00 Uhr die Ausgabe von Medikamenten wie üblich durch die Essensklappe. Laut Eintrag im Nachtdienstbuch haben nur BAADER und RASPE Medikamente bekommen.

Eine gründliche Durchsuchung der Zellen und eine körperliche Durchsuchung der Häftlinge waren nicht an der Regel. Diese erfolgten nur aus besonderen Anlässen, wie z.B. bei dem Attentat in Stockholm, bei der Entführung von Lorenz und bei der Entführung von Schleyer.

Die Durchsuchungen, bei denen die Häftlinge auch ihre Kleider ausziehen mußten, wurden immer von Beamten des LKA Stuttgart vorgenommen. Wir selbst nahmen wie bereits angeführt in erster Linie Sicherheitskontrollen in den Zellen und Stichproben im persönlichen Habe sowie vor und nach Anwaltsbesuchen eine körperliche Durchsuchung der Häftlinge vor. Bei der körperlichen Durchsuchung tasteten wir mit den Händen die Kleidung, bzw. den Körper von oben bis unten ab. Meines Wissens erfolgte die letzte eingehenede Durchsuchung der Zellen und der Häftlinge durch Beamte des LKA Stuttgart anläßlich der Entführung von Schleyer.

Wie schon erwähnt, kann ich mir nicht vorstellen, wie RASPE und BAADER an ihre Schußwaffen gekommen sind. Diesbezüglich habe ich keinerlei Beobachtungen gemacht. Ebenso habe ich bis zum heutigen Morgen nichts bemerkt, was ich hätte mit den Selbstmorden und den Selbstmordversuchen der BM-Häftlinge in Verbindung bringen können. Uns gegenüber waren die Häftlinge immer sehr abweisend und offenbarten sich nicht."

Bross

DOKUMENT 10
VERNEHMUNG LISTNER

Landeskriminalamt Baden-Württemberg
z.Z. JVA Stuttgart-Stammheim, 19.10.1977

Vernehmungsniederschrift

In der JVA Stuttgart-Stammheim aufgesucht, erscheint der verh. Justizsekretär

Christoph Listner
geb. am 26.9.1939 in Auerbach/Krs. Chemnitz
wohnh. Stuttgart-Stammheim, Pflugfelderstr. 4

und macht folgende Angaben:

noch zur Person: Seit dem 13.2.1963 bin ich im Justizdienst
und seit der Eröffnung der JVA Stuttgart-Stammheim in
Stammheim.
Vorher war ich etwa 1/2 Jahr in der alten JVA Stuttgart
und in Waiblingen.
Damals war ich im normalen Vollzugsdienst. Seit dem
Jahre 1967 bin ich im Sanitätsdienst eingesetzt.

Zur Sache:
„Wie schon erwähnt bin ich seit etwa 10 Jahren im Sanitätsdienst der JVA Stuttgart-Stammheim tätig. Mit mir sind es
insgesamt 12 Personen, die dieser Spezialdienststelle
angehören, 9 Männer und drei Frauen. Zu unserem Aufgabenbereich gehört es, Verwaltungsaufgaben wahrzunehmen, den Arzt bei der Visite zu unterstützen, die vom Arzt
oder besser den Ärzten angeordneten Behandlungsmaß-
nahmen durchzuführen und sonst alle im Krankenrevier
anfallenden Arbeiten auszuführen.
Mir wurde nun gesagt, zu welcher Sache ich gehört werden soll, und ich bin natürlich bereit dazu folgende Angaben
zu machen:
Am gestrigen Dienstag, den 18.10.1977 begann ich
gegen 06.30 Uhr meinen Dienst im Krankenrevier.
Etwa gegen 07.40 Uhr, als ich gerade damit begonnen
hatte die Arztvisite vorzubereiten, klingelte das Telefon. Ich
hob ab und am Telefon meldete sich mein Kollege H.-Sekr.
Miesterfeld mit folgenden Worten: Mit RASPE stimmt was
nicht, es ist alles voller Blut, kommt sofort!
Auf diesen Anruf hin rief ich sofort meinen Kollegen Jost,
der sich im selben Zimmer befand. Sofort packte ich meinen
Notarztkoffer und den Beatmungsbeutel. Zusammen mit
Jost eilte ich vom Verwaltungsgebäude ins 2. OG Bau I, in

dem ich erst mit dem Schlüssel den Aufzug herbeiholen mußte. Anschließend fuhren wir mit dem Aufzug zum 7. OG, in dem sich der Terroristentrakt befindet. Im 7. OG brauchten wir keine Türen mehr aufzuschließen; sie standen offen.

Der ganze Weg von meinem Dienstzimmer im Verwaltungsgebäude bis zur Zelle des Raspe dürfte nach meiner Schätzung etwa 4 bis 5 Minuten in Anspruch genommen haben.

Bei unserem Eintreffen war die Zellentür des RASPE noch geschlossen. Bereits anwesend waren 4 bis 5 Personen.

Es handelte sich hierbei um die Herren GÖTZ, MÜNZING, STAPF, MIESTERFELD, HERMANN und um Frau FREDE, die sich meiner Erinnerung nach etwas später einfand.

Einer der anwesenden Herren sperrte die Türe zur Zelle des RASPE auf. Als erster betrat ich die Zelle, nach mir Herr Jost, dann Herr MÜNZING und dann kamen die anderen Leute nach. Ich sah RASPE in sitzender Stellung auf der Matratze. Den Kopf hatte er auf die rechte Seite gedreht und seine Atmung war unregelmäßig. Aus beiden Ohren floß Blut aus, das teilweise schon geronnen war. Ebenfalls floß aus der Nase Blut, das teilweise auch schon geronnen war. An beiden Augen waren Blutergüsse vorhanden. Aus dem rechten Mundwinkel war eine geringe Menge Blut ausgeflossen und trat auch noch weiterhin aus. In diesem Mundbereich hatte sich blutiger Schaum gebildet. Der Patient selbst war ohne Bewußtsein. Ohne die Person zu berühren, stellte ich fest, daß sich an der rechten Schädelseite wahrscheinlich eine Schußwunde befand. Dieses schloß ich daraus, da sich in der rechten Hand des Verletzten eine Schußwaffe befand. Auch an der linken Schädelseite hatte er eine Schußwunde, wobei ich natürlich nicht sagen konnte, welches der Ein- bzw. der Ausschuß war. Die Waffe war nicht fest umschlossen, sondern lag lediglich im Bereich der rechten Hand, die wiederum auf der Matratze neben dem rechten Oberschenkel lag. Der Verletzte saß, wie schon erwähnt, auf der Matratze und war mit dem Rücken an die

Wand gelehnt. Die Beine hatte er im Bereich der Unterschenkel übereinandergelegt. Soweit ich mich erinnere, hing der linke Arm lose auf der Matratze herunter. Ein Magazin der mutmaßlichen Tatwaffe lag in Höhe der Unterschenkel auf der Matratze. Soweit ich mich erinnere, war das Magazin teilweise gefüllt, um wieviele Patronen es sich jedoch handelte, weiß ich nicht. Ich habe sie nicht gezählt. Etwa zwei oder drei Patronen lagen in der Nähe des Magazines. Soweit ich mich noch erinnere, trug der Verletzte bei der Auffindung einen orangefarbenen Pullover, eine dunkle Cordhose und Socken. Schuhe trug er nicht.

Als langjähriger Sanitäter sah ich natürlich sofort, daß der Verletzte eine sofortige ärztliche Hilfe benötigte.
Ich bat meinen Kollegen Jost sofort vom nächsten Telefon aus, den Notarztwagen zu rufen. Da ich sah, daß ich dem Verletzten selbst nicht helfen konnte, wurde der Verletzte in der geschilderten Stellung gelassen. Ich verließ anschließend ebenfalls die Zelle, begab mich zum Revier, um dort die fahrbare Trage zu holen. Ich konnte noch feststellen, daß Herr Götz die Waffe aus der rechten Hand des Verletzten nahm und diese aus der Zelle nahm. Als ich nach 8 – 10 Min. wieder zum 7. OG zurückkam, war die Besatzung des Notarztwagens bereits an Ort und Stelle. Die Sanitäter wollten zunächst eine Infusion anlegen, ob sie jedoch die Infusion zur Ausführung brachten, kann ich nicht mit Sicherheit sagen. Wiederum nach einigen Minuten traf der Notarzt ein. Noch bevor der Arzt ankam, wurde der Verletzte von den beiden Sanitätern und mir zusammen auf die fahrbare Trage gelegt und in Richtung Aufzug gefahren. Auf dem Weg zum Aufzug, kam der Arzt (Notarzt) an und während wir in dem Aufzug fuhren, schaute sich der Notarzt den Verletzten an. Der Arzt äußerte sich nicht zu dem Abtransport, so daß ich annahm, daß er unsere Handlungsweise für richtig befand.

Im Erdgeschoß erfolgte die Umlagerung von der anstaltseigenen fahrbaren Trage auf die Notarzttrage, und anschließend erfolgte der Abtransport zum Krankenhaus.

Frage: Wann und zu welchen Zwecken erhielt Raspe Zellstoff?

Antwort: Zu welchem Zeitpunkt er den Zellstoff erhalten hatte, kann ich nicht sagen. Von mir persönlich hat er in den letzten Tagen mit Sicherheit keinen Zellstoff erhalten. Es kann aber sein, daß er den in seiner Zelle vorgefundenen Zellstoff schon seit längerer Zeit in seiner Zelle aufbewahrte. Über den Zweck des Zellstoffes befragt, meine ich, daß er diesen als Ersatz für Papiertaschentücher verwenden wollte, oder auch schon verwendet hat.

Gegen Mittag erfuhr ich von den Begleitpersonen des Raspe, daß Raspe in der Klinik verstorben sei.

Das wäre alles, was ich zum Fall Raspe sagen kann.

Nachdem Raspe abtransportiert war, begab ich mich mit dem Aufzug wieder zum 7. OG, um meine Sanitäterutensilien abzuholen. Als ich das OG betrat, war alles in großer Aufregung. Von meinen Kollegen Soukop und Miesterfeld erfuhr ich, daß sich Baader in seiner Zelle erschossen habe. Sofort bin ich zur Zelle des Baader, wo die anderen Leute schon versammelt waren. Sofort habe ich erkannt, daß bei Baader jede Hilfe zu spät kam.

Baader lag ausgestreckt auf dem Fußboden, mit dem Kopf in Richtung zur Türe, in Rückenlage. Seine Augen hatten große, starre Pupillen, so daß man annehmen mußte, er sei tot.

Sowohl Kopf, als auch der obere Teil des Schulterbereichs, lagen in einer teilweise geronnenen Blutlache. Links neben dem Kopf lag eine Schußwaffe auf dem Fußboden. Die Füße lagen in natürlicher Stellung, also weder gekreuzt oder irgendwie angewinkelt. Der linke Arm war glatt ausgestreckt, an die Lage des rechten Armes kann ich mich nicht mehr erinnern. In Höhe des linken Unterschenkels, etwa 10 – 15 cm entfernt, lagen zwei leere Patronenhülsen. Nach unserer Feststellung, daß Baader tot ist, verließen wir die Zelle. Ob die Zellentüre nun geöffnet blieb, oder versperrt wurde, kann ich nicht mehr sagen.

Mißtrauisch geworden, noch besser erschrocken, durch die beiden anderen Vorfälle, gingen wir sofort zur Zelle der Ensslin, die sich auf dem Flur gegenüber befindet. Irgendjemand sperrte die Zelle auf und rief anschließend wörtlich: ‚Die Ensslin hat sich aufgehängt'. Soweit ich mich erinnere, habe ich gar nicht in die Zelle der Ensslin gesehen, sondern ging unverzüglich zur Zelle der Möller, welche bereits von einem Kollegen aufgeschlossen wurde. Ich selbst betrat als erster die Zelle der Möller und Herr Jost folgte mir sofort. Ich sah die Gefangene auf ihrer linken Seite auf der Matratze liegen. Vereinzelte Blutspritzer waren in der Zelle verteilt, nicht an den Wänden, nur am Boden. Die Möller hatte die Beine angezogen und die Arme konnte man nicht sehen, da sie sich mit einer Decke zugedeckt hatte. Noch mit der Decke zugedeckt, legten wird die Möller auf den Rücken. Und erst jetzt nahmen wir die Decke von ihr weg. Als sie nun auf dem Rücken lag, gab sie Lebenszeichen; sie atmete und stöhnte mit mittlerer Lautstärke. An der linken Brustseite war, wie man sehen konnte, die Bekleidung naß. Ob es sich um Blut handelte, konnte man aufgrund des dunklen T-Shirts nicht erkennen. Um feststellen zu können, welcher Art die Feuchtigkeit war, mussten wir ihr T-Shirt hochziehen. Nun konnte man sehen, daß sie an der linken Brustseite drei bis vier Verletzungen hatte. Die Wundblutung hatte zu dieser Zeit aufgehört. Mein Kollege Jost hat nun sofort die Verletzungen mit sterilem Mull abgedeckt. Die Beine wurden hochgelagert und zwar mittels eines Stuhles. Als dies geschehen war, verließ ich die Zelle, um sofort zum nächsten Telefon im selben Stockwerk zu gehen und erneut den Notarztwagen zu rufen. Genau zu diesem Zeitpunkt, als ich die Zelle verließ, kam unser Anstaltsarzt Majerowicz hinzu, und übernahm die weiteren ärztlichen Maßnahmen. Während ich zum Telefonieren ging, kümmerte sich Dr. M. um die verletzte Möller. Nachdem ich mein Telefonat ausgeführt hatte, begab ich mich zum Revier, um unsere fahrbare Krankentrage erneut zu holen. Kurze Zeit nachdem kam ich mit der fahrbaren Trage wieder zum 7. OG zurück. Die Möller wurde von Kollegen auf die Trage gelegt. Nach etwa 10-15 Minuten kamen drei Sanitäter des DRK hinzu, die zunächst nichts unternehmen konnten. Unmittelbar danach kam auch der Notarzt, der sich die Verletzte besah, ihr eine Infusion anlegte und den sofortigen Abtransport anordnete. Die Umlagerung von der anstaltseigenen Trage auf die Trage des DRK erfolgte im EG wie im Fall Raspe. Vom Fahrer des Wagens erfuhr ich, daß die Möller zum Robert-Bosch-Krankenhaus gebracht würde.

Frage: Welche Kleidung trug die Möller, als Sie die Zelle betraten und konnten Sie daran irgendwelche Besonderheiten feststellen?

Antwort: Die Möller trug ein dunkles, dunkelblaues oder schwarzes T-Shirt, eine dunkle Cordhose und keinen BH. Welche Fußbekleidung sie trug, daran kann ich mich nicht erinnern. Das T-Shirt hatte sie normal am Leibe, es war also nicht irgendwie hochgeschoben. Hochgeschoben haben es erst wir, als wir nach den Verletzungen sahen. Eine Beschädigung des Gewebes des T-Shirts konnten wir nicht feststellen: Hinsichtlich der Decke meine ich, daß die Möller sich normal zugedeckt hatte. Sie lag nicht auf der Decke und hatte sich auch nicht darin eingewickelt. Die Decke war jedenfalls mühelos zu entfernen. Ich kann mit Sicherheit sagen, daß die Matratze, auf der die Möller lag, während der ärztlichen Versorgungstätigkeit in der Zelle mit Sicherheit nicht verändert wurde.

Frage: Haben Sie das Messer gesehen und wo lag es, als Sie die Zelle betraten?

Antwort: Ein Messer habe ich nicht gesehen. Ich habe auch keinen anderen Gegenstand gesehen, mit dem sich die Verletzte die Verletzungen beigebracht hatte.

Selbst gelesen und unterschrieben
Listner

Geschlossen:
Hampp/Fey

DOKUMENT 11
VERNEHMUNG JOST

Landeskriminalamt Baden-Württemberg
z.Zt. JVA Stuttgart-Stammheim, den 19.10.1977

Vernehmungsniederschrift

In der JVA Stuttgart-Stammheim aufgesucht, erscheint der verh. Justiz-Obersekretär

Edgard Jost,
geb. am 5.8.1941 in Kornwestheim,
wh. in 7014 Kornwestheim, Friedrichstraße 82

Noch zur Person: Seit dem 2.1.1968 begann ich meine Tätigkeit hier in der JVA in Stuttgart-Stammheim.

Zur Sache: „Seit dem Jahre 1971 bin ich beim Sanitäts-dienst in der JVA Stuttgart-Stammheim beschäftigt.

Mir obliegt der gleiche Tätigkeitsbereich wie meinem schon vernommenen (Kollegen) Christoph Listner.

Mir wurde eröffnet, zu welchem Sachverhalt (ich) gehört werden soll. Ich bin bereit, folgende Aussagen zu machen:

Am gestrigen Dienstag, dem 18.10.1977 trat ich zusammen mit Herrn Hauptsekretär Grabinat gegen 07.15 Uhr meinen Dienst im Krankenrevier an. Soweit ich mich erinnern kann, befanden sich sieben Kollegen einschl. meiner Person, im Krankenrevier und versahen dort unseren Dienst. Während ich meine Dienstgeschäfte verrichtete, wurde Kollege List-ner tel. ins 7. OG zu RASPE gerufen. Zusammen mit mei-nem Kollegen Listner und den Vollzugsbeamten im Außen-dienst, Amtsinspektor GÖTZ und Hauptsekretär Münzing, die wir auf dem Weg zum 7. OG im Aufzug trafen, erreichten wir gegen 07.44 Uhr den Zellentrakt der BM-Häftlinge. Auf

353

dem Weg zu Raspes Zelle waren sämtliche Durchgangstüren geöffnet. Von der Alarmierung bis zum Eintreffen bei Raspes Zelle vergingen ca. 4 – 5 Minuten.

Entgegen der Ansicht meines Kollegen Listner befanden sich die Herren Götz und Münzing nicht schon innerhalb des Zellentraktes, sondern trafen mit uns gleichzeitig ein. Von den Kollegen, die sich schon innerhalb des Zellentraktes aufhielten, kann ich mich noch an Herrn Stapf und Hermann erinnern. Die Zellentür des Raspe war bei meinem Eintreffen schon geöffnet. Der Servierwagen, mit denen den Häftlingen zu dieser Zeit das Frühstück gebracht werden sollte, stand vor der Zellentüre. Zusammen mit Herrn Götz, Herrn Listner und Herrn Münzing betrat ich die Zelle. Ich hielt mich ungefähr 1 1/2 – 2 Minuten in Raspes Zelle auf. Während dieser Zeit sah ich Raspe mit dem Rücken zur Wand auf seiner Matratze sitzen. Sein Kopf war leicht nach vorne gebeugt. Mir fiel auch noch auf, daß sein linkes Auge stark bläulich verfärbt und angeschwollen war. Auf sonstige Verletzungen an seinem Kopf habe ich nicht geachtet. Ich kann mich lediglich noch an einen Blutfaden erinnern, der ihm aus dem Mund austrat. Ob Raspe noch bei Bewußtsein war oder sonstige Lebenszeichen von sich gegeben hat, kann ich mich nicht mehr erinnern. Dagegen kann ich mich noch genau an eine Schußwaffe (Handfeuerwaffe) erinnern, die Raspe in der Hand gehabt hatte, es kann aber auch sein, daß die Handfeuerwaffe nur in der Nähe von Raspes rechter Hand auf der Matratze gelegen war.

Landeskriminalamt Baden-Württemberg
Stuttgart-Stammheim, den 25.10.1977

Vernehmungsniederschrift

Am Dienstag, dem 25.10.1977, gegen 13.26 Uhr, wurde der
verh. Obersekretär im Vollzugsdienst

Adolf Richard Soukop,
geb. 29.4.1940 in Schattau,
wohnh. Stuttgart 40,
Hornissenweg 100,

in der JVA Stammheim zur Sache befragt. Er machte folgende Angaben:

„Ich bin seit 8.7.1963 im Vollzugsdienst. Im Oktober 1963,
als hier in Stammheim die Anstalt neu eröffnet wurde, bin
ich auch gleich hierhergekommen. Seit etwa 1965 bin ich
fest im Sanitätsdienst der Vollzugsanstalt. Es handelt sich
um die Krankenabteilung.
   Ich bin ausgebildet als Krankenpfleger und habe auch
einen Röntgenlehrgang absolviert. Ich bin Verantwortlicher
der Ambulanz in der JVA. In der Regel ist es so, daß bei mir
die ambulanten Behandlungen am Häftling durchgeführt
werden, welche vom Anstaltsarzt verordnet wurden. Hinzu
kommt noch die Medikamentenausgabe in der gesamten
JVA. Wer diese macht, richtet sich nach dem jeweiligen
Dienstplan. Anhand der jeweiligen Medikamentenbücher
kann man ersehen, welcher Gefangene in welcher Zelle
welche Medikamente vom Arzt verordnet bekommen hat.
Es gibt dabei Ausgabebücher für Morgen, Mittag und Nacht.
   Am Dienstag, dem 18.10.1977, war ich früh morgens zur

Medikamentenausgabe eingeteilt. Ich führte dabei den Medikamentenwagen mit mir. Die Ausgabe begann um 06.30 Uhr. Zuerst habe ich, wie es immer gemacht wurde, alle anderen Stockwerke gemäß dem Medikamentenausgabebuch aufgesucht. Zuletzt kam dann die III. Abteilung, also der 7. Stock dran. Ich kam gegen 08.00.Uhr im 7. Stockwerk an und wurde sofort am Aufzug von Frl. Anne Zell aufgehalten, welche mir mitteilte, daß sich Raspe in den Kopf geschossen habe und man sofort eine fahrbare Liege brauche. Ich stellte meinen Medikamentenwagen im Dienstzimmer ab und begab mich sofort mit Frl. Zell ins 2. Obergeschoß, von wo aus man zum Krankenrevier kommt. Dort, im 2. Obergeschoß begegnete mir der Leiter des Krankenreviers, Herr Hauptsekretär Listner, mit einer fahrbaren Liege. Daraufhin bin ich sofort wieder in den 7. Stock zurückgekehrt.

Ich begab mich in die Zelle 715 zu Raspe. Es waren bereits zwei Pfleger vom Notarztwagen anwesend, die sich bei Raspe befanden. Andere Personen befanden sich in diesem Augenblick nicht in der Zelle. Einer der Pfleger war dabei, den Blutdruck des Raspe zu messen, der andere wollte am linken Arm eine Infusion anlegen. Ich fragte die beiden Pfleger sofort, ob Lebenszeichen vorhanden sind. Sie erklärten, er habe einen ziemlich flachen kaum spürbaren Puls, der zeitweise aussetzen würde. Daraufhin habe ich selbst am rechten Handgelenk des Raspe den Puls fühlen wollen, jedoch praktisch nichts mehr davon gespürt. Raspe lebte jedoch noch, da er nach meiner Feststellung noch flach atmete. Ich muß mich verbessern, dies wurde mir durch einen Pfleger gesagt. Raspe saß, wenn man die Zelle betritt, auf seiner Matratze an die rechte Wand angelehnt. Der Kopf war leicht zur Seite geneigt und zwar in Richtung linker Schulter. Die linke Gesichtshälfte war stark verblutet. Das Blut an Hals und Kleidung war bereits schon geronnen, am Kopf war es noch frischer. An der rechten Schläfenseite war eine hornförmige Ausbuchtung, welch am Beginn eine schaumig-blutige nach vorne zu hellere Masse war. Ich glaube, daß es sich um Gehirnmasse gehandelt hat.

An der Wand habe ich kein Blut bemerkt bzw. ich kann mich daran nicht erinnern. Eine Waffe sah ich nicht. Ich stellte fest, daß am Fußende auf der Matratze ein Magazin mit 5 oder 6 Patronen gefüllt lag. Außerdem waren noch drei oder vier einzelne Patronen neben dem Magazin. Ich glaube, daß es sich um das Kal. 7,65 gehandelt hat.

Etwa 1 Minute, nachdem ich die Zelle des Raspe betreten hatte, kam bereits Herr Listner mit der fahrbaren Liege an. Wir trugen den Raspe auf den Flur und legten ihn auf die Liege. In dem Augenblick traf der Notarzt bei uns ein. Den Namen weiß ich nicht. Was dann weiter mit Raspe geschah, weiß ich nicht, weil ich unmittelbar daran an die Zelle 719 von BAADER gerufen wurde. Vor der noch geschlossenen Zelle befanden sich nach meiner Erinnerung die Kollegen, Hauptsekretär Wahr und Münzing. Sie sagten, daß man jetzt auch in die Zelle des Baader schauen sollte. Einer von beiden schloß die Zellentüre auf. Ich betrat als erster die Zelle. Ich mußte zuvor noch die innen befindliche Schaumstoffmatratze entfernen, welche vom Gefangenen selbst hinter der Türe angebracht worden war. Als ich diese Matratze entfernt hatte, sah ich etwa 1 Meter vom Eingang entfernt den Baader auf dem Rücken liegen. Der Kopf lag in Richtung Türe, die Beine waren leicht gespreizt und zeigten in Richtung Fenster, welches durch Decken verhängt worden war. Es war ziemlich dunkel in der Zelle, da nur das Licht vom Flur vorhanden war. Seine Augen und sein Mund waren geöffnet. Die Oberarme waren parallel zum Oberkörper am Boden und die Unterarme nach oben hinten in Kopfrichtung angewinkelt. Die Hände waren verkrampft. Soweit ich sehen konnte, hatte er nichts in der Hand. Er lag in einer größeren Blutlache. Das Blut war zum Teil schon geronnen, soweit dies in dem schlechten Licht feststellbar war. An eine Pistole kann ich mich ebenfalls nicht erinnern, weil ich mich nur auf den am Boden liegenden konzentriert habe. Ich versuchte den Puls vermutlich an dem rechten Handgelenk zu fühlen. Ich konnte jedoch keinen mehr feststellen. Der Arm war nach meiner Feststellung bereits kalt. Ich habe außer der Hand keinen anderen Körperteil angefaßt. Nach meiner Schätzung (ist ?) er bereits seit mindestens zwei Stunden tot gewesen.

Ob die Fenster in der Zelle von Raspe und Baader zu dieser Zeit, als wir hineinschauten, geöffnet waren oder nicht, kann ich nicht sagen.

Als ich sagte, daß der Baader tot sei, wurde die Zellentüre wieder zugemacht und ich begab mich zur Zelle 720, wo die Ensslin wohnte. Im selben Augenblick kam der Anstaltsarzt Dr. Majerovicz und begab sich zur Zelle des Baader.

Ein Kollege, den Namen weiß ich nicht mehr, schloß dann die Zelle der Ensslin auf. Ich mußte hier ebenfalls zuerst die hinter der Zellentüre aufgestellte Schaumstoffmatratze entfernen, um in die Zelle hineingehen zu können.

Es war auch hier sehr dunkel. Ich schaute zuerst auf den Zellenboden, weil ich annahm, die Ensslin auf dem Boden liegend vorzufinden. Ich begab mich soweit in die Zelle, daß ich alles überschauen konnte. Beim Umhersehen in der Zelle bemerkte ich, daß das rechte Fenster mit einer größeren Anstaltsdecke verhangen war und darunter zwei Beine hervorschauten. Die Beine, welche man etwa bis zum Knie sehen konnte, waren mit einer Cordhose und die Füße mit Turnschuhen bekleidet. Die Vorderseite der Beine und Füße zeigte in Richtung Türe. Als ich dies sah, verließ ich sofort wieder die Zelle. Dr. Majerovicz, der soeben den Tod Baaders festgestellt hatte, kam nun in die Zelle der Ensslin. Ich ging dann weiter mit Kollegen zur Zelle 725, wo sich die Möller befand. Beim Aufschliessen der Zelle Möller war ein weiterer eben eingetroffener Sanitätsbeamter dabei. Es handelte sich um Obersekretär Jost. Wir gingen beide in die Zelle der Möller. Die anderen blieben auf dem Flur. Die Möller lag, vom Eingang aus gesehen, auf der linken Seite der Zelle auf ihrer Matratze. Sie nahm eine linke Seitenlage ein, mit dem Gesicht zur Wand und mit angezogenen Beinen. Der Kopf befand sich in Richtung Türe. Sie war mit einem schwarzen Pulli und einer schwarzen Cordhose bekleidet. Ich stellte dies fest, nachdem ich ihre Decke vom Körper entfernt hatte. Ich faßte sie an der Schulter an und drehte sie auf den Rücken. Dabei stöhnte sie laut. Die

Augen waren geschlossen. Wie bereits erwähnt, zog ich die Decke weg und sah, daß beide Hände blutverschmiert waren. Ich schaute nach, ob die Pulsadern geöffnet worden waren, was nicht der Fall war. In dieser Zelle war kein Fenster verhängt, weshalb die Lichtverhältnisse ausreichend waren.

Bei meiner Suche nach der Verletzung bemerkte ich in der Nähe der Bauchgegend, daß meine Hände plötzlich voll Blut waren. Ich hob den Pullover in die Höhe und sah dabei etwa 6-7 Einstiche in der Herzgegend. Die etwa 1 cm breiten Wunden haben kaum geblutet. Ich fühlte den Puls und stellte anhand der Uhr fest, daß sie einen Pulsschlag von 80 pro Minute hatte. Mein Kollege Jost hatte zwischenzeitlich den Blutdruck gemessen. Dieser war 120/80 mm/Hg 2. Dies ist ein ganz normaler Blutdruck.

Nach meiner Feststellung war die Möller nicht bewußtlos. Dies deshalb, weil sie bei dem Versuch, mit der Taschenlampe in die Augen zu leuchten, diese zukniff.

Herr Listner ließ noch einen weiteren Notarzt verständigen. Außerdem wurde eine weitere fahrbare Liege geholt. Mein Kollege Jost und ein weiterer Sanitätsbeamter Grabinat sowie ich legten dann die Möller auf diese Trage. Die Wunden wurden steril abgedeckt und die Beine hochgelagert. Die laut stöhnende Möller wurde mit drei Decken zugedeckt und bis zum Eintreffen des Notarztes wurde weiterhin Puls und Blutdruck gemessen. Der Anstaltsarzt übernahm dann die weiteren Maßnahmen. Ich habe ihm assistiert beim Aufziehen von Spritzen u.a. Kurze Zeit darauf kam der Notarzt mit drei Pflegern und legte eine Infusion an. Dann wurde sie abtransportiert.

Ich muß noch hinzufügen, daß rechts neben der Matratze ein blutverschmiertes Brotmesser (Anstaltsmesser) lag.

Soukop

Von 17.30 Uhr bis 20.00 Uhr wurde von mir (und ?) Dr. Majerovicz im Flur vor der Zelle der tote Baader in mehreren Lagen geröntgt. Es wurden der Schädel und Thorax dabei ausschließlich aufgenommen. Wir haben dies mit einem fahrbaren Gerät durchgeführt. Die entwickelten Aufnahmen wurden von Dr. Majerovicz persönlich an die Universitätsklinik Tübingen zur Feststellung, ob ein Projektil im Schädel ist, weitergeleitet.

Soweit ich mich erinnere und es bei den z.T. schlechten Lichtverhältnissen beurteilen kann, ist mir an der Einrichtung der Zellen nichts besonderes aufgefallen. Ich habe früher schon öfters Einblick in diese Zellen gehabt.

Meine Angaben entsprechen der vollen Wahrheit. Mehr kann ich zur Sache nicht mehr angegeben."

Geschlossen: Steiner

Selbst gelesen, genehmigt und unterschrieben: Soukop

DOKUMENT 13
VERNEHMUNG BUCHERT

Staatsanwaltschaft Stuttgart
Stuttgart, den 25.Oktober 1977

– 9 Js 3627/77 –

Anwesend: Staatsanwalt Link
Justizangestellte Schaupp

Es erscheint um 16.10 Uhr der verheiratete Regierungsrat

Bernd Buchert,
geb. am 4.7.1942 in Tübingen,
wohnhaft 7 Stuttgart 40, Pflugfelderstr. 6 A,

und gibt als Zeuge folgendes an:

Ich bin seit 1.7.1975 erneut Mitglied der Anstaltsleitung. Zu meinen Aufgaben gehört, die Jugendabteilung der Vollzugsanstalt Stuttgart, die im Bau II untergebrachten erwachsenen Strafgefangenen sowie die in der Außenstelle Leonberg untergebrachten weiblichen Gefangenen verwaltungsmäßig zu betreuen. Vertretungsweise werde ich auch zu anderen Aufgaben herangezogen. Dies richtet sich jeweils nach der Person des zu vertretenden Mitglieds der Anstaltsleitung. Zu der jetzigen Zeugenvernehmung besitze ich die Aussagegenehmigung des Anstaltsleiters, die mir mündlich von diesem erteilt wurde.

Zu meiner Zuständigkeit gehörte nicht die Betreuung der Gefangenen der 3. Abteilung, auch nicht vertretungsweise. Mit den Gefangenen der 3. Abteilung habe ich deshalb nicht Kontakt gehabt.

Am 18.10.1977 wurde ich gegen 7.45 Uhr in meiner Wohnung von Herrn Amtsinspektor Bubeck angerufen. Er teilte mir mit, ich solle sofort in die 3. Abteilung kommen, dort sei etwas passiert, näheres wolle er mir am Telefon nicht sagen.

Gegen 7.50 Uhr traf ich in der 3. Abteilung ein. Dort traf ich nach meiner Erinnerung die Vollzugsbediensteten Stoll, Stapf und Listner. Wir begaben uns sofort zur Zelle 716. In der Zelle wurde mir der Untersuchungsgefangene Jan-Carl Raspe gezeigt. Dieser saß auf seiner Matratze im rückwärtigen Teil des Haftraumes, mit dem Rücken schräg gegen die rechte Längswand der Zelle gelehnt. Er blutete aus einer Kopfwunde, an der Mauer hinter seinem Kopf war ein großer Blutfleck. Ich befragte die anwesenden Bediensteten, ob bereits ein Notarztwagen und ein Arzt verständigt worden seien, da ich gesehen hatte, daß Raspe noch atmete. Diese Frage wurde bejaht. Wir verließen dann wieder den Haftraum, den nach meiner Erinnerung Herr Stapf, Herr Stoll, Herr Listner und ich betreten hatten. Ich sagte zu Herrn Listner, er möge, da er Sanitätsbeamter ist, an der Zellentür des Raspe bis zum Eintreffen eines Arztes zur

Beobachtung des Raspe stehen bleiben. Kurz vor 8.00 Uhr trafen zwei Sanitätsbeamte ein. Diese hatte ich noch nie gesehen und nahm an, sie seien Mitglieder des DRK oder einer vergleichbaren Einrichtung. Sie begannen sofort mit der ersten Versorgung von Raspe, steckten ihm einen Gummipfropf zwischen die Zähne und bedienten einen Blasebalg. Während dieser Zeit wurde vom Anstaltsrevier eine fahrbare Liege herbeigeschafft, nach deren Eintreffen Raspe auf diese gelegt wurde. Ich kann mich nicht genau mehr daran entsinnen, ob Raspe vom Notarzt noch in der Zelle oder bereits außerhalb der Zelle auf der Liege untersucht wurde. Raspe wurde dann mit dem Aufzug weggefahren. Nachdem Raspe aus der Zelle genommen worden war, sah ich, daß auf seiner Matratze ein Patronenmagazin sowie einige Patronenhülsen lagen. Von den in der 3. Abteilung anwesenden Beamten hatte ich bereits zuvor erfahren, Raspe hätte sich in den Kopf geschossen. Ob die Patronenhülsen blutbeschmiert waren, weiß ich nicht.

Nachdem ich anschließend noch die zur Verfügung stehenden Bediensteten in der 3. Abt. zusammen gerufen hatte, ordnete ich die Öffnung der Zelle Baader an. Hierbei waren nach meiner Erinnerung die Vollzugsbediensteten Münzing, Stapf, sowie der neu hinzugekommene Sanitätsbeamte Soukop anwesend. Die Zelle war stark abgedunkelt. Von der Türöffnung aus sah ich Baader auf dem Rükken liegen, wobei der Kopf ca. 1 m von der Öffnung der Zellentür entfernt lag; der Körper lag schräg in Richtung dem Innern der Zelle. Am Kopf von Baader war Blut zu sehen, desgleichen entlang dem rechten Arm, der an den Körper ziemlich angelehnt war und auf dem Boden lag. Der Sanitätsbeamte trat mit einem Schritt in die Zelle hinein, er schaute sich Baaders Kopf an und äußerte anschließend, er sei tot. Die Zellentür wurde dann wieder geschlossen. Hinzufügen möchte ich noch, daß die Öffnung der Zellentür Baaders nach meiner Uhr um 8.07 Uhr erfolgte. Das Blut neben dem Arm des Baader war nach meiner Beobachtung noch nicht geronnen, es sah jedenfalls noch flüssig aus, wobei ich hinzufügen möchte, daß ich insoweit Laie bin. Ich selbst habe die Zelle nicht betreten. Ich habe Baader auch nicht berührt, so daß ich auch nicht feststellen konnte, ob sein Körper noch warm war.

Das Blut am Kopf von Raspe erschien mir bereits am Gerinnen zu sein. Was mir bei Raspe noch auffiel, waren die stark geschwollenen und dunkelverfärbten Augenlider.

Nach Schließung der Zelle Baader ordnete ich die Öffnung der Zelle Ensslin an. Nach Öffnung der Zellentür stellte ich fest, daß eine Schaumstoffmatratze von innen in das Türfutter der Zellentür gedrückt war und die Türöffnung vollständig ausfüllte. Einer der vorerwähnten Beamten stieß diese Schaumstoffmatratze nach innen in den Haftraum hinein, wo sie auf den Boden fiel. Ich sah dann vor dem rechten Zellenfenster eine Anstaltswolldecke hängen, die die gesamte Fensterfläche verdeckte und darüberhinaus noch ein Stück weiter nach unten hing. Womit diese Wolldecke an den Wänden befestigt war, weiß ich nicht, weil ich nicht hierauf geachtet habe.

Unter dem unteren Ende dieser Wolldecke ragten zwei Füße heraus, etwa bis zur Knöchelpartie oder dem unteren Wadenbereich. Einer der Bediensteten, nach meiner Erinnerung ein Sanitätsbeamter, möglicherweise Herr Listner, der mittlerweile wieder zurückgekommen war, ging in die Zelle und schaute hinter die Decke und sagte darauf, Frau Ensslin sei tot, sie habe sich erhängt. Dieser Bedienstete verließ daraufhin sofort wieder den Haftraum und die Tür wurde verschlossen. Auf irgendwelche Möbelstücke in der Zelle, die in der Nähe des Fundortes der Frau Ensslin gestanden haben könnten, habe ich nicht geachtet. Frau Ensslin selbst habe ich, mit Ausnahme der Fußpartie, auch nicht gesehen, da ich den Haftraum überhaupt nicht betreten habe. Auch beim Abtransport der Leiche habe ich diese nicht gesehen oder berührt.

Im Anschluß daran wurde die Zelle der Frau Möller gegen 8.10 Uhr oder 8.12 Uhr geöffnet. Frau Möller lag auf ihrer Matratze an der linken Zellenwand. Sie war mit einer Woll-

decke bedeckt und schien mir zusammengekrümmt dazu-
liegen, mit dem Gesicht und der Vorderseite des Körpers
zur Zellenwand gewandt. Nach meiner Erinnerung ging
Herr Listner in die Zelle, schlug die Decke zurück und besah
sich Frau Möller. Er stellte fest, daß noch Leben in ihr sei. Es
wurde dann sofort eine fahrbare Liege herbeigeschafft.
Nach Feststellung des Sanitätsbeamten, daß Frau Möller
noch lebe, habe ich Herrn Bubeck von der Dienstleitung
sofort angerufen mit dem Auftrag, einen weiteren Notarztwagen für Frau Möller anzufordern. Nachdem die fahrbare
Liege in der 3. Abt. eingetroffen war, wurde Frau Möller auf
dieselbe gelegt und mit einer Wolldecke zugedeckt. Die
anwesenden Beamten forderte ich dann weiter auf, die
Zellen der Untersuchungsgefangenen Verena Becker und
Sabine Schmitz zu öffnen und nach den Gefangenen zu
sehen. Kurz danach wurde mir mitgeteilt, daß die genannten Frauen unversehrt in ihren Hafträumen seien.

Auf Frage: Den Geruch eines Narkosemittels wie z.B. Chlo-
roform oder Äther habe ich im Haftraum der Frau Möller
nicht wahrgenommen.

Hierbei fällt mir allerdings gerade ein, daß ich nach der
Öffnung der Zelle Baader einen leichten Brandgeruch fest-
gestellt habe, ähnlich wie wenn man Papier verbrennt. Eine
Feststellung, woher der Geruch kam und von welchem
Material er ausging, habe ich nicht getroffen.

Ob Frau Möller bei Bewußtsein war, konnte ich nicht
feststellen. Ihre Augen waren geschlossen. Gesprochen
hat sie nach meiner Erinnerung nicht. Beim Heben auf die
etwa 80 cm hohe Trage und auf der Trage hat Frau Möller
etwas gestöhnt. Die Handgelenke und die Hände waren
blutverschmiert. Ebenso die Bauchgegend, die aufgrund
des hochgezogenen Pullovers sichtbar war. Eine Verletzung habe ich nicht gesehen.

Mittlerweile, den genauen Zeitpunkt kann ich nicht ange-
ben, ich schätze, daß es 8.20 bis 8.30 Uhr war, war Herr
Majerowicz in der 3. Abt. eingetroffen; Herr Dr. Majerowicz

ist einer der Anstaltsärzte. Ich forderte ihn auf, sich in die Zellen von Baader und Ensslin zu begeben, um dort, – Herr Dr. Majerowicz hatte ein Stethoskop dabei – eine Feststellung bzgl. der genannten Gefangenen zu treffen, nämlich ob sie tot waren oder noch ein Lebenszeichen vorhanden war. Dies hielt ich für notwendig trotz der bereits gemachten Feststellungen der Sanitäter. Dr. Majerowicz hatte sich bereits zuvor kurz um Frau Möller gekümmert, da sich das Eintreffen des zweiten Notarztwagens an diesem Morgen aus irgendeinem Grunde verzögert hatte. Herr Dr. Majerowicz ging dann in die Zelle der Frau Ensslin, begab sich hinter die o.g. Wolldecke, kam zurück und sagte, sie sei tot. Ebenso ging er in die Zelle von Baader, untersuchte dessen Brustgegend mit dem Stethoskop und stellte ebenso fest, daß Baader tot sei.

Meine Angaben, daß ich mit den Gefangenen der 3. Abt. bis dahin keinen Kontakt gehabt habe, möchte ich dahingehend berichtigen, daß ich bei der Schlägerei am 8.8.1977 in der 3. Abt. auf Anordnung des Anstaltsleiters anwesend war. Hierüber wurde ich bereits als Zeuge durch Herrn Staatsanwalt König vernommen; die damals gefertigte Vernehmungsniederschrift wurde im Anschluß hieran mit meiner Zustimmung auch für ein Ermittlungsverfahren verwendet.

Meine Angaben habe ich selbst diktiert, noch einmal durchgelesen, sie sind so richtig.

Ende der Vernehmung 17.35 Uhr.

Bernd Buchert
Link
Schaupp, JA

DOKUMENT 14
VERNEHMUNG MÜNZING

Landeskriminalamt Baden-Württemberg
z.Zt. JVA Stuttgart-Stammheim, den 25.10.77

Vernehmungsniederschrift

Am Dienstag, den 25.10.1977 wurde in der JVA Stuttgart-Stammheim der verh. Hauptsekretär

Heinz Münzing,
geb. am 1.3.1935 in Stuttgart,
wh. Stuttgart-Stammheim, Pflugfelderstr. 20

zur Sache befragt:

„Ich bin seit 1959 im Justizvollzugsdienst tätig. Seit Bestehen der JVA Stuttgart-Stammheim versehe ich meinen Dienst. Planmäßig bin ich in der Vollzugsdienstleitung der Anstalt tätig und nehme dort die Aufgaben des Sicherheitsbeauftragten wahr. In dieser Eigenschaft bin ich jedoch nicht für die 3. Abteilung zuständig.

Seit der Herr Bubeck die Abteilung 3 beaufsichtigt, bin ich sein Vertreter. Es ist also so, wenn der Herr Bubeck nicht da war, z.B. wenn er in Urlaub war, habe ich seine Dienstgeschäfte wahrgenommen. In Vetretung von Herrn Bubeck war ich gelegentlich an den Wochenenden im 7. Stock eingeteilt. So ist es nicht ganz richtig. An den Wochenenden habe ich den Herrn Bubeck nicht vertreten. Ich wurde, wie die anderen Kollegen, auch im Rahmen des Dienstplanes im 7. Stock eingeteilt.

Ich kann mich erinnern, daß ich am Montag, dem 5.9.1977 in Vertretung von Herrn Bubeck bei der Abt. 3 Tagesdienst versah. Mir ist dies deshalb so genau in Erinnerung, weil es an diesem Tag Auseinandersetzungen zwischen den diensttuenden Beamten und den BM-Häftlingen gab.

Damals waren noch die Hamburger BM-Gefangenen hier in Stammheim. Wegen dieser Sache wurden Ermittlungen von der Staatsanwaltschaft geführt.

Danach war ich noch einmal an einem Wochenende im 7. Stock tätig. Ich kann mich an das Datum im Moment nicht erinnern. Sofern es erforderlich ist, kann man dies im Dienstplan nachsehen. Auf jeden Fall war es noch vor dem in Kraft treten der sog. Kontaktsperre. Dies war das letzte Mal, daß ich im 7. Stock Dienst verrichtete.

Auf Frage: Es trifft zu, daß ich bei den BM-Häftlingen Besuche mitüberwacht habe. Ich habe praktisch bei allen „Stuttgarter BM-Häftlingen" Besuche überwacht. Es war immer ein Beamter oder eine Beamtin der Kriminalpolizei zugegen. Es handelte sich hierbei ausschließlich um Privatbesucher; keine Rechtsanwälte. Die Häftlinge wurden vor dem Besuch, also bevor sie in die Besucherzelle eingelassen wurden, von den Beamten der Anstalt durchsucht. Nach dem Besuch war es nicht der Fall. Dazu gab es keine Veranlassung, weil wir ja während des Besuchs ständig dabei saßen. Es ist zutreffend, daß ich verschiedene Gegenstände von außerhalb für die BM-Häftlinge eingekauft habe. Es handelte sich dabei um ein japanisches Radio, einen Mixquirl, versch. Tuben mit Pastellfarben und Pinsel sowie Wolldecken und Frottierstoff. Alle diese Gegenstände waren zuvor bei uns (Herr Schreitmüller) genehmigt worden. Das Radio habe ich selbst zum LKA BW zur Überprüfung gebracht. Die Gegenstände habe ich dann den Gefangenen selbst ausgehändigt.

An den Wochenenddiensten in der 3. Abt. habe ich gelegentlich auch Hofgänge der BM-Gefangenen mit überwacht. Ferner habe ich Umschlüsse überwacht. Dies war aber zu einer Zeit, als der BM-Trakt noch nicht in seinem jetzigen Zustand ausgebaut war.

Ferner ist es zutreffend, daß ich auch hin und wieder bei

den Zellen-Kontrollen dabei war. Diese wurden dann durchgeführt, wenn die Gefangenen nicht in ihren Zellen waren.
Alleine war ich noch nie in einer Zelle. Dies war verboten.

Im einzelnen möchte ich jetzt die Vorgänge schildern, wie
ich sie am Morgen nach den Selbstmorden der BM-Gefangenen, also am Dienstag, dem 18.10.1977, miterlebt habe:

Ich kam etwa um 07.10 Uhr zum Dienst. Wie ich gesagt
habe, bin ich in der Vollzugsdienstleitung tätig. Es war etwa
07.35 Uhr, als Herr Bubeck in mein Zimmer stürzte und
sagte, daß oben im 7. Stock was los sei. Er bat mich,
hochzugehen. Herr Götz, Leiter der Besuchsüberwachung,
befand sich aus irgendeinem Grund in meinem Zimmer und
schloß sich mir an. Wir fuhren mit dem Aufzug hoch und
gingen direkt in den Flügel, wo die BM-Gefangenen untergebracht sind. Dort stellten wir fest, daß die Zelle 716, in der
Raspe sitzt, offen war. In der Zelle befanden sich zwei
Sanitäter, die sich um den auf dem Bett kauernden Raspe
bemühten. Ich konnte sehen, daß Raspe an einer Schläfe,
ich meine es war die linke, verletzt war. Die Schläfe war
aufgequollen, Blut war ausgetreten. Seine Augen waren
geschlossen, die Lider waren dunkel, hinter seinem Kopf an
der Wand befand sich ein faustgroßer Blutfleck.

Ich konnte feststellen, daß Raspe noch lebte. Er röchelte,
sein Körper zuckte von Zeit zu Zeit. Neben ihm rechts auf
dem Bett lag eine Pistole. Neben der Pistole lag ein Magazin in dem sich Patronen befanden.

Ich kann mich noch erinnern, daß ich zu meinem Kollegen
Götz sagte, er solle nichts verändern. Er hielt mir vor, daß
Raspe noch lebe, und er könne aus diesem Grund jederzeit
die Waffe an sich nehmen, wenigstens sei dies nicht auszuschließen, da man zu dem Zeitpunkt noch nicht wusste, wie
schwer die Verletzung war. Herr Götz entfernte dann die
Pistole, indem er sie mit einem Tuch anfasste und weglegte,
wohin weiß ich nicht mehr. Auf jeden Fall hat er mir die
Waffe noch gezeigt. Hierbei erkannte ich, daß sich noch ein
Geschoß in der Waffe, d.h. im Patronenlager, befand. Ich
muß anmerken, daß ich nur die Hülse hierbei sah, deshalb
kann ich nicht sagen, ob es sich um eine abgefeuerte

Patrone handelte. Die Waffe machte auf mich den Eindruck, als ob sie leergeschossen sei. Da ich kein Experte bin, vermag ich jetzt nicht zu sagen, warum sich noch eine Patrone bzw. eine Hülse im Lager befand. Die Sanitäter leisteten Hilfe, indem sie ihm eine Sauerstoffmaske aufsetzten und den Puls fühlten.

Etwas später traf dann der Notarztwagen ein. Raspe wurde weggebracht. Mein Kollege Götz ist mit dem Notarztwagen mitgefahren. Erst als Raspe auf der Bahre weggetragen worden war, gingen wir anderen zur Zelle des Baader. Ich habe die Zellentür unten aufgeschlossen und soweit ich mich erinnern kann, war es Herr Miesterfeld, der das Zusatzschloß aufmachte...

Münzing
aufgenommen: Wittmann, Vogel

DOKUMENT 15
VERNEHMUNG DR. MAJEROVICZ

Landeskriminalamt Baden-Württemberg
z.Zt. Stammheim, 26. Oktober 1977

Vernehmungsniederschrift

Am Mittwoch, 26.10.1977, gegen 16.00 Uhr, wird in der JVA Stammheim der verh. Anstaltsarzt

Dr.med. Wolf Majerovicz,
geb. 14.6.1917,

gehört. Er gibt hierbei ergänzend zu seiner Vernehmung vom 18.10.1977 folgendes an:

Frage:
Sie haben bei den Gefangenen BAADER und ENSSLIN den Tod festgestellt. Können Sie anhand ihrer Feststellungen aussagen, wann der Tod dieser Personen eingetreten ist?

Antwort:
Ich kann den genauen Zeitpunkt des Todeseintritts nicht sagen. Nach meinen Feststellungen ist der Tod bei den vorgenannten Personen schätzungsweise in der Zeit zwischen 06.00 – 07.00 Uhr in der Frühe eingetreten. Hierbei muß ich eine Toleranz von 15 bis 30 Minuten oder gar einer Stunde hinzugeben. Ausschließen kann ich, daß der Tod zu einem größeren bzw. früheren Zeitpunkt eintrat.

Frage:
Aufgrund welcher Untersuchungen bzw. Erscheinungen können Sie diesen Zeitpunkt bestimmen?

Antwort:
Bei BAADER habe ich eine Pupillenstarre, und zwar eine feste, festgestellt. Die Körperwärme habe ich mit der Hand untersucht. Sie war lau.
Der Körper war also nicht ganz kalt. Die Glieder waren nicht versteift. Zu diesem Zweck habe ich seine Hand bewegt. Das Aussehen des Blutes hat mir ebenfalls gezeigt, daß schon eine gewisse Zeit seit der Todesverletzung vergangen ist.
Bringt man das Blut in Einklang mit den vorgenannten Erscheinungen, kommt man zu dem von mir geschätzten Todeszeitpunkt. Weitere Untersuchungen oder Veränderungen habe ich wegen der noch ausstehenden Spurensicherung nicht unternommen.

Frage:
Können Sie auch einen Todeszeitpunkt bei der Gefangenen ENSSLIN bestimmen?

Antwort:
Ich schätze, daß der Tod bei der Gefangenen ENSSLIN etwa zum gleichen Zeitpunkt eingetreten ist. Ich muß ausdrücklich betonen, daß ich auch hier eine Zeitdifferenz annehmen muß.

Die Zungenwurzel befand sich im vorderen Mundteil. Die Augen waren geschlossen. Die Lippen waren einschließlich der Mundpartie bläulich bzw. intensiv blau verfärbt.

Anzeichen für eine befestigte Cyanose lagen vor. Das Gesicht war blaß bis weißlich gelb. Auch die Ohren waren cyanotisch gefärbt.

Die Extremitäten und der Körper waren in einem tief gelockerten Zustand. Ganz bestimmt lagen keine Anzeichen für eine Starre vor.

Die Körperwärme habe ich durch Anfassen einer Hand festgestellt. Die Hand war abgekühlt, aber nicht kalt. Die Temperatur lag etwas niedriger als bei BAADER – so schien es mir wenigstens.

Auch hier habe ich keine weiteren Veränderungen an der Leiche oder der Umgebung vorgenommen.

Nachdem ich sichere Todesanzeichen festgestellt hatte, gab es keine Veranlassung zu einer Hilfeleistung.

Auf Frage:
Auch bei der Gefangenen Möller schien es mir, als ob diese Verletzungen im gleichen Zeitraum beigebracht worden sind. Vielleicht eine halbe Stunde später.

Aus den drei oder vier Wunden war Blut ausgetreten. Die Wunden waren ausgeblutet, jedoch frisch. Es handelte sich nach meinem Dafürhalten mehr um Schnittwunden. Über die Tiefe konnte ich nichts aussagen; sie waren jedoch nicht sehr tief, ich nehme an 1 cm – eineinhalb.

Die Verletzte war mit einem Pulli bekleidet, der über die Brust gezogen war. Dieser Pulli war mit Blut durchtränkt. Das Blut war ganz in den Stoff eingedrungen und schon geronnen. Blut auf dem Boden habe ich nicht beobachtet, ich kann jedoch nicht ausschließen, daß auf dem Fußboden ebenfalls Blut war.

Den Gefangenen RASPE habe ich nicht gesehen, weil er kurze Zeit vor meinem Eintreffen bereits mit dem Notarztwagen ins Krankenhaus gebracht worden war.

Nähere Angaben, insbesondere was den Todeszeitpunkt anbelangt, kann ich nicht machen, weil ich, wie gesagt, die Personen bzw. Leichen nicht im Sinne einer gerichtsmedizinischen Untersuchung begutachtet habe."

Selbst gelesen, genehmigt u. unterschr.: Majerovicz

Geschlossen: Grimm

DOKUMENT 16
VERNEHMUNG DR. HENCK

Staatsanwaltschaft
bei dem Landgericht Stuttgart

Stuttgart, den 19.10.1977

Zeugenvernehmung

Am Mittwoch, dem 19.10.1977 wurde der Anstaltsarzt der
JVA Stuttgart-Stammheim

Dr. Helmut Henck,
geb. 6.6.1920 in Kassel,
whft: Stuttgart 40, Pflugfelderstr. 1

in seinem Dienstzimmer aufgesucht. Mit dem Gegenstand
seiner Vernehmung vertraut gemacht und dem Hinweis auf
die Bestimmungen der §§ 53, 55 StPO gab Herr Dr. Henck
folgendes an:

„Seit Mai 1966 bin ich Anstaltsarzt in der Justizvollzugsanstalt in Stuttgart-Stammheim. Zu meinem Aufgabenbereich
gehört die anstaltsärztliche Betreuung sämtlicher Inhaftierten in der JVA Stuttgart-Stammheim, insbesondere auch
der sogenannten Baader-Meinhof-Gefangenen. Soweit
dies erforderlich war, habe ich von Fall zu Fall Spezialärzte
hinzugezogen, wobei dies bei den Gefangenen Baader,
Ensslin, Raspe, Meinhof u.a. vor allem bei den Hungerstreiks geschehen ist. Der letzte Hungerstreik dauerte meiner Erinnerung nach von etwa Anfang/Mitte August bis zum
2.9.1977.
  Im Zusammenhang damit wurden nach Abbruch des
Hungerstreiks von mir Lebensmittelzulagen verordnet und
zwar bis zum 30.9.1977. Dabei handelte es sich u.a. um

Zulagen von Fleisch, Eiern, Sahne, Butter, Milch, Joghurt. Ab 27.9.1977 wurden die Sonderlebensmittel individuell reduziert – außer bei Ensslin – bis zum 17.10.1977. Ab 13.10.1977 war ich dienstunfähig erkrankt (Wirbelsäulenschaden).

Vorweg möchte ich bemerken, daß ich die sogenannten Baader-Meinhof-Gefangenen – wie auch die anderen Häftlinge – nicht regelmäßig besucht habe, sondern lediglich dann, wenn sie sich meldeten. Durch die ärztliche Versorgung habe ich zwangsläufig auch einen gewissen näheren Kontakt zu diesen Gefangenen erhalten.

Der nähere Kontakt bestand zeitweise in einem Gewährenlassen von Erstuntersuchungen, die dann fortgesetzt worden sind durch hinzugezogene Fachärzte. Bei diesen Fachärzten handelte es sich um Prof. Müller vom Robert-Bosch-Krankenhaus in Stuttgart und Prof. Schröder vom Bürgerhospital sowie Prof. Schrader, Chefarzt der Augenklinik beim Katharinenhospital in Stuttgart. Hierbei ist zu bemerken, daß die Professoren Dr. Müller und Dr. Schröder nur am 29.9.1977 in meiner Gegenwart die Gefangenen I. Möller und A. Baader untersucht haben. Prof. Müller, Robert-Bosch-Krankenhaus, hat auf Bitten von Prof. Schröder Frau Möller am 4.10.1977 nachuntersucht, und zwar ebenfalls in meiner Gegenwart. Am 12.10.1977 wurden die Gefangenen Ensslin, Möller, Baader und Raspe u.a. durch Prof. Schrader augenfachärztlich untersucht, und zwar in Anwesenheit von Obersekretär Jost. Bei den anderen untersuchten Gefangenen handelt es sich um Sabine Schmitz und Gerd Kurowski.

Frage: Führten Sie Gespräche in Ihrer Eigenschaft als Anstaltsarzt mit den Gefangenen unter vier Augen, oder war ein Anstaltsbediensteter zugegen?

Antwort: Bei Gesprächen mit den hier befindlichen Gefangenen der sogenannten Baader-Meinhof-Bande war in der Regel ein Anstaltsbediensteter (Sanitäter) anwesend. In zwei Fällen kam es auch vor, daß Baader den anwesenden Sanitätsbeamten aus dem Raum wies. Der Sanitätsbeamte verließ auch tatsächlich in diesen beiden Fällen, die schon längere Zeit zurücklagen, den Raum.

Frage: Was war der Inhalt der Gespräche, die Sie insbesondere in letzter Zeit mit Baader, Ensslin, Raspe und der Möller führten?

Antwort: Vornehmlich führte ich Gespräche mit Baader und Raspe. Der Inhalt dieser Gespräche waren ausschließlich die Haftbedingungen, gelegentlich auch Ernährungsfragen.

Mit der Ensslin führte ich auch kurze Gespräche in Anwesenheit des Sanitätsbeamten Jost, deren Inhalt ebenfalls Ernährungsfragen waren. Wenn ich von Gesprächen spreche, so war dies so, daß die Initiative zu diesem Gespräch von ihr ausging. Bei Baader und Raspe war dies jedoch auch so, wobei auch die Thematik der Gespräche von den Gefangenen bestimmt wurde.

Das letzte Gespräch führte ich mit der Ensslin am 10.10.1977. An diesem Tag war ich auch letztmals bei Baader, jedoch vor dem Besuch bei Ensslin. Mir fiel dabei besonders auf, daß beide mich mit derselben Thematik konfrontiert haben; beide erklärten mir übereinstimmend, daß der Anstaltskost die Psyche beeinflussende Stoffe beigemischt seien, sowie dies durch Amerikaner in Vietnam erfolgt sei. Im Anschluß an die Visite bei Baader und Ensslin habe ich mich noch mit Herrn Obersekretär Jost, der mich begleitet hatte, über die auffallende Übereinstimmung der Thematik der Gespräche unterhalten. Herr Jost und ich mußten deshalb davon ausgehen, daß zwischen Baader und Ensslin eine direkte Verständigung stattgefunden haben müßte.

Frage: Haben Sie eine Vorstellung darüber, wie diese direkte Verständigung stattgefunden haben könnte?

Antwort: Ich habe dafür keine Erklärung.

Im Verlaufe des Gespräches am 10.10.1977 brachte Baader zum Ausdruck, und zwar in einer allgemein gehaltenen Art, daß es in Zusammenhang mit harten Haftbedingungen auch einmal zu einem kollektiven Selbstmord kommen könne. Ich hatte dabei mehr den Eindruck, daß er auf literarische Unterlagen zurückgriff. Keinesfalls befand sich während dieses Gesprächs A. Baader in einer Verfassung, aus der man schließen könnte, er habe einen solchen kollektiven Selbstmord auf sich bezogen. Ich hatte im übrigen auch bei Frau Ensslin nicht den Eindruck, daß sie sich in einer anderen seelischen Verfassung befand als früher. Ich hatte keine Veranlassung bei Baader auf diese Bemerkung näher einzugehen, da sie – wie gesagt – nur allgemeiner Art war und beiläufig geäußert wurde.

Mein vorletzter Besuch bei Herrn Raspe fand am 6.10.1977 in Anwesenheit von Herrn Hauptsekretär Listner statt. Meinen Eindruck von dem Gefangenen bei diesem Gespräch habe ich in einem Schreiben vom 6.10.1977 an den Anstaltsleiter niedergelegt. Es lautet:

Betreff: Jan-Carl Raspe
Bei der heutigen Arztvisite in Begleitung von Herrn Hauptsekretär Listner befand sich J.-C. Raspe in einem ausgeprägten depressiven Verstimmungszustand und hat suicidale Absichten anklingen lassen.

Nach dem Gesamteindruck muß davon ausgegangen werden, daß bei dem Gefangenen eine echte suicidale Handlungsbereitschaft vorliegt.

Ich bitte um Kenntnisnahme und Mitteilung, auf welche Art und Weise ein eventueller Selbstmord verhindert werden kann.

Allgemein dieser von mir niedergelegte Eindruck wurde aufgrund meiner fachärztlichen Erfahrung gewonnen. Eine solche Verhaltensweise habe ich bei meinen Gesprächen am 10.10.1977 mit Baader und Ensslin nicht feststellen (können), ansonsten hätte ich eine entsprechende Meldung gemacht.

Frage: Wann hatten Sie das letzte Gespräch mit Raspe?

Antwort: Ursprünglich war ich der Meinung, daß ich nach dem 6.10.1977 mit Raspe noch ein Gespräch geführt habe. Nach meinen Unterlagen habe ich jedoch nach diesem Datum mit Raspe kein Gespräch mehr geführt, sondern lediglich unter dem Datum vom 10.10.1977 eine Verordnung im Krankenblatt eingetragen. Es bezog sich auf eine augenfachärztliche Untersuchung durch Prof. Schrader.

Im Gegensatz zu Baader, Ensslin und Raspe habe ich mit Frau Möller ausschließlich Gespräche medizinischen Inhalts geführt. Auf die Art und Weise der Haftbedingungen bin ich von ihr nicht angesprochen worden. Zum letzten Mal habe ich mit Frau Möller am 5.10.1977 in Anwesenheit von Prof. Müller gesprochen, auch hier ging es nur um rein medizinische Fragen. Sie war in ihrer Wesensmäßigkeit im Verhältnis zu früher völlig unverändert. Nach meinem Eindruck stand Frau Möller – allgemein gesprochen – in ihrer gruppendynamischen Verhaltensweise etwas außerhalb des sogenannten „harten Kerns" der hier in Stammheim inhaftierten Gefangenen der „BM-Gruppe".

Frage: Wer brachte den Gefangenen der hier inhaftierten Baader-Meinhof-Bande gewünschte oder verordnete Medikamente?

Antwort: Grundsätzlich werden Medikamente nur auf ärztliche Verordnung durch Sanitätsbeamte ausgegeben.

Frage: Wer überbrachte Herrn Baader am 17.10.1977 gegen 23.00 Uhr Medikamente?

Antwort: Das weiß ich nicht. Meinen Unterlagen kann ich nur entnehmen, daß zu diesem Zeitpunkt je eine Tablette eines leichten Schlafmittels und ein Schmerzmittel übergeben wurde. Wer diese Medikamente überbrachte, läßt sich jedoch nicht feststellen.

Frage: Welchen Umfang und zwar grössenmäßig hatten Medikamentenlieferungen an die einzelnen BM-Gefangenen? Wie groß waren die Verpackungen der Medikamente?

Antwort: Die ausgegebenen Packungen bzw. das Ausmaß der ausgegebenen Medikamente lag im oberen Bereich der Norm.

Bei den Verpackungen handelt es sich ausschließlich um höchstens 300 ccm fassende Behältnisse aus Pappe.

Frage: Wer der vier Gefangenen hat ein sogenanntes Deuser-Band erhalten und wissen Sie ob dieses Band in der Verpackung ausgegeben wurde?

Antwort: Ich bin der Meinung, daß alle vier BM-Gefangene je ein Deuser-Band zur Verfügung hatten. Ob diese Gymnastikgeräte in der Verpackung ausgegeben wurden, vermag ich nicht zu sagen, ebenso bin ich nicht sicher, ob Frau Möller ein solches Deuser-Band im Besitz hatte.

Frage: Wird die Ausgabe eines solchen Trainingsgerätes in irgendwelchen Büchern festgehalten?

Antwort: Die hiesigen Sanitätsbeamten sind angewiesen, die Ausgabe eines solchen Deuser-Bandes schriftlich festzuhalten. Wie ich nun feststellen konnte, ist in der Krankenakte der Möller vermerkt, daß sie am 14.1.1977 ein Deuser-Band erhalten hat.

Frage: Wissen Sie, ob Medikamentenpackungen oder evtl. auch ein in einer Packung befindliches Deuser-Band unter den Gefangenen weitergegeben wurde?

Antwort: Aus eigener Kenntnis weiß ich das nicht. Eine Äußerung wäre reine Spekulation.

Frage: Wer hat während ihrer Dienstunfähigkeit die BM-Gefangenen ärztlich betreut?

Antwort: Soweit ich informiert bin, nimmt diese Aufgabe in meiner Abwesenheit automatisch der zweite Anstaltsarzt Dr. Majerovicz wahr.

Laut diktiert und nach Diktat genehmigt.
(Dr. Henck)

z.B. (Raisch) Kriminalkommissar
(Dr. Heissler) Staatsanwalt

DOKUMENT 17
SPURENSICHERUNGSBERICHT ZELLE 719

Spurensicherungsbericht Nummer 12
Zelle 719 (Baader)

In der Zelle Baader konnte an tatspezifischen Spuren folgendes Material gesichert werden. Die genaue Lage bitte ich aus den Lichtbildern und der Detailskizze zu entnehmen.

Spur Nr. 1: 1 Geschoß des Kalibers 7.65 mm
Spur Nr. 2: 2 Hülsen des Kalibers 7.65 mm
Spur Nr. 3: 1 Pistole, Kaliber 7.65 mm
die Waffe war gespannt, geladen und gesichert, das Magazin war eingeführt und bestückt (siehe dazu weiterführenden Waffenbericht)
Spur Nr. 4: Hülse, Kaliber 7.65 mm

Spur Nr. 5: Geschoß, stak in der Wand, Kaliber 7.65 mm

Spur Nr. 6: Gewebsteil oder Blut an der Wand (befindet sich zur Untersuchung beim Gerichtsmedizinischen Institut der Stadt Stuttgart)

Spur Nr. 7: Einschuß in die Liegematratze und Geschoß des Kalibers 7.65 mm

Spur Nr. 8: Lautsprecherbox
An dieser sind die Schrauben des Lautsprechers gelöst und lassen sich von Hand ausdrehen. Der Rauminhalt ist als groß zu bezeichnen.

Spur Nr. 9: Lautsprecherbox

Spur Nr. 10: Plattenspieler
In ihm waren die in den Lichtbildern aufgezeigten Transporthaken beinhaltet. Siehe näherer Auswertebericht.

Spur Nr. 11: Dämmwatte aus der Lautsprecherbox (Spur Nr. 9). Sie soll auf Restspuren von Sprengstoff oder Munition untersucht werden.

Spur Nr. 12: Zur Spur Nr. 7: Teile des braunen Teppichs und der beiden durchschlagenen Schaumgummistücke der Liege. Sie werden zur Schußentfernungsbestimmung dem Bundeskriminalamt übersandt.

Spur Nr. 13: 1 rotes Badetuch
Untersuchung auf Fremdanhaftungen

Spur Nr.14: Die von Baader getragenen Schuhe
Untersuchung auf Fremdspuren

Spur Nr. 15: Mikrospurenabzug vom Boden der Zelle 719

Spur Nr. 16: Abgeschnittene Haare aus der WC-Schüssel

Spur Nr. 17: Schallplattenbürste, welche im Innenraum zu einem Versteck ausgebaut wurde.

Spur Nr. 18: Beide Schlösser der Zellentüre
Untersuchung auf Fremdspuren

Spur Nr. 19: Untersuchung der Umgebung der Essenklappe auf daktyloskopische Griffspuren

Spur Nr. 20: Kaffeetüte mit gipsartigem Inhalt.
Substanzbestimmung

Waschbecken: o.B.

WC: Abgeschnittene Haare und Zigarrettenkippe bein-
haltend
Heizkörper und Hohlraum dahinter: o.B.
Installationszelle: o.B.
Lampen: o.B.
Steckdosen: o.B.
Rufanlage: Das Mikrophon ist mit einer kittartigen Masse
zugespachtelt.
Radiosteckdose: Siehe gesonderter Bericht und Ver-
suchsanordnung in der Lichtbildmappe E.
Fußleiste: o.B.

Ziegler, KOK

DOKUMENT 18
SICHERSTELLUNGSBERICHT BAADER

Landespolizeidirektion Stuttgart II
Kriminalpolizei
KTU-Stelle

Stuttgart, den 19.10.1977

An das
Landeskriminalamt
Baden-Württemberg
Abt. 800
7 Stuutgart 1

Betreff: Vermtl. Suizid Andreas Baader in der VZA Stgt.-
Stammheim, Zelle 719

In den Morgenstunden des 18.10.1977 wurde A. Baader in seiner Zelle in der VZA Stgt.-Stammheim tot aufgefunden.

Bei der obj. Tatbefundsaufnahme wurden unter anderem in der Zelle des A. Baader folgende Gegenstände sichergestellt:

1. 1 Selbstladepistole Kal. 7,65 mm,
ohne Griffschalen mit eingeführtem Magazin
2. 6 Patronen Kal. 7,65 mm (im Magazin der Waffe)
3. 1 Patrone Kal. 7,65 mm (im Patronenlager der Waffe – entnommen)
4. 1 Projektil Kal. 7,65 mm (Spur 1)
5. 3 Patronenhülsen Kal. 7,65 mm
(abgeschossen, Spur 2/1, 2/2 u. 4)

I. Protokoll der Voruntersuchung:
Es handelt sich um eine Selbstladepistole Kal. 7,65 mm ohne Griffschalen. Die Waffe ist gespannt und gesichert, das Magazin ist eingeführt. Die gesamte Waffe, überwiegend auf der linken Seite, ist mit Blut behaftet.

Das Magazin wird entfernt. Im Magazin befinden sich 6 Patronen, im Patronenlager befindet sich 1 Patrone. Die Waffe wird entladen.

Eine auf der linken Seite des Griffstücks befindliche Waffennummer wurde mechanisch bearbeitet und ist infolgedessen nicht ohne Behandlung ablesbar.

Dem äußeren Erscheinungsbild nach könnte es sich bei der Waffe um eine Selbstladepistole der Fa. Hoge-Waffen, Modell AP 66, Kal. 7,65 mm, Browning, handeln.

Die Waffe wurde in ihrem ursprünglichen Zustand fotografiert. Sie wird zur Untersuchung und Identifizierung übersandt.

Das unter Nr. 4 aufgeführte Projektil wurde einer chem. Blutprobe unterzogen, welche positiv ausfiel. Es wird mit den unter Nr. 5 aufgeführten Patronenhülsen über das LKA BW dem BKA zur Untersuchung zugeleitet.

II. Bei der am 19.10.1977 durchgeführten Obduktion auf dem Bergfriedhof in Tübingen wurden folgende Gegenstände gesichert:

1. Bekleidung
a) 1 schwarze Hose
b) 1 blaue Jacke
c) 1 rotes T-Shirt

Die dem LKA BW übersandte Bekleidung sollte auf tatrelevante Spuren untersucht werden. Insbesondere sollte festgestellt werden, ob sich am Rücken, besonders am Kragen der blauen Jacke und dem roten T-Shirt Schmauchantragungen befinden. Die Bekleidung selbst, sowie ihr Zustand, wurde noch nicht fotografisch festgehalten.

2. Von der Leiche des A. Baader:
a) Gewebeteil aus dem Nacken
(Einschußloch)
b) Hautgewebe des rechten Daumens und Zeigefingers
c) Abklatsch mit 10 % Essigsäure beider Hände
   Das Gewebeteil aus dem Nacken wird zur Schußentfernungsbestimmung, das unter b) aufgeführte Hautgewebe und der unter c) aufgeführte Abklatsch zur Untersuchung auf Schmauchantragungen zur Bestimmung der Schußhand übersandt.

III. Vom linken Handgelenk der Leiche wurde
1 elektrische Armbanduhr
mit Digitalanzeige,
OPTIM, Nr. 70127520
gesichert. In der rechten Hosentasche der unter II. Nr. 1 a) aufgeführten schwarzen Hose befanden sich
1 Tablettenröhrchen,
Aufschrift „Euthyrox", beinhaltend 21 Tabletten, auf einer Seite eingepresste Vierteilungsmarke, auf der anderen Seite eingepresster runder Kreis, von gleichem Erscheinungsbild

7 halbierte Tabletten und
2 Tablettenteile ca. 1/4
und
1 Päckchen Zigarettenpapier Aufschrift: Roth-Händles
Schwarze Hand
   Die Gegenstände werden ebenfalls zur weiteren Verfügung dem LKA BW zugeleitet.

Habel, KHK

DOKUMENT 19
SPURENAUSWERTEBERICHT ZELLE 719

Spurenauswertebericht Nummer 12
Zelle 719 – Baader – Bericht E

Untersuchungsvorgänge zu den Spuren 1, 2, 3, 4, 5 und 7
Bestimmung der Schußbahnverläufe

I. In der Zelle 719 wurde, zum Thema Schußabgabe, folgendes Material vorgefunden:

   1. Spur Nr. 1: 1 Geschoß des Kalibers 7,65 mm. Es lag auf dem Fußboden, im unteren Drittel der linken Liegenseite. Bilder 29, 30 und 64. Der Abstand zur Türwand beträgt 1,40 m, derjenige zur rechten Seitenwand 1,57 m.
   Das Geschoß zeigt, bei einer partiell durchgeführten Vorprobe auf Blut, eine spontan positive Reaktion.
   2. Spuren 2a und 2b: Hülsen des Kalibers 7,65 mm. Sie liegen unmittelbar beieinander, auf Höhe des linken Knies von Baader. Der Abstand zur Türwand beträgt 2,28 m, der zur rechten Seitenwand 2,90 m.
   Die Lage der Hülsen ist aus dem Lichtbild 31 zu ersehen.
   3. Spur Nr. 3: 1 Pistole des Kalibers 7,65 mm.

Den Zustand der Waffe bitte ich dem Sicherstellungsbericht des KHK Habel zu entnehmen.

Die Waffe liegt links neben dem Kopf des Toten. Abstand zur Türwand 1,30 m, Abstand zur rechten Seitenwand 3,30 m, Bilder 30-34. In das Magazin der Pistole sind 6 Patronen eingeführt, 1 Patrone ist im Patronenlager.

4. Spur Nr. 4: 1 Hülse des Kalibers 7,65 mm. Sie liegt auf dem Boden, im unteren Drittel der Liege. Siehe Bilder 66 und 67.

Der Abstand zur Türwand beträgt 61 cm, der zur rechten Seitenwand 70 cm.

5. Spur Nr. 5: 1 Geschoß des Kalibers 7,65 mm. Es stak in der Zellenstirnwand, ca. 2 cm tief im Verputz. Lage siehe Lichtbilder 58 und 59.

Der Schußdefekt liegt 87 cm hoch und 73 cm von der Fensterwand nach rechts. Der Schußkanal ist sondierbar und kann zur Bestimmung des Schußbahnverlaufes herangezogen werden. Siehe Lichtbilder 80 und 81. Eine partiell vorgenommene Blutprobe verlief negativ.

6. Spur Nr.7: Ein Schußdefekt im Teppich und dem Schaumstoff der Liege führt zum Auffinden eines weiteren Geschosses des Kalibers 7,65 mm.

Der Schußkanal ist sondierbar.

Eine partiell vorgenommene Blutprobe verlief negativ. Das Teppichstück um den Einschuß und die unmittelbar darunter liegenden Schaumstoffstücke der Liege werden zu einer Schußentfernungsbestimmung dem Bundeskriminalamt überbracht.

Lage der Spur 7 siehe Lichtbilder 70 und folgende.

II. Die sichergestellte Pistole wirft nach rechts aus. Das Magazin faßt 8 Patronen.

Sichergestellt wurden insgesamt 3 Hülsen, 3 Geschosse und 7 Patronen, welche zusammen insgesamt 10 Patronen ergaben.

III. In der Zelle 719 konnten, nach Absuche von Boden, Wand und Decke, nur die unter Spur 5 und 7 bezeichneten Schußdefekte (Aufschlagstellen) vorgefunden werden.

IV. Die von der Spur Nr. 7 aus ermittelbare Schußbahn wird mit der Nummer 1 bedacht, diejenige aus Spur 5 mit der Ziffer 2.

A. Schußbahnverlauf 1

Die Sondierung des Geschoßkanals erfolgt kalibergleich. Siehe dazu die Lichtbilder 72 und 73.

Die sich aus der Sondierung ergebenden Werte sind in den Skizzen 7/1 und 7/2 festgehalten.

Die Lichtbilder 76, 77 und 78 dienen zur fotodokumentarischen Beweissicherung des Skizzenwertes.

Der ermittelte Schußbahnverlauf läßt die Aussage zu, daß die Spur Nr. 7 in der in Skizze 7/2 und dem Lichtbild Nr. 84 rekonstruierten Situation gesetzt worden sein dürfte.

Erkennbare Anzeichen eines Nahschusses sind nicht vorhanden. Der rekonstruktive Wert ist nur als Anhaltspunkt gedacht. Er könnte sich, durch Körpergröße und Schußhaltung bedingt etwas verändern.

B. Schußbahnverlauf 2

Eine kalibergleiche Sondierung erbringt einen Schußbahnverlauf, der vom Schußdefekt in der Zellenstirnwand, Spur Nr. 5, direkt auf die linke untere Kante des Paravents neben dem Kopf der Leiche, zuläuft.

Bilder 76, 78, 79, 82 und 83.

Die ermittelten Werte ergeben eine rekonstruktive Sitzposition und Waffenhaltung, wie sie in den Lichtbildern 85 und 86 festgehalten wurde.

In der Skizze 7/1 ist der Längsverlauf der Schußbahn aufgezeichnet. Die Lage der Einzelspuren ist hier auch vorrangig zu betrachten, da sie für die weitere Aussage zum Tragen kommt. In der Skizze 7/3 ist die In den Lichtbildern 85 und 86 aufgezeichnete Position und Waffenhaltung maßstabsgerecht erläutert. Interessant ist hier auch der sich ergebende Wert der Sitzposition bei Abgabe des Schusses – grüne Markierung – in Beziehung auf die vorgefundene Lage der Leiche – rote Markierung. Der rekonstruktiv ermittelte Wert dient als Anhaltspunkt und ist je nach Körpergröße und Waffenhaltung variabel.

V. Nachdem alle Werte und Spuren ermittelt sind, werden jetzt die Einzelpositionen zueinander in Beziehung gestellt. Die Skizze 7/1 dient, in Verbindung mit den Einzellichtbildern, hier als erklärende Arbeitsgrundlage.

1. Wie unter IV/A erläutert, kann der Schuß – Spur 7 – in der rekonstruktiv ermittelten Haltung gesetzt worden sein. Die Waffe Baader wirft nach rechts aus. Die ausgeworfene Hülse dürfte auf die Türwand getroffen und danach in den Raum zurückgeprallt sein.

Dabei stellen die stehende Person und der aufgestellte Paravent ein natürliches Hindernis dar.

2. In der Ziffer IV/B wird Bezug auf die Spur Nr. 5 genommen. Hier ergibt sich eine Waffenhaltung, bei der die Hülse, nach erfolgter Schußabgabe, in Richtung zur rechten Zellenwand ausgeworfen wird. Die Hülse kann von dort wieder in den Raum zurückprallen oder aber im Umfeld der Liege zu Boden fallen und abgefangen werden.

3. Wie die Rekonstruktion der beiden Schüsse ergibt, ist es höchst unwahrscheinlich, daß die beiden Hülsen, Spur Nr. 2a und 2b, sich in der aufgefundenen Form gruppiert haben. Alles deutet auf eine gezielte Ablage hin, die nicht mehr im Einklang mit dem erwartbaren Spurenbild steht.

4. Abzuklären bleiben jetzt noch die Lageorte der Spuren Nr. 1 und 4 in Bezug mit Leiche, Verletzungen derselben und Waffe.

5. Die Schmauchspur an der rechten Hand des Baader sagt aus, daß die Waffe mit der Auswurföffnung nach rechts gehalten wurde, d.h. daß das Griffstück nach unten zeigte.

6. Waffe, Verletzung und Schmauchspur zusammen ergeben, daß die Pistole mit dem Griffstück nach unten an den Hinterkopf gesetzt wurde.

Das abgefeuerte Geschoß drang nur noch mit schwacher Restenergie aus dem Schädel und blieb im unmittelbaren Bereich der Leiche liegen.

Dafür, daß die Spur Nr. 1 das tödliche Geschoß sein dürfte, spricht die positive Reaktion auf eine Blutvorprobe.

Die Hülse, Spur Nr. 4, liegt – in Beziehung zur rekonstruktiven Schußabgabe des tödlichen Schusses – völlig lagegerecht.

VI. Die Art der erfolgten tödlichen Schußabgabe durch das Hinterhaupt läßt den Schluß zu, daß Baader versucht haben könnte, den Gesamtvorgang so darzustellen, als wäre er durch eine andere Person verursacht.

Die Spur 7 – Schußbahn 1 – könnte gesetzt worden sein, um einen ersten Schuß auf die noch liegende Person des Baader zu signalisieren.

Die Spur 5 – Schußbahn 2 – und der tödliche Schuß dürften annähernd aus gleicher Position abgegeben worden sein. 2 Schüsse waren notwendig, um bei nicht feststellbarer Reihenfolge derselben, einen Suizid auszuschließen.

Baader mußte deshalb versuchen, um in einen Ablaufrhythmus zu kommen, 2 gleiche Schußbahnen in Richtung der Zellenstirnwand zu erzeugen.

In der, in der Skizze 7/3 grün eingezeichneten Position könnte er die Spur 5 – Schußbahn 2 – gesetzt haben. Um jetzt einen gleichartigen Schußbahnverlauf zu erhalten, mußte der tödliche Schuß aus gleicher Position abgefeuert werden.

Dadurch waren Haltung von Körper, Kopf und Waffe bedingt festgelegt.

VII. Das Magazin der Waffe faßt 8 Patronen. Insgesamt wurden 3 Patronen abgefeuert und 7 befanden sich noch in der Waffe.

Es muß also einen Nachladevorgang gegeben haben.

VIII. Dies wiederum erbringt, daß zuerst die Spuren 7 und 5 gesetzt wurden, wobei die Reihenfolge austauschbar erscheint. Nach Abgabe der beiden Schüsse wurde die Waffe wieder voll aufmunitioniert.

Die beiden Hülsen wurden höchstwahrscheinlich aufgesammelt und an den jetzt bezeichneten Fundort verbracht.

Ziegler, KHK

Bundeskriminalamt Postfach 1820 6200 Wiesbaden

Landeskriminalamt
Baden-Württemberg
Postfach 2965
7000 Stuttgart 1

Wiesbaden 21.2.78

Bezug: Schreiben des LKA Baden-Württemberg vom
20.10.77 mit Gesch.Z. 810-551 162/77, Schreiben der LPD
Stuttgart II vom 19.10.77 mit Gesch.Z. KTU 437/77
Betreff: Todesermittlungssache Andreas Baader
hier: Schußentfernungsbestimmung

Die von Ihnen gewünschte Untersuchung wurde im Bun-
deskriminalamt, Kriminaltechnisches Institut, Fachgruppe
KT 1 durchgeführt.
Anlagen 2 Fotos
Dr. Hellmiß

Dr. R. Hoffmann
Wissenschaftlicher Rat
im Bundeskriminalamt

Wiesbaden, 21.2.78

Gutachten

Das Landeskriminalamt Baden-Württemberg übersandte
ein Hautteil mit einer Einschußverletzung aus dem Nackenbereich von der Leiche des Andreas Baader mit dem Ersuchen, die Schußentfernung zu bestimmen.

Es wird hier davon ausgegangen, daß es sich bei der im Zuge der Ermittlungen sichergestellten ungarischen Selbstladepistole vom Kal. 7,65, ohne Beschriftung, der Herstellerfirma „FEG", mit überschlagener Waffennummer, um die Tatwaffe handelt und die Tatmunition vom Kal. 7,65 und Fabrikat „Hirtenberger" ist.

Die Untersuchungen im hiesigen Labor führten zu folgenden Befunden:

Auf Abb. 1 und 2 ist das Hautteil mit Blick auf die Oberseite und die Unterseite in natürlicher Größe dargestellt. In dem Hautteil befindet sich eine kanalförmige Verletzung, die von der Oberseite in Richtung der Unterseite verläuft. Die Verletzung kann nach ihrer Form und Größe durch ein Projektil des Kal. 7,65 entstanden sein. Auf der Hautoberseite ist die Verletzung von einer Prägemarke umgeben, deren Konturen dem Mündungsprofil der vorbezeichneten Pistole entsprechen. In dem unter der Oberhaut gelegenen Gewebe ist eine Schmauchhöhle erkennbar. Die in der Schmauchhöhle befindlichen dunklen Partikeln wurden mittels Emissionsspektralanalyse untersucht. Es konnten als Bestandteile der Partikeln die chemischen Elemente Blei, Barium und Antimon nachgewiesen werden. Demnach handelt es sich unter Einbeziehung des übrigen Spurenbildes bei den Partikeln um Pulverschmauch. Erfahrungsgemäß entstehen Prägemarke und Schmauchhöhle nur dann bei einem Schuß, wenn dieser mit aufgesetzter oder aufgepresster Waffe abgefeuert wurde.

Die Untersuchung des Hautteils erfolgte zusätzlich mit der Röntgenfluoreszenzanalyse. Bei diesem Verfahren wird eine Größe, die sogenannte Impulsrate, bestimmt, welche ein Maß für die Höhe der auf der Probe befindlichen Bleimenge ist.

Hierzu wurde aus dem Hautteil eine Probe in Form eines Kreises von 20 mm Radius herausgestanzt, in deren Mittelpunkt die Einschußöffnung lag. Auf der Oberseite des Hautteils konnte eine Impulsrate von 12.400 Imp/sec gemessen werden und auf der Unterseite eine Impulsrate von 38.500 Imp/sec. Die starken Bleispuren auf der Hautunterseite bestätigen, daß sich Pulverschmauch in dem unter der Oberhaut gelegenen Gewebe abgelagert hat. Die gesamte Impulsrate auf der Oberseite im Einschußbereich setzt sich aus der auf dem Hautteil und der an den Haaren aus dem Einschußbereich gemessenen Impulsrate von 1.900 Imp/sec zusammen (siehe hiesiges Gutachten mit Az. KT 13-11 737/77). Sie beträgt damit 14.300 Imp/sec.

Zum Vergleich wurde mit der vorbezeichneten Pistole und Patronen des Kal. 7,65 vom Fabrikat „Hirtenberger" Schweinehaut aus verschiedenen Entfernungen beschossen. Die Messung der Bleianhaftungen auf der Hautoberseite im jeweiligen Einschußbereich erfolgte wie bei dem Tatschuß mit der Röntgenfluoreszensanalyse. Die Vergleichsproben hatten die gleiche Form und Größe wie die Tatschuß-Probe.
Die Meßergebnisse sind in der nachstehenden Tabelle zusammengefaßt.

Entfernung in cm	Impulsrate in Imp/sec
aufgesetzt	74.000
5	76.000
10	48.000
15	58.000
20	38.500
25	32.000
40	10.000
50	1.800
70	700

Wie es bei gleichartigen Untersuchungen häufig der Fall ist, nehmen die Impulsraten mit wachsender Entfernung ab. Vergleichsweise müßte der Tatschuß aus einer Entfernung zwischen 30 cm und 40 cm gelegenen Entfernung abgefeuert worden sein. Da dies jedoch aufgrund der übrigen

Befunde mit Sicherheit ausgeschlossen werden kann, muß eine Verschleppung von Pulverschmauchspuren stattgefunden haben.

Zusammenfassung
Der Tatschuß wurde mit aufgesetzter oder aufgepreßter Waffe abgefeuert, da die Einschußverletzung die hierfür charakteristischen Kennzeichen, Prägemarke und Schmauchhöhle, aufweist.

Es wird um Mitteilung gebeten, wie über das Hautteil verfügt werden soll, da es hier nur noch kurzfristig im Gefrierschrank aufbewahrt werden kann.

Dr.Hoffmann

DOKUMENT 21
BKA-HAARPROBENGUTACHTEN BAADER

Bundeskriminalamt Postfach 1820 6200 Wiesbaden

Landeskriminalamt
Baden-Württemberg
Postfach 2965
7000 Stuttgart 1

Wiesbaden 21.2.78

Bezug: Schreiben des LKA Baden-Württemberg vom 20.10.77 mit Gesch.Z. 810-551 162/77, Schreiben der LPD Stuttgart II vom 19.10.77 mit Gesch.Z. KTU 437/77
Betreff: Todesermittlungssache Andreas Baader
hier: Untersuchung von Haarproben des Andreas Baader auf Pulverschmauchanhaftungen

Die von Ihnen gewünschte Untersuchung wurde im Bundeskriminalamt, Kriminaltechnisches Institut, Fachgruppe KT 1 durchgeführt.
Anlagen 7 Haarproben
7 Abbildungen
Dr. Hellmiß

Dr. R. Hoffmann
Wissenschaftlicher Rat
im Bundeskriminalamt

Wiesbaden, 21.2.78

Gutachten

Das Landeskriminalamt Baden-Württemberg übersandte die im nachstehenden Verzeichnis aufgeführten Haare von der Leiche des Andreas Baader mit dem Ersuchen, die Haare von der Einschußstelle auf Pulverschmauchspuren zu untersuchen.

Asservatenverzeichnis
1. Haare von der Einschußstelle im Nacken
2. Haare „vom Kopf vorne"
3. Haare von der rechten Schläfe
4. Haare von der linken Schläfe
5. Haare von der rechten Achsel
6. Haare von der linken Achsel
7. Schamhaare

Die Untersuchungen im hiesigen Labor führten zu folgenden Befunden:

Auf den Abb. 1 bis 7 sind sämtliche Haarproben mit jeweiligen Beschriftungen gezeigt.
    Bei der mikroskopischen Betrachtung waren an den Haaren von der Einschußstelle keine durch Schußeinwirkung entstandenen Sengspuren erkennbar. Die Untersuchung

dieser Haare und zum Vergleich der im Asservatenverzeichnis unter Ziff. 2 bis 4 genannten Haarproben auf Pulverschmauch- bzw. Bleianhaftungen erfolgte mittels Röntgenfluoreszenzanalyse, Emissionsspektralanalyse und Folienandruckverfahren. Es konnten an den Haaren von der Einschußstelle Blei und Bariumspuren nachgewiesen werden, wie sie erfahrungsgemäß bei Schüssen aus kurzer Entfernung entstehen. Genaue Angaben über die Schußentfernung können aus den Untersuchungsergebnissen nicht gewonnen werden, da die Lage der Haare zu der Einschußöffnung nicht bekannt ist.

Die im Asservatenverzeichnis unter Ziff. 5 bis 7 aufgeführten Haarproben wurden nicht untersucht.

DOKUMENT 22
BKA-SCHMAUCHSPURENGUTACHTEN BAADER

Bundeskriminalamt Postfach 1820 6200 Wiesbaden

Landeskriminalamt
Baden-Württemberg
Postfach 2965
7000 Stuttgart 1

Wiesbaden, 14.2.78

Bezug: Schreiben des LKA Baden-Württemberg vom 20.10.77 mit Gesch.Z. 810-551 162/77;
Schreiben der LPD Stuttgart II vom 19.10.77 mit Gesch.Z. KTU 437/77
Betreff: Todesermittlungssache Andreas Baader
hier: Untersuchung von Anhaftungen an beiden Händen

Die von Ihnen gewünschte Untersuchung wurde im Bundeskriminalamt, Kriminaltechnisches Institut, Fachgruppe KT 1 durchgeführt.

Anlagen 3 Abbildungen
2 DIN A 4-Klarsichthüllen mit je einem Papier-Rundfilter
Dr. Hellmiß

Dr. R. Hoffmann
Wissenschaftlicher Rat
im Bundeskriminalamt

Wiesbaden 14.2.78

Gutachten

Das Landeskriminalamt Baden-Württemberg übersandte je einen Papier-Rundfilter von 18,5 cm Durchmesser mit Anhaftungen von der linken und der rechten Hand des Andreas Baader. Es sollte festgestellt werden, ob die Filterpapiere Anhaftungen von Pulverschmauch aufweisen.

Die Untersuchungen im hiesigen Labor führten zu nachstehenden Befunden:

Auf den Abb. 1 und 2 sind die beiden Filterpapiere zusammen mit der beschrifteten Unterlage in natürlicher Größe gezeigt. Durch eine mikroskopische Betrachtung waren an beiden Filterpapieren keine als Schußspuren anzusehenden Anhaftungen erkennbar. Bei den mit bloßem Auge sichtbaren dunklen Verfärbungen dürfte es sich um Blutspuren handeln. Die Untersuchung auf latente Pulverschmauch- bzw. Bleispuren erfolgte mit dem Folienabdruckverfahren. Hierbei konnten etwa in der Mitte des Filterpapieres von der rechten Hand schwache flächige Blei- und Bariumspuren nachgewiesen werden. Die Verteilung der Bleispuren ist auf Abb. 3 in natürlicher Größe wiedergegeben.

Weitere Bleispuren ließen sich nicht feststellen. Die chemischen Elemente Blei und Barium sind zwar als charakteristischer Bestandteil von Pulverschmauch anzusehen, aber da es sich um häufig in der Natur vorkommende Elemente handelt und sich im vorliegenden Fall auch aus der Verteilung der nachgewiesenen Bleispuren keine Schlüsse auf ihre Entstehungsursache ziehen lassen, können die Blei- und Bariumspuren auch anderer Herkunft sein. Weitere Untersuchungen der Filterpapiere mittels Emissionsspektralanalyse, Röntgenfluoreszenzanalyse und einer energiedispersiven Röntgenanalyse erbrachten keine zusätzlichen Hinweise auf Pulverschmauchanhaftungen.

R. Hoffmann

DOKUMENT 23
BKA-PULVERSCHMAUCHGUTACHTEN II BAADER

Bundeskriminalamt Postfach 1820 6200 Wiesbaden

Landeskriminalamt
Baden-Württemberg
Postfach 2965
7000 Stuttgart 1

Wiesbaden den 15.Juni 1978

Bezug: Schreiben des Landeskriminalamtes Baden-Württemberg vom 20.10.1977 mit Gesch.Z. 810-551 162/77; Schreiben der LPD Stuttgart vom 19.10.1977 mit Gesch.Z. KTU Nr. 437/77
Betreff: Todesermittlungssache Andreas Baader; hier: Untersuchung eines Hautteils von dem rechten Daumen und rechten Zeigefinger

Die von Ihnen gewünschte Untersuchung wurde im Bundeskriminalmat, Kriminaltechnisches Institut, Fachgruppe KT 13 durchgeführt
Anlagen 1 Foto
(Dr. Stoecklein)

Dr. R. Hoffmann
Wissenschaftlicher Oberrat
im Bundeskriminalamt

Wiesbaden, den 15.Juni 1978

Gutachten

Das Landeskriminalamt Baden-Württemberg übersandte von der Leiche des Baader ein Hautteil aus dem rechten Daumen-Zeigefinger-Bereich mit dem Ersuchen, diese auf Pulverschmauchanhaftungen zu untersuchen.

Die Untersuchungen im hiesigen Labor führten zu folgenden Befunden:

Auf Abb. 1 ist das Hautteil in natürlicher Größe gezeigt. Mikroskopisch waren auf dem Hautteil keine als Pulverschmauch anzusehenden Anhaftungen erkennbar. An zehn Stellen des Hautteils, deren Lage auf Abb. 1 durch numerierte Punkte gekennzeichnet ist, wurden Proben entnommen und mittels Emissionsspektralanalyse untersucht. Hierbei ließen sich an den Stellen 1 und 2 nur Bleispuren nachweisen. Diese Spuren können als Hinweis aus Pulverschmauchanhaftungen angesehen werden, der jedoch nicht zwingend ist, da es sich bei Blei und Barium um häufig in der Natur vorkommende chemische Elemente handelt, die auch anderer Herkunft sein können, und da sich keine zusätzlichen Hinweise auf Pulverschmauchanhaftungen fanden.

Es wird um Mitteilung gebeten, wie über das Hautteil verfügt werden soll, da es hier nur noch kurzfristig im Gefrierschrank aufbewahrt werden kann.

(Dr. R. Hoffmann)

DOKUMENT 24
BKA-SCHUHANHAFTUNGSGUTACHTEN BAADER

Bundeskriminalamt Postfach 1820 6200 Wiesbaden

Landeskriminalamt
Baden-Württemberg
Postfach 29 65
7000 Stuttgart 1

Wiesbaden 8.5.78

Bezug: Dortige Schreiben vom 23. und 27.01.78 Az.:810-551 162/77 sowie Schreiben der Landespolizeidirektion Stuttgart II, Kriminalpolizei vom 20.01.78, Az.; KTU Nr. 437/77
Betreff: Leichensache Baader, Ensslin, Raspe
hier: Kriminaltechnische Vergleichsuntersuchung von Anhaftungen an den Schuhen von Andreas Baader

Die von Ihnen gewünschte Untersuchung wurde im Bundeskriminalamt, Kriminaltechnisches Institut, Fachgruppe KT 3 durchgeführt.
Anlagen 1 Paar schwarze Schnürschuhe
(Dr. Kissling)

Dr. Franz Peter Adolf
Wissenschaftlicher Rat im Bundeskriminalamt

Wiesbaden, 8.5.78

Gutachten

1. Sachverhalt

In der o.a. Sache waren ein Paar schwarze Schnürschuhe mit Gummisohlen übersandt worden. Laut Anschreiben sind diese Schuhe der Leiche Andreas Baader in der Zelle 719 der JVA Stuttgart-Stammheim ausgezogen worden. Die Schuhe wurden als Spur 14 bezeichnet.

Ferner lag ein ca. 5 cm x 10 cm großes Stück Klebefolie vor, mit dem der Boden im Bereich der Füße der Leiche Andreas BAADER abgeklebt worden war (Spur 15).

Auf Anforderung wurden am 26.01.78 fünfzehn Klebebandabzüge und zwei Kehrproben vom Boden eines Freiganges im 8. Stockwerk der JVA Stuttgart-Stammheim übersandt.

2. Fragestellung

Es sollte geprüft werden, inwieweit die Anhaftungen an den Schuhen von Andreas Baader den Schmutzproben aus der Zelle 719 bzw. dem Freigang zugeordnet werden können.

3. Untersuchungsergebnisse und Bewertung

Bereits mit unbewaffnetem Auge waren im Sohlenbereich beider Schuhe zahlreiche Schmutzanhaftungen zu erkennen. Sie wurden für beide Schuhe getrennt unter der Lupe abgenommen und mit Hilfe eines Stereomikroskopes nach Bodenschmutz- und Faseranteilen ausgelesen.

3.1. Bodenschmutzanteil

Die beiden Bodenschmutzfraktionen wurden durch den WA Dr. Demmelmeyer (KT 33) einer vergleichenden Analyse mit den Bodenschmutzanteilen in den beiden Kehrproben vom Freigang unterzogen. Dr. Demmelmeyer hat hierzu folgenden Befund erhoben:

„Die Bodenschmutzanhaftungen von den Sohlenbereichen der beiden vorliegenden Schuhe bestehen aus ca. 300 mg (linker Schuh) bzw. 280 mg (rechter Schuh) Bodenmaterial mit meist hellen, durchscheinenden Partikeln und dunklen, feinkörnigen Partikeln, die zu größeren Teilchen agglomeriert sind. Außerdem sind mehrere kleine Steinchen mit meist dunklen Anhaftungen sowie Tabakkrümel vorhanden. Die beiden übersandten Vergleichsproben enthalten hell durchscheinende, rötliche, braune und grünliche Partikel, gemischt mit dunkelgrauen Bodenteilchen, schlakkig-kohligen Partikeln. Daneben sind auch hier Tabakkrümel zu finden. Für die Vergleichsuntersuchung wurden die Proben durch Trockensiebung in die Fraktionen mit Korngrößen > 0,5 mm, 0,5 – 0,18 mm und < 0,18 mm getrennt. Bei der Bewertung der Ergebnisse war zu berücksichtigen, daß zwischen der Sicherstellung der Schuhe und der Sicherung des Vergleichsmaterials etwa 3 Monate verstrichen und daß – laut Spurensicherungsbericht der LPD Stuttgart II – in dieser Zeitspanne mehrere hundert Personen den Bereich betreten haben, in dem die Vergleichsproben entnommen wurden. Ob in dieser Zeit der Freigang auch gereinigt wurde, war den Anschreiben nicht zu entnehmen. Unter Berücksichtigung dieser Überlegungen führte die Vergleichsuntersuchung der vorliegenden Proben zu dem Befund, daß – trotz einigen Unterschieden in einzelnen Bestandteilen – eine Herkunft der Bodenanhaftungen an den Schuhen des BAADER aus dem Entnahmebereich der Vergleichsproben nicht auszuschließen ist."

3.2. Faseranteil
Beide *Faserfraktionen aus den Schmutzanhaftungen der Schuhe* setzen sich aus einer Vielzahl einzelner Faserbruchstücke sowie mehreren kleinen bauschartigen Faseraggregaten zusammen. Die einzeln liegenden Faserbruchstücke sind spurenkundlich als unspezifische ubiquitäre Faserverschmutzungen anzusprechen. Sie lassen demnach keine Aussage hinsichtlich eines bestimmten Sachverhaltes zu.

Die weitere Untersuchung betraf somit noch die zu Bauschen geformten Faseraggregate. Hierbei zeigte sich, daß bei beiden Schuhen weitgehend die gleichen Faserarten auftreten. Die Ergebnisse können daher zusammentreffend dargestellt werden.

Zunächst ist festzustellen, daß in den meisten der nachfolgend beschriebenen Faserbausche u.a. weinrote, grüne, blaue und beige Chemiefasern mit den unterschiedlichsten morphologischen Strukturen auftreten. Diese Faseranteile sind als sekundäre Bestandteile zu bezeichnen.

Als Hauptkomponenten fanden sich in drei Bauschen Baumwollfasern, die hell- bis mittelblau eingefärbt sind. Acht Bausche enthalten ungefärbt erscheinende Baumwollfasern. In zwei weiteren Bauschen finden sich gelblich und grünlich eingefärbte Baumwollfasern. Aus Baumwollfasern bestanden auch drei Faseraggregate, die als Fadenstücke angesprochen wurden. Das eine besaß einen gelbgrünen, das andere einen blauen und das dritte einen grauen Farbton.

Mehrere Bausche enthielten nur Wollfasern. Diese waren weinrot oder grün gefärbt.

Das *Vergleichsmaterial aus der Zelle und vom Freigang* wurde aufgrund dieser Befunde zunächst makroskopisch auf Fasern überprüft, die farblich mit dem ausgewerteten Spurengut von den Schuhen übereinstimmen. Nach Entnahme und mikroskopischer Beurteilung des in Frage kommenden Fasermaterials, zeigte sich, daß sowohl in dem Folienabzug vom Zellenfußboden als auch in den Proben vom Freigang weinrot eingefärbte Woll- und Chemiefasern teils in Bauschform überwiegend aber als Einzelfasern vorhanden sind.

Ferner fanden sich grün eingefärbte Wollfasern sowie wenige Chemiefaserbruchstücke mit ebenfalls grüner Färbung.

Die blau eingefärbten Fasern bestanden größtenteils aus Baumwollfasern ebenso wie die gelbliche und grünliche Komponente der entnommenen Fasern.

Ein als Fadenstück zu bezeichnendes Faseraggregat aus der Zelle setzt sich aus Baumwollfasern mit einem grauen Farbton zusammen.

Die Bewertung der erhaltenen Befunde führt zu der Feststellung, daß beinahe alle aus dem Faserschmutz der Schuhe entnommenen und ausgewerteten Anteile sich in gleicher Art auch im Fasermaterial aus der Zelle und dem Freigang finden.

Auch wenn berücksichtigt werden muß, daß es sich sowohl beim Spurengut als auch beim Vergleichsmaterial um Faserschmutz handelt, der entweder nur aus einem kleinen Bereich (Zelle) oder aber zeitlich sehr viel später (Freigang) gesichert wurde, kann aufgrund der gegebenen Übereinstimmungen gesagt werden, daß der Faserschmutz von den Schuhen Andreas Baaders durchaus aus dem Entnahmebereich des Vergleichsmaterials stammen kann.

(Dr. Adolf)

DOKUMENT 25
SPURENSICHERUNGSBERICHT ZELLE 720

Spurensicherungsbericht Nummer 13
Zelle 720 (Ensslin)

Die in der Zelle Ensslin sichergestellten tatspezifischen Spuren sind nachstehend aufgeführt. Lage der Spur siehe Skizze und Lichtbilder.

Spur Nr. 1: Kleine Schere, links neben Liege
Untersuchung, ob mit ihr das Erhängungswerkzeug abgeschnitten worden ist.

Spur Nr. 2: Abgeschnittener Kabelstecker (Endstück des Erhängungswerkzeuges)

Spur Nr. 3: Abgeschnittener Kabelstecker, Verwendung wie 2

Spur Nr. 4: Lautsprecherbox

Spur Nr. 5: Lautsprecherbox

Spur Nr. 6: Plattenspieler

Spur Nr. 7: Schnittstellen von den Kabelenden, an denen vermutlich das Erhängungswerkzeug von den Boxen abgetrennt wurde.

Spur Nr. 8: Vergleichskabel aus der Zelle Ensslin (Vergleich mit dem Erhängungswerkzeug)

Spur Nr. 9: Beide Schlösser der Zellentüre Untersuchung auf artfremdes Spurenmaterial

Spur Nr. 10: Untersuchung der Innen- und Außenseite der Essenklappe und ihrer unmittelbaren Umgebung auf daktyloskopische Griffspuren

Spur Nr. 11: Decke, hinter der sich die Ensslin erhängt hat. Untersuchung auf artfremdes Spurenmaterial

Spur Nr. 12: Mikrospurenabzug vom Stuhl, der unmittelbar bei der Leiche stand. Untersuchung auf Fremdspuren.

Spur Nr.13: Mikrospurenabzug vom Boden der Zelle. Untersuchung auf Fremdmaterial.

Spur Nr.14: Nagel rechts von der Decke (Spur Nr. 11) Herkunftsbestimmung

Bei der Sektion der Ensslin gesichertes Material:

Spur Nr. 15: 1 beige Cordhose
in der rechten Hosentasche befindet sich ein 2-poliger Elektrostecker

Spur Nr. 16: 1 Paar grau-beige Wollsocken

Spur Nr. 17: 1 Damenschlüpfer
abgegeben zur Untersuchung an das Gerichtsmedizinische Institut der Stadt Stuttgart

Spur Nr. 18: 1 grauer Wollpullover

Spur Nr. 19: 1 dunkelblaues Baumwoll T-Shirt

Spur Nr. 20: 1 Quarz-Digitaluhr, mit schwarzem Kunststoffband

Spur Nr. 21: Aufhängewerkzeug

Spur Nr. 22: Mikrospurenabzug von der linken und der rechten Hand

Spur Nr. 23: Mikrospurenabzug von der Erhängungsfurche am Hals der Leiche

Spur Nr. 24: Kopfhaare, Achselhaare, Schamhaare

Spur Nr. 25: Fingernagelabschnitte der Toten

Spur Nr. 26: Zehnfingerabdruckblatt

Waschbecken o.B.

WC: o.B.

Heizkörper und Hohlraum dahinter: o.B.

Installationszelle: o.B.

Lampen: o.B.

Steckdosen: o.B.

Rufanlage: Mikrophon mit einer schwarzen Masse zugekittet

Radiosteckdose: Siehe gesonderter Bericht

Fußleiste: o.B.

Ziegler, KOK

DOKUMENT 26
SPURENAUSWERTEBERICHT ZELLE 720

Spurenauswertebericht Nummer 13

Zelle 720 – Ensslin – Bericht A

Spur Nr. 21:

Beim Erhängungswerkzeug handelt es sich um Lautsprecherkabel, wie es an den Stereoboxen in der Zelle der Gudrun Ensslin vorgefunden wurde. Spuren Nr. 2, 3, 7, 4 und 5. Beim Versuch, die Leiche aus ihrer ursprünglichen Lage abzuhängen, rissen die Kabel an der Stelle, an der sie durch das Wellgitter des Zellenfensters geschlungen waren. Der vor dem Hals geschlungene Knoten wurde in seiner Form belassen.

Im Originalzustand bestand das Erhängungswerkzeug aus zwei gleichen Kabeln. Die Längen der ehemals frei nach unten hängenden Kabelenden betragen auf der einen Seite 28,5 und 26 cm, auf der anderen Seite 39 und 36,5 cm. Die über dem Knoten gebildete ehemalige Schlinge hatte einen Durchmesser von ca. 15 cm, bei annähernd kreisförmiger Auslegung der Kabelstücke. Die Länge der Kabelstücke ergibt einen ehemaligen Schlingenumfang von ca. 47,4 cm.

Bedingt durch den Riß entstanden 4 Kabelstücke, die, nachdem der Knoten gelöst worden war, gemessen wurden. Es konnten folgende Längen festgestellt werden:
a) 73,5 cm
b) 78,0 cm
c) 66,5 cm
d) 63,0 cm.
Durch den Knoten waren die Kabelenden a) und b) auf der einen, die Enden c) und d) auf der anderen Seite fixiert gewesen. Weder die weichplastische Masse der Kabelummantelung, noch die gerissenen Kupferlitzen, bilden an der Bruchstelle Paßstücke, so daß eine eindeutige Zuordnung der Kabelstücke nicht möglich ist.

Bei der möglichen Zusammengehörigkeit der Kabelstücke a und c und gleichzeitig b und d ergeben sich Gesamtkabellängen von 140,0 und 141,0 cm; waren die Kabelstücke a und d gleichzeitig b und d miteinander verbunden, wären Kabellängen von 136,5 und 144,5 cm vorhanden gewesen.

Jedes Einzelkabel ist zweiadrig und mit einer dunkelgrünen Plastikummantelung versehen. Die Plastikummantelung der Einzellitzen sind miteinander verschweißt, so daß die Außenmaße eines jeden Kabels 2 mm auf 4 mm betragen.

Vor dem Lösen der Knoten wurde das gesamte Erhängungswerkzeug sowie der Originalknoten zusätzlich von beiden Seiten fotografiert (Bilder Nr. 126 – 129).

Dann wurde der Knoten entsprechend der Auffindesituation am Hals einer Puppe angebracht und fotografiert (Bild Nr. 130).

Die zuletzt geknotete Schlinge wurde aufgezogen (Bild Nr. 131) und vollends gelöst (Bild Nr. 132).

Die zweite – darunterliegende – Schlinge ebenfalls zunächst gelöst (Bild Nr. 135) und aufgezogen (Bild Nr. 134).

Nun wurden zwei im Knoten befindliche Haare entfernt und asserviert. Die nächste Schlinge wurde ebenfalls gelöst (Bild Nr. 135) und aufgezogen (Bild Nr. 136). Das Kabel lag nun in einer einfachen Schlinge um den Hals, die ebenfalls gelöst wurde (Bild Nr. 136-137). Der Knoten bestand in seinem Originalzustand also aus 4 übereinanderliegenden „halben Schlägen".

Zur Rekonstruktion des Knotens und zum Nachweis, daß er von eigener Hand vor dem Hals geknüpft werden kann, wurde mit einem ähnlichen Kabel rekonstruiert und die Situation fotografisch festgehalten (Bilder Nr. 139-143).

Daktyloskopisches brauchbares Spurenmaterial trägt das Erhängungswerkzeug, im Auffindezustand, nicht.

Wie aus dem Lichtbild Nr. 83 der Zellenaufnahmen zu ersehen ist, waren die beiden Lautsprecherboxen der Ensslin untereinander mit einem grünfarbenen Elektrokabel verbunden, wie es, zumindest dem äußeren Anschein nach, auch das Erhängungswerkzeug darstellt. Von den beiden Boxen fehlen Kabelstücke. Es ist festzustellen, daß Teilstücke zwischen Box und Boxenstecker herausgetrennt wurden. Siehe dazu auch die Aufnahmen 76-80. Die jeweiligen Schnittstellen werden sichergestellt (Bild 138).

Die Spuren Nr. 2, 3, 7 und 8 bleiben asserviert und werden dem LKA BW, Dez. 810 übergeben.

Ziegler, KHL

Spurenauswertebericht Nummer 13
Zelle 720 – Ensslin – Bericht B

Spur Nr. 1: Schere
Von dem Untersuchungsvorgang, ob mit der Spur Nr. 1 –
Schere – die Spuren 2, 3 und 7 gesetzt worden sind, wurde
aus zeitlichen Gründen hier abgesehen. Sollte der Vorgang
für notwendig erachtet werden, bitte ich um einen staatsanwaltschaftlichen Auftrag.
  Die Spur Nr. 1 wird dem LKA BW, Dez. 810 übergeben.

Ziegler, KHK

Spurenauswertebericht Nummer 13
Zelle 720 – Ensslin – Bericht B

Spur Nr. 10
Daktyloskopisches Spurenmaterial im Bereich der Essen-
klappe. Die Umgebung der Innen- und Außenseite der
Essenklappe wurde nach daktyloskopischen Griffspuren
abgesucht. Das Ergebnis war negativer Art.
  Eine Mikrospurenabnahme ist erfolgt.

Die Spuren 12 und 13 sind asserviert. Ihre weitere Untersuchung kann nur mit einem zielbegründenden Untersuchungsersuchen vorgenommen werden. Sie werden dem
LKA BW, Dez. 810, übergeben.

Die Spuren Nr. 22 bis 26 bleiben asserviert und stehen einer
weiteren Untersuchung zur Verfügung. Sie werden dem
LKA BW überreicht.

Ziegler; KHK

DOKUMENT 27
SPURENAUSWERTEBERICHT ZELLE 716

Spurenauswertebericht Nummer 10
Zelle 716 – Raspe –

Spur Nr. 23 Untersuchungen zum Schußbahnverlauf

Der verletzte Raspe war bei meinem Eintreffen bereits aus der Zelle verbracht. Die Schußwaffe wurde, vom Wachpersonal, an KHK Habel übergeben.

Somit waren Person und Waffe nicht mehr im Original am Geschehensort.

Die Wand am Kopfteil der Liege und die als Kopfunterlage dienenden Decken, im selben Bereich, waren stark mit Blutspuren behaftet. Siehe dazu die Lichtbilder 40 und 41.

In der linken Regalaußenseite, 17 cm von der Zellenwand nach vorne und 88 cm vom Boden nach oben, ist ein Lochdefekt vorhanden. Bilder 31 und 32.

An der Innenseite ist das Material abgeplatzt. Bilder 33 und 34. Entfernt man dieses Material, dann wird ein Geschoß sichtbar, Bild 35.

Es wird gesichert und direkt dem Bundeskriminalamt Wiesbaden, mit der Waffe des Raspe, zu einer weiterführenden Untersuchung überbracht.

Nach Herausnahme des Geschosses ergibt sich ein sondierbarer Schußkanal.

Die Auspeilung des Schußbahnverlaufes wurde mit verschiedenen Methoden vorgenommen. Siehe dazu die Lichtbilder 36 und 38. Es ergibt sich, bei kalibergleicher Sonde, eine Höhe von 60 cm in Liegenmitte, Abstand zur Kopfwand 40 cm.

Ich bitte, den genauen Schußbahnverlauf auch aus den Skizzen 6/1 und 6/2 zu entnehmen.

Mit den ermittelten und oben angeführten Werten wurde eine Rekonstruktion unternommen. Sie ist in den Lichtbildern 42 und 43 aufgezeigt.

Sie ergibt, daß Raspe sich vermutlich in sitzender Position den Schädeldurchschuß beigebracht hat. Danach dürfte er zuerst nach hinten an die Zellenwand gefallen und dann nach unten auf die Decken gesunken sein.

Die Spur Nr. 23 wurde am 14.2.78 dem BKA zwecks Feststellung der Schußentfernung überbracht.

Ziegler, KHK

DOKUMENT 28
BKA-PULVERSCHMAUCHGUTACHTEN RASPE

Bundeskriminalamt Postfach 1820 6200 Wiesbaden

Landeskriminalamt
Baden-Württemberg
Postfach 2965
7000 Stuttgart 1

Wiesbaden, 20.Juni 1978

Bezug: Schreiben des Landeskriminalamtes Baden-Württemberg vom 20.10.1977 mit Gesch.Z. 810-551 162/77; Schreiben der LPD Stuttgart vom 19.10.1977 mit Gesch.Z. KTU Nr. 435/77
Betreff: Todesermittlungssache Jan Carl Raspe; hier: Untersuchung eines Hautteils von dem rechten Daumen und rechten Zeigefinger

Die von Ihnen gewünschte Untersuchung wurde im Bundeskriminalamt, Kriminaltechnisches Institut, Fachgruppe KT 13 durchgeführt.
Anlagen 1 Foto
(Dr. Stoecklein)

Dr. R. Hoffmann
Wissenschaftlicher Oberrat
im Bundeskriminalamt

Wiesbaden, den 20. Juni 1978

Gutachten

Das Landeskriminalamt Baden-Württemberg übersandte von der Leiche des Raspe ein Hautteil aus dem rechten Daumen-Zeigefinger-Bereich mit dem Ersuchen, dieses auf Anhaftungen von Pulverschmauch zu untersuchen.

Die Untersuchungen im hiesigen Labor führten zu folgenden Befunden:

Auf Abb. 1 ist das Hautteil in natürlicher Größe dargestellt. Der schwarze Strich am Mittelglied des Zeigefingers (siehe grünen Pfeil auf Abb. 1) ist laut Angaben des Herrn KHK Habel (LPD Stuttgart II) beim Daktyloskopieren entstanden. Bei der mikroskopischen Betrachtung des Hautteils waren keine als Pulverschmauch anzusehenden Anhaftungen erkennbar. Von acht Stellen des Hautteils, deren Lage durch numerierte Punkte gekennzeichnet ist, wurden Proben entnommen und diese mittels Emissionsspektralanalyse untersucht. Es wurden an der Stelle acht Blei- und Bariumspuren und an der Stelle drei nur Bleispuren nachgewiesen. Diese Spuren können als Hinweis auf Pulverschmauchanhaftungen angesehen werden, der jedoch nicht zwingend ist, da es sich bei Blei und Barium um häufig in der Natur vorkommende chemische Elemente handelt, die auch anderer Herkunft sein können, und da sich keine

411

zusätzlichen Hinweise auf Pulverschmauchanhaftungen fanden.

Es wird um Mitteilung gebeten, wie über das Hautteil verfügt werden soll, da es hier nur noch kurzfristig im Gefrierschrank aufbewahrt werden kann.

(Dr. Hoffmann)

DOKUMENT 29
BKA-PULVERSCHMAUCHGUTACHTEN II RASPE

Bundeskriminalamt Postfach 1820 6200 Wiesbaden

Landeskriminalamt
Baden-Württemberg
Postfach 2965
7000 Stuttgart 1

Wiesbaden, 15.Juni 1978

Bezug: Schreiben der LPD Stuttgart II vom 19.10.1977 mit Gesch.Z. KTU Nr. 435/77; Schreiben des LKA Baden-Württemberg vom 20.10.1977 mit Gesch.Z. 810-551162/77
Betreff: Todesermittlungssache Jan-Carl Raspe; hier: Untersuchung von Gewebeteilen von der Ein- und Ausschußverletzung auf Pulverschmauchspuren

Die von Ihnen gewünschte Untersuchung wurde im Bundeskriminalamt, Kriminaltechnisches Institut, Fachgruppe KT 13 durchgeführt
Anlagen 2 Fotos
(Dr. Stoecklein)

Dr. R. Hoffmann
Wissenschaftlicher Oberrat
im Bundeskriminalamt

Wiesbaden, den 15.Juni 1978

Gutachten

Das Landeskriminalamt Baden-Württemberg übersandte
von der Leiche des Raspe drei Gewebeteile aus der Schußverletzung an der rechten Schläfe und drei Gewebeteile aus
der Schußverletzung an der linken Schläfe mit dem Ersuchen, die Schußentfernung zu bestimmen. Nach Sachlage
sind die beiden Schußverletzungen durch einen einzigen
Schuß entstanden.

Die Untersuchungen im hiesigen Labor führten zu folgendem Befunden:

Auf Abb. 1 und 2 sind die Gewebeteile von der linken und
der rechten Schläfe in natürlicher Größe dargestellt. An den
Gewebeteilen von der rechten Schläfe sind dunkle Anhaftungen zu erkennen, bei denen es sich augenscheinlich um
Pulverschmauch handelt. Erfahrungsgemäß entstehen
derartige Spuren bei Einschüssen, wenn die Schußabgabe
aus kurzer Entfernung erfolgte. An den Hautteilen von der
linken Schläfe sind keine als Schußspuren anzusehenden
Anhaftungen sichtbar. Die Lage der Gewebeteile zum
Schußkanal läßt sich nicht mehr feststellen.

Durch eine Untersuchung mittels Röntgenfluoreszenzanalyse konnten an den Gewebeteilen von der rechten Schläfe
starke Bleispuren nachgewiesen werden, die ein Zeichen
für einen Schuß aus nächster Nähe sind.

Die Gewebeteile wurden ferner emissionsspektralanaly-
tisch untersucht. Hierbei ließen sich an den Gewebeteilen
von der rechten Schläfe die für Pulverschmauch charakteristischen chemischen Elemente Blei, Barium und Antimon

413

nachweisen. Aus diesem Untersuchungsergebnis ist ebenfalls zu schließen, daß es sich um einen Einschuß handelt, bei dem der Schuß aus nächster Nähe abgefeuert wurde.

Genaue Angaben über die Schußentfernung können anhand des vorliegenden sehr geringen Spurenmaterials nicht gemacht werden.

Es wird um Mitteilung gebeten, wie über die Gewebeteile verfügt werden soll, da diese hier nur noch kurzfristig im Gefrierschrank aufbewahrt werden können.

(Dr. R. Hoffmann)

DOKUMENT 30
BKA-SCHUSSVERLAUFSGUTACHTEN

Bundeskriminalamt Postfach 1820 6200 Wiesbaden

Landespolizeidirektion
Stuttgart II
Kriminalpolizei KTU
7000 Stuttgart

Wiesbaden, 20. Juni 1978

Bezug: Dortiger Untersuchungsantrag vom 14.2.1978 mit Gesch.Z. KT/435/77
Betreff: Todesermittlungssache Jan Carl Raspe; hier: Untersuchung der Schußspuren an der Seitenwand eines Bücherregals aus der Zelle des Raspe

Die von Ihnen gewünschte Untersuchung wurde im Bundeskriminalamt, Kriminaltechnisches Institut, Fachgruppe KT 13 durchgeführt
Anlagen 1 Regalseitenwand
4 Fotos
(Dr. Stoecklein)

Dr. R. Hoffmann
Wissenschaftlicher Oberrat
im Bundeskriminalamt

Wiesbaden, den 20. Juni 1978

Gutachten

Dem Untersuchungsantrag der LPD Stuttgart II vom 14.2.1978 mit Gesch.Z. KT/435/77 ist nachstehender Sachverhalt zu entnehmen:

Der Jan Carl Raspe wurde mit einem Kopfdurchschuß auf der Liege in seiner Zelle aufgefunden. Das Projektil soll nach dem Austritt aus dem Kopf die Seitenwand eines Bücherregals getroffen haben und darin steckengeblieben sein.

Die LPD Stuttgart II übersandte die durch den Steckschuß beschädigte Regalseitenwand mit dem Ersuchen um gutachtliche Stellungnahme zu der Frage, ob die an der Regalseitenwand befindliche Beschädigung durch denselben Schuß, der durch den Kopf des Raspe gegangen ist, entstanden sein kann oder durch einen zweiten Schuß.

Die Untersuchungen im hiesigen Labor führten zu folgenden Befunden:

Die Abb. 1 und 2 zeigen die hölzerne Regalseitenwand von außen und innen. An der durch einen grünen Pfeil gekennzeichneten Stelle befindet sich ein Loch, das nach seiner Form und Größe durch ein Projektil des Kal. 9 mm kurz verursacht worden sein kann, das die Regalseitenwand von außen getroffen hat. Auf den Abb. 3 und 4 ist die Beschädigung in natürlicher Größe dargestellt.

Durch eine mikroskopische Betrachtung waren im Bereich der Beschädigung keine durch Schußeinwirkung entstandenen Anhaftungen erkennbar. Der Randbereich der Beschädigung auf der Außenseite wurde mittels Emissionsspektralanalyse untersucht. Zu Vergleichszwecken erfolgte mit dem gleichen Verfahren eine Untersuchung des Mantels des Projektils, das in der Beschädigung aufgefunden wurde. Das Geschoß wurde von der hiesigen Fachgruppe KT 6 (Schußwaffenerkennungsdienst) zur Verfügung gestellt. Es konnten an der Beschädigung die chemischen Elemente Nickel und Kupfer nachgewiesen werden, bei denen es sich um ein Bestandteil des Abriebes von dem ebenfalls Nickel und Kupfer enthaltenden Geschoßmantel handeln dürfte. Für Pulverschmauch charakteristische Elemente ließen sich nicht feststellen. Zu dem gleichen Ergebnis führte eine Untersuchung der Beschädigung mit dem Folienabdruckverfahren. Das Fehlen von Pulverschmauchspuren läßt sich durch eine Abfilterung des Pulverschmauches durch ein in der Schußlinie befindliches Objekt erklären und steht im Einklang mit der Annahme, daß der Schuß, der die Regalseitenwand traf, zuerst durch den Kopf des Raspe gegangen ist.

(Dr. R. Hoffmann)

DOKUMENT 31
VERNEHMUNG POHL/RING

Staatsanwaltschaft
bei dem Landgericht Stuttgart

Stuttgart, den 20.Oktober

9 Js 3627/77

Auf telefonische Vorladung erscheint:

KHM Rainer Pohl Edler von Elbwehr,
geboren am 2.5.1950 in Bad Aibling, verheiratet, beschäftigt beim Landeskriminalamt Baden-Württemberg, Telefon
6685/372

und erklärt:

Zum Zeitpunkt der Durchsuchung vom 5.9.1977 war ich
abgeordnet zur LPD Stuttgart II, Inspektion I. Etwa um
20.00 Uhr wurde angeordnet, daß alle erreichbaren Beamten der Kriminalpolizei Stuttgart in die Dienststelle kommen
sollten. Gegen 21.00 Uhr wurde ich zusammen mit den
Kollegen Gutwein, Pietsch und Röck von unserem Inspek-
tionsleiter Müller beauftragt, zusammen mit Beamten des
LKA Baden-Württemberg die Zellen der Baader-Meinhof-
Häftlinge in der Vollzugsanstalt Stuttgart-Stammheim zu
durchsuchen. Wir fuhren nach Stammheim und warteten
dort auf die Beamten des LKA und auf Herrn Widera von der
Bundesanwaltschaft. Nach deren Eintreffen wurde eine
Einsatzbesprechung durchgeführt. Herr Widera sagte zu
uns, daß die Schleyer-Entführer die Baader-Meinhof-Häftlinge befreien wollten. Zweck der Durchsuchung sei das
Auffinden von Hinweisen auf diese Entführung. Herr Ring
vom LKA teilte daraufhin die einzelnen Gruppen ein. Ich

hatte zusammen mit Herrn Schmidt vom LKA und einem mir namentlich nicht mehr bekannten Beamten der LPD Stuttgart II die Zelle Baaders zu durchsuchen, innerhalb der Zelle den Bereich rechts vom Eingang, in dem sich das Bett, Bücher auf dem Boden sowie ein Schallplattenregal befanden. Herr Schmidt hatte den Bereich zu durchsuchen, in dem sich Toilette, Waschbecken sowie Lebensmittel befanden. Der restliche Bereich war von dem Kollegen der LPD Stuttgart II zu durchsuchen.

Gegen Mitternacht wurde Herr Ring mit einigen Kollegen abgezogen. Vom LKA blieb nur noch Herr Schmidt zurück. Er wurde von Herrn Ring mit der Leitung der weiteren Durchsuchung beauftragt. Ich war außer in der Zelle Baaders noch in einigen anderen Zellen und habe Kollegen geholfen. So war ich in der Zelle Möllers, sowie in derjenigen Zelle, die genau gegenüber der Zelle Baaders liegt. Außerdem war ich noch im Aktenraum.
In der Zelle Baaders herrschte zunächst nur Schummerlicht. Zum Lesen hätte es nicht gereicht. Es wurde dann eine Stehlampe mit zwei oder drei Strahlern gebracht. Daraufhin konnte man im Schein dieser Lampe lesen; im übrigen Raum war es aber nicht hell. Es wurde versucht, eine Neonlampe zu installieren. Dies ging aber nicht.

Das Bett nahm ich genau unter die Lupe. Ich nahm es ganz auseinander. Unter dem Bett fand ich in Ablagekästen Werkzeug aller Art, z.B. Schraubenzieher, sowie Kleinteile. Einzelteile einer Schußwaffe waren darunter mit Sicherheit nicht. Ich habe meinen Bereich gründlich durchsucht. Dabei sah ich mir auch die Wände an. Etwas Auffälliges entdeckte ich nicht.
Meine Durchsuchung ergab außer den erwähnten Werkzeugen und einem Radiogerät nichts, was hätte sichergestellt werden müssen. Die genannten Gegenstände übergab ich dem Anstaltsleiter.
(Christ)

Staatsanwaltschaft
bei dem Landgericht Stuttgart

Stuttgart, den 20. Oktober 1977

Auf telefonische Vorladung erscheint

Herr KHK Josef Ring,
Geboren am 21.6.1946 in Ittling/Krs. Straubing,
verheiratet, Dienststelle: Landeskriminalamt Baden-Württemberg, Telefon: 6685/368

und erklärt:

Die Durchsuchung der Zellen der Baader-Meinhof-Zellen (!)
in der Vollzugsanstalt Stuttgart fand nach der Entführung
von Herrn Schleyer und in diesem Zusammenhang in der
Nacht vom 5. auf 6.9.1977 statt. Die Durchsuchung wurde
von der Bundesanwaltschaft fernmündlich angeordnet,
soviel ich noch weiß, über das Bundeskriminalamt. Ich
wurde zu Hause angerufen vom Dauerdienst des LKA,
Abteilung 8. Ich ging daraufhin zu meiner Dienststelle. Mein
Abteilungsleiter, Herr KOR Kollischon beauftragte mich, die
von der Bundesanwaltschaft angeordnete Durchsuchung
durchzuführen und zu leiten. Für die Durchsuchung wurden
Kräfte des LKA eingeteilt. Kräfte der LPD Stuttgart II waren
ebenfalls eingeteilt. Sie wurden alle mir unterstellt. Die
Namen der an der Durchsuchung beteiligten Beamten
ergeben sich aus dem Aktenvermerk der Dienststelle 811
TE des LKA Baden-Württemberg vom 6.9.1977. Eine Kopie
dieses Aktenvermerks sowie zwei Durchsuchungsberichte
vom 5.9.1977 und zwei Untersuchungsberichte über
sichergestellte Gegenstände übergebe ich.

Wir sind gegen 22.00 Uhr in der Vollzugsanstalt Stuttgart-
Stammheim eingetroffen. Dort haben wir bis zum Eintreffen
von Herrn Widera von der Bundesanwaltschaft gewartet
entsprechend einer diesbezüglichen Anordnung. Nach sei-

nem Eintreffen ließ ich mir vom Anstaltsleiter Nusser einen Besprechungsraum zuteilen. Dort wurde eine kurze Einsatzbesprechung durchgeführt. Ich teilte die Kräfte für die jeweiligen Zellen ein. Dabei wies ich darauf hin, daß die Zellen nochmals eingehend zu durchsuchen seien, auch wenn sie in der Vergangenheit schon mehrfach durchsucht worden seien. Einer Unterrichtung durch Herrn Widera entsprechend wies ich insbesondere darauf hin, daß es hauptsächlich auf Gegenstände und Schriftstücke ankomme, die im Zusammenhang mit der Entführung Schleyers stehen könnten.

Welche Beamte für welche Zellen eingeteilt wurden, ergibt sich ebenfalls aus dem bereits erwähnten Aktenvermerk vom 6.9.1977.

Bei der erwähnten Einsatzbesprechung waren Anstaltsleiter Nusser und Herr Bubeck von der Vollzugsdienstleitung dabei, außerdem Herr Widera. Ich erkundigte mich, wo die Häftlinge im Augenblick seien und ob sie bereits körperlich durchsucht worden seien. Herr Bubeck teilte mir daraufhin mit, daß die Häftlinge inzwischen in anderen Zellen untergebracht seien und von Vollzugsbeamten der Anstalt körperlich durchsucht worden seien. Dabei sei jedoch nichts von Bedeutung gefunden worden. Herr Widera hörte dies auch. Ich sah nach dieser Äußerung von Herrn Bubeck keinen Grund, noch einmal eine körperliche Durchsuchung der Häftlinge anzuordnen. Auch Herr Widera ordnete dies nicht an. Am Ende dieser Einsatzbesprechung sagte Herr Widera abschließend, er wolle eine gründliche Durchsuchung und es komme ihm insbesondere auf Schriftstücke an, die im Zusammenhang mit der Schleyer-Entführung stehen könnten.

Nach dieser Besprechung gingen wir in den siebten Stock. In den zu durchsuchenden Zellen befanden sich keine Personen. Herr Bubeck zeigte uns, wem welche Zelle gehört. Auch Herr Nusser war dabei.

Während der Durchsuchung der Zellen ging ich von Zelle zu Zelle, um mir ein Gesamtbild zu verschaffen und den Ablauf zu beaufsichtigen. Zwei der zu durchsuchenden Zellen sind von den übrigen etwas weiter entfernt. In der Zelle Baaders hielt ich mich etwas länger auf als in den übrigen Zellen. Dort habe ich z.B. ca. 50 Gewürzbehälter gründlich durchsucht.

Vom Anstaltspersonal waren bei der Durchsuchung anwesend die Herren Nusser, Schreitmüller und Bubeck. Außerdem waren mehrere Vollzugsbeamte, die für den siebten Stock zuständig sind, dabei.

Die Lichtverhältnisse in den Zellen waren miserabel. Ich lehnte eine Durchsuchung unter diesen Umständen zunächst ab. Daraufhin wurden Neonröhren angebracht. Dies war allerdings in der Zelle Baaders nicht möglich. Deshalb wurde dort eine Stehlampe aufgestellt. Ideale Bedingungen für eine gründliche Durchsuchung waren dies natürlich nicht.

In der Zelle Baaders ordnete ich unter anderem das Anheben eines Bettes an. Unter der Schaumgummimatratze fanden wir verschiedene Geräte, darunter einen Schraubenzieher. Neben seinem Bett stand ein alter Volksempfänger, soviel ich weiß, auch ein Plattenspieler. Diese Gegenstände übergab ich der Anstaltsleitung mit der Bitte, ihre Überprüfung zu veranlassen. Dies ist dann auch geschehen.

Herr Widera hielt sich auch in zu durchsuchenden Zellen auf. In welchen Zellen er im einzelnen war, kann ich nicht sagen.

Das Ergebnis der Durchsuchung ergibt sich aus dem Aktenvermerk vom 6.9.1977. Es wurde nichts gefunden, was mit der Entführung Schleyers in Zusammenhang stehen könnte oder sonst den Verdacht einer strafbaren Handlung aufkommen ließ. Nur die bei Baader gefundenen, bereits erwähnten Geräte wurden sichergestellt.

Bei der Einsatzbesprechung gab ich keine spezielle Anordnung, wie im Detail durchsucht werden soll. Die an der Durchsuchung beteiligten Beamten des LKA waren sämtlich erfahrene Kollegen. Soweit es ging, habe ich für die bewohnten Zellen jeweils mindestens einen LKA-Beamten eingeteilt. Der Aktenvermerk vom 6.9.1977 ist insofern unvollständig, als bei der Durchsuchung der Zelle Ensslin außer KHM Pietsch von der LPD Stuttgart II auch noch KHM Weigand vom LKA beteiligt war.

Bei der Einsatzbesprechung ordnete ich eine gründliche Durchsuchung an. Ich ordnete ausdrücklich an: die Durchsuchung sämtlicher Bücher, sämtlicher im Raum befindlichen Gegenstände, die Durchsuchung des gesamten Mobiliars.

Das Absuchen der Wände ordnete ich nicht ausdrücklich an. Dies gehört aber selbstverständlich zu einer gründlicheren Durchsuchung. Dies wußten meine Kollegen.

Ich schaute mich in den einzelnen Zellen genau um. Aufgrund meiner Wahrnehmung hatte ich keine Veranlassung, die Entfernung der Fußbodenleisten anzuordnen. Ich kann jedoch nicht ausschließen, daß ich dann, wenn in den Zellen (insbesondere bei Baader) bessere Lichtverhältnisse geherrscht hätten, mir etwas aufgefallen wäre, was mich zu einer solchen Anordnung veranlaßt hätte. Dies gilt natürlich auch für die Beamten, die im einzelnen mit der Durchchung befaßt waren.

Gegen 0.30 Uhr wurde ich angewiesen, mit einem Teil meiner Mannschaft nach Stuttgart in die Lange Straße 3 zu fahren, um dort ein Anwaltsbüro zu durchsuchen. Ich verließ daher zusammen mit Herrn Wiegand, einem weiteren LKA-Beamten und einem Teil der Kräfte der LPD Stuttgart II die Haftanstalt und fuhr nach Stuttgart. Auch Herr Widera fuhr mit. Die Einsatzleitung bei der Durchsuchung in den Zellen der Vollzugsanstalt Stuttgart übernahm auf meinen Auftrag hin Herr Schmidt vom LKA Baden-Württemberg. Er hatte auch die entsprechenden Durchsuchungsberichte zu fertigen.

(Christ)
Staatsanwalt
(Josef Ring)

9 Js 3627/77

Aktenvermerk vom 24.10.1977
KHK Ring (LKA Baden-Württemberg) erklärt auf fernmündliche Anfrage,
a) weshalb am 5./6. Sept. 1977 nicht alle Zellen des VII. Stocks der VA Stuttgart durchsucht und
b) nach welchen Kriterien die nicht durchsuchten Zellen ausgeschieden worden seien:

Die Bundesanwaltschaft habe die Durchsuchung derjenigen Zellen angeordnet, die von Baader-Meinhof-Häftlingen belegt seien. Zweck der Durchsuchung sei gewesen, Hinweise auf die Schleyer-Entführung zu finden.

Im Verlauf der Durchsuchung habe die Anstaltsleitung darauf hingewiesen, daß erst vor kurzem einige Baader-Meinhof-Häftlinge nach einem Krawall in andere Vollzugsanstalten verschubt worden seien. Die Zellen, die von diesen Häftlingen bis zu ihrer Verschubung belegt gewesen seien, habe man daher in die Durchsuchung mit einbezogen. Der Zeitraum zwischen Verschubung und der Schleyer-Entführung sei noch so kurz gewesen, daß das Auffinden von Hinweisen noch denkbar gewesen sei.

Die übrigen Zellen seien längere Zeit nicht belegt gewesen. Deshalb seien sie nicht durchsucht worden. Das habe gar nicht zur Debatte gestanden. Es habe auch keine rechtliche Handhabe für die Durchsuchung dieser Zellen vorgelegen.

So viel er wisse, habe Herr Widera von der Bundesanwaltschaft inzwischen erklärt, die Durchsuchungsanordnung habe sich lediglich auf diejenigen drei Zellen erstreckt, die zum Zeitpunkt der Durchsuchung von den Häftlingen Baader, Ensslin und Raspe belegt gewesen seien (weil diese drei Häftlinge nämlich befreit werden sollten), nicht aber auf die übrigen Zellen des VII. Stocks.

Wegen dieser Äußerung müsse er – Ring – nunmehr eine dienstliche Äußerung abgeben, weshalb überhaupt mehr als drei Zellen durchsucht worden seien.

(Christ)
Staatsanwalt

Bundeskriminalamt
Bonn-Bad Godesberg, den 23.3.1977

Vermerk:Betr.: Ermittlungsverfahren gegen Siegfried HAAG wegen des Verdachtes eines Vergehens nach § 129 a StGB

1. Am 27.10.1976 verkaufte der italienische Staatsangehörige

Michele SALVAL,

geb. 21.5.1916 in Nus (Aosta), Italien,

Inhaber eines Sportwarengeschäftes in Aosta, u.a. eine Pistole „Heckler und Koch", Kal. 22 LR, 6,35 mm, 7,65 mm, Nr. 19477, an

KLAR, Christian

geb. 20.5.52 in Freiburg.

KLAR erschien in Begleitung einer jungen Frau, die SALVAL als die

SCHMITZ, Sabine

geb. 13.8.55 in Bonn

identifizierte. Etwa zur gleichen Stunde kauften zwei Männer 2 Revolver „Smith & Wesson". SALVAL identifizierte die beiden Käufer als

Siegfried HAAG,

geb. 15.3.45 in Aurich,

und

Roland MAYER,

geb. 22.4.54 in Bühl/Baden.

Näheres zu diesem Sachverhalt ist der Spur 91 aus dem vorliegenden Verfahren zu entnehmen.

2. Am 10.11.1976 verkaufte die Firma MAYER AG, Waffenhandlung, Basel, Schweiz, an einen gewissen
   DAEMRICH F.
   wh. Am Breitenweg 11
   Bad Bergzabern,
ein Gewehr und ein Wechselsystem 9 mm kurz für die
Pistole „Heckler und Koch". Modell 4. Der Käufer legiti-
mierte sich.

3. Die Pistole „Heckler und Koch" ist eine Waffe mit auswechselbaren Systemen. Durch Auswechseln des Ver-
schlusses und des Magazins können die Kaliber .22 l.r.,
6,35 mm, 7,65 mm und 9 mm kurz aufgebaut werden. Bei
dem Kaliber .22 l.r. wird zusätzlich der Schlagbolzen auf die
Randfeuerpatrone umgestellt.

4. Wie ersichtlich ist, wurde von Christian KLAR die Pistole
„Heckler und Koch" mit den Systemen .22 l.r., 6,35 mm und
7,65 mm am 27.10.1976 in Aosta gekauft. Zur Vervollstän-
digung fehlte lediglich das System 9 mm kurz. Ein solches
System wurde am 10.11. 1976 unter dem Namen DAEM-
RICH in Basel erworben.

(SCHELITZKI) KKzA

DOKUMENT 33
KLEINE ANFRAGE HEIMANN 1983

Landtag von Baden-Württemberg
8. Wahlperiode
Drucksache 8/4126

Kleine Anfrage des Abg. Heimann (Grüne)

Betr. Todesermittlungsverfahren in Stuttgart-Stammheim (Ensslin, Baader, Raspe)

Ich frage die Landesregierung

1. Wie beurteilt die Landesregierung den Wahrheitsgehalt des Art. „Affären. Von fremder Hand" in der Zeitschrift DER SPIEGEL 27/83, Seiten 48 ff. vom 4.7.1983?

2. Ist es insbesondere zutreffend, daß das im Spurensicherungsbericht der Landespolizeidirektion Stuttgart II als Spur Nr. 6 bezeichnete „Gewebeteil oder Blut an der Wand" verschwunden ist, obwohl nach dem Spurensicherungsbericht und der Aussage des KHK Eberhard Ziegler diese Spur am 18.10.1977 dem Leiter des Gerichtsmedizinischen Instituts der Stadt Stuttgart, Herrn Prof. Dr. Joachim Rauschke, zum Zwecke der Untersuchung übergeben wurde?

3. Hat die StA Stuttgart wegen des Verschwindens der Spur 6 von amtswegen ein Ermittlungsverfahren wegen des Verdachts des Verwahrungsbruches gegen Herrn Prof. Rauschke eingeleitet, oder haben die zur Dienstaufsicht verpflichteten Organe ein Disziplinarverfahren gegen ihn auf den Weg gebracht, nachdem die StA Stuttgart vom Verschwinden der Spur 6 Kenntnis erhalten hatte?

4. Hat der Leitende OStA bei der StA Stuttgart gegen den zuständigen Untersuchungsführer im Todesermittlungsverfahren wegen des Todes von Andreas Baader, Gudrun Ensslin und Jan-Carl Raspe, Herrn StA Rainer Christ, im Wege der Dienstaufsicht Maßnahmen eingeleitet, nachdem dieser schon durch den Artikel „Spur Nr. 6 blieb ein Geheimnis" in DER SPIEGEL Nr. 11 vom 10.3.1980 und den Artikel „Der Fall Stammheim" im STERN Nr. 45 vom 30.10.1980 auf die möglicherweise untersuchungsentscheidende Bedeutung dieser Spur 6 aufmerksam gemacht wurde und bis zum 19.1.1981 keine Nachforschungen nach dem Verbleib und dem Untersuchungsergebnis von Spur 6 unternahm?

5. Ist die StA Stuttgart dem Hinweis des KHK Ziegler vom Kriminaltechnischen Institut der LPD Stuttgart II vom 19.1.1981 gefolgt, gemäß welchem, nach der Erinnerung von KHK Ziegler, Prof. Rauschke auf die „einige Monate" nach dem 18.10.1977 erfolgte Nachfrage Zieglers nach dem Ergebnis der Untersuchung dieses Gewebeteils erwidert haben soll: Das Gewebeteil sei bisher noch nicht untersucht worden, „er (Rauschke) müsse es wegschicken oder er habe es weggeschickt (möglicherweise nach Erlangen) oder er müsse zur Untersuchung noch jemanden beiziehen"?

6. Hat die Landesregierung Kenntnis vom gegenwärtigen Verbleib der Spur Nr. 6?

7. Hat die Landesregierung die StA Stuttgart angewiesen, Ermittlungen nach dem Verbleib der Spur 6 aufzunehmen?

8. Bleibt die LR bei ihrer Behauptung im Schreiben des Justizministers an den Präsidenten des Landtages von Baden-Württemberg vom 10.12.1980 (Beantwortung der Kleinen Anfrage des Abg. Heimann, die Grünen, betr. ordnungsgemäße Durchführung der amtlichen Untersuchung zum Ableben von Häftlingen der JVA Stuttgart-Stammheim

(Drucksache 8/695): „Nach den Erkenntnissen der Landesregierung haben StA und Polizei die Ermittlungen von Anfang an unter Ausschöpfung aller relevanten Erkenntnismöglichkeiten durchgeführt und sämtliche Spuren verfolgt"?

9. Hält die Landesregierung nach Kenntnisnahme des Verschwindens der Spur 6 und der erwiesenen Untätigkeit der StA in dieser Sache an ihrer Bewertung vom 10.12.1980 fest, die lautete: „Die Landesregierung billigt die Verfahrensweise und Stellungnahme der StA"?

10. Wie beurteilt das Justizministerium folgende Versäumnisse, die mit seiner Behauptung in Widerspruch stehen, die StA Stuttgart habe bei ihren Ermittlungen „sämtliche Spuren verfolgt"?

a) Weder in den Akten des Todesermittlungsverfahrens noch in den Protokollen des Untersuchungsausschusses des Landtages von Baden-Württemberg werden alle Vollzugsbeamte genannt, die in der Nacht vom 17. auf den 18.10.1977 in der JVA Stuttgart-Stammheim Dienst taten. Danach steht fest, daß von diesen 9 Beamten nur 6 von der Polizei und vor dem Untersuchungsausschuß zu den Vorgängen in dieser Nacht als Zeugen vernommen wurden. 3 Beamte, darunter 2 der Außenwache und der Beamte, der im Zellenbau II Nachtdienst hatte, sind demnach bisher im Todesermittlungsverfahren weder namentlich bekannt noch zur Aufklärung der Vorgänge durch die StA gehört worden.

b) Nach dem Bericht des Untersuchungsausschusses des Landtages von BW vom 20.2.1978 gab es in den Wänden und sonstigen Einrichtungen der Zelle Andreas Baaders kein Waffenversteck, in der er die am 18.10.1977 neben ihm aufgefundene Pistole hätte verbergen können. In dem Bericht heißt es deshalb über den in dieser Zelle befindlichen Plattenspieler, daß sich in ihm schon am 6.9.1977

„mutmaßlich die am 18.10.1977 in der Zelle Andreas Baaders aufgefundene Pistole befand" (S. 97). Diese Behauptung widerspricht dem Wortlaut eines Schreibens des Justizministeriums vom 10.11.1978, btr. Plattenspieler des Gefangenen Andreas Baader, in dem es heißt:

„Nach dem inzwischen vorliegenden Bericht der Vollzugsanstalt wurde der Plattenspieler des Gefangenen Baader (...etc.) am 5. Sept. 1977 durch Amtsinspektor Hauk (...) in die Zelle 712 (...) verbracht. Dort wurden die genannten Geräte von Beamten des LKA durchsucht und überprüft." Unterschrift: Prof. Dr. Engler

Die StA kann dieser Spur, die die Nichtexistenz auch dieses Waffenverstecks beweist, schon deshalb nicht gefolgt sein, weil sich das genannte Schreiben in den Akten des Todesermittlungsverfahrens nirgends findet.

c) Die Ermittlungen des Untersuchungsausschusses des Landtags, die die StA ihrer Einstellungsverfügung vom 18.4.1978 mehrfach zugrundegelegt hat, haben ergeben, daß sich während der Zeit der sog. Kontaktsperre vom 6.9.–18.10.1977 Mitarbeiter der Firma SIEMENS im Sicherheitsbereich des 7. Stocks der JVA Stuttgart-Stammheim aufgehalten haben. Sie sollen dort Reparaturarbeiten an den Fernsehkameras im Flur zwischen den Zellen von Andreas Baader, Gudrun Ensslin, Jan-Carl Raspe und Irmgard Möller ausgeführt haben. Gleichwohl wurde das Nichtfunktionieren des optischen Alarmsystems dieser Telemat-Anlage während der Kontaktsperrezeit vom Untersuchungsausschuß festgestellt. Über Funktionsstörungen der Anlage während dieser Zeit war aber dem zuständigen Vollzugsdienstleiter Hauk, der auch die Funktionen eines Sicherheitsbeauftragten wahrnahm, nichts bekannt.

Dennoch hat mindestens am 12.9.1977 eine Reparatur der Fernsehanlage durch einen Revisor der Firma SIEMENS nach deren Betriebsunterlagen stattgefunden. Der Ausschußvorsitzende bat die Firma SIEMENS, ihre Unterlagen über alle Besuche und Reparaturen dem Ausschuß zur Verfügung zu stellen, um festzustellen, ob auch nach dem 12.9.1977 weitere Besuche stattfanden (Protokoll der 17. Sitzung vom 9.2.1978, Seiten 111 ff.). Die StA ist auch dieser Spur, die ggfs. zur Erkenntnis der Gründe über die Funktionsuntüchtigkeit der Fernsehüberwachungsanlage in der Nacht vom 17. auf den 18.10.1977 geführt hätte, ausweislich der Ermittlungsakten nicht gefolgt.

11. Ist die Landesregierung bereit, darauf hinzuwirken, daß folgende bisher nicht in das Todesermittlungsverfahren einbezogene Spuren und Beweisstücke sichergestellt und zum Gegenstand neuer Ermittlungen gemacht werden:
a) Am 18.10.1977 gefertigte Röntgenaufnahmen von Andreas Baader, die sich im Institut für Rechtsmedizin des Gesundheitsamtes der Landeshauptstadt befinden,
b) Inhalt des Briefes von Andreas Baader (mit Anlage) vom 7.10.1977 an den Vorsitzenden Richter am OLG Stuttgart, Dr. Foth?

12. Wird die Landesregierung umgehend eine Verfolgung der vorgenannten und aller sonstigen erreichbaren Spuren durch die StA veranlassen und kann sie mit Sicherheit ausschließen, daß gegenwärtig und in Zukunft noch weitere Beweismittel abhanden kommen?

DOKUMENT 34
ANTWORT DES JUSTIZMINISTERIUMS
AUF DIE KLEINE ANFRAGE HEIMANN 1983

Stuttgart, den 13.7.1983

Holger Heimann

Der Justizminister des Landes Baden-Württemberg

An den
Herrn Präsidenten
des Landtags von
Baden-Württemberg
Haus des Landtags
7000 Stuttgart 1

Stuttgart den 25. Juli 1983

Betr. Kleine Anfrage des Abg. Heimann GRÜNE
– Todesermittlungsverfahren in Stuttgart-Stammheim
(Ensslin, Baader, Raspe)
Drucksache 8/4126

Sehr geehrter Herr Landtagspräsident,

im Einvernehmen mit dem Ministerium für Arbeit, Gesundheit und Sozialordnung beantwortet das Justizministerium die Kleine Anfrage wie folgt:

Zu 1.:

Es ist nicht Aufgabe der Landesregierung, den Wahrheitsgehalt der zahlreichen Presseveröffentlichungen zu beurteilen, die seit dem Selbstmord der Gefangenen Baader,
Ensslin und Raspe immer wieder Einzelheiten der Ermittlungen aufgegriffen haben, um vor der Öffentlichkeit das
Verfahren im Ganzen in Zweifel zu ziehen. Zu einer Auseinandersetzung mit solchen Presseveröffentlichungen sieht
die Landesregierung auch deshalb keinen Anlaß, weil das
übereinstimmende Ergebnis der Ermittlungen der Staatsanwaltschaft und des Untersuchungsausschusses seit langem allgemein bekannt ist.

Zu 2. bis 5.:

Es trifft zu, daß der Verbleib des im Spurensicherungsbericht der Kriminalpolizei vom 16. Januar 1978 als Spur Nr. 6
aufgeführten und nach diesem Bericht in der Zelle des
Gefangenen Baader sichergestellten Beweismaterials trotz
eingehender Nachforschungen der Staatsanwaltschaft
nicht mehr festgestellt werden kann.

Bei dem Beweismaterial zu Spur 6 handelte es sich ausweislich der zugehörigen Lichtbildaufnahme um die Antragung einer geringen Menge von Gewebe oder Blut an der
Zellenwand. Im Spurensicherungsbericht war vermerkt
worden, dieses Beweismaterial sei zur Untersuchung an
das Institut für Rechtsmedizin der Stadt Stuttgart weitergegeben worden. Daß so verfahren wurde, hat auch der verantwortliche Beamte der Kriminalpolizei bestätigt. Demgegenüber hat der frühere Leiter des Instituts für Rechtsmedizin mit Entschiedenheit verneint, daß das Beweismaterial
ihm persönlich übergeben worden oder in sonstiger Weise
an das von ihm geleitete Institut gelangt sei.

Angesichts dieser Sachlage hat die Staatsanwaltschaft
Stuttgart aufgrund wiederholter Nachfragen in einem Ver-

merk vom 19. Januar 1981 festgestellt, daß eine Klärung des Verbleibs des Beweismaterials nicht möglich ist. Weitergehende Nachforschungen waren unter den gegebenen Umständen weder geboten noch erfolgversprechend.

Einer gegen den früheren Leiter des Instituts für Rechtsmedizin gerichteten Strafanzeige wegen Verdachts des Verwahrungsbruchs (§ 133 StGB) hat die Staatsanwaltschaft Stuttgart mit Verfügung vom 25. Februar 1981 keine Folge gegeben. Sie hat ein entsprechendes Ermittlungsverfahren auch nicht von Amts wegen eingeleitet. Zwar ist, sofern der Darstellung des Beamten der Kriminalpolizei gefolgt wird, nicht auszuschließen, daß das Beweismaterial der Spur 6 bei dem Institut für Rechtsmedizin abhanden gekommen sein mag. Hinreichende tatsächliche Anhaltspunkte dafür, daß der Leiter des Instituts, dessen Mitarbeiter oder eine sonst beteiligte Person das Beweismaterial – wie dies der Tatbestand des Gewahrsamsbruches voraussetzt – vorsätzlich beiseite geschafft haben könnten, sind jedoch nicht erkennbar.

Die getroffenen Feststellungen geben nach Auffassung des Ministeriums für Arbeit, Gesundheit und Sozialordnung, der das Justizministerium beitritt, auch keinen Grund zu dienstrechtlichen Maßnahmen gegen den früheren Leiter des Instituts für Rechtsmedizin der Stadt Stuttgart.

Ebensowenig ist die Sachbehandlung des zuständigen Staatsanwalts dienstaufsichtsrechtlich zu beanstanden. Auch wenn die Staatsanwaltschaft darum bemüht blieb, das Ergebnis der Ermittlungen in dem betreffenden Punkt zu vervollständigen, war ein eindeutiger und überzeugender Nachweis für die Selbsttötung der Gefangenen doch bereits durch eine große Zahl anderer Beweismittel erbracht worden. Demgegenüber ließ das noch ausstehende Auswertungsergebnis von vornherein keine Erkenntnisse erwarten, die das Ergebnis des Ermittlungsverfahrens hätten in Frage stellen können.

Zu 6. bis 9.:

Bei der gegebenen Sachlage versteht es sich von selbst, daß die Landesregierung weder Kenntnis vom Verbleib des Beweismaterials der Spur 6 hat noch die Staatsanwaltschaft anweisen kann, diesbezüglich weitere Nachforschungen anzustellen.

Der Verlust des Beweismaterials der Spur 6 gibt der Landesregierung aber auch keinen Grund, von der Bewertung im Schreiben des Justizministeriums an den Landtag vom 10. Dezember 1980 (Drucks. 8/695) abzugehen, wonach Staatsanwaltschaft und Polizei „die Ermittlungen von Anfang an unter Ausschöpfung aller relevanten Erkenntnismöglichkeiten durchgeführt und sämtliche Spuren verfolgt" haben. Diese Aussage bezog sich insgesamt nur auf diejenigen tatsächlichen Gegebenheiten, die sich unter den ersten Zugriffen hinaus bei abschließender Prüfung als bedeutsam für das Ergebnis der Ermittlungen erwiesen hatten. Es steht jedoch fest, daß das Beweismaterial der Spur 6 nach den durch vielfältige andere Beweise gesicherten Erkenntnissen der Staatsanwaltschaft für das Ermittlungsergebnis nicht relevant war. Die Landesregierung billigt deshalb auch weiterhin die Sachbehandlung der Staatsanwaltschaft und insbesondere deren Stellungnahme vom 30. Oktober 1980, wonach der Vorwurf einer schuldhaften Vernachlässigung wichtiger Erkenntnisquellen unbegründet und haltlos ist.

Zu 10. bis 12.:

Die Landesregierung beabsichtigt nicht, die Staatsanwaltschaft Stuttgart in dem Ermittlungsverfahren wegen des Todes der Gefangenen Baader, Ensslin und Raspe zur Wiederaufnahme der Ermittlungen oder zur Sicherstellung weiterer Beweismittel anzuhalten.

Hierzu besteht schon deswegen kein Grund, weil das Ermittlungsergebnis, wonach die Gefangenen sich selbst getötet haben und eine strafrechtlich relevante Beteiligung anderer nicht vorlag, durch zahlreiche und überzeugende Beweise belegt ist. Dieses Ergebnis wird auch durch die ständig wiederholte Behauptung nicht in Frage gestellt, es bestünden noch Lücken in der Beweisführung oder es sei bisher unterblieben, bestimmte Spuren oder Beweismittel aufzugreifen. Weil damit ersichtlich nur der Zweck verfolgt wird, Mißtrauen und Zweifel an der Objektivität der Ermittlungsbehörden zu wecken, muß es die Landesregierung ablehnen, sich mit Fragestellungen, wie sie u.a. die Kleine Anfrage und ihre Begründung zu den Punkten 10 und 11 enthalten, im einzelnen auseinanderzusetzen.

Im übrigen sind auch der vorliegenden Kleinen Anfrage keine hinreichenden Anhaltspunkte dafür zu entnehmen, daß die angesprochenen zusätzlichen Beweiserhebungen zu einem anderen Ergebnis führen könnten.

Dr. Eyrich

DOKUMENT 35
ANTRAG AUF BERICHTERSTATTUNG
ANTRAG GRÜNE 1983

Landtag von Baden-Württemberg
8. Wahlperiode

Antrag des Abg. Heimann u.a. GRÜNE

Todesermittlungsverfahren Stuttgart-Stammheim (Ensslin, Baader, Raspe)

Der Landtag wolle beschließen, die Landesregierung zu ersuchen, Bericht zu erstatten über:

1. Die Spur Nr. 6

1.1. Sieht die Landesregierung einen Widerspruch zwischen der offiziellen Tatversion, nach der die Kugel nach Durchdringen des Schädels von A. Baader abgetropft und zu Boden gefallen sein soll und der durch Spur 6 festgehaltenen Delle und Gewebefetzen an der gegenüberliegenden Wand?

1.2. Warum ist die Landesregierung der Auffassung, daß die Auswertung der Spur Nr. 6 von „vornherein keine Erkenntnisse" erwarten ließ (DS 8/4126)?

2. Das Waffenversteck, der Plattenspieler von A. Baader

2.1. Wie erklärt die Landesregierung den Widerspruch zwischen der Aussage des Schreibens des Justizministers vom 10.1.78, wonach u. a. der Plattenspieler von Beamten des LKA durchsucht wurde, und der Feststellung, daß die Waffe in der Folgezeit wegen der verhängten Kontaktsperre nur schwerlich in den Plattenspieler hätte kommen können?

3. Die diensthabenden Beamten

3.1. Wer waren die 3 diensthabenden Beamten, die nicht von der Polizei und dem Untersuchungsausschuß vernommen wurden?

3.2. Warum wurden die beiden Außenbediensteten nicht vernommen?

4. Die Röntgenaufnahmen

4.1. Zu welchem Befund ist man im Todesermittlungsverfahren aufgrund der Röntgenaufnahme an der Leiche A. Baaders gekommen?

4.2. Bestätigen die Röntgenaufnahmen insbesondere des Schädels die offizielle Tatversion?

5. Die Tätigkeit der Mitarbeiter der Firma Siemens während der Kontaktsperre im Sicherheitsbereich

5.1. Welche Aufgaben hatten die Mitarbeiter der Firma Siemens während der Zeit vom 5.9. bis 18.10.1977?

5.2. Warum ist es ihnen nicht gelungen, die Funktionsfähigkeit der Telemat Alarmanlage herzustellen?

5.3. Schließt die Landesregierung eine geheimdienstliche Tätigkeit aus, die die Funktionsfähigkeit der Alarmanlage beeinträchtigen sollte?

5.4. Verfügt die Landesregierung über Kenntnisse darüber, daß der verstorbene Justizminister Bender mit der Tätigkeit des Bundesnachrichtendienstes im 7. Stock der Justizvollzugsanstalt Stammheim nach seinem Brief an Richter Dr. Foth vom 5.4.77 nicht mehr einverstanden war?

6. Den Brief von Andreas Baader

6.1. Welchen Inhalt hat der Brief von Andreas Baader vom 7.10.77 und die Anhänge des Briefes an den Vorsitzenden Richter am Oberlandesgericht Stuttgart, Dr. Foth?

6.2. Warum wurde dieser Brief weder im Todesermittlungs-verfahren von der Staatsanwaltschaft beigezogen noch dem Untersuchungsausschuß vorgelegt?

6.3. Ist die Landesregierung bereit, diesen Brief dem Land-tag vorzulegen?

Stuttgart, den 29.9.1983
gez. Heimann
Bran
Erichsen
Hasenclever
Kretschmann

Begründung:
Unabhängig von grausamen und zu verurteilenden Taten des Terrorismus steht jedem Terroristen selber ein recht-staatlich einwandfreies Verfahren zu.

Dies gilt auch für das Todesermittlungsverfahren. Das Todesermittlungsverfahren in Sachen Baader, Ensslin, Raspe ist, ob man es will oder nicht von historischem Inter-esse. Mißtrauen und Zweifel an der Objektivität der Ermitt-lungsbehörden entsteht nicht dadurch, daß Fragen gestellt werden, sondern dadurch, daß sie nicht beantwortet wer-den. Dadurch wird die für das öffentliche Interesse bedeut-same Frage nach Selbsttötung oder Fremdtötung eine Glaubensfrage und nicht Tatsachenbehauptung.

Gerade um dies zu vermeiden ist es notwendig, Stellung zu nehmen zu dem Widerspruch zwischen der Existenz der Spur Nr. 6 und der offiziellen Beschreibung des Tather-gangs.

Wenn es berechtigten Anlaß zur Annahme gibt, daß das gemutmaßte Waffenversteck als solches nicht in Frage kommt, so sollte die Landesregierung dies bestätigen oder ausräumen. Wenn man die Behauptung aus dem Weg räumen will, daß Täter von außen hätten kommen können, wäre es nicht ohne Interesse, die zwei Beamten des Außendienstes zu befragen.

Auch der Befund der Röntgenaufnahmen ist von öffentlichem Interesse. Gerade wenn der Tathergang nach Aussage der Landesregierung eindeutig geklärt ist, kann die Röntgenaufnahme nicht in Widerspruch dazu stehen.

Bezüglich des Beschwerdebriefes von A. Baader vom 7.10.1977 hat Richter Dr. Foth im Untersuchungsausschuß aus einer Anlage zitiert, nach der A. Baader eine Fremdtötung befürchtet haben soll. In diesem Zusammenhang wäre der Beschwerdebrief selber von öffentlichem Interesse.

Das Nichtaufarbeitenwollen von Vergangenem ist eine menschliche Untugend. Die Landesregierung darf sich an einer ausführlichen Berichterstattung nicht vorbeimogeln.

Einzelbegründung zu den Berichtkomplexen 1 bis 3

zu 1.:
    „Ein eindeutiger und überzeugender Nachweis für die Selbsttötung" (DS 8/4126) kann bezweifelt werden, da im Fall des Untersuchungsgefangenen Baader die dazu erforderliche Rekonstruktion eines von ihm selbst abgegebenen Schusses u.a. durch das Verschwinden der Spur Nr. 6 unmöglich wurde.

Es ergeben sich folgende Widersprüche:

a) Die Gerichtsmediziner Prof. Mallach und Prof. André haben im Untersuchungsausschuß des Landtags von Baden-Württemberg ausgesagt, daß das Projektil des tödlichen Schusses an der dem Leichnam Baaders gegenüberliegenden Wand „im Wandputz eine kleine Aufschlagstelle mit einem Abpraller" (Mallach lt. Protokoll der 2. Sitzung vom 2.11.1977, S. 85) verursacht hatte bzw. „in der Wand ein Aufprall" erfolgt sei und eine „Einschlagstelle in der Mauer" hinterlassen habe (André im Protokoll der 15. Sitzung vom 23.1.1978, Seite 23). Demgegenüber erklärt der Spurenausawertebericht des KHK Ziegler vom 28.2.1978: „In der Zelle 719 konnten, nach Absuche von Boden, Wand und Decke, nur die unter der Spur 5 und 7 bezeichneten Schußeffekte (Aufschlagstellen) gefunden werden." (Akten des Todesermittlungsverfahrens Bd. IX, S. 31). Demnach existierte eine der Spur Nr. 6 zuzuordnende Aufschlagstelle überhaupt nicht, sodaß sie auch nicht zur Rekonstruktion des tödlichen Schusses herangezogen werden konnte, wie dies durch Prof. André im Namen aller in- und ausländischen Sachverständigen am 23.1.1978 geschah: „Wenn man die Richtung des Geschosses berücksichtigt, dann muß nämlich festgestellt werden, daß bei stehendem Körper der Einschlag in der Mauer wesentlich hätte höher sein müssen, so daß wir der Auffassung sind, daß im Zeitpunkt der Schußabgabe das Opfer gesessen hat." (Protokoll der 15. Sitzung, S. 23).

b) Im Spurensicherungsbericht des KHK Ziegler vom 16.1.1978 heißt es: „In der Zelle Baader konnte an tatspezifischen Spuren folgendes Material gesichert werden … Spur Nr. 6: Gewebeteil oder Blut an der Wand (befindet sich zur Untersuchung beim Gerichtsmedizinischen Institut der Stadt Stuttgart)" (Akten des Todesermittlungsverfahrens IX, S.5). Im Spurenausawertebericht des KHK Ziegler vom 28.2.1978 (IX, S. 30 f) „Untersuchungsvorgänge zu den Spuren 1, 2, 3, 4, 5 und 7 – Bestimmung der Schußbahnverläufe" wird Spur Nr. 6 nirgends mehr erwähnt und die Existenz einer ihr entsprechenden Aufschlagstelle ausdrücklich bestritten (s.o.). Bei der Rekonstruktion des Bahnverlaufs des nichttödlichen 2. Schusses kommt Ziegler unter Verwendung der Spur Nr. 5 zu dem Ergebnis: „Die ermittelten Werte ergeben eine rekonstruktive Sitzposition und Waffenhaltung" (Todesermittlungsverfahren IX, S. 32). Ohne weitere Begründung oder Berufung auf entsprechende Anhaltspunkte heißt es dann auf S. 34 über den angeblich tödlichen 3. Schuß: „Die Spur 5 – Schußbahn 2 – und der tödliche Schuß dürften annähernd aus gleicher Position abgegeben worden sein." Die Erklärung für die Lage des tödlichen Projektils (Spur Nr. 1) erfolgt ohne Berücksichtigung des Gewebeteils oder Blut an der Wand (Spur Nr. 6): „Das abgefeuerte Geschoß drang nur noch mit schwacher Restenergie aus dem Schädel und blieb im unmittelbaren Bereich der Leiche liegen. Dafür, daß die Spur Nr. 1 das tödliche Geschoß sein dürfte, spricht die positive Reaktion auf eine Blutvorprobe." (Todesermittlungsverfahren IX, S. 34).

Die Gewebe- oder Blutspur an der Wand kann nach dieser Rekonstruktion nicht durch das angeblich tödliche Projektil verursacht worden sein, wie es offenbar alle Gerichtsmediziner angenommen hatten. Da weder die Spur Nr. 6 noch die ihr entsprechende Aufschlagstelle von Ziegler zur Rekonstruktion verwendet wurden, gibt es keinen Beweis für die behauptete Sitzposition Baaders bei Abgabe des tödlichen Schusses.

c) KHK Ziegler hat die von ihm im Spurenauswertebericht ignorierte Spur Nr. 6 aber auch nicht für unerheblich gehalten. Das ergibt sich aus dem Aktenvermerk des Staatsanwalts Christ vom 19.1.1981, in dem es heißt: „Ich habe … bei Herrn KHK Ziegler vom Kriminaltechnischen Institut der Landespolizeidirektion Stuttgart II angerufen. Er hat mir auf Befragen mitgeteilt, er habe das Gewebeteil der Spur Nr. 6 Herrn Prof. Dr. Rauschke am 18.10.1977 im Verlauf der Besichtigung der Zelle Baaders zur Untersuchung übergeben. Es sei das erste Beweismittel gewesen, das er Herrn

Prof. Rauschke übergeben habe. Deshalb könne er sich daran so genau erinnern. Herr Prof. Rauschke habe das Asservat selbst mitgenommen. Einige Monate später habe er Herrn Prof. Rauschke anläßlich einer Obduktion in anderer Sache gefragt, was die Untersuchung des Gewebeteils ergeben habe. Herr Prof. Rauschke habe erwidert, das Gewebeteil sei bisher noch nicht untersucht worden. Nach seiner – KHK Zieglers – Erinnerung habe Herr Prof. Rauschke dazu erläutert, er müsse es wegschicken oder er habe es weggeschickt (möglicherweise nach Erlangen) oder er müsse zur Untersuchung noch jemanden beiziehen."

Seit dem 19.1.1981 ist es aktenkundig, daß sich KHK Ziegler „genau erinnern" kann, Herrn Prof. Rauschke die asservierte Spur 6 am 18.10.1977 übergeben zu haben, während Rauschke behauptet, er habe dieses Asservat „nie bekommen" (AV vom 19.1.1981). Gleichzeitig erklärte Rauschke, daß er an der ursprünglichen Behauptung der Gerichtsmediziner festhalte, die im Widerspruch zu der Rekonstruktion der Kriminalpolizei steht: „Prof. Rauschke zu dem im Zusammenhang mit Spur 6 behaupteten Widerspruch Kripo/Med. Gutachter: Wenn ein Geschoß den Schädelknochen durchschlage und aus dem Schädel austrete, habe es noch so viel Restenergie, daß es weiterfliege und nicht ‚abtropfe'." (ebenda)

Eine Untersuchung der Spur 6, die ergeben hätte, daß diese Gewebe- oder Blutspur aus dem Körper des Untersuchungsgefangenen Baader stammt und als Folge des tödlichen Schusses entstanden ist, hat demnach niemals stattgefunden.

Im Widerspruch zu dieser Sachlage stehen die Behauptungen der Einstellungsverfügung der Staatsanwaltschaft Stuttgart im Todesermittlungsverfahren vom 18.4. „Ein weiteres Indiz für eine Selbstabfeuerung durch Baader ist der von hinten nach vorn ansteigende Schußkanal, wenn man berücksichtigt, daß – wie die gerichtsmedizinischen und kriminaltechnischen Untersuchungen ergeben haben – der tödliche Schuß Baader in sitzender Haltung getroffen hat."

zu 2.:

Es besteht eine (hier fehlt vermutlich: Diskrepanz zwischen der – d. Verf.) Aussage des Schreibens des Justizministeriums vom 10.1.1978 (Nr. 18 des Verzeichnisses der zur Beweiserhebung beigezogenen Akten ..., Untersuchungsbericht S. 138), wonach der Plattenspieler Baaders am 5.9.1977 von Beamten des LKA „durchsucht und überprüft" wurde, und der Feststellung des Untersuchungsberichts des Landtages (S. 97), nach welcher sich in diesem Plattenspieler am 6.9.1977 „mutmaßlich die am 18.10.1977 in der Zelle Baaders aufgefundene Pistole befand".

zu 3.:

Von den 9 Vollzugsbeamten, die in der Nacht vom 17. auf den 18.10.1977 in der Justizvollzugsanstalt Stuttgart-Stammheim Dienst taten, wurden nur die folgenden 6 von der Kriminalpolizei (und dem Untersuchungsausschuß des Landtages) über ihre Beobachtung als Zeugen vernommen: Der Wachhabende, JHS Horst Gellert, die Beamten des Innendienstes im Bau I, JS Siegfried Andersson und JOS Viktor Zecha, die Beamten in der besonders gesicherten Abteilung III, Justizvollzugsbeamtin Renate Frede und JA Hans-Rudolf Springer sowie der Sanitäter Wilhelm Kötz (JHS).

Es stellt sich die Frage, warum die beiden Außendienstbeamten, die u. a. den Zugang zum gesonderten Treppenhaus der Justizvollzugsanstalt kontrollierten, nicht vernommen und ihre Namen nirgends aktenkundig gemacht wurden. Dies im übrigen auch, da einer der unbekannten Außenposten in der Nacht vom 17. auf den 18.10.1977 dem Wachhabenden Horst Gellert zwischen 2.00 und 3.00 Uhr die Anwesenheit Unbefugter außerhalb des Anstaltsbereichs meldete (Akten des Todesermittlungsverfahrens III, S. 123).

444

DOKUMENT 36
STELLUNGNAHME DES JUSTIZMINISTERS
AUF DEN ANTRAG DER GRÜNEN 1983

Der Justizminister des Landes Baden-Württemberg

An den
Herrn Präsidenten
des Landtags von
Baden-Württemberg
Haus des Landtags
7000 Stuttgart 1

Stuttgart, den 19. Oktober 1983

Betr. Antrag der Abg. Heimann u.a. GRÜNE
Todesermittlungsverfahren Stuttgart-Stammheim (Ensslin,
Baader, Raspe)
– Drucksache 8/4315 –

Sehr geehrter Herr Landtagspräsident,

das Justizministerium nimmt zu dem Antrag des Abg. Heimann u.a. GRÜNE wie folgt Stellung:

1. Über Verlauf und Ergebnis des Ermittlungsverfahrens, das den Tod der Gefangenen Baader, Ensslin und Raspe in der Vollzugsanstalt Stuttgart betraf, haben Staatsanwaltschaft und Justizministerium die Öffentichkeit wiederholt und umfassend unterrichtet. Zudem hat der durch Beschluß des 7. Landtags von Baden-Württemberg vom 20. Oktober 1977 eingesetzte Untersuchungsausschuß die mit dem Tod der Gefangenen zusammenhängenden Vorfälle in insgesamt 19 Sitzungen geprüft, wobei aufgrund von 53 Beweisbeschlüssen eine Vielzahl von Zeugen und Sachverständigen vernommen und in großem Umfang Akten, schriftliche

Auskünfte und Unterlagen beigezogen wurden. Aufgrund des Ergebnisses dieser Beweisaufnahme ist der Untersuchungsausschuß des Landtags einstimmig zu der Überzeugung gelangt, daß sich die Gefangenen selbst getötet haben. (vgl. Drucks. 7/3200, S. 47 f.).

Bei dieser Sachlage sieht sich die Landesregierung veranlaßt, auf die vielfältigen und ausführlichen Stellungnahmen zu verweisen. Die im erneuten Antrag enthaltenen Fragen können zu keiner abweichenden Beurteilung führen. Konkrete Anhaltspunkte, aufgrund deren das Ermittlungsergebnis der Staatsanwaltschaft und des Untersuchungsausschusses in irgendeiner Richtung in Zweifel zu ziehen wären, sind der Begründung des Antrags nämlich nicht zu entnehmen. Die Landesregierung hält deshalb an ihrer Auffassung fest, daß angeblichen „Widersprüchen" sowie der Forderung nach zusätzlichen Beweiserhebungen, wie sie bereits unter Punkt 10 und 11 der Kleinen Anfrage des Abg. Heimann betreffend Todesermittlungsverfahren in Stuttgart-Stammheim (Drucks. 8/4126) geltend gemacht worden sind und jetzt unter Punkt 2 – 6 des vorliegenden Antrags wiederholt werden, nicht nachgegangen zu werden braucht.

Nachdrücklich zurückzuweisen ist der Vorwurf, die Landesregierung wolle sich „an einer ausführlichen Berichterstattung vorbeimogeln". Nach den bisher gewonnenen Erfahrungen sind Auskünfte zu Einzelheiten des Ermittlungsverfahrens, wie sie Staatsanwaltschaft und Justizministerium mehrfach erteilt haben, von interessierter Seite benutzt worden, um mit neuen Einwänden Mißtrauen gegen das Ermittlungsergebnis zu schüren. Eine „ausführliche Berichterstattung" könnte zur Erfüllung eines sachlich berechtigten Informationsinteresses der Öffentlichkeit nichts weiter beitragen. Es bleibt deshalb festzustellen, daß die tatsächlichen Umstände, die in Punkt 2 – 6 des Antrags angesprochen werden, sämtlich keinen Grund zu einer Wiederaufnahme der Ermittlungen durch die Staatsanwaltschaft geben.

2. Soweit der Antrag unter Punkt 1 an die Antwort anknüpft, die das Justizministerium auf die Kleine Anfrage des Abg. Heimann zum Verbleib des Beweismaterials der sog. Spur 6 erteilt hat (vgl. Drucks. 8/4126; zu 2. bis 5.), bedarf es eines Auftrags an die Landesregierung zu ergänzender Berichterstattung ebenfalls nicht. Vielmehr kann festgestellt werden, daß kein Widerspruch zwischen dem Vorhandensein der Spur Nr. 6 und dem in der Einstellungsverfügung der Staatsanwaltschaft zugrundegelegten Ablauf des Tatgeschehens besteht.

Zu 1.1. des Antrags:

Unzutreffend ist zunächst die Annahme der Antragsteller, als Spur Nr. 6 seien eine „Delle und Gewebefetzen an der .. Wand" festgehalten worden. Zwar haben zwei der gerichtsmedizinischen Sachverständigen vor dem Untersuchungsausschuß des Landtags eine „kleine Aufschlagstelle im Wandputz" o. ä. erwähnt, die nach ihrer Meinung durch das tödliche Geschoß verursacht worden sein konnte. Jedoch war, wie der kriminalpolizeiliche Spurensicherungsbericht ausweist, im Zusammenhang mit der Erfassung der Spur Nr. 6 eine Beschädigung im Wandputz nicht festzustellen. Auch eine Lichtbildaufnahme zur Spur Nr. 6 läßt eine Eindellung in der Wandfläche, die als Abprallmarke eines Geschosses gedeutet werden könnte, nicht erkennen.

Daraus folgt, daß die Spur Nr. 6 – und damit auch das in Verlust geratene Beweismaterial zu dieser Spur – für die Rekonstruktion des Schußbahnverlaufes, der dem tödlichen Geschoß zuzuordnen ist, nicht herangezogen werden kann. Nach dem kriminaltechnisch gesicherten Spurenbefund ist vielmehr davon auszugehen, daß das tödliche Geschoß nach Durchdringen des Schädels nicht mehr mit hinreichender Restenergie weitergeflogen ist, um an der Wand eine feststellbare Abprallmarke, Delle o. ä. zu hinterlassen. Unter den gegebenen Umständen kann jedenfalls auch nicht ausgeschlossen werden, daß das als Spur Nr. 6

gesicherte „Gewebeteil oder Blut" durch Wegspritzen bei der tödlichen Schußverletzung an der Wand angetragen worden ist.

Die Spur Nr. 6 ist im Spurenauswertebericht der Kriminalpolizei nicht erwähnt worden, weil ein kriminaltechnisch auswertbares Beweismaterial insoweit gar nicht vorlag. Daß der tödliche Schuß Baader in sitzender Haltung getroffen hat, konnte gleichwohl in der Einstellungsverfügung der Staatsanwaltschaft unbedenklich zugrundegelegt werden. Dieser Umstand war bei einer Rekonstruktion des Tatgeschehens maßgeblich aus dem vorhergehenden, in seinem räumlichen Verlauf durch die Einschußstelle in der Wand (Spur Nr. 5) gesicherten Schuß abgeleitet worden.

Zu 1.2. des Antrags:

Da es sich bei dem sichergestellten Beweismaterial zu Spur Nr. 6 ausschließlich um ein Gewebeteil oder Blut, also körpereigenes Material handelte, hatten durch die zunächst in die Wege geleitete gerichtsmedizinische Untersuchung allenfalls Erkenntnisse gewonnen werden können, die eine Zuordnung des Beweismaterials zu den Körpereigenschaften einer bestimmten Person (Blutgruppe u. a.) erlaubt hätten. Nach allen sonst vorhandenen Beweisen kann indessen kein Zweifel daran bestehen, daß in der Zelle 719 allein der Gefangene Baader eine Verletzung erlitten hat, die ihrer Art nach geeignet war, zu der festgestellten Antragung organischen Materials an der Wand zu führen. Deshalb durfte die Staatsanwaltschaft bei ihrer Einschätzung des Beweiswertes der Spur Nr. 6 davon ausgehen, die noch fehlende Auswertung werde das Ergebnis der Ermittlungen im ganzen, nämlich die Tatsache der Selbsttötung Baaders, keinesfalls in Frage stellen können. Nichts anderes ist in der Antwort der Landesregierung zu 2. – 5. der Kleinen Anfrage des Abg. Heimann (Drucks. 8/4126) ausgeführt worden.

Dr. Eyrich

DOKUMENT 37
BERATUNG DES STÄNDIGEN AUSSCHUSSES 1984

Zu Drucksache 8/4642 Ziff. 3

Bericht
über die Beratungen des Ständigen Ausschusses

Der Ständige Ausschuß behandelte den Antrag Drucksache 8/4315 in seiner 32. Sitzung am 20. Januar 1984.

Der Erstunterzeichner des Antrags verwies darauf, er habe den Antrag initiiert, weil ihn die Landesregierung in der Antwort auf die Kleine Anfrage Drucksache 8/4126 „abgekanzelt" und nähere Erläuterungen mit der Bemerkung verweigert habe, er verfolge den Zweck, Mißtrauen und Zweifel an der Objektivität der Ermittlungsbehörden zu wecken. Er wende sich gegen dieses Verhalten der Landesregierung und verweise auf Artikel 27 der Landesverfassung, wonach der Landtag die Ausübung der vollziehenden Gewalt und deren Rechtsstaatlichkeit überwache. Die Opposition müsse seines Erachtens die Möglichkeit haben, durch Fragen im Parlament die vollziehende Gewalt zu überwachen. Im übrigen halte er es auch in Wahlkampfzeiten für die Aufgabe der Abgeordneten, heikle Themen anzusprechen.

Das Justizministerium unterstelle in der Stellungnahme zu dem Antrag darüber hinaus, daß weitere Beweiserhebungen zu den gestellten Fragen nicht erforderlich seien, weil keine neuen Ergebnisse ermittelt werden könnten. Er widerspreche dieser Aussage, denn nach seiner Überzeugung könnten neue Beweiserhebungen durchaus neue Ergebnisse bringen, da in verschiedenen Punkten eindeutige Widersprüche bestünden. So besteht nach seiner Auffassung ein Widerspruch zwischen der offiziellen Version des Todesschusses und der Tatsache, daß die hierfür bedeutsame Spur Nr. 6 nicht mehr auffindbar sei. Einen weiteren Widerspruch sehe er zwischen der Aussage des seinerzeitigen Justizministers, vor der Kontaktsperre seien sämtliche Geräte in den Zellen untersucht worden, und der Feststellung, daß im Plattenspieler von Andreas Baader eine Waffe versteckt gewesen sei.

Die Antragsteller fragten weiter nach den diensthabenden Beamten der Vollzugsanstalt Stuttgart-Stammheim während der Nacht vom 17. auf den 18. Oktober 1977. Er betrachte es als eminentes öffentliches Interesse, zu erfahren, welche Beamten in dieser Zeit den Außendienst versehen hätten, da der von den Aufsichtsbeamten kontrollierte zweite Aufgang in anderen öffentlich gehandelten Tatversionen eine wichtige Rolle spiele. Die Landesregierung sollte den ihrer Ansicht nach bewiesenen Tathergang durch diese Auskunft bekräftigen.

Die Antragsteller fragten auch nach den bisher der Öffentlichkeit nicht zur Verfügung gestellten Röntgenaufnahmen an der Leiche Andreas Baaders, da diese unter Umständen auch die Tatversion der Landesregierung belegen könnten. Diese Aufnahmen seien jedoch nicht einmal den Anwälten der Angehörigen zur Verfügung gestellt worden.

Die nächste Frage des Antrags beziehe sich auf die Mitarbeiter der Firma Siemens, die während der Kontaktsperrezeit Reparaturen an der Telemat-Alarmanlage durchgeführt hätten. Es sei auffällig, daß diese Anlage trotz erfolgter Reparaturarbeiten in der Nacht vom 17. auf den 18. Oktober 1977 nicht funktioniert habe. Im übrigen habe auch der Untersuchungsausschuß zur Klärung der Vorgänge in der Vollzugsanstalt diesen Sachverhalt nicht weiter untersucht.

Die Antragsteller forderten weiter Auskunft über einen Brief von Andreas Baader vom 7. Oktober 1977 an den Vorsitzenden Richter am Oberlandesgericht Stuttgart. Dieser Brief sei bis jetzt noch nicht den Angehörigen bzw. deren Anwälten übergeben worden.

450

Bei all diesen im Antrag gestellten Fragen gingen die Antragsteller davon aus, daß andere Ergebnisse hätten erzielt werden können, wenn in dieser Richtung ermittelt worden wäre. Deshalb teile er auch nicht die Auffassung der Landesregierung, daß zusätzliche Beweiserhebungen nicht erforderlich seien, weil sie kein anderes Resultat erbringen würden.

Besonders setzte sich der Abgeordnete mit der Stellungnahme der Landesregierung zu Ziffer 1 des Antrags auseinander. Zunächst fragte er, ob die genannte Lichtbildaufnahme zur Spur Nr. 6 den Anwälten der Angehörigen von Andreas Baader zur Verfügung gestellt worden sei.

Er führte weiter aus, die Gerichtsmediziner Prof. Mallach und Prof. André hätten davon gesprochen, daß die Gewebefetzen der Spur Nr. 6 einen eindeutigen Anhaltspunkt dafür darstellten, daß der tödliche Schuß in einer sitzenden Stellung abgegeben worden sei, weshalb eine Selbsttötung von Andreas Baader vorliegen müsse. Insofern komme der Spur Nr. 6 auch eine wesentliche Bedeutung für die Darstellung des Tathergangs zu. Die Erklärung des Justizministeriums, daß „Gewebeteile oder Blut" unter Umständen durch Wegspritzen bei der tödlichen Schußverletzung an der Wand angetragen worden seien, erscheine ihm als völlig neue Aussage. Er sehe einen Widerspruch darin, daß nach der Tatversion der Landesregierung die Kugel nach Durchdringen des Schädels von Andreas Baader abgetropft und zu Boden gefallen sein solle, während andererseits in drei Meter Entfernung davon Blutspritzer an der Wand gefunden worden seien.

Er halte auch die Stellungnahme zu Ziffer 1.2 des Antrags für ein Indiz dafür, daß bei der Untersuchung der Vorgänge zunächst ein Ergebnis vorausgesetzt und dann die Beweise gesucht worden seien. Für ihn wäre es entscheidend, die Spur Nr. 6 zu untersuchen, um entweder die bisherige Tatversion zu verifizieren oder in Frage zu stellen.

Der Staatssekretär des Justizministeriums wies zunächst den Vorwurf der Abgeordneten, bei der Antwort auf eine Kleine Anfrage „abgekanzelt" worden zu sein, entschieden zurück. Die Landesregierung habe nach bestem Wissen und Gewissen Auskunft erteilt, sofern das die Sach- und Rechtslage zulasse.

Der Staatssekretär führte aus, der 7. Landtag von Baden-Württemberg sei nach sorgfältiger Untersuchung und umfangreicher Prüfung durch einen Untersuchungsaus-schuß einstimmig zu der Überzeugung gelangt, daß sich die Gefangenen Ensslin, Baader und Raspe in der Nacht vom 17. auf den 18. Oktober 1977 selbst getötet hätten. Der gesamte Untersuchungsausschuß habe damals überhaupt keinen Ansatzpunkt für eine Drittwirkung festgestellt.

Die Landesregierung stehe auf dem Standpunkt, daß es nicht ihre Aufgabe sein könne, ein Ergebnis eines Untersu-chungsausschusses im nachhinein zu würdigen und zu werten; diese Aufgabe habe vielmehr schon der Landtag wahrgenommen. Die Landesregierung werde sich auch in Zukunft daran halten, weil ein anderes Vorgehen ihres Erachtens verfassungsmäßig unzulässig sei.

Das Tatgeschehen in der Nacht vom 17. auf den 18. Okto-ber 1977 stelle für die Landesregierung auch kein „heikles Thema" dar. Die Vorgänge seien vielmehr sowohl vom Landtag als auch von der Staatsanwaltschaft ausführlich und sorgfältig ermittelt worden.

Die Landesregierung lehne beim jetzigen Kenntnisstand weitere Beweiserhebungen ab. Die Staatsanwaltschaft würde jedoch dann neue Beweiserhebungen vornehmen, wenn Beweise auftauchten, die das Ergebnis in irgendeiner Weise berühren könnten. In keinem einzigen ihm bis jetzt bekannten Fall seien jedoch beweiserhebliche Tatsachen geltend gemacht worden, die die Feststellung einer Selbst-tötung in Frage stellten.

Die Landesregierung bestreite nicht, daß viele Beweiserhebungen gerade auch wegen der Erwartungen aus dem Ausland unter Zeitdruck erfolgt seien. Dabei seien bei den Ermittlungen auch Pannen unterlaufen. Dazu gehöre die Tatsache, daß die Spur Nr. 6 nicht mehr aufzufinden sei. Die Staatsanwaltschaft habe dazu Ermittlungen angestellt, dies jedoch nicht aufklären können. Aber selbst wenn diese Spur vorläge, könnte sie in keiner Weise das Ergebnis der Selbsttötung von Andreas Baader tangieren.

Er gab zu, daß der Vollzugsdienstleiter vor dem Untersuchungsausschuß erklärt habe, daß alle Geräte in den Räumen der Gefangenen untersucht worden seien, während der Untersuchungsausschuß zum Ergebnis gelangt sei, daß die Pistole im Plattenspieler des Andreas Baader untergebracht gewesen sei. Solche Gegensätze träten aber in den meisten Verfahren auf. Der Untersuchungsausschuß des Landtags habe diesen Sachverhalt bei seiner Feststellung gewürdigt. Hier stelle sich für ihn die Frage, ob die Antragsteller überhaupt ein ernsthaftes Interesse an der Aufklärung der Vorgänge hätten oder lediglich eine bestimmte Verschwörertheorie am Leben halten wollten.

Die von den Antragstellern genannten Röntgenaufnahmen an der Leiche Andreas Baaders befänden sich in den Akten und seien auch im staatlichen Ermittlungsverfahren berücksichtigt worden. Die Akten seien den Rechtsanwälten im Rahmen ihrer Verteidigungsmöglichkeiten vorgelegen. Allerdings wisse er nicht, ob sie die Röntgenaufnahmen tatsächlich zur Kenntnis genommen hätten.

Unbestritten hätten während der Kontaktsperre zwei Siemens-Beauftragte die Telemat-Alarmanlage überprüft. Fest stehe aber auch – und niemand habe dies bei den Untersuchungen angezweifelt –, daß sich in der Nacht vom 17. auf den 18. Oktober 1977 in der Vollzugsanstalt Stuttgart-Stammheim weder Fachleute der Firma Siemens noch des Bundeskriminalamtes noch des Bundesnachrichtendienstes aufgehalten hätten. Deshalb könne auch die Feststellung, daß die Siemens-Beauftragten an der Telemat-Anlage gearbeitet hätten, das eindeutige Ergebnis der Selbsttötung in keiner Weise erschüttern.

Auch der Brief von Andreas Baader vom 7. Oktober 1977 an den Vorsitzenden Richter am Oberlandesgericht Stuttgart befinde sich in den Akten und habe den Verteidigern zur Einsichtnahme vorgelegen. Deshalb könne er keine Bedeutung von Ziffer 6 des Antrags erkennen.

Abschließend erklärte der Staatssekretär, die Landesregierung verkenne nicht, daß vielleicht bei der Beweisaufnahme bezüglich der Spur Nr. 6 etwas Unsicherheit aufgekommen sei. Aber all das, was bis jetzt vorgetragen worden sei, könne nicht die Tatsache erschüttern, daß die drei Gefangenen in der Nacht vom 17. auf den 18. Oktober 1977 Selbsttötung begangen hätten.

Ein CDU-Abgeordneter sah keine Veranlassung, die Debatte, für die in der 7. Legislaturperiode der damalige Untersuchungsausschuß viel Zeit aufgewandt habe, erneut im Ständigen Ausschuß zu führen. Deshalb trete er dafür ein, den Antrag Drucksache 8/4315 für erledigt zu erklären.

Der Initiator des Antrags Drucksache 8/4315 betonte, die Antragsteller verfolgten nicht den Zweck, einen einstimmig vom Landtag gefaßten Beschluß anzugreifen, sondern die Geschehnisse in der Vollzugsanstalt Stuttgart-Stammheim aufzuklären. Er weise auch die Unterstellung des Staatssekretärs im Justizministerium zurück, lediglich eine bestimmte Verschwörertheorie am Leben halten zu wollen. Ihm gehe es darum, die Rechtstaatlichkeit von Ermittlungen zu überprüfen.

Zwar hätten die Anwälte die Möglichkeit gehabt, die Ermittlungsakten einzusehen, doch sei das gesamte Ermittlungsverfahren unter Zeitdruck gestanden und auch die Arbeit des Untersuchungsausschusses mit relativ hoher Geschwindigkeit geleistet worden. Die Rechtsanwälte hätten aber nur Akteneinsicht für die Zeit des Todesermittlungsverfahrens gehabt. Ihm sei bekannt, daß beispielsweise noch heute Rechtsanwälte vergeblich um die Röntgenaufnahmen von Andreas Baader nachsuchten. Wenn die Röntgenaufnahmen tatsächlich eindeutig die offizielle Tatversion unterstützten, sprächen seines Erachtens keine Gründe gegen eine Veröffentlichung. Gleiches gelte für den Brief von Andreas Baader an den Vorsitzenden Richter beim Oberlandesgericht Stuttgart.

Der Abgeordnete widersprach der seitens der CDU angeregten Erledigterklärung des Antrags, da die Landesregierung im wesentlichen die gestellten Fragen nicht beantwortet habe. Er beantragte, die Landesregierung aufzufordern, zu allen Antragspunkten detaillierter zu berichten. Er sei bereit, ihr dafür eine Frist bis zum 30. April 1984 einzuräumen.

Eine Sprecherin der Gruppe GRÜNE meinte, es sei nicht auszuschließen, daß der seinerzeit eingesetzte Untersuchungsausschuß angesichts der damals herrschenden Zeitnot einige Fakten übersehen habe, denen er bei weniger Zeitdruck nachgegangen wäre.

Ein Vertreter der SPD berichtete, der in der 7. Legislaturperiode eingesetzte Untersuchungsausschuß habe sich in der Tat bemüht, rasch zu einem Ergebnis zu kommen. Darunter habe jedoch keineswegs die Gründlichkeit der Untersuchungen gelitten. Der Untersuchungsausschuß habe vielmehr alle Spuren und Hinweise aus jeder Richtung aufgenommen und zu verwerten versucht. Deshalb weise er den Vorwurf mangelnder Gründlichkeit der Beratungen des Untersuchungsausschusses zurück. Trotzdem schließe er nicht aus, daß der Untersuchungsausschuß sich in dem einen oder anderen Punkt vielleicht auch geirrt haben könne.

Trotz harter Konfrontationen um den Tod der Gefangenen in der Vollzugsanstalt Stuttgart-Stammheim habe der Untersuchungsausschuß zum Sachverhalt ein einstimmiges Votum abgegeben. Unterschiede hätten lediglich in der Beurteilung der politischen Verantwortlichkeit, nicht jedoch im objektiven Tatbestand und in der Bewertung des Tathergangs bestanden. Nur eine einzige dem Untersuchungsausschuß unwesentlich erschienene Spur – Ergebnis der Untersuchung von Lungengewebeteilen – sei zurückgestellt worden, weil alle Untersuchungsausschußmitglieder die Überzeugung geteilt hätten, daß sich die Betroffenen selbst getötet hätten.

Wenn es eine Möglichkeit gebe, die Vorgänge aus der Vollzugsanstalt Stuttgart-Stammheim neu aufzurollen, müsse der Landtag den Beschluß fassen, sein eigenes damaliges Votum zu überprüfen. Dafür sehe er derzeit keine Veranlassung. Im übrigen hätten die Eltern der Betroffenen jederzeit die Möglichkeit, Anwälte mit dem Fall zu beauftragen. Den Anwälten könnte die Aktenbeiziehung nicht verweigert werden, auch die Staatsanwaltschaft müsse sich damit befassen. Dann bestehe noch die Möglichkeit des Klageerzwingungsverfahrens. Alle heute angesprochenen Punkte müßten in diesem Zusammenhang noch einmal überprüft werden. Er könne den Antragstellern nur empfehlen, daß sich seriöse und von Sachkenntnis geprägte Anwälte der Angelegenheit annehmen und die Wiederaufnahme betreiben sollten. Dagegen könne der Landtag ein solches differenziertes „Wiederaufnahmeverfahren" nicht leisten.

Ein anderer Abgeordneter der SPD bezweifelte nicht die Gründlichkeit der vom Untersuchungsausschuß im 7. Landtag geleisteten Arbeit, meinte jedoch, eine Reihe von in dem Antrag Drucksache 8/4315 spezifiziert enthaltenen Fragen sollten von der Landesregierung gründlich beantwortet werden. Er sehe die Stellungnahme des Justizministeriums zu dem Antrag als ziemlich pauschal an. Er unterstütze das

Begehren des Erstunterzeichners des Antrags, die Landesregierung aufzufordern, zu dem Antrag detaillierter über alle
Punkte bis zu dem genannten Termin zu berichten.

Eine Sprecherin der Gruppe GRÜNE stellte klar, die Antragsteller begehrten nicht die Einsetzung eines neuen Untersuchungsausschusses, sondern einen detaillierten Bericht
zu den im Antrag aufgeworfenen Fragen.

Der Erstunterzeichner des Antrags Drucksache 8/4315 wiederholte seinen Antrag, die Landesregierung aufzufordern,
zu dem Antrag einen über die Drucksache 8/4315 hinausgehenden detaillierten Bericht über alle in dem Antrag
genannten Punkte zu erstatten.

Er war der Auffassung, wenn die Landesregierung beispielsweise den Dienstplan für die Zeit vom 17. und 18.
Oktober 1977 in der Vollzugsanstalt nennen würde, könnten die Anwälte zunächst fundierte Ermittlungen anstellen,
um dann die Möglichkeit eines Wiederaufnahmeverfahrens
zu prüfen.

Mit 13:2 Stimmen bei einer Enthaltung lehnte der Ausschuß
den Antrag auf eine weitergehende Berichterstattung ab.

Ein CDU-Abgeordneter erklärte, seine Fraktionskollegen
und er hätten diesen Antrag abgelehnt, weil nach ihrer
Auffassung die Landesregierung ausreichend berichtet
habe.

Datum 25.2.84 Berichterstatter: (Haischer)

Thilo Weichert
Mitglied des Landtags von Baden-Württemberg

Stuttgart, den 30.10.85

An das
Justizministerium des
Landes Baden-Württemberg
Postfach 537
7000 Stuttgart 1

Ermittlungsverfahren wegen des Todes von Andreas Baader in Stuttgart-Stammheim

ABGEORDNETENBRIEF

Sehr geehrter Herr Dr. Volz,

von Rechtsanwalt Weidenhammer, der die Mutter von Andreas Baader, Frau Anneliese Baader, vertritt, wurde ich kürzlich darauf hingewiesen, daß hinsichtlich des Todes von Andreas Baader am 17./18.10.1977 noch einige Unklarheiten bestünden.

Da dieses Thema von einer breiten Öffentlichkeit diskutiert wurde und auch heute noch von Interesse ist, habe ich an Sie – an Stelle einer kleinen Anfrage – folgende Fragen:

1.a.) Gibt es einen Bericht, der die Schußspuren aus der Zelle 719 auswertet und dabei das Lichtbild Nr. 61 berücksichtigt?
b.) Ist das Justizministerium bereit, das Lichtbild Nr. 61, das die Spur Nr. 6 zeigt, noch einmal begutachten zu lassen?
c.) Ist das Justizministerium hilfsweise bereit, Rechtsanwalt

Weidenhammer einen Abzug des Lichtbildes zur Verfügung zu stellen?

2.a.) Auf welchem Wege ist nach Ansicht der Landesregierung die Tatwaffe in die Zelle 719 gelangt, wenn sie nicht in dem in der Zelle befindlichen und von Beamten des LKA untersuchten Plattenspieler war? (vgl. Brief des Ministerialdirektors Prof. Engler an den Ausschußvorsitzenden Dr. Schieler vom 10.01.78)
b.) Ist der o.a. Brief inzwischen zu den Akten des Todesermittlungsverfahrens gelangt? Wenn nein, warum nicht?

3.a.) Weshalb wurden die vom Schädel des Toten Baader angefertigten Röntgenaufnahmen nicht ausgewertet und bei den Ermittlungen hinzugezogen?
b.) Ist das Justizministerium bereit, die Röntgenaufnahmen auswerten zu lassen und das Ergebnis in den Ermittlungsbericht aufzunehmen?
c.) Ist das Justizministerium hilfsweise bereit, Rechtsanwalt Weidenhammer diese Röntgenaufnahmen zur Verfügung zu stellen?

4.a.) Welche Mitarbeiter der Firma SIEMENS waren mit der Reparatur der Telemat-Anlage in der Zeit der Kontaktsperre Sept./Okt. 1977 betraut?
b.) Wer von ihnen war zu welcher Zeit in Stock 7 der Vollzugsanstalt Stuttgart-Stammheim tätig?
c.) Warum funktionierte die Telemat-Anlage trotz der vorgenommenen Reparaturen in der Nacht vom 17./18.10.77 nachweislich nicht?
d.) Wurden bei den Ermittlungen der Reparaturauftrag und die Kostenrechnung der Firma SIEMENS hinzugezogen?
e.) Ist das Justizministerium bereit, den Reparaturauftrag und die Kostenrechnung der Firma SIEMENS zu den Ermittlungsakten zu nehmen und auswerten zu lassen?
f.) Ist das Justizministerium hilfsweise bereit, Rechtsanwalt Weidenhammer den Reparaturauftrag und die Kostenrechnung der Firma SIEMENS zur Verfügung zu stellen?

5.a.) Sind der Landesregierung die drei der neun in der Nacht vom 17./18.10,77 diensthabenden Beamten bekannt, die weder von der Polizei noch vor dem Untersuchungsausschuß vernommen wurden?

b.) Wie lauten deren Namen?

c.) Warum wurden insbesondere die beiden Außendienstbeamten nicht vernommen?

d.) Ist das Justizministerium bereit, nachträglich eine Vernehmung zumindest der beiden Außendienstbeamten durchführen zu lassen und das Protokoll zu den Ermittlungsakten zu nehmen?

Mit freundlichen Grüßen

(Thilo Weichert)

DOKUMENT 39
ANWORT DES JUSTIZMINISTERIUMS
AUF DEN ABGEORDNETENBRIEF WEICHERT 1985

Justizministerium Baden-Württemberg
Der Staatssekretär

Herrn Abgeordneten
Thilo Weichert
Haus des Landtags
7000 Stuttgart 1

Stuttgart, den 11. Dezember 1985

Betr. Ermittlungsverfahren wegen des Todes von Andreas
Baader in Stuttgart-Stammheim

Bezug: Ihr Schreiben vom 30. Oktober 1985

Sehr geehrter Herr Kollege,

über die Ergebnisse des Ermittlungsverfahrens, das den
Tod der Gefangenen Baader, Ensslin und Raspe am 18.
Oktober 1977 in der Vollzugsanstalt Stuttgart betraf, ist die
Öffentichkeit seit langem umfassend unterrichtet. In wieder-
holten Stellungnahmen gegenüber dem Landtag hat sich
das Justizministerium bemüht, angebliche „Unklarheiten",
wie sie von Rechtsanwalt Weidenhammer immer noch geltend gemacht werden, auszuräumen. Gleichwohl bin ich
gerne bereit, die jetzt von Ihnen vorgebrachten Fragen,
soweit dies anhand der dem Justizministerium vorliegenden Unterlagen möglich ist, zu beantworten.

Vorausschicken möchte ich allerdings, daß für die Ermittlungen, die nach den Todesfällen in der Vollzugsanstalt
Stuttgart zu führen waren, nicht das Justizministerium, son-

461

dern aufgrund der §§ 159, 160 StPO die Staatsanwaltschaft zuständig war. Auch über die Frage, ob ergänzende Beweiserhebungen, Begutachtungen und Vernehmungen in Betracht kommen könnten, hat deshalb in erster Linie die Staatsanwaltschaft und nicht das Justizministerium zu entscheiden. Herrn Rechtsanwalt Weidenhammer, der im vorliegenden Verfahren auch bereits andere Hinterbliebene vertreten hat, ist hinlänglich bekannt, daß er sich mit Anträgen zu weiteren Ermittlungen, zur Ergänzung der Akten oder zur Gewährung von Akteneinsicht jederzeit an die Staatsanwaltschaft Stuttgart wenden kann.

1. Die in der Zelle 719 der Vollzugsanstalt kriminaltechnisch festgehaltenen Schußspuren wurden im Spurensicherungsbericht der Landespolizeidirektion Stuttgart II vom 16. Januar 1978 erfaßt. Diesem Bericht waren als Anlagen Lichtbildaufnahmen, so u.a. das von der Spur 6 gefertigte Lichtbild Nr. 61, angeschlossen. Eine Begutachtung einzelner Spuren im Hinblick auf den Schußbahnverlauf enthielt der Spurenauswertebericht der Kriminalpolizei vom 28. Februar 1978. Über die in den Berichten festgehaltenen Beweisergebnisse und deren Bewertung durch die Staatsanwaltschaft hat das Justizministerium den Petitionsausschuß des Landtags im Rahmen der Stellungnahme zu der – von Rechtsanwalt Weidenhammer namens der Frau Charlotte Raspe eingereichten – Petition 8/5726 mit Schreiben vom 21. Juli 1983 ausführlich unterrichtet. Entsprechend der Empfehlung des Petitionsausschusses (Drucks. 8/4729 Nr. 5) hat der Landtag in seiner Sitzung vom 8. Mai 1984 die Petition mit der Stellungnahme der Regierung für erledigt erklärt.

Auf Anfrage hat die Staatsanwaltschaft Stuttgart Rechtsanwalt Weidenhammer mit Schreiben vom 21. September und 3. Dezember 1984 mitgeteilt, daß ihm die Besichtigung des Lichtbildes Nr. 61 – wie aller anderen Beweismittel – in den Räumen der Staatsanwaltschaft freigestellt sei. Dieser Bescheid entsprach der in Nr. 189 Abs. 2 und 3 der Richtlinien für das Strafverfahren und das Bußgeldverfahren (RiStbV) getroffenen Regelung, wonach die Beweisstücke von einer Übersendung der Akten an Rechtsanwälte ausgenommen sind. Für das Justizministerium besteht danach weder ein Grund, die Sachbehandlung der Staatsanwaltschaft zu beanstanden, noch die Möglichkeit, dem Anwalt das Beweisstück entgegen den Richtlinien zu überlassen. Weshalb es erforderlich sein sollte, das Lichtbild „noch einmal begutachten zu lassen", kann ich Ihren Ausführungen im übrigen nicht entnehmen.

2. Der vom Landtag eingesetzte Untersuchungsausschuß „Vorfälle in der Vollzugsanstalt Stuttgart-Stammheim" hat sich aufgrund des Beweisantrages Nr. 24 (vgl. Drucks. 7/3200 S. 124) mit der Zellendurchsuchung befaßt, die am 5./6. September 1977 unter Zuziehung von Beamten des Landeskriminalamtes in der Vollzugsanstalt durchgeführt worden war. Bei den diesbezüglichen Zeugenvernehmungen konnte der Untersuchungsausschuß allerdings nicht zweifelsfrei klären, ob alle Plattenspieler der Gefangenen seinerzeit – ergebnislos – untersucht worden sind. Wie der Bericht des Untersuchungsausschusses ausführt, hat sich die am 18. Oktober 1977 in der Zelle Baaders aufgefundene Pistole im Zeitpunkt der Zellendurchsuchung „mutmaßlich" in dem Plattenspieler des Gefangenen befunden (Drucks. 7/3200 S. 97).

Die Landesregierung hat zu diesem Punkt keinerlei Erklärungen abgegeben, die zu den Ergebnissen des Verfahrens vor dem Untersuchungsausschuß in Widerspruch stünden. In seinem Schreiben an den Ausschuß vom 10. Januar 1978 hatte der Ministerialdirektor im Justizministerium aufgrund eines entsprechenden Berichts der Vollzugsanstalt zwar mitgeteilt, der Plattenspieler sei – zusammen mit anderen Geräten – aus der Zelle des Gefangenen geholt, von Beamten des Landeskriminalamts „durchsucht und überprüft" und später an den Gefangenen wieder ausgehändigt worden. Ausdrücklich wird in dem genannten

Schreiben aber auch bemerkt, es sei der Vollzugsanstalt nicht bekannt geworden, „welche Untersuchungen im einzelnen vorgenommen worden sind."

Weshalb die Staatsanwaltschaft das bei den Akten des Landtags befindliche Schreiben vom 10. Januar 1978, dessen Inhalt bekannt ist, zu den Ermittlungsakten beiziehen sollte, ist nicht erfindlich. Für die Entscheidung im Ermittlungsverfahren war es unerheblich, ob sich die Pistole am 6. September 1977 tatsächlich im Plattenspieler des Gefangenen befand; wann sie ggfs. dorthin gelangt sein könnte, läßt sich ohnedies nicht genau sagen.

3. Zu den Röntgenaufnahmen, die während der Besichtigung der Leiche des Gefangenen Baader (§ 87 Abs. 1 StPO) mit einem Röntgengerät der Vollzugsanstalt gefertigt wurden und die deshalb zunächst im Röntgenarchiv der Anstalt verblieben waren, habe ich Rechtsanwalt Weidenhammer auf dessen Anfrage mit Schreiben vom 7. Januar 1985 mitgeteilt:

„Die vom Schädel Baaders gefertigten Röntgenaufnahmen hat die Staatsanwaltschaft Stuttgart, nachdem das Vorhandensein solcher Aufnahmen bekannt geworden war, zu den Akten des von ihr geführten Ermittlungsverfahrens genommen. Ein schriftlicher Auswertungsbericht zu diesen Aufnahmen ist auch nach meiner Kenntnis nicht erstellt worden. Daß die Staatsanwaltschaft nach Beiziehung der Aufnahmen – offensichtlich in Hinblick auf deren geringen Beweiswert – keinen Grund zu weiterer Ermittlungstätigkeit gesehen hat, ist aus der Sicht des Justizministeriums dienstaufsichtsrechtlich nicht zu beanstanden.

Wie Ihnen bereits wiederholt, zuletzt mit Schreiben der Staatsanwaltschaft vom 3. Dezember 1984 mitgeteilt wurde, können die Röntgenaufnahmen in den Räumen der Staatsanwaltschaft besichtigt werden. Es bleibt Ihnen also unbenommen, sich von deren Tauglichkeit als Beweismittel ein eigenes Bild zu machen."

Dem habe ich nichts hinzuzufügen.

4. Mit dem Funktionieren der Fernsehüberwachungsanlage ("Telemat") im Zellentrakt der Abteilung III der Vollzugsanstalt hat sich ebenfalls bereits der Untersuchungsausschuß des Landtags befaßt. Aufgrund des Beweisantrages Nr. 39 wurden in der 17. Sitzung des Ausschusses am 9. Februar 1978 auch die für den Einbau der Anlage und deren Überwachung zuständigen Mitarbeiter der Firma Siemens gehört (Drucks. 7/3200 S. 131). Aufgrund der Beweisaufnahme waren "sichere Feststellungen darüber, ob der am 9.11.1977 festgestellte Mangel schon in der Nacht vom 17. zum 18.10.1977 vorlag, ... nicht möglich"; dies war allerdings auch nicht auszuschließen (Drucks. 7/3200 S. 13).

Über das Ergebnis der Überprüfung der Anlage am 9. November 1977 befinden sich Berichte des Landeskriminalamts vom 13. Dezember 1977 und 30. Januar 1978 bei den Akten der Staatsanwaltschaft. Ob bei den Ermittlungen der Reparaturauftrag der Vollzugsanstalt und die Kostenrechnung der Firma Siemens vorlagen, ist dem Justizministerium nicht bekannt. Unterlagen über die bis zum 18. Oktober 1977 vorgenommenen Revisionen der Anlage befanden sich jedoch bei der Beweisaufnahme des Untersuchungsausschusses in der Hand des zuständigen Firmenvertreters. Ob der Zeuge entsprechend seiner Zusage in der Sitzung vom 9. Februar 1978 (Protokoll S. 17/111, 17/119) diese Unterlagen nach Vervollständigung dem Ausschuß übersandt hat, ist dem Justizministerium ebenfalls unbekannt.

5. Von den neun Vollzugsbediensteten, die in der Nacht vom 17. auf 18. Oktober 1977 in der Vollzugsanstalt Stuttgart Dienst taten, wurden lediglich die beiden Beamten, die innerhalb des Hofraums, aber außerhalb der Gebäude eingesetzt waren, im Ermittlungsverfahren nicht vernommen. Auch der Untersuchungsausschuß des Landtags hat die beiden Bediensteten nicht als Zeugen gehört. Unberück-

sichtigt blieb im Verfahren vor dem Untersuchungsausschuß ferner ein dritter Beamter, der im Ermittlungsverfahren allerdings vernommen worden war.

Von einer förmlichen Vernehmung der beiden „Außendienstbeamten", die namentlich feststehen, hat die Staatsanwaltschaft Stuttgart abgesehen. Aufgrund einer informatorischen Befragung steht fest, daß beide Beamten in der Nacht vom 17. auf 18. Oktober 1977 keine Wahrnehmungen gemacht haben, die für das Ermittlungsergebnis von Bedeutung sein könnten. Für das Justizministerium besteht kein Grund, die Sachbehandlung der Staatsanwaltschaft im Wege der Dienstaufsicht zu beanstanden.

Insgesamt kann es für das Justizministerium bei der gegebenen Sachlage nicht in Betracht kommen, die Staatsanwaltschaft im Wege der Dienstaufsicht zu ergänzenden Ermittlungen, zur Vervollständigung ihrer Akten oder zu sonstigen Maßnahmen anzuhalten. Die von Rechtsanwalt Weidenhammer angesprochenen Punkte sind offensichtlich nicht geeignet, das auf zahlreiche überzeugende Beweise gestützte Ermittlungsergebnis, wonach sich die Gefangenen selbst getötet haben, in irgendeiner Richtung in Zweifel zu ziehen. Das Justizministerium hat diese Auffassung zuletzt in der Stellungnahme zu dem Antrag der Abg. Heimann u.a. Grüne betreffend Todesermittlungsverfahren Stuttgart-Stammheim (Drucks. 8/4315 S. 6) näher dargelegt. Aufgrund der eingehenden Beratungen in der Sitzung des Ständigen Ausschusses vom 20. Januar 1984 hat sich der Landtag dieser Auffassung angeschlossen, indem er den Antrag auf weitere Berichterstattung durch die Regierung mit großer Mehrheit abgelehnt hat.

Mit freundlichen Grüßen
Dr. Volz

Staatsanwaltschaft Stuttgart

Herrn
Karl-Heinz Weidenhammer
Schulstr.
6368 Bad Vilbel 1

Aktenzeichen 9 Js 3627/77
Stuttgart, den 18. Januar 1985

Betreff: 1. Ermittlungsverfahren wegen des Todes von
Andreas Baader, Gudrun Ensslin und Jan-Carl Raspe
2. Anzeigensache wegen des Verdachts eines versuchten
Tötungsdelikts zum Nachteil von Irmgard Möller
Bezug: Ihr Schreiben vom 4. Januar 1985

Sehr geehrter Herr Rechtsanwalt Weidenhammer,

die mit Schreiben des Leiters der Vollzugsanstalt Stuttgart
vom 4. August 1983 übersandten 6 Röntgenaufnahmen
von der Leiche Andreas Baaders sind die einzigen, die zu
den vorliegenden Ermittlungsakten gelangt sind. Das Institut für Rechtsmedizin beim Gesundheitsamt der Landeshauptstadt Stuttgart hat mir auf Anfrage mitgeteilt, dort
befänden sich keine weiteren Röntgenaufnahmen von der
Leiche Andreas Baaders.

Der Leiter des Gerichtsmedizinischen Instituts der Universität Tübingen, Professor Dr. Mallach, hat zu den oben
erwähnten Röntgenaufnahmen mitgeteilt, diese habe man
in der Vollzugsanstalt Stuttgart am Leichenfundort angefertigt, weil man am Hinterkopf Baaders zwar eine Einschußwunde, zunächst aber keine Ausschußwunde entdeckt

467

habe. Die Gerichtsmediziner hätten daher zuerst angenommen, daß Andreas Baader einen Steckschuß davongetragen habe. Da in der Vollzugsanstalt Stuttgart ein tragbares Röntgengerät vorhanden gewesen sei, habe man sich entschlossen, mit dessen Hilfe nach dem vermuteten Geschoß zu suchen. Das Gerät habe ein jugoslawischer Arzt gebracht. Auf den damit gefertigten Aufnahmen sei kein Geschoß zu erkennen gewesen. Später habe man dann die Ausschußöffnung am Kopf Baaders entdeckt. Damit habe festgestanden, daß er keinen Steckschuß, sondern einen Durchschuß davongetragen habe. Die lediglich zur Suche des vermeintlich im Kopf Baaders steckenden Geschosses gefertigten Röntgenaufnahmen seien daher für die weitere Begutachtung ohne jegliche Bedeutung gewesen.

Hochachtungsvoll

(Christ)
Staatsanwalt

Thilo Weichert
Mitglied des Landtags von Baden-Württemberg

Stuttgart, den 1.4.1986

An den Staatssekretär im
Justizministerium Baden-Württ.
Herrn Dr. Eugen Volz
Schillerplatz 4
7000 Stuttgart

Betreff: Todesermittlung Baader u.a.

Sehr geehrter Herr Volz,
das Verfahren gegen und der Tod von Andreas Baader, Gudrun Ensslin und Jan-Carl Raspe hat durch den Film und das Buch „Stammheim" neue Aktualität gewonnen.

Immer noch, nach mehr als 8 Jahren, ist meines Erachtens keine Klarheit über die tatsächlichen Ereignisse hergestellt. Immer noch bestehen Ungereimtheiten und Widersprüche.

Unklar ist weiterhin der Aussagewert der beiden Außendienstbeamten. Am 19.10.1983 wurde die Anfrage des Abg. Heimann von Justizminister Dr. Eyrich als „angeblicher Widerspruch abgetan". Am 20.1.1984 meinten Sie im ständigen Ausschuß, dies sei nicht beweiserheblich. In Ihrer letzten Antwort meinten Sie nun, daß von einer förmlichen Vernehmung der beiden Außendienstbeamten abgesehen wurde. Nach Auskunft bei der Staatsanwaltschaft soll die „telefonisch informatorische" Befragung erst am 25.7.1983 stattgefunden haben, also fast 6 Jahre nach den fraglichen Ereignissen.

In diesem Zusammenhang habe ich folgende Fragen:

1.) Weshalb wurde von der förmlichen Vernehmung der Außenbediensteten, die namentlich feststehen, abgesehen? Wie ist dies mit dem prozessualen Zeugenvernehmungsgebot vereinbar?

2.) Ist die Staatsanwaltschaft bereit, eine förmliche Vernehmung jetzt noch durchzuführen?

3.) Wie ist die Angabe, keine Wahrnehmungen gemacht zu haben, vereinbar mit der Angabe des Beamten Horst Gellert, wonach der Außenposten ihn informiert hätte über sich im Außenbereich befindliche junge Leute?

Nach den Mitteilungen der Staatsanwaltschaft hat in der Nacht vom 17. auf 18.10.1977 der Beamte Bernd Hälsig Dienst gehabt, was dieser jedoch bei der Vernehmung vom 24.10.1977 bestritt (Vernehmungsschrift S. 1 und 4).

4.) Befand sich Herr Hälsig als 3. Beamter in der Dritten Abteilung, und wie erklärt sich dessen entgegengesetzte Aussage?

Ich hoffe, Sie verstehen, daß ich auf diese Ungereimtheiten eine Erklärung erbitten möchte.

Mit freundlichen Grüßen

Thilo Weichert
(Fraktion Grüne)

Justizministerium Baden-Württemberg
Der Staatsekretär

Herrn Abgeordneten
Thilo Weichert
Haus des Landtags
7000 Stuttgart 1

Stuttgart, den 22. April 1986

Betr. Ermittlungsverfahren wegen des Todes von Andreas
Baader u.a. in Stuttgart-Stammheim
Bezug: Ihr Schreiben vom 1. April 1986

Sehr geehrter Herr Weichert,
Ihre erneuten Fragen zu dem obengenannten Ermittlungsverfahren beantworte ich wie folgt:

1. Nachdem – im Zusammenhang mit der Vorbereitung der
Stellungnahme des Justizministers zu dem Antrag des Abg.
Heimann u.a. GRÜNE vom 19. Oktober 1983 – festgestellt
wurde, daß eine förmliche Vernehmung der Beamten Franz
Neugebauer und Rudi Stapf im Ermittlungsverfahren nicht
stattgefunden hatte, hat die Staatsanwaltschaft Stuttgart
geprüft, ob eine solche Vernehmung noch geboten sein
könnte. Aufgrund der informatorischen Anhörung der beiden Beamten, über die Sie unterrichtet sind, ergab sich
jedoch, daß beide „Außenposten" in der fraglichen Nacht
keine Wahrnehmungen gemacht hatten, die für das Ermittlungsergebnis von Bedeutung sein konnten. Von einer
förmlichen Vernehmung der Beamten wurde deshalb – weiterhin – abgesehen.

Wie Ihnen bereits in meinem Schreiben vom 11. Dezember 1985 mitgeteilt wurde, besteht für das Justizministerium kein Grund, die Sachbehandlung der Staatsanwaltschaft im Wege der Dienstaufsicht zu beanstanden. Die gesetzliche Verpflichtung der Staatsanwaltschaft, alle für die Frage eines strafrechtlichen Tatverdachts maßgeblichen Umstände zu ermitteln und für die notwendige Beweissicherung zu sorgen (§ 160 Abs. 2 StPO), findet ihre Grenze an der Zielsetzung des Vorverfahrens. Die Beweiserhebung der Staatsanwaltschaft ist deshalb nicht weiter auszudehnen, als erforderlich ist, um beurteilen zu können, ob öffentliche Klage geboten oder das Verfahren einzustellen ist (vgl. Kleinknecht-Meyer, StPO, 37. Aufl. 1985, Rn. 11; Karlsruher Kommentar zur StPO 1982, Rn. 19, 20; jeweils zu § 160 StPO). Ein „prozessuales Zeugenvernehmungsgebot", wie es für den Bereich der gerichtlichen Hauptverhandlung aus den Vorschriften der § 244 Abs. 2, § 261 StPO herzuleiten sein mag, besteht für das Vorverfahren nicht.

2. Nachdem aufgrund der informatorischen Erkundigung der Staatsanwaltschaft feststeht, daß die Beamten keine verdächtigen Wahrnehmungen gemacht haben, gibt es für ihre Vernehmung als Zeugen nach wie vor keinen Grund.

3. Weder die Staatsanwaltschaft Stuttgart noch das Justizministerium haben erklärt, die Beamten Franz Neugebauer und Rudi Stapf hätten keine Wahrnehmungen gemacht. Ohne Bedeutung für den von der Staatsanwaltschaft aufzuklärenden Verdacht eines Fremdverschuldens am Tode der Untersuchungsgefangenen (§ 159 StPO) waren indessen die Wahrnehmungen, über die der diensthabende Beamte der Torwache, Justizhauptsekretär Horst Gellert, nach seinen Angaben durch den Außenposten zwischen zwei und drei Uhr nachts unterrichtet worden war. Wie Ihnen bekannt sein dürfte, hat der Zeuge Gellert bei seiner Vernehmung selbst darauf hingewiesen, daß die Verursacher des von dem Außenposten wahrgenommenen lauten Sprechens – nämlich junge Leute, die sich außerhalb des Anstaltsbe-

reichs befanden – aufgrund seiner Meldung von der Polizei überprüft worden waren, wobei sich ergeben hatte, daß „alles in Ordnung" war. Damit steht fest, daß aus den Wahrnehmungen der Beamten Neugebauer und Rudi Stapf keinerlei Verdachtsmomente abgeleitet werden können, zumal für die sog. „Außenposten", die im Hofraum der Anstalt Dienst taten, der Bereich außerhalb der Anstalt, in dem sich die von der Polizei überprüften Personen aufhielten, weder zugänglich noch einsehbar war.

4. Wie Rechtsanwalt Weidenhammer im Schreiben der Staatsanwaltschaft vom 30. Januar 1986 mitgeteilt worden ist, hat der Beamte Bernd Hälsig in der Nacht vom 17. auf 18. Oktober 1977 Dienst im Zellenbau II der Vollzugsanstalt verrichtet. Soweit dies dem Justizminister bekannt ist, beruht diese Feststellung der Staatsanwaltschaft auf den in der Vollzugsanstalt geführten Aufzeichnungen. Ob und gegebenenfalls weshalb der Zeuge Hälsig anläßlich seiner Vernehmung anderes ausgesagt hat, ist dem Justizministerium nicht bekannt. Sollte in diesem Punkt keine eindeutige Klärung erreicht worden sein, so wäre dies für das Ergebnis des staatsanwaltschaftlichen Ermittlungsverfahrens offensichtlich ohne Bedeutung.

Mit freundlichen Grüßen

Dr. Volz

Staatsanwaltschaft Stuttgart

Herrn Rechtsanwalt
Karl-Heinz Weidenhammer
6368 Bad Vilbel

Aktenzeichen 9 Js 3627/77
Stuttgart, den 13. Januar 1988

Betreff: Ermittlungsverfahren wegen des Todes von
Andreas Baader, Gudrun Ensslin und Jan-Carl Raspe
Bezug: bisheriger Schriftverkehr
zuletzt: Ihre Schreiben vom 12. November 1987

Sehr geehrter Herr Rechtsanwalt Weidenhammer,

auf Ihr Schreiben vom 19. Januar 1988 darf ich darauf
hinweisen, daß die Einstellungsverfügung vom 7. November 1977 auf Seite 2 nicht nur ausführt, es haben zwei
Abhörmaßnahmen stattgefunden, nämlich in der Zeit vom
25. April 1975 bis 9. Mai 1975 und in der Zeit vom 6.
Dezember 1976 bis 31. Januar 1977, sondern auch festgestellt, weitere Abhörmaßnahmen als die beiden genannten
seien nicht durchgeführt worden. Ich kann deshalb Ihre
Auffassung nicht teilen, daß diese Verfügung den Zeitraum
vom 6. September 1977 bis 18. Oktober 1977 nicht betreffe.

Daß der Spiegel (Nr. 37/1987 S. 43) in seiner Formulierung
„zusätzlich bauten die BND-Experten... Wanzen ein"
möglicherweise einen zeitlichen Zusammenhang mit der
Kontaktsperre herstellt, gibt keinen Anlaß, die Ermittlungen
wieder aufzunehmen. Es besteht kein Grund für den
Anfangsverdacht, Vollzugsbedienstete oder andere Personen hätten durch Abhören von Gesprächen oder auf son-

stige Weise von den bevorstehenden Selbsttötungen der Gefangenen Kenntnis bekommen und pflichtwidrig nicht eingegriffen. Diesen Verdacht legt übrigens auch der Gesamttext der Spiegelveröffentlichung nicht nahe.

Ich bitte Sie um Verständnis dafür, daß ich die Diskussion des Artikels nun für sachlich erschöpft halte.

Hochachtungsvoll

(Schrimm)
Staatsanwalt

DOKUMENT 44
ANTWORT DES JUSTIZMINISTERIUMS
AUF EINE ANFRAGE DER GRÜNEN 1988

Ministerium für Justiz, Bundes- und Europaangelegenheiten Baden-Württemberg
Der Staatssekretär

Stuttgart, den 22. März 1988

Herrn Abgeordneten
Klaus-Dieter Käser

Sehr geehrter Herr Abgeordneter,

dem Ministerium für Justiz, Bundes- und Europaangelegenheiten ist bisher nicht bekannt geworden, daß die Informationen des „Spiegel" zutreffen, wonach der Bundesnachrichtendienst während der Kontaktsperre, die aus Anlaß der Entführung von Hanns-Martin Schleyer im September 1977 angeordnet worden war, in der Vollzugsanstalt Stuttgart-Stammheim Abhörmaßnahmen durchgeführt haben soll. Bei dieser Sachlage besteht derzeit nach meiner Auffassung weder für das Ministerium noch für die Staatsanwaltschaft Stuttgart ein Anlaß, die angeblichen Erkenntnisse des „Spiegel" aufzugreifen.

Wie Ihnen sicher bekannt ist, enthält die von den Abgeordneten Frau Dr. Vollmer, Frau Nickels und der Fraktion DIE GRÜNEN am 11. Dezember 1987 im Deutschen Bundestag eingebrachte Große Anfrage betr. Zehn Jahre danach – offene Fragen und politische Lehren aus dem „Deutschen Herbst" (II) – BT-Drucks. 11/1534 – u.a. die folgende Frage an die Bundesregierung:

„(33.) Trifft die Darstellung des Nachrichtenmagazins „Der Spiegel" (Heft 37/87) zu, daß der Bundesnachrichtendienst während der Kontaktsperre im Stammheimer Hochsicherheitstrakt Abhörgeräte eingebaut hatte, um alle Gespräche zu überwachen?"

Eine Beantwortung der Großen Anfrage durch die Bundesregierung ist in Vorbereitung. Wie ich meine, sollte die Stellungnahme der Bundesregierung abgewartet werden, bevor Folgerungen bezüglich des Verhaltens von Stellen des Landes erörtert werden.

Mit freundlichen Grüßen

Dr. Volz

ANMERKUNGEN

TEIL I

[1] Der Spiegel (im folgenden: Spiegel) 36/1987, S. 106ff.

[2] Stern 45/77, S. 209

[3] Todesermittlungsverfahren (im ff.: TEV) VII, S. 1

[4] TEV VI, S. 35, TEV III, S. 197

[5] TEV VII, S. 105

[6] Engler-Brief v. 10.1.1978

[7] Schreiben vom 10.1.1978 an den Vorsitzenden des Untersuchungsausschusses des Landtages von Baden-Württemberg „Vorfälle in der Vollzugsanstalt Stuttgart-Stammheim", gerichtet an: Herrn Minister a.D. Dr. Rudolf Schieler, Haus des Landtages in Stuttgart.

[8] TEV VII, S. 105

[9] Irmgard Möller, Vernehmungsprotokoll, zitiert nach: Todesschüsse, Isolationshaft, Eingriffe ins Verteidigerrecht. Amsterdam 1985 (2.Aufl.), S. 287ff.

[10] Bericht und Antrag des baden-württembergischen Untersuchungsausschusses, Drucksache 7/3200 vom 9.3.1978, S. 93 (im folgenden: bw UA)

[11] TEV VII, S. 105

[12] TEV VI, S. 66

[13] TEV VI, S. 13, 35

[14] ebenda

[15] Antrag des Generalbundesanwalts vom 15.9.1977 an das Bundesverfassungsgericht (im folgenden: GBA-Antrag) – Handakte des Autors (im folgenden: Handakte)

[16] Vorläufiger Bericht des Landesregierung über die Ereignisse vom 18.10.1977 in der VZA Stuttgart-Stammheim, Dezember 1977, (im folgenden: Vorläufiger Bericht) S. 9 – Handakte

[17] bw UA, S. 88

[18] Aktenvermerk vom 24.10.1977; s.a. Dokument 31 im vorliegenden Buch

[19] ebenda

[20] Vorläufiger Bericht, S. 8a

[21] TEV VI, S. 36

[22] GBA-Antrag vom 15.9.1977

[23] Stefan Aust, Der Baader Meinhof Komplex. Hamburg 1985, S. 464ff.

[24] Sybille Krause-Bürger, Helmut Schmidt. Zitiert nach: Pardon, 11/1980, S. 89

[25] Der Prozeß gegen die Rechtsanwälte Arndt Müller und Armin Newerla. Dokumentation. Stuttgart 1980, S. 173

[26] ebenda

[27] Spiegel 36/1988, S. 107

[28] Dokumentation des Presse- und Informationsamts der Bundesregierung. Bonn 1977, Materialien Nr. 3 (im folgenden: Dokumentation des Presseamts)

[29] Stern 47/87, S. 78, Stern 48/87, S. 98, Stern 50/87, S. 71, Stern 51/87, S. 69

[30] Stern 50/87, S. 69

[31] Tonbandniederschrift – Handakte

[32] ebenda.

[33] Spiegel 36/87

[34] GBA-Antrag

[35] TEV III, S. 21

[36] TEV VII, S. 79f.

[37] ebenda

[38] TEV III, S. 96; TEV VII, S. 116ff.

[39] Foth-Beschluß v. 6.9.1977 – Handakte

[40] Antrag von RA A. Müller an BVerfG v. 11.9.1977 – Handakte

[41] Der Prozeß gegen die Rechtsanwälte, S. 174

[42] bw UA, S. 39

[43] Die Welt v. 8.9.1977, S. 6

[44] Spiegel 38/77, S. 20

[45] Der Prozeß gegen die Rechtsanwälte, S. 174

[46] ebenda, S. 175

[47] Dokumentation des Presseamts, Anlage 4

[48] Libération, zitiert nach Spiegel 36/1987, S. 108

[49] bw UA, S. 93; Große Anfrage der Grünen im Bundestag 11/1533, S. 7ff.

[50] ebenda, S. 8

[51] Dokumentation über den 17./18.10.1977. Ermittlungsinitiative Frankfurt 1978, S. 61

[52] TEV VII, S. 106

[53] TEV III, S. 212, 416

[54] TEV VII, S. 107ff.

[55] TEV III, S. 416

[56] TEV IV, S. 97

[57] bw UA, S. 93

[58] Der Prozeß gegen die Rechtsanwälte, S. 174

[59] Die Welt, 13.9.1977, S. 3

[60] TEV III, S. 253

[61] TEV VII, S. 107

[62] bw UA, S. 36

[63] TEV IV, S. 96ff.

[64] ebenda; S. 106ff.

[65] ebenda

[66] ebenda; S. 108ff.

[67] TEV VII, S. 3

[68] TEV III, S. 243ff.

[69] ebenda

[70] Protokoll des baden-württembergischen Untersuchungsausschusses (P) VII, S. 252

[71] TEV VII, S. 107

[72] Irmgard Möller, S. 287

[73] Beschwerde von Andreas Baader, 7.10.1977 – Handakte; siehe im vorliegenden Buch (im folgenden Weidenhammer) S. 57f.

[74] TEV III, S. 131

[75] TEV VII, S. 107

[76] Der Prozeß gegen die Rechtsanwälte, S. 175

[77] TEV VII, S. 107

[78] zitiert nach: Der Prozeß gegen die Rechtsanwälte, S. 176ff.

[79] Aust, S. 499

[80] TEV VII, S. 107

[81] ebenda

[82] ebenda

[83] zitiert nach: Todesschüsse, S. 125

[84] zitiert nach: Der Prozeß gegen die Rechtsanwälte, S. 177

[85] Spiegel 36/87, S. 111

[86] Stern 40/77, S. 24

[87] Kölner Stadt Anzeiger vom 31.10.1977

[88] Bild vom 23.9.1977

[89] TEV VII, S. 106ff.

[90] ebenda

[91] ebenda

[92] ebenda

[93] ebenda

[94] ebenda

[95] ebenda

[96] Irmgard Möller, S. 290

[97] Pressemitteilung der Humanistischen Union, München vom 26.9.1977 – Handakte

[98] FR vom 29. 9. 1977

[99] TEV VII, S. 109ff.

[100] TEV IV, S. 116ff.

[101] TEV VII, S. 106ff.

[102] Handakte

[103] Irmgard Möller, S. 290

[104] TEV III, S. 42ff.

[105] Anklageschrift gegen RA Müller und Newerla vom 4.8.1978 – Handakte

[106] ebenda

[107] Pieter Bakker Schut, Stammheim. Der Prozeß gegen die Rote Armee Fraktion. Kiel 1986, S. 522; Klaus Croissant, Procès en république fédérale allemande. Paris 1979.

[108] TEV VII, S. 110ff.

[109] ebenda; die angesprochene Meldung findet sich nicht bei den Akten.

[110] bw UA, S. 36
[111] Die Welt v. 1.10.1977
[112] TEV VII, S. 110ff.
[113] Gesetz zur Änderung des Einführungsgesetzes zum Gerichtsverfassungsgesetz vom 30. September 1977; in: Bundesgesetzblatt I, Nr. 66 vom 1.10.1977, S. 1877; siehe auch Dokument 1
[114] bw UA, S. 93
[115] TEV VII, S. 110ff.
[116] bw UA, S. 36
[117] TEV VII, S. 110ff.
[118] bw UA, S. 93
[119] bw UA, S. 93
[120] TEV III, S. 116
[121] TEV VII, S. 2f.
[122] TEV III, S. 116
[123] TEV VII, S. 2f.
[124] TEV III, S. 43
[125] TEV VII, S. 111
[126] Irmgard Möller, S. 111
[127] Schriftliche Ausfertigung des Strafurteils gegen die Angeklagten vom 28.4.1977 (2 StE (OLG Stgt 1/74) – Handakte
[128] TEV IV, S. 89ff.
[129] ebenda
[130] TEV III, S. 43
[131] Schreiben des Bundespräsidenten v. 5.10.1977 an RA Hartmut Scharmer / Hamburg – Handakte
[132] zit. nach RA Lutz Eisel, Schreiben v. 6.10.1977 – Handakte
[133] ebenda
[134] TEV IV, S. 91ff.
[135] TEV IV, S. 200ff., Aktenvermerk v. Schreitmüller v. 6.10.1977
[136] TEV IV, S. 107
[137] ebenda
[138] Stellungsnahme der BRD-Regierung v. 17.1.1978, S. 29 – Handakte

[139] FR v. 6.10.1977

[140] TEV VII, S. 163

[141] ebenda

[142] Irmgard Möller, S. 293

[143] Am 20.2.1985 übersendet der GBA eine Ablichtung der Beschwerde (Az. 2 StE 1/74) – Handakte

[144] Süddeutsche Zeitung (SZ) v. 7.10.1977

[145] TEV III, S. 12ff.

[146] TEV IV, S. 128

[147] ebenda

[147a] TEV III, S. 42ff.

[148] ebenda

[149] TEV IV, S. 160ff.

[150] SZ v. 12.10.1977

[151] TEV III, S. 26ff.

[152] TEV III, S. 42ff.

[153] TEV VII, S. 112

[154] bw UA, S. 36

[155] TEV III, S. 98

[156] TEV III, S. 278, 400

[157] TEV III, S. 46

[158] TEV III, S. 49

[159] TEV III, S. 64

[160] FR v. 18.10.1977

[161] Die Welt v. 14.10.1977

[162] TEV VII, S. 113

[163] TEV IV, S. 167ff.

[164] ebenda

[165] TEV IV, S. 176

[166] ebenda, S. 170, 174

[167] ebenda, S. 171ff.

[168] Aust, S. 546

[169] ebenda, S. 551

[170] TEV VII, S. 113

[171] TEV V, S. 247

[172] Dokumentation des Presseamts, S. 37ff.

[173] TEV VII, S. 113

[174] TEV III, S. 160ff.

[175] ebenda

[176] TEV III, S. 68

[177] TEV III, S. 397

[178] TEV VII, S. 11

[179] TEV III, S. 157

[180] TEV VII, S. 5

[181] TEV III, S. 119

[181a] Für alle, die die Beziehung zwischen Andreas Baader und Günter Sonnenberg kennen, ist dies eine Behauptung, die Andreas Baader verleumden soll. – Der Autor

[182] TEV IV, S. 176

[183] Vorläufiger Bericht, S. 15

[184] TEV VII, S. 25ff.

[184a] La Repubblica v. 21.10.1977

[185] TEV III, S. 91

[186] TEV III, S. 28ff.

[187] ebenda

[188] TEV III, S. 32

[189] ebenda

[190] TEV IV, S. 67

[191] La Repubblica v. 24.10.1977

[192] zitiert nach: Todesschüsse, S. 125

[193] Die Welt v. 17.10.1977

[194] TEV VII, S. 113

[195] TEV III, S. 256

[196] TEV III, S. 365

[197] TEV III, S. 121

[198] ebenda

[199] Der Tod Ulrike Meinhofs. Bericht der Internationalen Untersuchungskommission. Tübingen 1979, S. 47

[200] TEV III, S. 111

[201] ebenda

[202] TEV III, S. 365ff.

[203] TEV III, S. 257ff.

[204] TEV III, S. 365ff.

[205] TEV III, S. 257ff.

[206] TEV III, S. 111ff.

[207] ebenda
[208] TEV V, S. 27
[209] TEV VII, S. 2
[210] ebenda
[211] TEV IV, S. 194
[212] TEV IV, S. 246
[213] Dokumentation über den 17./18.10.1977, S. 31
[214] ebenda, S. 36
[214a] ebenda, S. 31
[215] ebenda, S. 35; Bakker Schut, S. 493
[216] La Repubblica v. 20.10.1977
[217] ebenda
[218] Bakker Schut, S. 493
[219] Werner Glinga, Die Nacht von Sigonella, eine Fallstudie über die Entführung der Achille Lauro und den Umgang mit den NATO-Partnern, Blätter für deutsche und internationale Politik 1/86, S. 62ff.
[220] Welchen Sinn könnte dieses Gespräch sonst haben?
[221] Stern 49/77, S. 145
[222] Irmgard Möller, S. 292
[223] ebenda
[224] Irmgard Möller, zit. nach Bakker Schut, S. 498
[225] TEV III, S. 37ff.
[226] ebenda
[227] TEV III, S. 476
[228] ebenda, S. 119ff.
[229] ebenda
[230] ebenda, S. 285ff.
[231] bw UA, S. 15
[232] ebenda, S. 16
[233] ebenda, S. 16ff.
[234] ebenda
[235] TEV XV, S. 1
[236] ebenda
[237] Todesschüsse, S. 110
[238] Stern 45/1980
[239] FAZ v. 18.10.1977

TEIL II

[1] TEV I, S. 33ff.

[2] Spiegel, 11/1980, S. 97

[3] TEV XV, S. 1ff.

[4] Tolmein, zum Winkel, nix gerafft. Hamburg 1987, S. 58

[5] Einstellungsverfügung der Staatsanwaltschaft Stuttgart v. 18.4.1978 – Handakte; s.a. Weidenhammer S. 139ff.

[6] TEV I, S. 11ff.

[7] TEV XII, S. 8ff.

[8] TEV XII, S. 8ff.

[9] ebenda

[10] TEV I, S. 11ff.

[11] ebenda; auf Nachfrage der Presse teilte Prof. Holczabek mit, daß er, wie die anderen Leichenbeschauer auch, an den Schuhen des toten Baader Fremdkörper festgestellt habe, die wie Sand aussahen. Er habe leider darüber nicht mehr erfahren, ob eine mineralogische Analyse der Fremdkörper durchgeführt worden sei. (Extra-Dienst v. 4.11.1977)

[12] TEV I, S. 11ff.; die Häftlinge aus der RAF hatten die Befürchtung, daß sich hinter diesen seltsamen Spiegeln eine optische Überwachung verbarg. Aus diesem Grund stellten sie in ihren Zellen vor den jeweiligen Spiegel eine Schamwand auf.

[13] TEV X, S. 33

[14] TEV III, S. 91

[15] TEV III, S. 28 ff., 91

[16] TEV III, S. 28ff.

[17] TEV VI, S. 2

[18] ebenda

[19] ebenda

[20] bw UA, S. 21; Dokumentation über den 17./18.10.1977, S. 61

[21] bw UA, S. 15ff.

[22] IUK-Erklärung v. 19.10.1977 – Handakte

[23] Amnesty International-Erklärung – Handakte

[24] TEV I, S. 19ff.

[25] ebenda

[25a] Entscheidung der Europäischen Kommission (EGH) über die Zulässigkeit der Beschwerden Nr. 7572/76, 7578/76 und 7587/76 v. 8.7.1978, S. 21

[26] bw UA, S. 21

[27] Presseerklärung von RA Bahr-Jendges v. 25.10.1977 – Handakte

[28] Todesschüsse, S. 127

[29] Stellungnahme der BRD-Regierung vom 17.1.1978 – Handakte

[30] s. a.   Bundesverfassungsgerichts-Entscheidung (BVerfGE) in: Neue Juristische Wochenschrift (NJW) 39/1987, S. 2427ff.

[31] entfällt

[32] 1977 verurteilte die Kommission die Folterpraktiken Großbritanniens in Nord-Irland – Handakte

[33] Der Schutz der Menschenrechte in Europa, RF 1981, S. 1

[34] EGH-Entscheidung, ebenda, S. 39 – Handakte

[35] ebenda

[35a] Eduard Dreher, StGB-Kurzkommentar, 1976, 34 StGB, Rdn 22

[35b] Helmut Ridder, Zur Verfassungsdoktrin des NS-Staates, Frankfurt 1979, S. 24ff.

[36] Werner Holtfort, 34 StGB eine Notstandsverfassung? Demokratie und Recht 3/1977, S. 403

[37] GBA-Antrag vom 15.9.1977, S. 10 – Handakte; OLG-Beschluß v. 6.9.1977 – Handakte

[38] NJW 1978, S. 1881ff.

[39] bw UA, S. 93

[40] Bakker Schut, S. 483

[41] siehe Bakker Schut, S. 489

[42] Spiegel 36/1987, S. 107; Frankfurter Rundschau v. 22.9.1977: Sonderberater Zbig Brzeczenski kommt am 26.9.1977 nach Bonn.

[42a] Sicherheitsbeauftragter und Stellvertretender Anstaltsleiter Schreitmüller geht am 8.10.1977 in Jah-

resurlaub (TEV III, S. 24; bw UA, S. 106: Justizminister Bender hält Schreitmüller für den Sicherheitsbeauftragten, dagegen bw UA: tatsächlich sei er dies nie gewesen.)

[43] Spiegel 36/1987, S. 107

[44] KSZE, Schlußakte, Nr. 1, Ziff. VI, zitiert nach: Blätter für deutsche und internationale Politik 8/1975, S. 902

[45] Protokoll des US-Senats vom 27.1.1978, S. 35 – Handakte

[46] Bernt Engelmann, Wie wir wurden, was wir sind. München 1980, S. 73ff.

[47] Dokumentation über den 17./18.10. 1977, S. 6

[48] Protokoll des US-Senats vom 27.1.1978 – Handakte

[49] ebenda

[50] zitiert nach Sebastian Cobler, Die Gefahr geht vom Menschen aus. Berlin 1976, S. 18

[51] ebenda, S. 19

[52] Bakker Schut, S. 519; Info der Angehörigen, Juni 1985, Nr. 16

[53] Todesschüsse, S. 100ff.

[54] ebenda, S. 94

[55] ebenda, S. 90

[56] ebenda, S. 109

[57] ebenda, S. 78

[58] Todesschüsse, S. 109; s.a. Der Tod Ulrike Meinhofs. Tübingen 1979

[59] Der deutsche Herbst. Texte zur Fraktionssitzung der Grünen am 13.10. 1987. Vorgelegt v. Antje Vollmer

[60] Spiegel 36/1987, S. 111

[61] Todesschüsse, S. 125

[62] Spiegel 36/1987, S. 111

[63] ebenda

[64] Der Prozeß gegen die Rechtsanwälte, S. 170

TEIL III

[1] bw UA, S. 4
[2] Einstellungsverfügung der StA, ebenda; s.a. Weidenhammer S. 139ff.
[3] TEV I, S. 56ff.
[4] TEV I, S. 103ff.
[5] TEV I, S. 133ff.
[6] P XV, S. 50
[7] ebenda
[8] TEV I, S. 105
[9] P XV, S. 50
[10] TEV III, S. 44
[11] S.a. Weidenhammer, S. 57f.
[12] Stern 49/77 v. 24.11.1977, S. 146
[13] TEV I, S. 68
[14] TEV I, S. 69
[15] TEV I, S. 111
[16] TEV I, S. 145
[17] Spiegel 11/1988, S. 89
[18] P.M. 4/82 v. 193.1982
[19] US-Senatsprotokoll v. 27.1.1978; TAZ v. 28.11.1979: US-Army testet Psychodrogen an Gefangenen
[20] konkret 6/85, S. 6
[21] s.a. Weidenhammer, S. 57f.
[22] bw UA, S. 22
[23] ebenda
[24] ebenda, S. 23
[25] ebenda, S. 44
[26] TEV I, S. 88
[27] bw UA, S. 44
[28] P XV, S. 45
[29] P XV, S. 48
[30] bw UA, S. 22
[31] P XV, S. 53
[32] P XV, S. 48
[33] bw UA, S, 23
[34] P XV, S. 48f.

[35] P XV, S. 49
[36] P II, S. 63
[37] P XV, S. 45
[38] bw UA, S. 43
[39] ebenda
[40] ebenda
[41] TEV X, S. 6.
[42] TEV X, S. 40
[43] TEV X, S. 5 u. 40
[44] P III, S. 312
[45] TEV III, S. 55
[46] ebenda
[47] P III, S. 425
[48] TEV III, S. 55
[49] TEV III, S. 51
[50] ebenda
[51] bw UA, S. 20
[52] P III, S. 193
[53] P III, S. 212
[54] TEV III, S. 4
[55] TEV III, S. 306
[56] TEV III, 282
[57] TEV III, S. 355
[58] TEV III, S. 4
[59] P XV, S. 48
[60] bw UA, S. 20
[61] P II, S. 50
[62] P II, S. 72
[63] bw UA, S. 20
[64] TEV X, S. 5
[65] ebenda
[66] TEV X, S. 40
[67] bw UA, S. 20
[68] ebenda, S. 43
[69] ebenda, S. 20
[70] TEV X, S. 33
[71] P XV, S. 45
[72] TEV X, S. 33

[73] TEV X, S. 5
[74] TEV X, S. 5
[75] TEV X, S. 34f.
[76] P II, S. 35
[77] P II, S. 104, 106
[78] P XV, S. 28
[79] TEV IX, S. 30ff.
[80] P II, S. 85
[81] P II, S. 86
[82] P XV, S. 23
[83] TEV IX, S. 30f.
[84] TEV IX, S. 33
[85] TEV IX, S. 5f.
[86] bw UA, S. 19
[87] P II, S. 40
[88] P II, S. 102f.
[89] P XV, S. 23
[90] P XV, S. 28
[91] P II, S. 32
[92] bw UA, S. 27
[93] TEV II, S. 19, 20f.
[94] TEV II, S. 292
[95] TEV II, S. 322f.
[96] TEV II, S. 292
[97] TEV II, S. 322f.
[98] TEV II, S. 297
[99] bw UA, S. 28
[100] TEV II, S. 297
[101] TEV II, S. 299
[102] ebenda
[103] ebenda
[104] K. Sellier in: Berthold Mueller, Gerichtliche Medizin, Teil I, 2. Aufl., Springer-Verlag, Berlin-Heidelberg-New York 1975, S. 602
[105] Die Zeit 3/78 v. 13.1.1978, S. 4
[106] TEV II, S. 317
[107] ebenda
[108] TEV II, S. 318

[109] ebenda
[110] TEV II, S. 320
[111] ebenda
[112] TEV II, S. 319
[113] TEV II, S. 318
[114] TEV II, S. 317f.
[115] P XV, S. 39f.
[116] P XV, S. 41
[117] ebenda
[118] TEV II, S. 335
[119] P II, S. 41
[120] TEV VIII, S. 84
[121] P XV, S. 41
[122] Einstellungsverfügung der Staatsanwaltschaft; s. Weidenhammer, S. 139f.
[123] bw UA, S. 43
[124] P II, S. 27
[125] P II, S. 41
[126] ebenda
[127] P XV, S. 41
[128] Einstellungsverfügung der Staatsanwaltschaft; s. Weidenhammer, S. 139ff.
[129] bw UA, S. 15
[130] TEV III, S. 245f.
[131] bw UA, S. 15
[132] P III, S. 147, 171
[133] TEV III, S. 410
[134] P III, S. 171f.
[135] TEV III, S. 246f.
[136] TEV III, S. 321f.
[137] P III, S. 304
[138] P III, S. 188
[139] TEV III, S. 279f.
[140] P III, S. 288
[141] TEV III, S. 144
[142] P III, S. 340f.
[143] TEV VIII, S. 84
[144] TEV II, S. 340

[145] TEV I, S. 28, 88f.; P II, S. 43f.

[146] P XV, S. 41

[147] bw UA, S. 47

[148] ebenda

[149] Einstellungsverfügung der Staatsanwaltschaft; s. Weidenhammer, S. 139ff.

[150] bw UA, S. 97

[151] ebenda

[152] ebenda

[153] P VII, S. 252

[154] TEV IV, S. 187

[155] TEV IV, S. 189

[156] P IV, S. 64

[157] TEV II, S. 36f.

[158] bw UA, S. 88

[159] TEV II, S. 121

[160] TEV II, S. 97

[161] s.a. Spiegel 11/1980, S. 89

[162] FR v. 2.11.1979

[163] TAZ v. 2.11.1979; TAZ v. 15.10.1979; TAZ v. 31.10.1979; FR v. 1.11.1979; TAZ v. 1.11.1979

[164] Bakker Schut, S. 500ff.

[165] bw UA, S. 88

[166] FR. v. 19.3.1975

[167] bw UA, S. 88

[168] bw UA, S. 96

[169] ebenda

[170] TEV II, S. 211ff.

[171] ebenda

[172] bw UA, S. 97

[173] ebenda

[174] TEV II, S. 211ff.

TEIL IV

[1] Bild v. 29.5.1972

[2] Spiegel 44/1977

[3] Stern 45/1980, S. 32

[4] Prospekt Heckler & Koch, HK 4, S. 22

[5] P XV, S. 41

[6] TEV II, S. 322

[7] siehe Weidenhammer, S. 139ff.

[8] siehe Dokument 23

[9] siehe Dokument 28

[10] siehe Dokument 20

[11] Schreiben der StA Stgt v. 21.5. 1979 – Handakte

[12] TEV II, S. 30

[13] Spiegel 49/1977, S. 121

[14] Schreiben an RA Schily v. 25.10.1979

[15] TEV II, S. 368

[16] Philip Agee u.a., Unheimlich zu Diensten, Göttingen 1986, S. 4

[17] TEV I, S. 27; s.a. Weidenhammer, S. xxx

[18] Einstellungsverfügung vom 18.4.1978, S. 5f.; s.a. Weidenhammer, S. 139ff.

[19] TEV II, S. 296; s.a. Dokument 20

[20] ebenda, S. 299

[21] ebenda

[22] Ekstra Bladet v. 15.4.1980

[23] K. Sellier in: Berthold Mueller, Gerichtliche Medizin, Teil I, 2. Aufl., Springer Verlag, Berlin/Heidelberg/New York 1975, S. 602

[24] Stellungnahme des baden-württembergischen Justizministeriums v. 10.12.1980 – Handakte

[25] ebenda

[26] TEV IX, S. 34; s.a. Dokument 19

[27] ebenda

[28] Spiegel, 27/1983, S. 49

[29] ebenda

[30] Handakte

[31] ebenda

[32] Antwort des Parlament. Staatssekretärs Dr. de With v. 20. 11. 1980. Deutscher Bundestag Drucksache 9/12, S. 7

[33] Antwort des Justizministers Dr. Eyrich v. 10. 12. 1980. Drucksache 8/695

[34] Spiegel 27/1983, S. 49f.

[35] Handakte

[36] Petition 8/5726 v. 2.5.1984 – Handakte

[37] s. Dokument 36

[38] Handakte

[39] s. Dokument 37

[40] bw UA, S. 89

[41] BAW zum Stern, 25.8.1977

[42] TEV VI, S. 66

[43] TEV VI, S. 13

[44] TEV VII, S. 1ff.; s.a. Dokument 45

[45] TEV VI, S. 36

[46] GBA-Antrag – Handakte

[47] TEV VI, S. 36

[48] GBA-Antrag, ebenda

[49] bw UA, S. 88

[50] TEV VIII, S. 1

[51] TEV VI, S. 165

[52] TEV VIII, S. 3

[53] Stellungnahme BRD-Regierung, S. 29 – Handakte

[54] TEV VII, S. 75

[55] Stellungnahme BRD-Regierung, S. 35 – Handakte

[56] TEV II, S. 136

[57] bw UA, S. 88

[58] TEV VI, S. 29

[59] TEV V, S. 27

[60] Der Prozeß gegen die Rechtsanwälte, S. 216

[61] konkret 1/1987, S. 22

[62] H.-J. Klein-Interview: Liberation 1450-1454 v. 3.10.-7./8.10.1978 – Handakte

[63] Ermittlungsrichter des BGH, Protokoll v. 4.1.1978 – Handakte

[64] Internationales Komitee zur Verteidigung politischer Gefangener in Westeuropa

[65] Tolmein, zum Winkel, S. 79

[66] Ex-MAD-Chef Scherer zum Stern, Nr. 43/84 v. 18.10.1984

[67] bw UA, S. 88

[68] Engler-Brief v. 10.1.1978 – Handakte; s.a. Weidenhammer, S. 9ff.

[69] siehe Dokument 37

[70] bw UA, S. 89

[71] Roland M., Brief an den Stern v. 24.3.1979 – Handakte

[72] bw UA, S. 92

[73] ebenda, S. 52

[74] ebenda, S. 53

[75] ebenda, S. 54

[76] ebenda, S. 92

[77] ebenda, S. 54

[78] Vorläufiger Bericht der Landesregierung über die Ereignisse vom 18.10.1977 in der VZA Stuttgart-Stammheim, Dezember 1977, S. 11 – Handakte

[79] IVK-Presseerklärung v. 20.8.1977 – Handakte

[80] Stern 45/1980, S. 22f.

[81] ebenda

[82] bw UA, S. 13

[83] TEV III, S. 190ff.

[84] P XVII, S. 111ff.

[85] Drucksache 8/4126; s.a. Dokument 34

[86] Drucksache 8/4642; s.a. Dokument 37

[87] siehe Dokument 39

[88] TEV VIII, S. 86ff.

[89] ebenda

[90] Gerichtsprotokollauszug, S. 1271ff., Tonbandniederschrift – Handakte

[91] Pressemitteilung des Innenministeriums des Landes Baden-Württemberg Nr. 61/1977

[92] Einstellungsverfügung (17 Js 966/77) v. 7.11.1977 – Handakte

[93] zitiert nach Arbeiterkampf 69 v. 7.4.1986

[94] Gerichtsprotokollauszug, Blatt 13722 Tonbandniederschrift – Handakte

[95] Einstellungsverfügung (17 Js 966/77) v. 7.11.1977 – Handakte

[96] ebenda

[96a] Aust, S. 329

[97] CIA-Akte MSGNO 49

[98] Am 5.12.1977 wird beim Montieren der Langfeld-Leuchten aus der Abteilung III ein Kleinlautsprecher unter der Lampenhalterung entdeckt. Es ist eine Leuchte aus einer der Zellen 718, 719 oder 720. (TEV II, S. 275) Der Minisender war nach Untersuchung durch die Oberpostdirektion Stuttgart als piezo-elektrischer Schallwandler noch funktionsfähig. (ebenda, S. 278)

[99] ebenda

[100] Spiegel 37/1987, S. 43

[101] Spiegel 12/1982

[102] Schreiben v. 2.12.1977 – Handakte

[103] Allgemeine Zeitung Mainz v. 25.3.1977

[104] Pressemitteilung des Innenministeriums des Landes Baden-Württemberg Nr. 61/1977

[105] ebenda

[106] Spiegel 36/1987

[107] siehe Dokument 43

[108] GBA-Antrag, S. 10ff.

[109] s. Weidenhammer, S. 61

[110] Irmgard Möller, Vernehmungsprotokoll, aus: Todesschüsse

[111] KOR Textor zum Stern 45/1980

[112] konkret 11/1982

[113] ebenda

[114] ebenda

[115] konkret 10/1987, S. 22ff.

[116] Spiegel 36/1987, S. 109

[117] bw UA, S. 5

[118] Rolf Gössner, Sicherheitspolitische „Wiedervereinigung", Teil 1, Geheim 3/1987, S. 14ff.

[119] konkret 10/1987, S. 22
[120] Spiegel 31/1987, S. 16f.
[121] Evers, NJW 1987, S. 153ff.
[122] Gössner, ebenda
[123] Frankfurter Rundschau v. 16.3.1988
[124] ebenda
[125] konkret 11/1982, S. 62
[126] Unsere Zeit (UZ) v. 26.5.1988
[127] konkret 11/1982, S. 62
[128] ebenda
[129] UZ v. 11.8.1982
[130] UZ v. 21.4.1982
[131] Frankfurter Rundschau v. 17.9.1982
[132] Spiegel 40/1986
[133] konkret 11/1982; siehe Langemann-Vermerk von 1979
[134] Info Nr. 16, Juni 1985
[135] Die Anti-Terror Debatten im Parlament, Hamburg 1978, S. 84
[136] CIA-Dokumente, S. 8
[137] Welt v. 14.8.1977
[138] Spiegel 23/1980, S. 107
[139] Frankfurter Rundschau v. 6.9.1977

TEIL V

[1] TEV II, S. 232
[2] ebenda
[3] ebenda
[4] TEV XII, S. 70
[5] TEV XIII, S.2ff.
[6] TEV XII, S. 65
[7] TEV XII, S. 22ff.
[8] TEV XII, S. 32
[9] TEV XII, S. 40

[10] TEV XII, S. 32
[11] TEV VIII, S. 6
[12] TEV XV, S. 20
[13] TEV II, S. 228ff.
[14] TEV V, S. 112
[15] TEV V, S. 242ff.
[16] TEV IX, S. 6
[17] TEV II, S. 282
[18] ebenda
[19] Spiegel 37/1987, S. 55
[20] Ruhrpost v. 11. 1. 1980
[21] Spiegel 32/1987, S. 19f.
[22] Todesschüsse, S. 126

Inhaltsverzeichnis